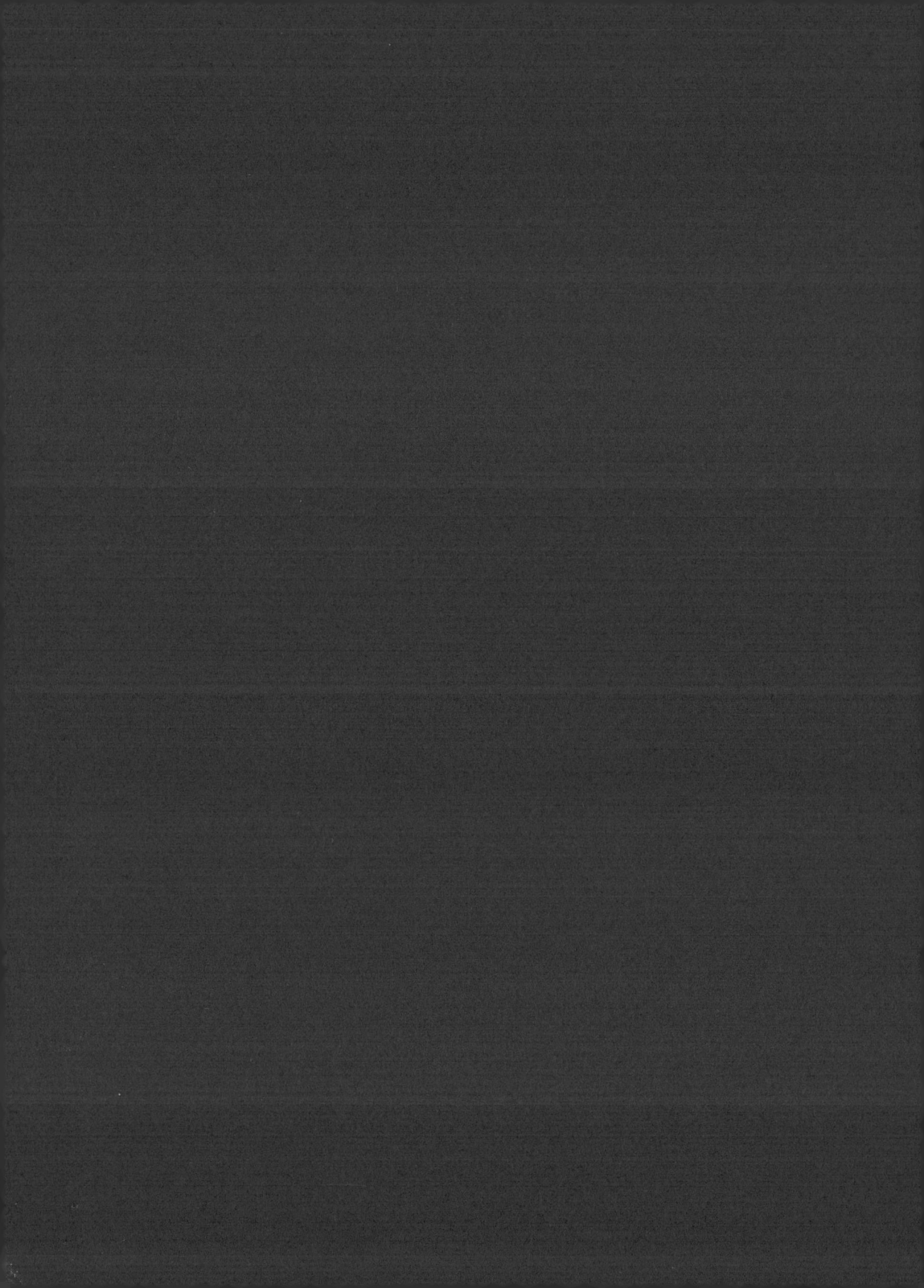

わたしたちの
アジア・太平洋戦争

1 広がる日の丸の下で生きる

童心社

mini Gallery
ミニギャラリー

久永 強 *tsuyoshi hisanaga* 『シベリア』シリーズより

友《とも》よさらば(埋葬《まいそう》)

さいはての地《ち》、シベリア。今《いま》まで日本人《にほんじん》のだれもふんだことのない、この黒《くろ》い土《つち》をほり、今《いま》、ふたりの戦友《せんゆう》の亡骸《なきがら》を穴《あな》の底《そこ》におく。「おれがもし命《いのち》あって故国《ここく》の土《つち》をふむことができたら、かならず君《きみ》の肉親《にくしん》たちにその最後《さいご》のありさまをつげるから」と涙《なみだ》ながらに誓《ちか》って、その亡骸《なきがら》の上《うえ》に土《つち》をかぶせる。

霊安室《れいあんしつ》

ひとりの戦友《せんゆう》の命《いのち》の灯火《ともしび》が消《き》えると、その屍《しかばね》は、霊安室《れいあんしつ》というにはあまりにもそまつな小屋《こや》にうつされる。暖房《だんぼう》のないところで一夜《いちや》を明《あ》かした屍《しかばね》は、極寒《ごっかん》のなかで芯《しん》の芯《しん》まで冷凍《れいとう》人間《にんげん》になってしまう。亡骸《なきがら》を埋葬地《まいそうち》まで運《はこ》ぶそりにのせるとき、あるいは墓穴《はかあな》に入《い》れるときには、慎重《しんちょう》な作業《さぎょう》が要求《ようきゅう》される。あやまってゆかに落《お》としたりすると、氷《こおり》がわれるように屍《しかばね》がポッキリとおれて、二《ふた》つにも三《みっ》つにもなってしまうことがあるからである。心《こころ》では御霊《みたま》のやすらかなることを願《ねが》っていても、体力《たいりょく》のおとろえてしまった生存者《せいぞんしゃ》にとっては、かなりつらい仕事《しごと》であった。

黄金《おうごん》の塔《とう》（罰《ばつ》の塔《とう》）

零下《れいか》三十度《ど》をこえる毎日《まいにち》のシベリアでは、便槽《べんそう》の便《べん》は水平《すいへい》にはたまらず、ピラミッドよりするどい形《かたち》にこおって塔状《とうじょう》になり、せり上《あ》がってくる。最後《さいご》にはゆかより高《たか》く尖塔《せんとう》の頂上《ちょうじょう》が頭《あたま》をだし、下痢患者《げりかんじゃ》があわててしゃがみこむと、臀部《でんぶ》にけがをするはめになる。

ソ連《れん》の監督《かんとく》の心証《しんしょう》を害《がい》すると、理由《りゆう》のいかんを問《と》わず、この巨大《きょだい》な糞《くそ》の塔《とう》をこわす罰《ばつ》が科《か》せられる。深《ふか》い便槽《べんそう》にひとり入《はい》り、いてついて岩《いわ》となった罰《ばつ》の塔《とう》にツルハシをふるう作業《さぎょう》は並大抵《なみたいてい》のものではない。便《べん》の氷《こおり》の破片《はへん》は目《め》や鼻《はな》や、あげくのはてには口《くち》にまでも飛《と》びこんでくる。宿《しゅく》舎《しゃ》に帰《かえ》ってあたたまると、体《からだ》じゅうの糞《くそ》の破片《はへん》がとけだす。悪臭《あくしゅう》になやまされるのは、自分《じぶん》ひとりではすまない。

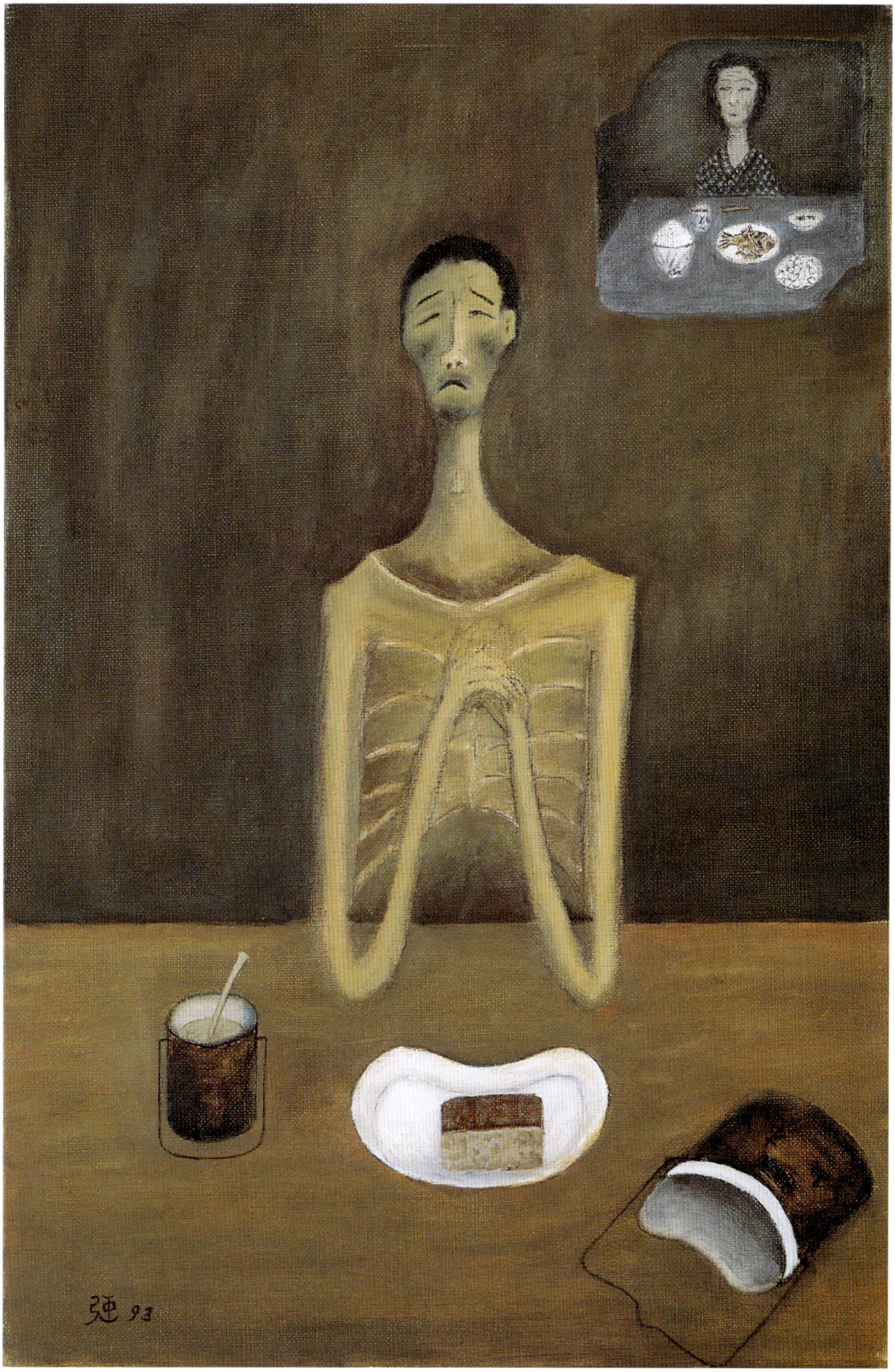

生《い》ける屍《しかばね》

一日三百グラムの黒《くろ》パン一個《こ》と雑穀《ざつこく》のスープで命《いのち》をつなぎながら、極寒《ごっかん》と重労働《じゅうろうどう》のなかで、ミイラのようにやせ細《ほそ》った捕《とら》われの身《み》。この男《おとこ》になにを考《かんが》えろというのだ。失意《しつい》のはてにただ呼吸《こきゅう》している屍《しかばね》。

黒《くろ》パン

空腹《くうふく》で頭《あたま》のなかも空《から》っぽ。夜《よ》な夜《よ》な見《み》る夢《ゆめ》はただ、腹《はら》いっぱい食《た》べることだけ。どうして手《て》に入《い》れたのだろう。黒《くろ》パンをむさぼり食《く》らう。

力《ちから》尽《つ》きて

翼《つばさ》が欲《ほ》しい

　捕《とら》われ、檻《おり》の底《そこ》にうごめいている私《わたし》には、空飛《そらと》ぶ鳥《とり》がうらやましくてならなかった。鳥《とり》に変身《へんしん》できるなら、今《いま》すぐにも空《そら》にかけ登《のぼ》り、欣喜雀躍《きんきじゃくやく》して故郷《こきょう》に帰《かえ》れるのにと、うるむ眼《め》で空飛《そらと》ぶ鳥影《とりかげ》を見上《みあ》げるばかりの毎日《まいにち》であった。

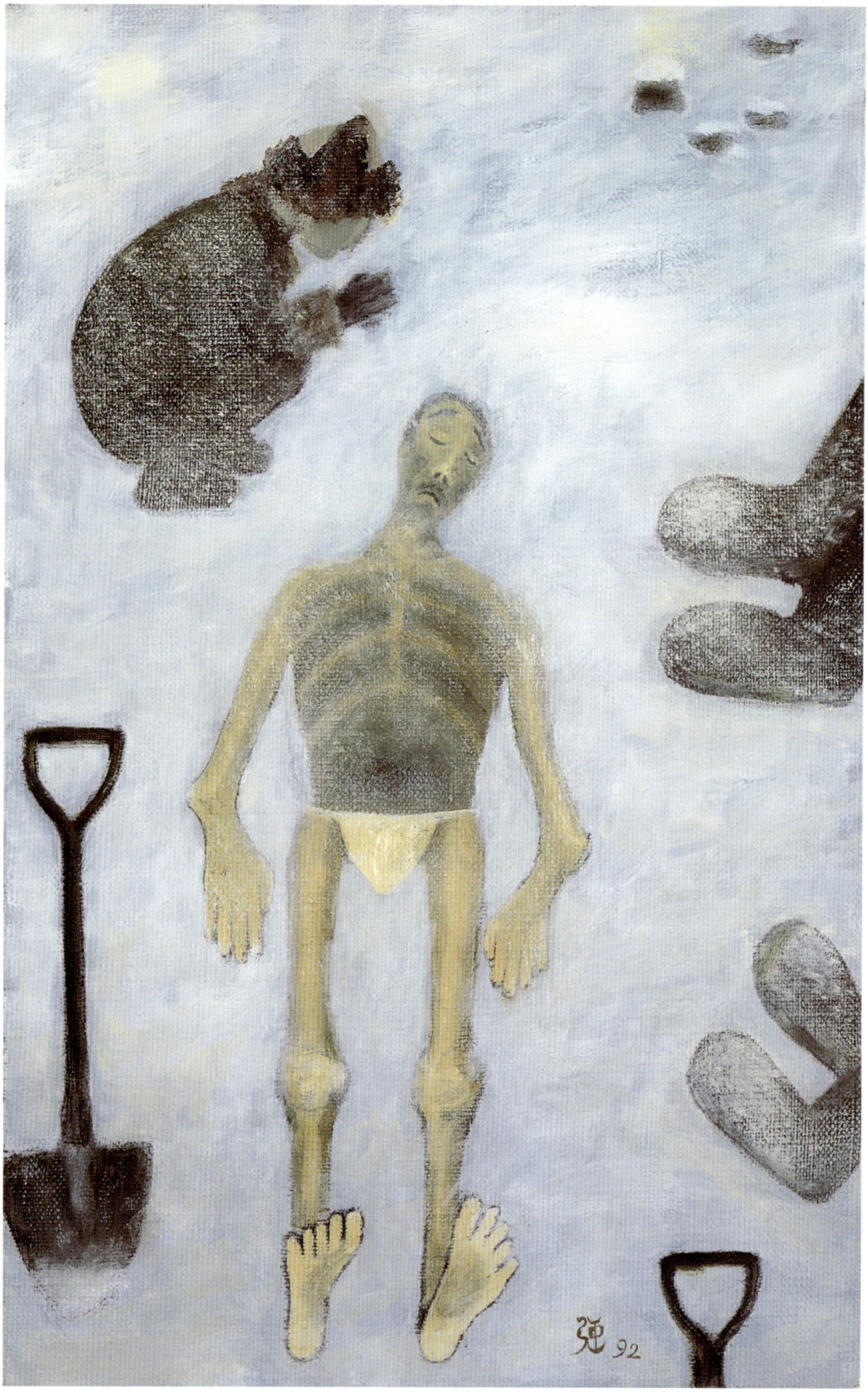

『友よねむれ——シベリア鎮魂歌《レクイエム》』(久永強・絵／文　福音館書店)より転載　掲載作品はすべて世田谷美術館蔵

戦友《とも》を送《おく》る・冬《ふゆ》

　シベリアの冬《ふゆ》は、またたく間《ま》にやってくる。気温《きおん》の低下《ていか》に比例《ひれい》して死者《ししゃ》の数《かず》もふえていく。夏《なつ》の無理《むり》が累積《るいせき》して、冬将軍《ふゆしょうぐん》に立《た》ちむかう体力《たいりょく》も気力《きりょく》もなくしてしまうのだろうか。戦友《せんゆう》Ｂ君《くん》がある冬《ふゆ》の夜突然《よるとつぜん》、故郷《こきょう》の話《はなし》を目《め》をかがやかせて話《はな》しはじめ、ことに母親《ははおや》の手作《てづく》り料理《りょうり》の自慢話《じまんばなし》になると、あの寡黙《かもく》な彼《かれ》がなんでこんなにとおどろくほど饒舌《じょうぜつ》になり、際限《さいげん》なく語《かた》りつづけて、いささかへきえきした。翌朝《よくあさ》、朝寝坊《あさねぼう》の彼《かれ》をおこそうとベッドのそばに行《い》くと永遠《えいえん》の寡黙《かもく》の世界《せかい》へと彼《かれ》は旅立《たびだ》っていた。

わたしたちの
アジア・太平洋戦争

1 広がる日の丸の下で生きる

まえがき

わたしたちの国《くに》日本《にほん》は、今《いま》から七十年《ねん》あまり前《まえ》の「満州事変《まんしゅうじへん》」に始《はじ》まるアジア・太平洋戦争《たいへいようせんそう》を起《お》こし、中国《ちゅうごく》をはじめアジアの国《くに》ぐにとそこで暮《く》らす人《ひと》びとに大《おお》きな被害《ひがい》を与《あた》えました。また、日本《にほん》の国民《こくみん》も大《おお》きな被害《ひがい》を受《う》けました。

この戦争《せんそう》を体験《たいけん》して、日本国民《にほんこくみん》は戦争《せんそう》の残酷《ざんこく》さ、平和《へいわ》の尊《とうと》さを知《し》りました。その気持《きも》ちをあらわしたのが「戦争放棄《せんそうほうき》」をきめた日本国憲法《にほんこくけんぽう》九条《じょう》です。日本国民《にほんこくみん》は新《あたら》しい道《みち》を選《えら》んだのです。

だが今《いま》、日本《にほん》が選《えら》んだ「平和《へいわ》への道《みち》」がおびやかされようとしています。日本《にほん》を「戦争《せんそう》ができる国《くに》」にしようとする動《うご》きが積《つ》み重《かさ》ねられています。戦争中《せんそうちゅう》に少年時代《しょうねんじだい》を送《おく》ったぼくには今《いま》の時代《じだい》があの戦争時代《せんそうじだい》の始《はじ》まりのころと似通《にかよ》った感《かん》じがしてなりません。

そして、そういう時代《じだい》の感《かん》じを肌《はだ》で知《し》っている戦争《せんそう》の直接体験者《ちょくせつたいけんしゃ》は、だんだん少《すく》なくなってきました。しかし、今《いま》ならまだ間《ま》に合《あ》います。この今《いま》だからこそ、日本国民《にほんこくみん》の平和《へいわ》への願《ねが》いの出発点《しゅっぱつてん》となったアジア・太平洋戦争《たいへいようせんそう》のことをあらためてふりかえり、少年少女《しょうねんしょうじょ》のみなさんに語《かた》りたいと考《かんが》えました。それは戦後《せんご》の日本国民《にほんこくみん》にとって平和《へいわ》への出発点《しゅっぱつてん》は何《なん》だったのかを語《かた》ることにもなるでしょう。

そこで、わたしたちは次《つぎ》のような内容《ないよう》の本《ほん》をつくることにしました。

一、日本《にほん》がアジア諸国《しょこく》に対《たい》して行《おこ》なった侵略《しんりゃく》・加害《かがい》の事実《じじつ》
二、日本国民《にほんこくみん》が受《う》けた被害《ひがい》
三、日本国民《にほんこくみん》はどのようにしてこの戦争《せんそう》を支持《しじ》するようになったのか
四、敗戦後《はいせんご》、その戦争体験《せんそうたいけん》をもとに「平和《へいわ》への道《みち》」を選《えら》んで生《い》きてきた人《ひと》びとの姿《すがた》
五、戦後《せんご》に生《う》まれ育《そだ》った人《ひと》びとの平和《へいわ》への願《ねが》いと行動《こうどう》
六、戦争中《せんそうちゅう》の中国《ちゅうごく》や、当時《とうじ》日本《にほん》の植民地《しょくみんち》だった韓国《かんこく》、台湾《たいわん》の人《ひと》びとの生活《せいかつ》と思《おも》い

こうしたことをできるだけ個人《こじん》の体験《たいけん》によって語《かた》ってもらいました。この本《ほん》は体験集《たいけんしゅう》に近《ちか》

いものです。

ただ、今《いま》まで「戦争体験《せんそうたいけん》」というと、空襲《くうしゅう》の体験《たいけん》、学童疎開《がくどうそかい》の体験《たいけん》など、戦争中《せんそうちゅう》に体験《たいけん》したことが語《かた》られてきました。しかし、この本《ほん》では戦争中《せんそうちゅう》のある日《ひ》、ある時《とき》の体験《たいけん》だけでなく、その体験《たいけん》の意味《いみ》を問《と》い返《かえ》し、問《と》い返《かえ》し、現在《げんざい》に至《いた》るまで生《い》きてきた体験《たいけん》と、両方《りょうほう》をあわせて「体験《たいけん》」と考《かんが》えました。

また当然体験《とうぜんたいけん》だけでは語《かた》れないものもあります。例《れい》をあげると、「日本軍《にほんぐん》はマレーシア・シンガポールでなにをしたか」という報告《ほうこく》です。こうした、個人《こじん》の体験《たいけん》とは違《ちが》う大《おお》きなとらえかたをした重要《じゅうよう》な報告《ほうこく》がいくつもこの本《ほん》の中《なか》に入《はい》っています。

こんなふうに考《かんが》えたので、「戦争体験《せんそうたいけん》」の始《はじ》まりの時期《じき》は、「アジア・太平洋戦争《たいへいようせんそう》」が始まる一九三一年《ねん》ごろですが、終《お》わりの時期《じき》は戦争《せんそう》が終《お》わった一九四五年で区切《くぎ》るのではなく、二十一世紀《せいき》に入《はい》った現在《げんざい》まで、としました。

敗戦《はいせん》から現在《げんざい》に至《いた》るまで平和《へいわ》への運動《うんどう》は絶《た》え間《ま》なく続《つづ》けられてきました。その運動《うんどう》は日本《にほん》の平和《へいわ》だけではなく世界《せかい》の平和《へいわ》を願《ねが》う運動《うんどう》ともなっています。こうしたこともこの本《ほん》におさめることにしました。

この本《ほん》がみなさんの心《こころ》にとどいて、戦争《せんそう》のことを知《し》り、感《かん》じ、考《かんが》え、平和《へいわ》の思想《しそう》を自分《じぶん》がつくりあげていく材料《ざいりょう》、きっかけ、助《たす》けになることを願《ねが》っています。

編集委員《へんしゅういいん》　古田足日《ふるたたるひ》（児童文学作家《じどうぶんがくさっか》／評論家《ひょうろんか》）

付記《ふき》　この本《ほん》のため、原稿《げんこう》を書《か》いてくださった方《かた》、また話《はなし》を聞《き》かせてくださった方《かた》が、この本《ほん》をつくっているあいだに六人亡《にんな》くなってしまわれました。最後《さいご》のメッセージをのこしてくださった方《かた》がたに感謝《かんしゃ》し、平和《へいわ》への思《おも》いを受《う》けついで行《い》きたいと思《おも》います。

この巻《かん》では

侵略《しんりゃく》によって日本《にほん》がアジア支配《しはい》を拡大《かくだい》していった時代《じだい》に、日本国内《にほんこくない》ではおとなも子《こ》どもも、どのように戦争体制《せんそうたいせい》に組《く》みこまれていったか。アジアの人《ひと》びとは、日本《にほん》の戦争《せんそう》によって、どのように苦難《くなん》の生活《せいかつ》を強《し》いられたか。以上《いじょう》を中心《ちゅうしん》に、日本国内《にほんこくない》はもとより、中国《ちゅうごく》、韓国《かんこく》のかたをはじめとした、アジア諸国《しょこく》のさまざまなかたがたの体験《たいけん》を紹介《しょうかい》しています。

第《だい》一章《しょう》では、「アジア・太平洋戦争《たいへいようせんそう》（一九三一年から一九四五年）のなかで育《そだ》った」ともいえる古田足日《ふるたたるひ》の、その時代《じだい》の下《もと》で、いかにして軍国主義《ぐんこくしゅぎ》にそまっていったかという体《たい》験《けん》などが語《かた》られています。

また、第《だい》二章《しょう》には主《おも》に日本《にほん》のかたの体験《たいけん》、第《だい》三章《しょう》には、アジア諸国《しょこく》のかたがたが語《かた》ってくださった、日本《にほん》のアジア支配《しはい》による、さまざまな被害《ひがい》の実態《じったい》が語《かた》られています。

編集部《へんしゅうぶ》より

①原則《げんそく》として、年月日《ねんがっぴ》と数字以外《すうじいがい》は総《そう》ルビにしました。「詩《し》」についてはのぞきます。

②地名《ちめい》や人名《じんめい》などのルビは、当時《とうじ》の読《よ》みかたを優先《ゆうせん》します。中国《ちゅうごく》や韓国《かんこく》の地名《ちめい》など、当《とう》時《じ》日本《にほん》読《よ》み（音読《おんよ》み）だったものについては、ひらがなでふっています。また、体験《たいけん》者《しゃ》が現地《げんち》のかたの場合《ばあい》には、現地読《げんちよ》みをカタカナでふっています。

③本文《ほんぶん》の下《した》には、脚注欄《きゃくちゅうらん》をもうけ、歴史用語《れきしようご》を中心《ちゅうしん》に記述《きじゅつ》しました。

④アジア太平洋戦争《たいへいようせんそう》を理解《りかい》する上《うえ》で、重要《じゅうよう》な事項《じこう》にかんしては「解説《かいせつ》」を立《た》てました。

⑤巻末《かんまつ》には、簡単《かんたん》な年表《ねんぴょう》もついています。

⑥「さくいん」は、脚注《きゃくちゅう》、解説《かいせつ》をすべてふくみますので、アジア・太平洋戦争《たいへいようせんそう》のことを調《しら》べるときにもつかってください。

わたしたちのアジア・太平洋戦争

1 広がる日の丸の下で生きる

目次

●●●第三章《だいさんしょう》　日本軍《にほんぐん》はなにをしたか

第一章 少年時代、その後

忠君愛国大君《ちゅうくんあいこくおおきみ》のため——ぼくはアジア・太平洋戦争《たいへいようせんそう》のなかでこう育《そだ》った

古田足日《ふるたたるひ》

はじめに

ぼくはアジア・太平洋戦争《たいへいようせんそう》のなかで育《そだ》った。ぼくは一九二七（昭和《しょうわ》二）年生《う》まれである。一方《いっぽう》ここでアジア・太平洋戦争《たいへいようせんそう》というのは一九三一（昭和《しょうわ》六）年日本《にほん》が満州《まんしゅう》＊事変《じへん》＊を起《お》こして、中国東北部《ちゅうごくとうほくぶ》を侵略《しんりゃく》＊し、一九三七（昭和《しょうわ》一二）年には全面的《ぜんめんてき》な日中戦争《にっちゅうせんそう》＊にふみこみ、一九四一（昭和《しょうわ》一六）年には東南《とうなん》アジアから赤道《せきどう》の南《みなみ》にまで軍隊《ぐんたい》をおくり、アメリカやイギリス、オランダなど世界各国《せかいかっこく》とたたかって負《ま》けた戦争《せんそう》のことである。一九四五（昭和《しょうわ》二〇）年まで足《あし》かけ十五年《ねん》の戦争《せんそう》だったから十五年戦争《じゅうごねんせんそう》という言《い》いかたもある。

この戦争年表《せんそうねんぴょう》をぼくの子《こ》ども時代《じだい》とかさねると、ぼくが四歳《さい》のときに満州事《まんしゅうじ》変《へん》が起《お》こされた。小学校《しょうがっこう》四年《ねん》のときに日中戦争《にっちゅうせんそう》がはじめられ、中学校《ちゅうがっこう》二年《ねん》のと

古田足日《ふるたたるひ》　一九二七年、愛媛県川之江市《えひめけんかわのえし》生《う》まれ、中学校《ちゅうがっこう》二年一学期《ねんいちがっき》までそこで育《そだ》つ。

満州事変《まんしゅうじへん》　一九三一年九月十八日、中国東北部《ちゅうごくとうほくぶ》の柳条湖《りゅうじょうこ》で日本《にほん》の関東軍《かんとうぐん》が起《お》こした南満州鉄道《みなみまんしゅうてつどう》爆破事件《ばくはじけん》を発端《ほったん》にはじまった中国《ちゅうごく》への軍事侵略《ぐんじしんりゃく》。アジア・太平洋戦争《たいへいようせんそう》の第一段階《だいいちだんかい》。本書《ほんしょ》「解説《かいせつ》」三〇七ページ参照《さんしょう》。

事変《じへん》　社会《しゃかい》の混乱《こんらん》が警察《けいさつ》の力《ちから》ではしずめられないほどに広《ひろ》がった騒乱《そうらん》のこと。国際間《こくさいかん》のばあいには、戦争開始《せんそうかいし》の意思表示《いしひょうじ》（＝宣戦布告《せんせんふこく》）なしに武力《ぶりょく》がつかわれること。

侵略《しんりゃく》　ある国《くに》が他国《たこく》の主権《しゅけん》、領土保全《りょうどほぜん》または政治的独立《せいじてきどくりつ》にたいして武力《ぶりょく》などの圧力《あつりょく》を行使《こうし》してうばいとること。

日中戦争《にっちゅうせんそう》　日本《にほん》の中国《ちゅうごく》への侵略《しんりゃく》

きに米英諸国《べいえいしょこく》とたたかう太平洋戦争《たいへいようせんそう》が開始《かいし》され、専門学校《せんもんがっこう》*一年《ねん》（いまの高校《こうこう》三年《ねん》）のときに日本《にほん》は降伏《こうふく》した。そのとき、ぼくは十七歳《さい》と九か月《げつ》だった。ぼくは十五年戦争《じゅうごねんせんそう》のなかで子《こ》ども時代《じだい》をおくり、敗戦《はいせん》のときには青年時代《せいねんじだい》の入《い》り口《ぐち》に立《た》っていたのである。

この子《こ》ども時代《じだい》から敗戦《はいせん》までの間《あいだ》にぼくは「自分《じぶん》はこのように生《い》きよう」という生《い》きかたの背骨《せぼね》になるものをつくりあげていた。だが、敗戦《はいせん》によってその生《い》きかたの根本《こんぽん》になるものをうしなってしまった。敗戦後《はいせんご》の苦《くる》しみは、まず飢《う》えであり、住《す》まいも衣服《いふく》も十分《じゅうぶん》ではないという生活《せいかつ》の苦《くる》しみだったが、ぼくはこの生《せい》活《かつ》の苦《くる》しみとともに生《い》きかたの根本《こんぽん》になるものをうしなってしまった苦《くる》しみを味《あじ》わった。

その「生《い》きかたの根本《こんぽん》」とはどのようなものだったのか。それはどのようにしてぼくの身《み》についていったのか。また、その苦《くる》しみからぬけだす道《みち》をぼくはどのようにして見《み》つけたのか。そのことを語《かた》りたい。

戦争《せんそう》。広《ひろ》くは満州事変《まんしゅうじへん》以降《いこう》の日《にっ》中間《ちゅうかん》の戦争《せんそう》をさすが、一九三七（昭和《しょうわ》一二）年七月の盧溝橋事件《ろこうきょうじけん》以後《いご》四五年《ねん》八月の敗戦《はいせん》までの八年間《かん》の日中全面戦争《にっちゅうぜんめんせんそう》をさしていう場合《ばあい》もある。

専門学校《せんもんがっこう》（旧制《きゅうせい》）中等学校《ちゅうとうがっこう》修《しゅう》了後《りょうご》三年以上《ねんいじょう》の専門的《せんもんてき》な学科《がっか》を学《まな》ぶ学校《がっこう》。工業《こうぎょう》・商業《しょうぎょう》・医学《いがく》・歯学《しがく》・外国語《がいこくご》・美術《びじゅつ》・音楽専門《おんがくせんもん》学校《がっこう》などがおかれた。戦後《せんご》の学制《がくせい》改革《かいかく》で、大部分《だいぶぶん》は新制大学《しんせいだいがく》になった。

人《ひと》はパンのみにて生《い》くるにあらず

ぼくはいまもときどき敗戦後《はいせんご》一年《ねん》ぐらいのときのぎゅうぎゅうづめの夜行列車《やこうれっしゃ》を思《おも》いだす。ぼくはその列車《れっしゃ》の網棚《あみだな》の上《うえ》にいた。汽車《きしゃ》があまりにもこみすぎていてつぶされそうになったぼくは、網棚《あみだな》の上《うえ》にちょっとしたすきまを見《み》つけて、そこにあがり、ひとの荷物《にもつ》を横《よこ》によせ、その荷物《にもつ》と荷物《にもつ》の間《あいだ》に、ぼくのリュックとぼくをおしこみ、背中《せなか》を丸《まる》め、ひざをかかえるようにしてすわりこんだのだった。片手《かたて》は網棚《あみだな》のふちの棒《ぼう》をにぎっている。まるでサルだなとぼくは思《おも》った。

当時《とうじ》、*大阪外語《おおさかがいご》（いまの大阪外国語大学《おおさかがいこくごだいがく》）の学生《がくせい》だったぼくは、家《いえ》のある愛媛《えひめ》県《けん》と大阪《おおさか》を何度《なんど》も行《い》き来《き》していた。そのころ列車《れっしゃ》の数《かず》は少《すく》なく、いつもぎゅうぎゅうづめで人《ひと》と人《ひと》との間《あいだ》にぴったりおしつけられていたぼくは、縦《たて》にぎっしりつまった箱《はこ》のなかの鉛筆《えんぴつ》の一本《いっぽん》になっているような感《かん》じだった。

しかし、網棚《あみだな》の上《うえ》にあがったこの日《ひ》は自然《しぜん》に通路《つうろ》いっぱいの人《ひと》を見下《みお》ろすことになった。ばさばさの髪《かみ》の女《おんな》の人《ひと》、戦争中《せんそうちゅう》そのままの坊主頭《ぼうずあたま》の人《ひと》、よごれた*戦《せん》闘帽《とうぼう》をかぶった人《ひと》、みんな、つかれた顔《かお》をして目《め》をつむっている。汽車《きしゃ》がゆれる

大阪外語《おおさかがいご》　大阪外国語学校《おおさかがいこくごがっこう》。現在《げんざい》の大阪外国語大学《おおさかがいこくごだいがく》（国立《こくりつ》）。

戦闘帽《せんとうぼう》　戦闘用《せんとうよう》の帽子《ぼうし》。旧日本《きゅうにほん》軍《ぐん》が戦時《せんじ》にもちいた帽子《ぼうし》のこと。その形《かたち》のものが中学生《ちゅうがくせい》や一般市《いっぱんし》民《みん》にもつかわれた。

たびにみんなの体《からだ》もゆれる。

それを見《み》ているうちぼくはなんともいえないわびしい気持《きも》ちがこみあげてきた。

(みんな、なんのために生《い》きているんだろうか……)

その「みんな」のなかにはぼく自身《じしん》も入《はい》っていた。ぼくのリュックのなかには着《き》がえのほかに米《こめ》、酒《さけ》の一升《しょう》びん、それからたばこのピースが二十箱《ばこ》入《はい》っている。米《こめ》は大《おお》阪《さか》の下宿《げしゅく》にもっていく。酒《さけ》とたばこは大阪《おおさか》の闇市《やみいち》*にもっていって売《う》る。

大阪《おおさか》の闇市《やみいち》ではた

▲1946年6月、東京《とうきょう》・大井町《おおいまち》の闇市風景《やみいちふうけい》(朝日新聞社提供《あさひしんぶんしゃていきょう》)

ばこの一本《ぽん》売《う》りもやっている。ぼくが故郷《こきょう》の町《まち》をかけずりまわって定価《ていか》で買《か》ったたばこを闇市《やみいち》の商人《しょうにん》は定価《ていか》より高《たか》く買《か》ってくれる。その高《たか》くなった分《ぶん》がぼくの大阪《おおさか》での生活費《せいかつひ》のたしになる。

(そんなことしてなんになる？)

　いままでは夢中《むちゅう》でやってきたそのことを、ぼくはこのときぼんやりとだが、むなしいと思《おも》ったのだった。

(生《い》きていくためにやっている。だけど、ただ生《い》きているだけ。サルのほうがまだましか)

　学校《がっこう》は焼《や》けている。その焼《や》けあとのかたづけもやった。授業《じゅぎょう》も少《すこ》しはやったような気《き》がする。しかし、勉強《べんきょう》しようという気《き》などおこらない。ぼくはときどき切符《きっぷ》をごまかして奈良《なら》へ行《い》って若草山《わかくさやま》でねていた。

　わびしい、というより胸《むね》のなかにからっぽの穴《あな》があるような気《き》がした。そのからっぽのなかを木《こ》がらしがひゅうひゅう舞《ま》っているような感《かん》じがする。その木《こ》がらしのなかから言葉《ことば》が一《ひと》つ舞《ま》いあがった。

闇市《やみいち》　戦後《せんご》、大都市《だいとし》の駅周辺《えきしゅうへん》の焼《や》けあとの露店《ろてん》やバラックでおこなわれた市場《いちば》。公定価格《こうていかかく》では買《か》えないモノが高《たか》い値段《ねだん》(闇値《やみね》)で売《う》られた。

（人《ひと》はパンのみにて生《い》くるにあらず）

読《よ》みかじりの聖書《せいしょ》*の言葉《ことば》である。ぼくはいまたしかに腹《はら》がへっている。だが、人間《にんげん》はただ食《た》べるためにだけ生《い》きているのではないだろう。では、なんのために生《い》きる？　どう生《い》きるのか？

敗戦《はいせん》の日《ひ》まで、その答《こた》えははっきりしていた。というより、たずねる必要《ひつよう》もなかった。日本男児《にほんだんじ》として生《う》まれたぼくは天皇《てんのう》*のために生《い》き、天皇《てんのう》のために死《し》ぬ。わかりきったことだった。

生《い》きていく上《うえ》での価値観《かちかん》――なにが善《ぜん》であり、なにが悪《あく》であるかを判断《はんだん》する根本《こんぽん》となっているものは天皇《てんのう》だった。日《ひ》ごろの生活《せいかつ》のはしばしまで陛下《へいか》の大御心《おおみこころ》にかなうように行動《こうどう》するのが善《ぜん》だった。

そして、ぼくはこの戦争《せんそう》がアジア諸国《しょこく》を白人《はくじん》の侵略《しんりゃく》から解放《かいほう》する聖戦《せいせん》*だと信《しん》じこんでいた。しかし、敗戦《はいせん》の日《ひ》からざっと一年《ねん》の時間《じかん》がたつうちにそうではないことがわかってきた。日本《にほん》が中国《ちゅうごく》を侵略《しんりゃく》し、東南《とうなん》アジアへも侵略《しんりゃく》の手《て》を広《ひろ》げ

聖書《せいしょ》　キリスト教《きょう》の教典《きょうてん》。

天皇《てんのう》　一八八九年に発布《はっぷ》された大《だい》日本帝国憲法《にほんていこくけんぽう》では、大日本帝国《だいにっぽんていこく》の元首《げんしゅ》。戦後《せんご》の日本国憲法《にほんこくけんぽう》では、日本国《にほんこく》および日本統合《にほんとうごう》の象徴《しょうちょう》とされ、国家儀礼《こっかぎれい》としての国事行為《こくじこうい》のみをおこない、国《くに》の政治に関《かん》する機能《きのう》はもたなくなった。

聖戦《せいせん》　領土拡大《りょうどかくだい》などを目的《もくてき》とした戦争《せんそう》ではなく、神聖《しんせい》な目的《もくてき》の戦争《せんそう》。ここではアジアの白人支配《はくじんしはい》（植民地化《しょくみんちか》）にたいして、アジア諸国《しょこく》の独立《どくりつ》のための神聖《しんせい》な戦争《せんそう》だとして正当化《せいとうか》する考《かんが》え。

ていったのだった。これはじりじりと足元《あしもと》がほりくずされていくようなおどろきであり、ぼくはうちのめされた。

わかっていくにつれ、天皇《てんのう》がしんじられなくなった。天皇《てんのう》に忠誠《ちゅうせい》をつくすこと、天皇《てんのう》の大御心《おおみこころ》にかなうように行動《こうどう》すること、これがぼくの「自分《じぶん》はどう生《い》きるか」の背骨《せぼね》、根本《こんぽん》だったが、それが、しだいしだいにくずれおちていった。

居心地《いごこち》の悪《わる》い網棚《あみだな》の上《うえ》でぼくは、胸《むね》のなかのからっぽはぼくのなかから天皇《てんのう》が去《さ》っていったあとのからっぽではないかと思《おも》った。ぼくはそのからっぽのなかをふきあれる木《こ》がらしの音《おと》をじっときいていた。

天皇《てんのう》――小学校低学年《しょうがっこうていがくねん》の教科書《きょうかしょ》

この本《ほん》を読《よ》んでいる君《きみ》たちは、なぜ天皇《てんのう》がぼくにとってそんなに大切《たいせつ》な存在《そんざい》だったのか、ふしぎがるかもしれない。だが、ぼくは、ぼくと同《おな》じ世代《せだい》の日本《にほん》の多《おお》くの人《ひと》びとは子《こ》ども時代《じだい》、そう思《おも》い、感《かん》じるように育《そだ》てられてきた。ぼくと同《おな》じ世代《せだい》の人《ひと》びとのなかには戦争中《せんそうちゅう》*志願《しがん》して少年兵《しょうねんへい》となった人《ひと》たちがいる。この少《しょう》年《ねん》たちを志願《しがん》につきうごかした原因《げんいん》の一《ひと》つには「天皇《てんのう》のため」ということがあったにちがいない、とぼくは思《おも》う。では、この天皇《てんのう》のために生《い》き、天皇《てんのう》のために死《し》ぬという生《い》きかたはどのようにしてぼくの身《み》についたのだろうか。

子《こ》どもが育《そだ》っていくのには、いろんな力《ちから》がはたらいている。まず世《よ》のなか、社《しゃ》会《かい》の力《ちから》があり、家庭《かてい》の力《ちから》があり、テレビやテレビゲーム、本《ほん》や音楽《おんがく》などの力《ちから》がある。ぼくが育《そだ》ったそのころはテレビもアニメも漫画週刊誌《まんがしゅうかんし》もない。当時《とうじ》、子《こ》どもを育《そだ》てるいちばん大《おお》きな力《ちから》は学校《がっこう》の教育《きょういく》で、その学校教育《がっこうきょういく》のなかのいちばん大《おお》きな力《ちから》は教科書《きょうかしょ》と先生《せんせい》だった。

そして、その小学校教科書《しょうがっこうきょうかしょ》はいまのようにいくつかの出版社《しゅっぱんしゃ》からでているのではなく、全国《ぜんこく》どこでも文部省《もんぶしょう》（現在《げんざい》の文部科学省《もんぶかがくしょう》）がつくった同《おな》じ教科書《きょうかしょ》をつかっていた。この教科書《きょうかしょ》と小学校《しょうがっこう》の教育《きょういく》が、ぼくが天皇《てんのう》のために死《し》ぬという生《い》きかたを身《み》につけていく土台《どだい》をつくった。

志願《しがん》 みずからのぞんでねがいでること。戦前《せんぜん》の日本《にほん》には徴兵制《ちょうへいせい》があり、ふつうは召集《しょうしゅう》されて軍《ぐん》隊《たい》に入《はい》ったが、徴兵《ちょうへい》を待《ま》たずにみずからのぞんで軍隊《ぐんたい》に入《はい》る者《もの》もあった。

ぼくは愛媛県《えひめけん》の東《ひがし》のはしの川之江町《かわのえちょう》*（いまは川之江市《かわのえし》）で生《う》まれ、一九三四（昭和《しょうわ》九）年川之江《かわのえ》小学校《しょうがっこう》に入学《にゅうがく》した。

川之江《かわのえ》小学校《しょうがっこう》のことを思《おも》うと、まず第一《だいいち》にわが家《や》から東《ひがし》の低《ひく》い山《やま》の山《やま》すそまでつづくれんげと菜《な》の花《はな》の田畑《たはた》がうかんでくる。西側《にしがわ》に田《た》んぼ、田《た》んぼのむこうには土手《どて》のように高《たか》くなった汽車《きしゃ》の線路《せんろ》、線路《せんろ》のむこうに小学校《しょうがっこう》があった。

その小学校《しょうがっこう》一年生《ねんせい》のときを思《おも》いだそうとすると、たちまち目《め》の前《まえ》にぱあっと花《はな》いっぱいの桜《さくら》の木々《きぎ》がうかび、「サイタ／サイタ／サクラ／ガ／サイタ」（そのころはひらがなより先《さき》にかたかなをならった）と学級《がっきゅう》のみんなで読《よ》む声《こえ》が頭《あたま》のなかにひびいてきて、一年生《ねんせい》になったうれしい気持《きも》ちがよみがえってくる。一年《ねん》生《せい》の国語《こくご》の教科書《きょうかしょ》（そのころは「国語読本《こくごとくほん》」といった）のはじまりが、この「サイタサイタ」だった。

歌《うた》もきこえてくる。「白地《しろじ》に赤《あか》く日《ひ》の丸《まる》*染《そ》めて、ああうつくしや、日本《にほん》の旗《はた》は」という歌《うた》、これも一年生《ねんせい》の最初《さいしょ》のときの歌《うた》だった。そして、読本《とくほん》には「ススメ／

日《ひ》の丸《まる》　白地《しろじ》に太陽《たいよう》をかたどった赤《あか》い丸《まる》の旗《はた》、日章旗《にっしょうき》ともいう。法律《ほうりつ》で国旗《こっき》とさだめられていたわけではないが、修身《しゅうしん》の教科書《きょうかしょ》には「国旗《こっき》」とされていたこともある。戦線《せんせん》が広《ひろ》がるにつれて、国《くに》の威信《いしん》を高《たか》めるシンボルとしてつかわれた。本書《ほんしょ》「解説《かいせつ》」一四九ページ参照《さんしょう》。

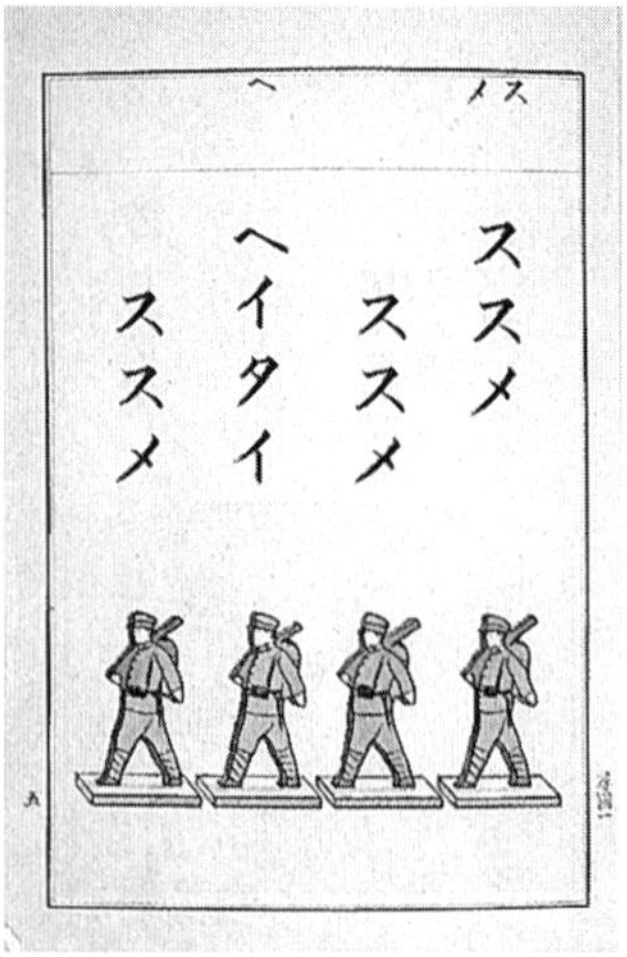

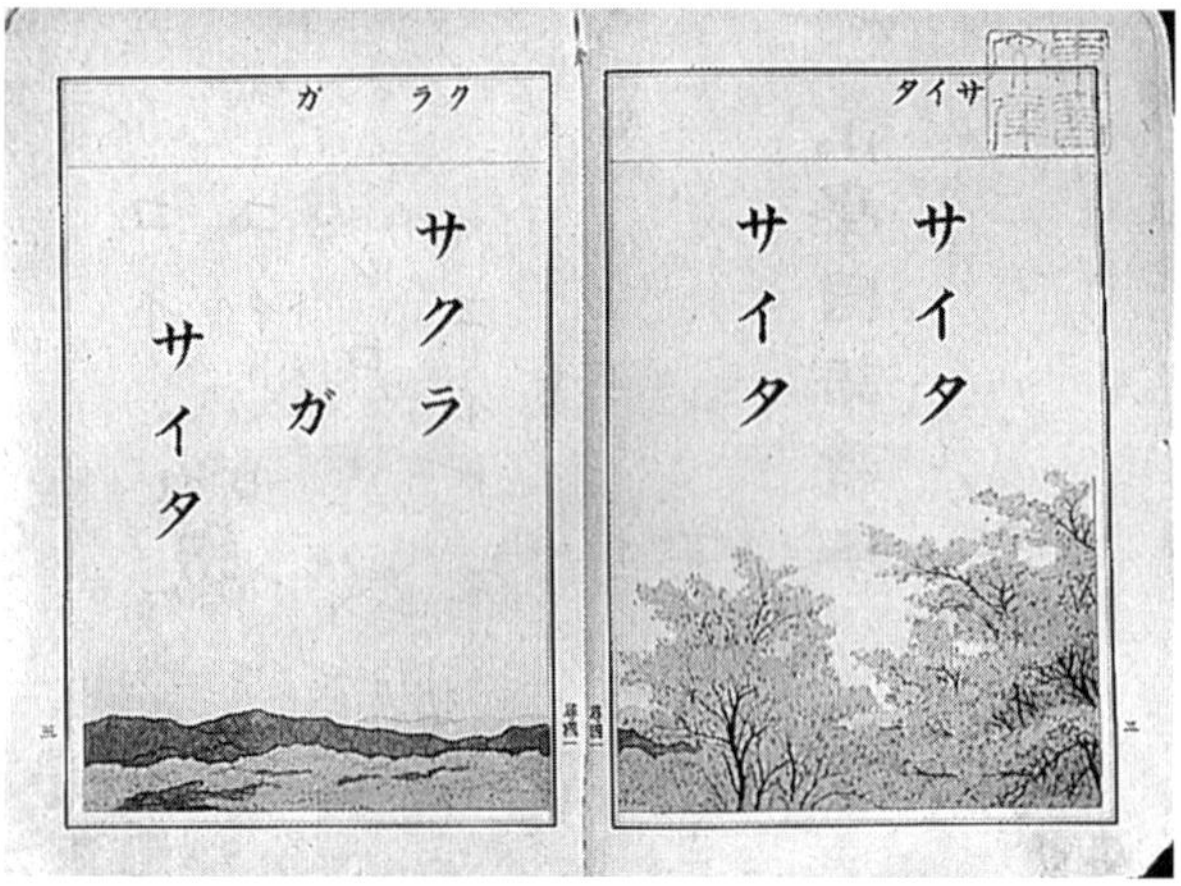

▲「小学国語読本《しょうがくこくごとくほん》　巻《まき》１」1933（昭和《しょうわ》８）年度《ど》から使用《しよう》の第《だい》４期《き》国定《こくてい》国語《こくご》教科書《きょうかしょ》

ススメ／ヘイタイ／ススメ」があり、ちょっとたったころ「唱歌《しょうか》」（そのころは「音楽《おんがく》」のことを「唱歌《しょうか》」といった）では「鉄砲《てっぽう》かついだ兵隊《へいたい》さん、足《あし》なみそろへ《（え）》て歩《ある》いてる。とっとことっとこ歩《ある》いてる。兵隊《へいたい》さんはきれいだな。兵隊《へいたい》さんは大《だい》すきだ」という、軽《かる》い、明《あか》るいメロディの歌《うた》をならった。

それから「修身《しゅうしん》*」、いまでいえば「道徳《どうとく》」だが、「道徳《どうとく》」よりはるかにふかく、ぼくたちのものの見方《みかた》、さっきいった「価値観《かちかん》」の基礎《きそ》をつくりあげた教科《きょうか》だった。その一年《ねん》の修身《しゅうしん》の教科書《きょうかしょ》の最初《さいしょ》のページは宮城《きゅうじょう》*をでて二重橋《にじゅうばし》*をわたる天皇《てんのう》の行列《ぎょうれつ》の絵《え》だった。馬《うま》にのり、旗《はた》をもった兵士《へいし》たちが前方《ぜんぽう》にいる。なんとなく天皇陛下《てんのうへいか》と宮城《きゅうじょう》はあおぎ見《み》るような存在《そんざい》なのだという気持《きも》ちがしてくる絵《え》だった。

そして、いま「みどりの日《ひ》」となっている四月二十九日は当時《とうじ》の天皇《てんのう》（昭和《しょうわ》天皇《てんのう》）の誕生日《たんじょうび》で、「天長節《てんちょうせつ》」という祝日《しゅくじつ》だった。この日《ひ》の前《まえ》に一年《ねん》の修身《しゅうしん》では「テンチヤ《（よ）》ウセツ」をならう。文字《もじ》はない。白馬《はくば》にまたがった天皇《てんのう》を兵士《へいし》たちがむかえている絵《え》である。

修身《しゅうしん》　旧教育制度《きゅうきょういくせいど》の初等《しょとう》・中等教育《ちゅうとうきょういく》で道徳教育《どうとくきょういく》のためにもうけられた科目《かもく》。天皇制《てんのうせい》をささえる思想《しそう》を国民《こくみん》に内面化《ないめんか》させるための教科《きょうか》。

宮城《きゅうじょう》　天皇《てんのう》の居所《きょしょ》。いまは皇居《こうきょ》という。

二重橋《にじゅうばし》　皇居《こうきょ》の正門前《せいもんまえ》にかかっている橋《はし》。

二年《ねん》の修身《しゅうしん》の口絵《くちえ》は初代《しょだい》の天皇《てんのう》とされる神武天皇《じんむてんのう》*の弓《ゆみ》の先《さき》に金《きん》の鳶《とび》がとまって、光《ひかり》をはなち、敵《てき》がにげようとしているたたかいの絵《え》である。神武《じんむ》はたたかいに勝《か》ち「ワルモノドモ」を平《たい》らげて、橿原《かしはら》の宮《みや》で即位《そくい》する。その話《はなし》が「キゲンセツ」である。「キゲンセツ」は漢字《かんじ》では紀元節《きげんせつ》と書《か》き、いまの「建国《けんこく》記念《きねん》の日《ひ》」である。

そのころ四大節《よんだいせつ》という祝日《しゅくじつ》があって、天長節《てんちょうせつ》、紀元節《きげんせつ》のほかは、新年《しんねん》と明治《めいじ》節《せつ》だった。明治節《めいじせつ》は明治天皇《めいじてんのう》の誕生日《たんじょうび》である。四《よっ》つの祝日《しゅくじつ》のうち、三《みっ》つまでが天皇《てんのう》の記念日《きねんび》だったのだ。

祝日《しゅくじつ》の日は授業《じゅぎょう》はないが、学校《がっこう》に行《い》って式《しき》があった。講堂《こうどう》の正面《しょうめん》に天皇《てんのう》と皇后《こうごう》の写真《しゃしん》がかざられ、校長先生《こうちょうせんせい》がうやうやしく教育勅語《きょういくちょくご》*を読《よ》むのを全校生徒《ぜんこうせいと》は頭《あたま》をたれてきく。そして、「君《きみ》が代《よ》」を歌《うた》い、それぞれの祝日《しゅくじつ》の歌《うた》を歌《うた》った。「君《きみ》が代《よ》」はこの天皇《てんのう》のおさめる世《よ》の中《なか》がいつまでもつづくようにとお祝《いわ》いする歌《うた》だった。

教育勅語《きょういくちょくご》の意味《いみ》は小学校《しょうがっこう》一年生《ねんせい》にはまったくわからない。だが、式《しき》が終《お》わって教室《きょうしつ》に入《はい》ると、先生《せんせい》が紅白《こうはく》のおまんじゅうをくばってくれるのはうれしか

神武天皇《じんむてんのう》 『日本書紀《にほんしょき》』『古事記《こじき》』にでてくる神話《しんわ》の世界《せかい》の天皇《てんのう》。「神武《じんむ》」はあとからつけたおくり名《な》で、『古事記《こじき》』にこの名《な》ではでてこない。

教育勅語《きょういくちょくご》 本書《ほんしょ》「解説《かいせつ》」一五一ページ参照《さんしょう》。

った。そして、学《がく》年《ねん》が上《うえ》になるとぼくはこのふだんとかわった重《おも》おもしいふんい気《き》の式《しき》がきらいではなくなっていた。

天皇《てんのう》のことでは教科書《きょうかしょ》などとは別《べつ》に*奉安殿《ほうあんでん》のことがある。教育勅語《きょういくちょくご》を読《よ》むとき、正面《しょうめん》にかざられる天皇《てんのう》、皇后《こうごう》の写真《しゃしん》は

▲奉安殿《ほうあんでん》に最敬礼《さいけいれい》。1937（昭和《しょうわ》12）年、石川県金沢市《いしかわけんかなざわし》・小将町高等小学校《こしょうまちこうとうしょうがっこう》で。（能登印刷出版部提供《のといんさつしゅっぱんぶていきょう》）

「御真影《ごしんえい》」といって、奉安殿《ほうあんでん》に大切《たいせつ》においてあった。火事《かじ》になってもえないように奉安殿《ほうあんでん》はコンクリートづくりが多《おお》かったようだが、ただの四角《しかく》な箱《はこ》ではなく、屋根《やね》をつけたりたりっぱなものだった。

奉安殿《ほうあんでん》の前《まえ》ではかならず立《た》ちどまっておじぎをしなければならぬ。学校《がっこう》に遅刻《ちこく》しそうなときはおじぎなどしたくない。しかし、おじぎしていないのを先生《せんせい》に見《み》つかるとひどくしかられた。

一年《ねん》の修身《しゅうしん》の終《お》わり近《ちか》くには「チュウギ」があった。戦争《せんそう》に行《い》った木口小平《きぐちこへい》*が死《し》んでもラッパをはなさなかった話《はなし》である。

この天皇《てんのう》と忠義《ちゅうぎ》*の話《はなし》は修身《しゅうしん》では毎学年《まいがくねん》くりかえされた。二年生《ねんせい》では三学期《がっき》に「テンノウヘイカ」「キゲンセツ」「チュウギ」とつづいていた。この「テンノウヘイカ」を全文書《ぜんぶんか》きうつしてみよう。

テンノウヘイカ　ハ、ワガ　大日本《だいにっぽん》テイコクヲ　オヲ(お)サメニナル、タットイ

オンカタ　デ　アラセラレマス。

テンノウヘイカ　ハ、ツネニ、シンミン　ヲ、子《こ》ノ　ヤウ(よ)　ニ　オイツクシ

奉安殿《ほうあんでん》　戦時中《せんじちゅう》の学校《がっこう》で天皇《てんのう》の写真《しゃしん》（御真影《ごしんえい》）や教育勅語《きょういくちょくご》などを保管《ほかん》するために設《もう》けた小《ちい》さな建物《たてもの》。前《ぜん》ページ「写真《しゃしん》」および、本書《ほんしょ》「解説《かいせつ》」一五一ページ参照《さんしょう》。

木口小平《きぐちこへい》　日清戦争《にっしんせんそう》にラッパ手《しゅ》として出征《しゅっせい》、戦死《せんし》した。「シンデモラッパヲハナシマセンデシタ」という軍国美談《ぐんこくびだん》のモデルとして〈勇気《ゆうき》〉〈忠義《ちゅうぎ》〉の徳目《とくもく》として修身《しゅうしん》の教科書《きょうかしょ》にのった。

忠義《ちゅうぎ》　主君《しゅくん》や国家《こっか》にたいして心《こころ》をつくしてつかえること。

ミ　ニ　ナッテイラッシャイマス。
私《わたくし》　タチ　ガ、大日本《だいにっぽん》テイコク　ノ　シンミント　生《う》マレテ、カヤウ　ニ
アリガタイ　オンカタ　ヲ　イタヾ《だ》イテ　ヰ《(い)》ル　コトハ、　コノ　上《うえ》　モ
ナイ　シアハ《(わ)》セ　デ　ゴザイマス。

いま、書《か》きうつしていて、この文章《ぶんしょう》にはびっくりする。理由《りゆう》もなく「タットイ　オンカタ」といい、この日本《にほん》の臣民《しんみん》*と生《う》まれたことは「コノ上《うえ》モナイ　シアハ《(わ)》セ」といってしまう。しかし、ぼくたちは別《べつ》にこの文章《ぶんしょう》をうたがいもしなかった。教科書《きょうかしょ》と教育勅語《きょういくちょくご》と奉安殿《ほうあんでん》、それにやはり式《しき》のたびごとに歌《うた》う「君《きみ》が*代《よ》」で、ぼくたちの心《こころ》と体《からだ》のなかに天皇《てんのう》は「タットイ　オンカタ」ということが自然《しぜん》にきざみこまれている。修身《しゅうしん》のこの文章《ぶんしょう》はそれを言葉《ことば》にしたものだった。

天壌無窮《てんじょうむきゅう》*の神勅《しんちょく》*

読本《とくほん》では楽《たの》しい教材《きょうざい》も多《おお》かった。この国語教科書《こくごきょうかしょ》はぼくが一年生《ねんせい》になる前《まえ》の年《とし》からつかわれはじめたもので、サクラ読本《とくほん》といわれていた。二年上《ねんうえ》の兄《あに》の教科《きょうか》

臣民《しんみん》　大日本帝国憲法《だいにっぽんていこくけんぽう》の下《もと》で、天皇《てんのう》と皇族《こうぞく》以外《いがい》の国民《こくみん》をいい、「臣民《しんみん》」という言葉《ことば》には、「家来《けらい》」の意《い》もふくまれていた。

君が代《きみがよ》　文部省《もんぶしょう》が儀式用《ぎしきよう》の歌曲《かきょく》六曲《ろっきょく》をさだめたなかの一曲《いっきょく》だが、その後《ご》、修身教科書《しゅうしんきょうかしょ》では「日本《にほん》の国歌《こっか》」とのべられて学校《がっこう》などでしばしば歌《うた》われた。一九九九年「国旗及《こっきおよ》び国歌《こっか》に関《かん》する法律《ほうりつ》」が成立《せいりつ》し、法的《ほうてき》に国歌《こっか》となったが、国会審議《こっかいしんぎ》の過程《かてい》で政府《せいふ》は「児童生徒《じどうせいと》の内心《ないしん》にまで立《た》ち入《い》って強制《きょうせい》しようとする趣旨《しゅし》のものではなく」と答弁《とうべん》している。本書《ほんしょ》「解説《かいせつ》」一四九ページ参照《さんしょう》。

書《しょ》は白地《しろじ》に黒《くろ》のくろぐろとした本《ほん》だったが、サクラ読本《とくほん》は色《いろ》ずりで、わくわくするほどきれいだった。

「サイタ、サイタ、サクラガサイタ」も楽《たの》しかったし、巻《まき》二のはじまりの詩《し》、「ムカフ《（こう）》ノ山《やま》ニ　ノボッタラ、山《やま》ノムカフ《（こう）》ハ、村《むら》ダッタ。タンボノツヅク村《むら》ダッタ」も楽《たの》しかった。「ツヅクタンボノソノサキハ、ヒロイ、ヒロイ、ウミダッタ。青《あお》イ、青《あお》イ、ウミダッタ」とつづき、さし絵《え》の青《あお》い海《うみ》には白帆《しらほ》の舟《ふね》が二《ふた》つ、三《みっ》つうかんでいる。この情景《じょうけい》は美《うつく》しく、ぼくの見《み》る南《みなみ》の山《やま》のむこうにはなにがあるのだろう、いつかそのむこうへ行《い》ってみたいと心《こころ》がうずいたのだった。

巻《まき》五（三年《ねん》の前期《ぜんき》）の「水《みず》の旅《たび》」は一《ひと》つぶの雨《あめ》のしずくが大勢《おおぜい》の仲間《なかま》たちといっしょに谷川《たにがわ》となり、野《の》をながれ、町《まち》をながれる川《かわ》になり、広《ひろ》い海《うみ》にでていく話《はなし》で、ぼくもしずくとなって旅《たび》をしているようで胸《むね》がおどった。

そして、この巻《かん》には神話《しんわ》があった。「*八岐《やまた》のを《（お）》ろち」の話《はなし》や、潮満《しおみ》つ玉《たま》と潮干《しおひ》る玉《たま》の「二《ふた》つの玉《たま》」の話《はなし》、豆《まめ》のさやの船《ふね》にのって虫《むし》の皮《かわ》を着物《きもの》にしている「*少《すくな》彦名《ひこな》のみこと」などである。この神話《しんわ》の群《む》れもおもしろかった。しかし、いま見《み》

天壌無窮《てんじょうむきゅう》　天地《てんち》とともに永遠《えいえん》につづくこと。

神勅《しんちょく》　神《かみ》のおつげ。

八岐《やまた》のを《（お）》ろち　日本《にほん》の神話《しんわ》で出雲《いずも》のひの川《かわ》にいたとつたえられる頭《あたま》と尾《お》が八《やっ》つにわかれた大蛇《だいじゃ》。

少彦名《すくなひこな》のみこと　小さな体《からだ》ですばしこく、オオクニヌシノミコト

直《なお》すと苦《にが》にがしい思《おも》いがこみあげてくる。

なぜかというと、この巻第《かんだい》一課《か》の「*天《あま》の岩屋《いわや》」は岩屋《いわや》にこもった*天照大神《あまてらすおおみかみ》の話《はなし》である。天照《あまてらす》は日《ひ》の神《かみ》で岩屋《いわや》にかくれると世界《せかい》は暗闇《くらやみ》になり、岩屋《いわや》から天照《あまてらす》がでてくると世界《せかい》はもとのように明《あか》るくなる。第《だい》二課《か》はこの尊《とうと》い天照大神《あまてらすおおみかみ》をまつった伊勢神宮《いせじんぐう》のようすをしらせる参拝《さんぱい》の手紙《てがみ》であり、第《だい》四課《か》は「天長節《てんちょうせつ》」である。神話《しんわ》とともに天皇《てんのう》、皇室《こうしつ》と関係《かんけい》のある話《はなし》がつづいている。そして、いくらか間《あいだ》をおいてだが、神話群《しんわぐん》の中心《ちゅうしん》になる「天孫《てんそん》」がでてくる。「天孫《てんそん》」というのは天照大神《あまてらすおおみかみ》の孫《まご》のことで、この課《か》はつぎのようにはじまる。

「天照大神《あまてらすおおみかみ》は天孫《てんそん》に*にゝぎのみことをお呼《よ》びになって、『日本《にほん》の国《くに》は、わが子孫《しそん》が治《おさ》むべき国《くに》である。汝《なんじ》、行《い》って治《おさ》めよ。天皇《てんのう》の御位《みくらい》は、天地《てんち》のつづくかぎり、いつまでもさかえるぞ』とおっしゃいました」。そして、にゝぎのみことは*猿田《さるた》彦《ひこ》にむかえられ、「大空《おおぞら》の雲《くも》をかきわけながら、勇《いさ》ましく」おりていき、日向《ひゅうが》の*高千穂《たかちほ》の峯《みね》にくだる。

この全体《ぜんたい》の流《なが》れのなかでは「少彦名《すくなひこな》のみこと」や「二《ふた》つの玉《たま》」も天皇《てんのう》、*皇室《こうしつ》

と協力《きょうりょく》して国《くに》づくりにはげんだとされる神《かみ》。農業《のうぎょう》をはじめ、医《い》・薬《くすり》・まじないの神《かみ》でもあるとされる。

天《あま》の岩屋《いわや》　高天原《たかまがはら》にあったという岩屋《いわや》。

天照大神《あまてらすおおみかみ》　日本神話《にほんしんわ》のうえでの最高神《さいこうしん》の女神《めがみ》

ににぎのみこと　アマテラスオオミカミの孫《まご》。アマテラスの命《めい》により高千穂《たかちほ》の峯《みね》におりたったとされる。

猿田彦《さるたひこ》　ニニギノミコトが高千穂《たかちほ》の峯《みね》におりたったときに、その道《みち》案内《あんない》をした神話上《しんわじょう》の人物《じんぶつ》。

高千穂《たかちほ》の峯《みね》　宮崎県南部《みやざきけんなんぶ》にある、標高《ひょうこう》一五七四メートルの山《やま》。

皇室《こうしつ》　天皇《てんのう》とその一族《いちぞく》である皇族《こうぞく》の総称《そうしょう》。

関係《かんけい》の話《はなし》になってしまう。はるかな昔《むかし》から天皇《てんのう》、皇室《こうしつ》につながる神《かみ》がみが活躍《かつやく》しているのだった。

五年の修身第《しゅうしんだい》一課《か》「我《わ》が国《くに》」はこの天照《あまてらす》の「日本《にほん》の国《くに》はわが子孫《しそん》が治《おさ》むべき国《くに》である」という言葉《ことば》をもっと力強《ちからづよ》い*文語《ぶんご》でだした。一部《いちぶ》を書《か》きぬくと、「寶祚《あまつひつぎ》の隆《さか》えまさんこと、当《まさ》に天壌《あめつち》と窮《きは》まりなかるべし」。ここでぼくはこの天《あま》照《てらす》の言葉《ことば》が「天壌無窮《てんじょうむきゅう》の神勅《しんちょく》」ということを知《し》った。そして、この修身第一《しゅうしんだい》課《か》はいう。「我《わ》が大日本帝国《だいにっぽんていこく》のやう《（よ）》に萬世一系《ばんせいいっけい》の天皇《てんのう》をいただき、皇室《こうしつ》と臣民《しんみん》とが一体《いったい》になってゐ《（い）》る国《くに》は、外《ほか》にはありません」。

当時《とうじ》「社会科《しゃかいか》」という課目《かもく》はなく、五年《ねん》から「国史《こくし》」（日本《にほん》の歴史《れきし》）がはじまったが、この国史《こくし》のはじめでも低学年《ていがくねん》のときから国語《こくご》と修身《しゅうしん》でならってきたことがくりかえされた。

そして、六年修身《ねんしゅうしん》の第《だい》二課《か》「皇室《こうしつ》」では、「我等国民《われらこくみん》が神《かみ》と仰《あお》ぎ奉《たてまつ》る天皇《てんのう》」という言葉《ことば》をつかって、天皇《てんのう》は人《ひと》でありながら神《かみ》——「現人神《あらひとがみ》」であるとぼくたちに教《おし》えたのだった。

文語《ぶんご》　文章《ぶんしょう》を書《か》くときにつかう、現在《げんざい》の話《はな》し言葉《ことば》とちがう、古《ふる》い時《じ》代《だい》の特色《とくしょく》をもった言葉《ことば》。

臣民《しんみん》のありかた——一旦緩急《いったんかんきゅう》アレバ

このように教科書《きょうかしょ》は、くりかえし、くりかえし、天皇《てんのう》の尊《とうと》さと、日本《にほん》は「万世《ばんせい》一系《いっけい》の天皇《てんのう》をいただく特別《とくべつ》の国《くに》」であるということ、そして天照大神《あまてらすおおみかみ》の子孫《しそん》である天皇《てんのう》が日本《にほん》をおさめる（支配《しはい》する）ようにきまっているということをぼくたちの心《こころ》にうえつけた。それとともに、おさめられるぼくたちは天皇《てんのう》に忠義《ちゅうぎ》、忠《ちゅう》誠《せい》をつくす人間《にんげん》になるように教《おし》えこまれた。

三年《ねん》の終《お》わりの唱歌《しょうか》はかぞえ歌《うた》だったが、その一番《ばん》は、「一《ひと》つとや、人人忠義《ひとびとちゅうぎ》を第一《だいいち》に、／あふ《(お)》げや、高《たか》き君《きみ》の恩《おん》、国《くに》の恩《おん》」と歌《うた》っていた。五年修身《ねんしゅうしん》の第《だい》二課《か》「挙国一致《きょこくいっち》」には、「国民《こくみん》は、祖先以来《そせんいらい》、皇運《こううん》を扶翼《ふよく》し奉《たてまつ》って、（中略《ちゅうりゃく》）国《くに》に大事《だいじ》がおこった場合《ばあい》には、皆心《みなこころ》を一《いつ》にして、一身一家《いっしんいっか》をかへ《(え)》りみず、忠君愛国《ちゅうくんあいこく》の道《みち》につくしました」と書《か》いてあった。

この文章《ぶんしょう》は、教育勅語《きょういくちょくご》の「一旦緩急《いったんかんきゅう》アレハ《(ば)》義勇《ぎゆう》公《こう》ニ奉《ほう》シ《(じ)》以《もっ》テ天壌無窮《てんじょうむきゅう》ノ皇運《こううん》ヲ扶翼《ふよく》スヘ《(べ)》シ」という言葉《ことば》がもとになっている。この言葉《ことば》は「もし国《くに》に大変《たいへん》なことがおこったときには勇《いさ》んで国《くに》と天皇《てんのう》のためにつくして、天壌無窮《てんじょうむきゅう》の天皇《てんのう》の運《うん》をたすけよ」という意味《いみ》である。

そして、国語読本《こくごとくほん》には忠臣《ちゅうしん》*の話《はなし》がいくつもあった。後醍醐天皇《ごだいごてんのう》*のためにたたかった忠臣《ちゅうしん》たちが多《おお》く、その代表《だいひょう》の楠木正成《くすのきまさしげ》*は三年《ねん》の読本《とくほん》に千早城《ちはやじょう》にたてこもって、知恵《ちえ》をめぐらして賊《ぞく》とたたかった武士《ぶし》としてでてきたあと、六年《ねん》修身《しゅうしん》と国史《こくし》の教科書《きょうかしょ》でも、その子正行《こまさつら》とともに語《かた》られる。

それとつながって勇《いさ》ましい武士《ぶし》の話《はなし》がいっぱいあった。源義経《みなもとのよしつね》*のいくつもの合戦《かっせん》が語《かた》られ、「神風《かみかぜ》*」では元《げん》の大軍《たいぐん》をむかえうつ武士《ぶし》たちの姿《すがた》にぼくは心《こころ》をおどらせた。主家再興《しゅかさいこう》のためにたたかう山中鹿之介《やまなかしかのすけ》*の一生《いっしょう》を書《か》いた「三日月《みかづき》の影《かげ》」には、ほろりとさせられた。

主君《しゅくん》のために勇《いさ》ましくたたかって死《し》ぬ武士《ぶし》の姿《すがた》が人間《にんげん》の理想《りそう》の姿《すがた》として、ぼくたちの心《こころ》の奥《おく》にしのびこんでいったと思《おも》う。そして、最高《さいこう》の主君《しゅくん》は天皇《てんのう》であった。

武士《ぶし》は戦士《せんし》であり、武士《ぶし》の話《はなし》は明治以後《めいじいご》の軍隊《ぐんたい》の話《はなし》ともつながっていく。死《し》んでもラッパをはなさなかった木口小平《きぐちこへい》の話《はなし》にはじまり、軍神《ぐんしん》*広瀬中佐《ひろせちゅうさ》*、橘中佐《たちばなちゅうさ》*

後醍醐天皇《ごだいごてんのう》　鎌倉時代《かまくらじだい》の終《お》わりごろ、それまでの幕府《ばくふ》によって実際《じっさい》の力《ちから》をもたない天皇《てんのう》というあつかいにたいして、天皇《てんのう》がみずから政治《せいじ》をおこなうことをめざした天皇《てんのう》。このとき天皇家《てんのうけ》は二派《は》にわかれてあらそったが、後醍醐天皇《ごだいごてんのう》がわにつくした武士《ぶし》たちを「**忠臣**《ちゅうしん》」として教科書《きょうかしょ》でたたえた。

楠木正成《くすのきまさしげ》　千早城《ちはやじょう》のある河内《かわち》（いまの大阪府《おおさかふ》）地方《ちほう》の武士《ぶし》。後醍醐天皇《ごだいごてんのう》のよびかけにおうじて挙兵《きょへい》し、新《あたら》しい政権《せいけん》づくりに貢献《こうけん》したが、足利尊氏《あしかがたかうじ》にやぶれた。

源義経《みなもとのよしつね》　兄《あに》の源頼朝《みなもとのよりとも》とともに平家《へいけ》とたたかった武将《ぶしょう》。一《いち》の谷《たに》、壇《だん》の浦《うら》の合戦《かっせん》での勝利《しょうり》が武将《ぶしょう》としての力《ちから》をしめしたが、のちに兄《あに》・頼朝《よりとも》と不和《ふわ》となり奥州《おうしゅう》へのがれた。

の勇《いさ》ましく悲壮《ひそう》な話《はなし》が読本《とくほん》で語《かた》られ、唱歌《しょうか》で歌《うた》われた。軍用犬《ぐんようけん》の活躍《かつやく》を書《か》いた話《はなし》もあり、潜水艦《せんすいかん》、空中戦《くうちゅうせん》、また戦車《せんしゃ》のでてくる機械化部隊《きかいかぶたい》の戦闘《せんとう》の話《はなし》もある。

そして、四年修身《ねんしゅうしん》には靖国神社《やすくにじんじゃ》があった。靖国神社《やすくにじんじゃ》は、「君《きみ》のため国《くに》のためにつくして死《し》んだ、たくさんの忠義《ちゅうぎ》な人《ひと》びとがおまつりしてある」特別《とくべつ》な神社《じんじゃ》で、そのお祭《まつ》りの盛大《せいだい》さが語《かた》られる。

学校《がっこう》の外《そと》の本《ほん》

小学校《しょうがっこう》の教育《きょういく》でぼくの天皇崇拝《てんのうすうはい》、忠君愛国《ちゅうくんあいこく》の基礎《きそ》はつくられたと思《おも》う。しかし、それを育《そだ》てたのは学校《がっこう》だけではない。

「天皇《てんのう》のため」ということは学校《がっこう》の外《そと》で読《よ》む本《ほん》のなかにもあらわれていた。そのころの映画《えいが》や本《ほん》では「勤王《きんのう》の志士《しし》」というのがよくでてくる。時代劇《じだいげき》、時代小説《じだいしょうせつ》でその時代《じだい》は幕末《ばくまつ》（徳川幕府《とくがわばくふ》の終《お》わりのころ）、京《きょう》の天皇《てんのう》に心《こころ》をよせて幕府《ばくふ》をたおそうとする人《ひと》たちが「勤王《きんのう》の志士《しし》」（だいたい武士《ぶし》）であり、「勤王《きんのう》の志士《しし》」は正義《せいぎ》の味方《みかた》で、悪人《あくにん》は幕府側《ばくふがわ》とだいたいきまっていた。ぼくは高垣眸《たかがきひとみ》の『怪《かい》

神風《かみかぜ》　危機《きき》をすくおうとして神《かみ》がふかせるというはげしい風《かぜ》。鎌倉《かまくら》時代《じだい》に元《げん》が日本《にほん》をせめたとき、台《たい》風《ふう》の大風《おおかぜ》が元軍《げんぐん》をおそって大《おお》きな被害《ひがい》をあたえたため、これを「神《かみ》風《かぜ》」とよんだ。第二次世界大戦末《だいにじせかいたいせんまつ》期《き》には、この故事《こじ》にならい特攻隊《とっこうたい》の名《な》にこれをつかった。

山中鹿之介《やまなかしかのすけ》　戦国時代《せんごくじだい》の武将《ぶしょう》。尼子氏《あまこし》につかえ、毛利氏《もうりし》にやぶれた主家《しゅか》（尼子《あまこ》）再興《さいこう》のためにたたかい、やぶれた。

軍神《ぐんしん》　戦争《せんそう》のなかでとくに功績《こうせき》をあげ戦死《せんし》した模範的《もはんてき》な軍人《ぐんじん》の尊《そん》称《しょう》。日中戦争以降《にっちゅうせんそういこう》は軍《ぐん》が公式《こうしき》に軍神《ぐんしん》を指定《してい》した。

広瀬中佐《ひろせちゅうさ》　広瀬武夫《ひろせたけお》。日露戦争《にちろせんそう》旅順港閉塞作戦《りょじゅんこうへいそくさくせん》で福井丸《ふくいまる》を指揮《しき》した。退船《たいせん》の際部下《さいぶか》の杉野兵曹《すぎのへいそう》長《ちょう》を捜索《そうさく》したが見《み》つからず、引《ひ》きあげの途中《とちゅう》で被弾《ひだん》、戦死《せんし》した。

傑黒頭巾《けつくろずきん》』という本《ほん》がすきだった。怪傑黒頭巾《かいけつくろずきん》は勤王《きんのう》の志士《しし》とまではいえないが、天皇《てんのう》に心《こころ》をよせる武士《ぶし》だった。大佛次郎作《おさらぎじろうさく》の白馬《はくば》にのってさっそうとあらわれる鞍馬天狗《くらまてんぐ》もそうだった。

学校《がっこう》の外《そと》で読《よ》む話《はなし》にも主人《しゅじん》、主家《しゅか》に忠義《ちゅうぎ》をつくすものが多《おお》かった。*大石内蔵助《おおいしくらのすけ》たち*四十七士《しじゅうしちし》の物語《ものがたり》はその代表《だいひょう》であり、忍術使《にんじゅつつか》いの猿飛佐助《さるとびさすけ》の主人《しゅじん》の*真田幸村《さなだゆきむら》は豊臣家《とよとみけ》に忠義《ちゅうぎ》をつくす武士《ぶし》だった。こうした主人《しゅじん》への忠義《ちゅうぎ》の物語《ものがたり》はその根《ね》のほうで天皇《てんのう》に忠義《ちゅうぎ》をつくすありかたとつながっていたと思《おも》う。

また、アメリカ、イギリス、当時《とうじ》の*ソビエト連邦《れんぽう》を*仮想敵国《かそうてきこく》として書《か》いた本《ほん》がぼくたちのまわりにあった。超人本郷義昭《ちょうじんほんごうよしあき》が活躍《かつやく》する山中峯太郎《やまなかみねたろう》の『亜細亜《あじあ》の曙《あけぼの》』や海野十三《うんのじゅうざ》の『浮《う》かぶ飛行島《ひこうとう》』などなどである。ぼくがこの諸国《しょこく》は日本《にほん》をおびやかす国《くに》だと思《おも》うようになったのは、教科書《きょうかしょ》ではなく、おもにこうした本《ほん》に書《か》きこまれた情報《じょうほう》のためである。

そのころ五大国《ごたいこく》という言葉《ことば》があった。イギリス、アメリカ、フランス、イタリ

橘中佐《たちばなちゅうさ》　橘周太《たちばなしゅうた》。日露戦争《にちろせんそう》に従軍《じゅうぐん》し、遼陽城攻略《りょうようじょうこうりゃく》を指揮《しき》した陸軍大隊長《りくぐんだいたいちょう》。首山堡高地《しゅざんほこうち》で戦死《せんし》。

大石内蔵助《おおいしくらのすけ》　江戸時代《えどじだい》、赤穂藩《あこうはん》（浅野家《あさのけ》）の家老《かろう》。浅野家再興《あさのけさいこう》をはかったがみとめられず、かたきの吉良《きら》を討《う》つため**四十七士《しじゅうしちし》**で討《う》ち入《い》った。歌舞伎《かぶき》『仮名手本忠臣蔵《かなでほんちゅうしんぐら》』はじめ、現在《げんざい》にいたるまで、小説《しょうせつ》・映画《えいが》・テレビドラマとして語《かた》られる。

真田幸村《さなだゆきむら》　安土桃山時代《あづちももやまじだい》から江戸《えど》時代初期《じだいしょき》の武将《ぶしょう》。大阪冬《おおさかふゆ》の陣《じん》では東軍《とうぐん》（徳川方《とくがわがた》）をなやまし、夏《なつ》の陣《じん》で討《う》ち死《じ》にした。

ソビエト連邦《れんぽう》（ソ連《れん》）　一九一七年十一月革命《かくめい》で帝政《ていせい》ロシアをたおし、成立《せいりつ》した。労働者《ろうどうしゃ》を中心《ちゅうしん》として計画経済《けいかくけいざい》にもとづく発展《はってん》をはかり、アメリカとならぶ超大国《ちょうたいこく》となったが、一九九一年に解体《かいたい》。

アと日本《にほん》である。だから、日本《にほん》は世界《せかい》じゅうで五本《ほん》の指《ゆび》に入《はい》る大国《たいこく》だ、そのうち一番《ばん》になりたいとぼくたちは思《おも》っていた。ただ五大国《ごたいこく》に入《はい》っていないソビエトはえたいの知《し》れないおそろしい国《くに》のようであり、第一次世界大戦《だいいちじせかいたいせん》に負《ま》けたドイツも五大国《ごたいこく》ではないが、いきおいをのばしていた。この二《ふた》つの国《くに》は五大国《ごたいこく》とは別《べつ》の強《きょう》国《こく》だった。そして、ドイツはいまいった本《ほん》のなかで好感《こうかん》のもてる国《くに》として書《か》かれ、ぼくもそう思《おも》うようになっていた。

中国《ちゅうごく》のことだが、こうした本《ほん》では中国《ちゅうごく》は一《ひと》つの国家《こっか》としては書《か》かれず、日本《にほん》に味方《みかた》する中国人《ちゅうごくじん》と米英《べいえい》、ソビエトの手先《てさき》になっている中国人《ちゅうごくじん》というように二《ふた》とおりに書《か》かれていたと思《おも》う。こうした本《ほん》では中国《ちゅうごく》はおくれた国《くに》とされているようで、小学校《しょうがっこう》三、四年《ねん》ごろのぼくもそういう目《め》で中国《ちゅうごく》を見《み》るようになっていた。この感《かん》じは当時《とうじ》の新聞《しんぶん》や、おとなたちの話《はなし》のなかからもつたわってきた。

学校《がっこう》の外《そと》の本《ほん》と教科書《きょうかしょ》と両方《りょうほう》に関係《かんけい》があるが、ぼく（多分《たぶん》ぼくたち）は小学校低学年《しょうがっこうていがくねん》のころに「征伐《せいばつ》」という言葉《ことば》をおぼえた。神功皇后《じんぐうこうごう》の三韓征伐《さんかんせいばつ》というのが学校《がっこう》の外《そと》の本《ほん》のなかにでてきた。神功皇后《じんぐうこうごう》というのは神武天皇《じんむてんのう》などと同《おな》じよう

仮想敵国《かそうてきこく》 国《くに》の防衛計画《ぼうえいけいかく》をつくる際《さい》に近《ちか》い将来《しょうらい》に戦争《せんそう》が予想《よそう》されるとしてかりに敵《てき》と想定《そうてい》し、作戦《さくせん》計画《けいかく》を立案《りつあん》しておく相手国《あいてこく》。

に、つくりあげられた人物《じんぶつ》だが、そのころの教科書《きょうかしょ》では実際《じっさい》にいた皇后《こうごう》として語《かた》られていた。神功《じんぐう》は夫《おっと》の仲哀天皇《ちゅうあいてんのう》の死後《しご》、おなかに赤《あか》ちゃんをみごもったまま船《ふね》をそろえて「海《うみ》のかなたの宝《たから》の国《くに》」である朝鮮《ちょうせん》の新羅《しらぎ》*の国《くに》をせめる。そのとき大小《だいしょう》の魚《さかな》があつまって船《ふね》をおしすすめ、波《なみ》は新羅《しらぎ》の国《くに》の半分《はんぶん》をおおってしまう。新羅王《しらぎおう》はおどろいて服従《ふくじゅう》し、朝鮮《ちょうせん》にあるそのほかの二《ふた》つの国《くに》、百済《くだら》*と高麗《こま》*も日本《にほん》にしたがった。これが三韓征伐《さんかんせいばつ》である。「国史《こくし》」の教科書《きょうかしょ》では「征伐《せいばつ》」という言葉《ことば》はつかっていないが、学校《がっこう》の外《そと》の本《ほん》では「征伐《せいばつ》」だった。そして、桓武天皇《かんむてんのう》の時代《じだい》には東北《とうほく》の「蝦夷征伐《えぞせいばつ》」があり、豊臣秀吉《とよとみひでよし》のときには「朝鮮征伐《ちょうせんせいばつ》」があった。この「征伐《せいばつ》」はいま考《かんが》えると「侵略《しんりゃく》」である。大和《やまと》の朝廷《ちょうてい》や、日本《にほん》の国《くに》の命令《めいれい》をきかない国《くに》、人《ひと》びとをせめて、したがわせるのが「征伐《せいばつ》」だった。だが、そのころのぼくたちは「侵略《しんりゃく》」という言葉《ことば》を知《し》らず、日本《にほん》の領土《りょうど》が広《ひろ》がっていくのをほこり、ゆかいに思《おも》っていたのだった。

そして、当時日本《とうじにほん》は朝鮮《ちょうせん》を植民地《しょくみんち》にしていたが、朝鮮《ちょうせん》は遠《とお》い昔《むかし》の神功皇后《じんぐうこうごう》のときにもう家来《けらい》になっていたのだから当然《とうぜん》だと思《おも》わせる力《ちから》にもなっていたと思《おも》う。

新羅《しらぎ》　朝鮮半島東南部《ちょうせんはんとうとうなんぶ》に勢力《せいりょく》を有《ゆう》した古代国家《こだいこっか》。四世紀《せいき》なかごろ、建国《けんこく》。七世紀《せいき》には唐《とう》とむすんで百済《くだら》、高句麗《こうくり》をほろぼして半島《はんとう》を支配《しはい》。唐《とう》のように中央集権化《ちゅうおうしゅうけんか》をはかったが、高麗《こうらい》によってほろぼされた。

百済《くだら》　朝鮮半島西南部《ちょうせんはんとうせいなんぶ》に勢力《せいりょく》を有《ゆう》した古代国家《こだいこっか》。日本《にほん》との関係《かんけい》がふかく、仏教《ぶっきょう》など大陸文化《たいりくぶんか》をつたえ、日本古代文化《にほんこだいぶんか》の形成《けいせい》に大《おお》きな影響《えいきょう》をあたえた。

高麗《こま》　古代朝鮮《こだいちょうせん》の一国《いっこく》、高句麗《こうくり》のこと。朝鮮半島北部《ちょうせんはんとうほくぶ》から中国《ちゅうごく》東北地方《とうほくちほう》にかけて勢力《せいりょく》をもった古代国家《こだいこっか》。高麗《こうらい》とはちがう。

日中戦争《にっちゅうせんそう》——時代《じだい》の空気《くうき》

日本《にほん》がやがて全面的《ぜんめんてき》な日中戦争《にっちゅうせんそう》をはじめたとき、ぼくは小学校《しょうがっこう》四年《ねん》だった。一九三七（昭和《しょうわ》一二）年のことである。その年《とし》、七月七日夜《よる》、日本《にほん》の軍隊《ぐんたい》が中《ちゅう》国《ごく》の北京《ペキン》の郊外《こうがい》の盧溝橋《ろこうきょう》*というところで、演習《えんしゅう》をしているところへ中国軍《ちゅうごくぐん》が発《はっ》砲《ぽう》してきたので戦争《せんそう》が起《お》こった、と当時《とうじ》の新聞《しんぶん》は報道《ほうどう》した。

ぼくはその四月に、父の転勤《てんきん》で同《おな》じ愛媛県《えひめけん》の道後湯《どうごゆ》の町《まち》の湯築《ゆづき》小学校《しょうがっこう》に転校《てんこう》していたが、この報道《ほうどう》でぼくたち子《こ》どももさわぎたてた。新聞《しんぶん》には「暴支膺懲《ぼうしようちょう》」という大《おお》きい文字《もじ》がおどっていた。これは「乱暴《らんぼう》なことをする支那《しな》*をこらしめる」ということだった。「ただ演習《えんしゅう》しているところへうってくるなど、シナはけしからん。やっつけろ」。ぼくも友《とも》だちもみんな興奮《こうふん》してそう話《はな》しあった。

戦争《せんそう》は上海《シャンハイ》*でも起《お》こり、日本《にほん》の飛行機《ひこうき》は東《ひがし》シナ海《かい》をこえて中国《ちゅうごく》を爆撃《ばくげき》し、ぼくたちは日《ひ》の丸《まる》の翼《つばさ》の飛行機《ひこうき》の絵《え》をかいた。日本軍《にほんぐん》は杭州湾《こうしゅうわん》*に敵前上陸《てきぜんじょうりく》し、南京《ナンキン》*にむかってすすみ、ぼくたちは毎日《まいにち》の戦果《せんか》が楽《たの》しみだった。ぼくたちは軍艦《ぐんかん》の

盧溝橋事件《ろこうきょうじけん》　一九三七（昭和《しょうわ》一二）年七月七日の深夜《しんや》に北京郊外《ペキンこうがい》の盧溝橋付近《ろこうきょうふきん》で起《お》きた日本軍《にほんぐん》と中国軍《ちゅうごくぐん》の衝突事件《しょうとつじけん》。日本軍《にほんぐん》は演《えん》習中《しゅうちゅう》日本軍兵士《にほんぐんへいし》一名《めい》がゆくえ不《ふ》明《めい》になったのをきっかけに戦闘体《せんとうたい》制《せい》をとり（兵士《へいし》は帰隊《きたい》）、中国軍《ちゅうごくぐん》からの銃声《じゅうせい》がきこえたとして、攻撃《こうげき》を開始《かいし》、中国《ちゅうごく》との全面戦争《ぜんめんせんそう》へのはじまりとなった。

支那《しな》　外国人《がいこくじん》が中国《ちゅうごく》をよぶときの称《しょう》。インドの仏典《ぶってん》に書《か》かれたのがはじめ。日本《にほん》では江戸時代中《えどじだいなか》ごろ以降《いこう》アジア・太平洋戦争《たいへいようせんそう》のおわりまでつかわれた。日本《にほん》が中《ちゅう》国侵略《ごくしんりゃく》をはじめてから「シナ」というよびかたに差別的《さべつてき》な見《み》くだした意味《いみ》をもたせるようになったので現在《げんざい》はつかわない。

絵《え》をかき、戦車《せんしゃ》の絵《え》をかいた。

いつごろからか教室《きょうしつ》のうしろの壁《かべ》に中国《ちゅうごく》の大《おお》きな地図《ちず》がはられた。その地図《ちず》の日本軍《にほんぐん》が占領《せんりょう》した中国《ちゅうごく》の都市《とし》に子《こ》どもたちは日《ひ》の丸《まる》の小旗《こばた》を立《た》てた。小旗《こばた》の根本《ねもと》は小《ちい》さな針《はり》になっていて教室《きょうしつ》の板壁《いたかべ》に立《た》てることができた。早《はや》くニュースを知《し》り、朝早《あさはや》く学校《がっこう》へ行《い》った子《こ》がその日《ひ》の丸《まる》を立《た》てた。ぼくは朝《あさ》がおそく、なかなか日《ひ》の丸《まる》を立《た》てることができず、くやしかった。

子《こ》どもは時代《じだい》の空気《くうき》のなかで育《そだ》っていく。この戦争《せんそう》を勇《いさ》ましく報道《ほうどう》する時代《じだい》の空気《くうき》でぼくたちは「愛国心《あいこくしん》」をかきたてられ、自分《じぶん》たちの「愛国心《あいこくしん》」を育《そだ》てた。しかし、その「愛国心《あいこくしん》」がただ「中国《ちゅうごく》をやっつけろ」というせまいものであることにはまったく気《き》がつかなかった。

一年《ねん》たっても中国《ちゅうごく》は降参《こうさん》しなかったが、時代《じだい》の空気《くうき》はしだいに戦争《せんそう》の色《いろ》にそまっていった。町《まち》のレコード屋《や》からながれる歌《うた》がかわってきた。それまではまだ知《し》らないおとなの世界《せかい》のぞくぞくするようなメロディと歌詞《かし》の歌《うた》がながれていたが、戦争《せんそう》の歌《うた》——軍国歌謡《ぐんこくかよう》がでてきた。その一《ひと》つである「露営《ろえい》の歌《うた》」のなかには

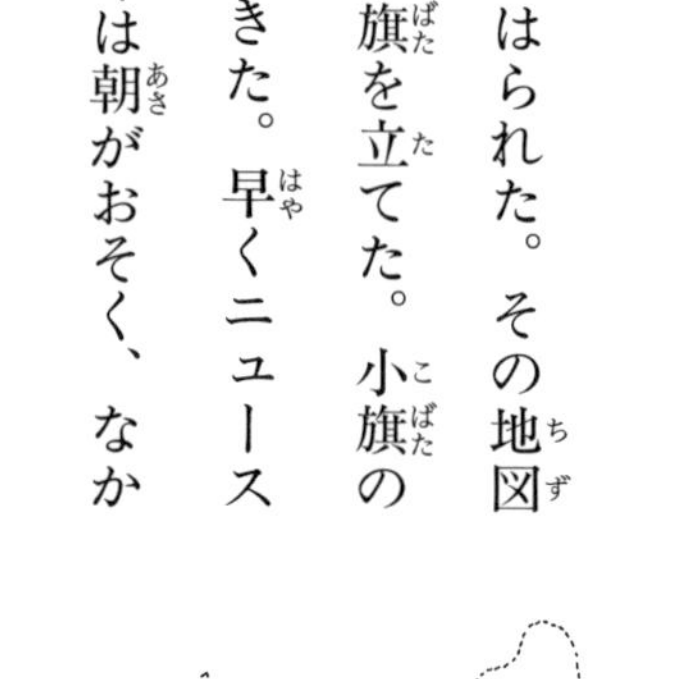

「東洋平和《とうようへいわ》のためならば／なんで命《いのち》が惜《お》しかろう」という言葉《ことば》があり、ぼくはこの戦争《せんそう》の目的《もくてき》を「東洋平和《とうようへいわ》のため」とも思《おも》ったのだった。また映画《えいが》のポスターに兵隊《へいたい》の姿《すがた》がでてくるようになった。

そして、町《まち》には白衣《はくい》の傷病軍人《しょうびょうぐんじん》の姿《すがた》が目《め》につくようになった。温泉《おんせん》のある道後《どうご》には傷病兵《しょうびょうへい》の療養所《りょうようじょ》があったのだった。

小学校《しょうがっこう》五年《ねん》の二学期《がっき》、また父《ちち》が川之江《かわのえ》に転勤《てんきん》し、ぼくももといた川之江小学校《かわのえしょうがっこう》にもどっていった。そのころ店《みせ》にならんでいたお菓子《かし》が少《すこ》しずつへってきた。

小学校《しょうがっこう》六年《ねん》の三学期《がっき》がはじまった年《とし》は、一九四〇（昭和《しょうわ》一五）年、神武天皇《じんむてんのう》が橿原《かしはら》の宮《みや》で即位《そくい》して二千六百年になるという年《とし》で、*皇紀《こうき》二千六百年を祝《いわ》う行事《ぎょうじ》がいろいろあった。もうその前《まえ》の年《とし》のおわりに、それを祝《いわ》う歌《うた》もでき、神武天皇《じんむてんのう》をまつった橿原神宮《かしはらじんぐう》という神社《じんじゃ》が有名《ゆうめい》になった。このように神話《しんわ》や古代《こだい》の歴史《れきし》がちょっとしたブームになっていくなかで、ぼくは国語《こくご》で「萬葉集《まんようしゅう》」をならった。読本《とくほん》は「今《いま》を去《さ》る千二百年《ねん》の昔《むかし》、東国《とうごく》から徴集《ちょうしゅう》されて九州方面《きゅうしゅうほうめん》の守備《しゅび》に向《む》

皇紀《こうき》二千六百年　「皇紀《こうき》」は『日本書紀《にほんしょき》』にしるされた神話上《しんわじょう》の人物《じんぶつ》である初代《しょだい》の天皇《てんのう》。神武天皇《じんむてんのう》の即位《そくい》の年《とし》を紀元元年《きげんがんねん》とする年《とし》のかぞえかた。西暦《せいれき》より六六〇年古《ふる》くなる。一九四〇年は皇紀《こうき》二千六百年にあたるので、政府《せいふ》はこの年《とし》を盛大《せいだい》に祝《いわ》って愛国心《あいこくしん》をわきたたせた。

かった兵士《へいし》の一人《ひとり》が」よんだ歌《うた》である「今日《きょう》よりはかへ《え》りみなくて大君《おおきみ》の*しこの*御盾《みたて》と出立《いでた》つわれは」という歌《うた》を最初《さいしょ》にあげて、この歌《うた》についてつぎのように書《か》いた。「『今日以後《きょういご》は、一身一家《いっしんいっか》をかへ《え》りみることなく、いやしい身《み》ながら、大君《おおきみ》の御盾《みたて》となって、出発《しゅっぱつ》するのである』といふ《う》意味《いみ》で、まことによく国民《こくみん》の本分《ほんぶん》、軍人《ぐんじん》としてのりっぱな覚悟《かくご》をあらは《わ》した歌《うた》である」。

また万葉《まんよう》の歌人《かじん》*大伴家持《おおとものやかもち》が長歌《ちょうか》のなかによみ入《い》れていた「武門《ぶもん》の家《いえ》」大伴氏《おおともし》が遠《とお》い昔《むかし》からつたえてきた歌《うた》を紹介《しょうかい》し、「忠勇《ちゅうゆう》の心《こころ》が躍動《やくどう》してゐ《い》る」と言《い》った。「海行《うみゆ》かば水《み》づくかばね、山行《やまゆ》かば草《くさ》むすかばね、大君《おおきみ》の邊《へ》にこそ死《し》なめ、かへ《え》りみは《わ》せじ」（海《うみ》を行《い》けば水《みず》につかるしかばねとなり、山《やま》を行《い》けば草《くさ》の生《は》えるしかばねとなっても、大君《おおきみ》のそばでこそ死《し》のう。うしろをふりむいたりはしないぞ）という歌《うた》である。

この歌《うた》はもう前《まえ》からラジオでよく放送《ほうそう》されていたし、「今日《きょう》よりは」の歌《うた》もぼくは本《ほん》で読《よ》んで知《し》っていたが、あらためて国語《こくご》でならうと、はるかな昔《むかし》から日本《にほん》の国民《こくみん》は「大君《おおきみ》のため、かえりみはせじ」と生《い》きてきたのだと思《おも》って、体《からだ》がひき

しこ（醜《しこ》）の御盾《みたて》　みずから天皇《てんのう》をまもるための盾《たて》となることを、けんそんしていう言葉《ことば》。

大伴家持《おおとものやかもち》　奈良時代《ならじだい》の貴族《きぞく》・歌人《かじん》。『万葉集《まんようしゅう》』の編《へん》さんに重要《じゅうよう》な役割《やくわり》をはたした。

▲政府主催《せいふしゅさい》で1940年11月10日に開《ひら》かれた「皇紀《こうき》二千六百年式典《しきてん》」（朝日新聞社提供《あさひしんぶんしゃていきょう》）

しまった。

四月、ぼくは中学校《ちゅうがっこう》に入学《にゅうがく》

　そのころからしだいに「八紘一宇《はっこういちう》」*という言葉《ことば》が新聞《しんぶん》、雑誌《ざっし》で目《め》につくようになった。これは神武天皇《じんむてんのう》が言《い》ったという言葉《ことば》で、「地《ち》の果《は》てまでを一《ひと》つの家《いえ》のように統一《とういつ》して支配《しはい》すること」という意味《いみ》である。やがて政府《せいふ》はこの「八紘一宇《はっこういちう》の精神《せいしん》」にもとづいて「大東亜共栄圏《だいとうあきょうえいけん》」*を建設《けんせつ》する、という方針《ほうしん》をだしたのだった。

　こうして戦争《せんそう》の目的《もくてき》は「大東亜《だいとうあ》の新秩序《しんちつじょ》の建設《けんせつ》」ということになった。これははっきりと大陸《たいりく》や南方《なんぽう》を侵略《しんりゃく》しようという方針《ほうしん》をしめしたものだった。いつのまにか「暴支膺懲《ぼうしようちょう》」や「東洋平和《とうようへいわ》のため」はひっこめられたわけだが、ぼくはこの新《あたら》しい言葉《ことば》が気持《きも》ちよかった。

　その翌年《よくとし》、太平洋戦争《たいへいようせんそう》がはじめられて、この戦争《せんそう》は「アジアを白人《はくじん》の支配《しはい》から解放《かいほう》する聖戦《せいせん》」なのだとぼくは思《おも》うようになる。この「聖戦《せいせん》」は「八紘一宇《はっこういちう》」とつながっていて、日本政府《にほんせいふ》はこの戦争《せんそう》を大東亜戦争《だいとうあせんそう》*と名《な》づけ、大東亜新秩序《だいとうあしんちつじょ》をつ

八紘一宇《はっこういちう》　『日本書紀《にほんしょき》』のなかの「天下《てんか》を一《ひと》つの家《いえ》のようにする」という意味《いみ》からつくられた言葉《ことば》。戦争《せんそう》の時期《じき》には日本《にほん》のアジア侵略《しんりゃく》を正当化《せいとうか》するためにつかわれた。

大東亜共栄圏《だいとうあきょうえいけん》　日本《にほん》がアジアの中心《ちゅうしん》となって政治的《せいじてき》・経済的《けいざいてき》にアジアを支配《しはい》するという考《かんが》えかたで、欧米列強《おうべいれっきょう》の植民地支配《しょくみんちしはい》からアジアを解放《かいほう》するという名目《めいもく》のもとで、アジア各国《かっこく》を日本《にほん》の戦争《せんそう》目的《もくてき》にしたがわせるための構想《こうそう》。

大東亜戦争《だいとうあせんそう》　太平洋戦争《たいへいようせんそう》にたいする日本側《にほんがわ》の呼称《こしょう》。大東亜共栄圏《だいとうあきょうえいけん》建設《けんせつ》のための「聖戦《せいせん》」という意味《いみ》をもたせるためにつかわれた。

くるための戦争《せんそう》としたのだった。

太平洋戦争開戦《たいへいようせんそうかいせん》

ぼくはこの太平洋戦争《たいへいようせんそう》がはじまった一九四一（昭和《しょうわ》一六）年十二月八日、頭《あたま》の上《うえ》にかぶさっていた黒雲《くろくも》をつきやぶって朝日《あさひ》がさっとさしたという感《かん》じがしたことをおぼえている。ぼくは中学校《ちゅうがっこう》二年生《ねんせい》だったが、その一学期《がっき》からなんとなく重苦《おもくる》しい気持《きも》ちになることがあった。なぜかというと、まず生活《せいかつ》が少《すこ》しずつきゅうくつになってきた。マッチや砂糖《さとう》が*切符制《きっぷせい》になり、衣料《いりょう》も不足《ふそく》してきた。

学校《がっこう》も一年《ねん》のときよりきゅうくつになってきた。中学校《ちゅうがっこう》では兵隊《へいたい》になる基礎《きそ》をつくる*教練《きょうれん》という科目《かもく》があり、行進《こうしん》したり、走《はし》ったりする訓練《くんれん》で、楽《たの》しくない時間《じかん》だったが、二年《ねん》になるとそれがいっそうきびしくなった。

学校《がっこう》のきゅうくつさからは、ぼくは転校《てんこう》でのがれることができた。八月、父《ちち》が北京《ペキン》の大学《だいがく》の教師《きょうし》となって単身赴任《たんしんふにん》することになり、ぼくたち家族《かぞく》は両親《りょうしん》の出《しゅっ》身地《しんち》の愛媛県壬生川町《えひめけんにゅうがわちょう》（いまの東予市《とうよし》）に転居《てんきょ》し、兄《あに》とぼくは西条中学校《さいじょうちゅうがっこう》に

切符制《きっぷせい》　戦争中《せんそうちゅう》と戦後《せんご》しばらくの間《あいだ》、配布《はいふ》された切符《きっぷ》との引《ひ》きかえでのみ品物《しなもの》を購入《こうにゅう》できる制《せい》度《ど》がおこなわれていた。

教練《きょうれん》　一九二五年以降《いこう》、現役将校《げんえきしょうこう》、退役将校《たいえきしょうこう》、退役軍人《たいえきぐんじん》を教官《きょうかん》として配属《はいぞく》して、中学校《ちゅうがっこう》以上《いじょう》の生徒《せいと》・学生《がくせい》に、正科《せいか》としておこなわれた軍事《ぐんじ》に関《かん》する訓練《くんれん》。

転校《てんこう》したのだった。ここの教練《きょうれん》の教官《きょうかん》はだじゃれずきのユーモラスな先生《せんせい》でぼくの失敗《しっぱい》なども大目《おおめ》に見《み》てくれた。そして、友《とも》だちにもめぐまれた。

しかし、日本《にほん》をめぐる情勢《じょうせい》はあまりいいとは言《い》えないようだった。地図《ちず》で見《み》ると日本《にほん》は中国《ちゅうごく》の大《おお》きな都市《とし》をいっぱい占領《せんりょう》していた。南京《ナンキン》からはるかにさかのぼって揚子江中流《ようすこうちゅうりゅう》の武漢三鎮《ぶかんさんちん》を占領《せんりょう》していたし、南方《なんぽう》の広東《カントン》も占領《せんりょう》していた。それなのに中国《ちゅうごく》は降伏《こうふく》しない。米国《べいこく》は日本《にほん》に必要《ひつよう》な石油《せきゆ》などの資源《しげん》の輸出《ゆしゅつ》をしぶるようになり、英国《えいこく》は米国《べいこく》とともに重慶《じゅうけい》の*蒋介石政権《しょうかいせきせいけん》に援助《えんじょ》をつづけている。

その七月ごろから、新聞《しんぶん》には毎日《まいにち》のように*ABCD包囲陣《ほういじん》という記事《きじ》がのっていた。Aはアメリカ、Bはイギリス、Cは中国《ちゅうごく》、Dはオランダ、この四《よっ》つの国《くに》が日本《にほん》を取《と》りかこんで圧迫《あっぱく》している、という記事《きじ》だった。当時《とうじ》インドネシアはオランダの*植民地《しょくみんち》だった。

包囲《ほうい》されていると思《おも》うとぼくは重苦《おもくる》しい気持《きも》ちになってきた。

だから十二月八日、午前《ごぜん》七時《じ》、ラジオが臨時《りんじ》ニュースをつげ、「大本営陸海軍《だいほんえいりくかいぐん》部《ぶ》発表《はっぴょう》。帝国陸海軍《ていこくりくかいぐん》は本《ほん》八日未明《ようかみめい》、西太平洋《にしたいへいよう》において米英軍《べいえいぐん》と戦闘状態《せんとうじょうたい》に入《い》れ

蒋介石《しょうかいせき》　中国《ちゅうごく》の軍人《ぐんじん》・政治家《せいじか》。中国国民政府《ちゅうごくこくみんせいふ》の首席《しゅせき》。抗日《こうにち》よりも共産党《きょうさんとう》の討伐《とうばつ》を優先《ゆうせん》していたが、日中戦争《にっちゅうせんそう》がはじまって以降《いこう》は南京《ナンキン》、武漢《ぶかん》、重慶《じゅうけい》と首都《しゅと》をうつしながら抗日戦争《こうにちせんそう》をたたかった。

ABCD包囲陣《ほういじん》　アメリカ(America)、イギリス（Britain)、中国《ちゅうごく》(China)、オランダ（Dutch)の四か国《こく》が日本《にほん》の包囲網《ほういもう》をつくっていると日本政府《にほんせいふ》は国民《こくみん》に宣伝《せんでん》し、危機感《ききかん》をあおった。

植民地《しょくみんち》　強国《きょうこく》が、自国以外《じこくいがい》の地域《ちいき》や国家《こっか》の主権《しゅけん》をうばって、その領土《りょうど》や人民《じんみん》を政治的《せいじてき》に支配《しはい》し、また原料《げんりょう》の供給地《きょうきゅうち》として、あるいは商品市場《しょうひんしじょう》として支配《しはい》する、自国以外《じこくいがい》の地域《ちいき》や国家《こっか》。第一次世界大戦《だいいちじせかいたいせん》はすでにそれら列強国《れっきょうこく》の間《あいだ》の植民地争奪《しょくみんちそうだつ》のあらそいであったが、領土《りょうど》や支配地域《しはいちいき》の拡大《かくだい》をめぐって世界《せかい》は二度《ど》の大戦《たいせん》を経験《けいけん》した。

り」とアナウンサーの緊張《きんちょう》した声《こえ》がひびいたとき、頭《あたま》がすうっとさえわたった気分《きぶん》になったのだった。

朝《あさ》、八時三十分、ぼくたちは中学校《ちゅうがっこう》のある町《まち》の西条駅《さいじょうえき》から隊列《たいれつ》を組《く》み、靴音《くつおと》高《たか》く、白《しろ》い息《いき》をはきながら中学校《ちゅうがっこう》まで行進《こうしん》し、校門《こうもん》をくぐったところにある奉《ほう》安殿《あんでん》の前《まえ》で立《た》ちどまり、最敬礼《さいけいれい》をした。

その前《まえ》、一九三九（昭和《しょうわ》一四）年九月、ドイツはポーランドに進攻《しんこう》、イギリス、フランスはドイツに宣戦布告《せんせんふこく》して、第《だい》二次世界大戦《じせかいたいせん》*がはじまり、一九四〇年六月、ドイツ軍《ぐん》はパリを占領《せんりょう》、フランスはドイツに降伏《こうふく》した。九月、日本《にほん》はドイツ、イタリアと三国同盟《さんごくどうめい》*をむすび、一九四一年日米開戦後《にちべいかいせんご》*、いままでイギリスを応援《おうえん》していたアメリカは正式《せいしき》にドイツ、イタリアに宣戦《せんせん》し、ヨーロッパとアジアの戦争《せんそう》はつながって文字《もじ》どおりの世界大戦《せかいたいせん》になった。

一九四二年四月、ぼくは三年生《ねんせい》、四三年四月、四年生《ねんせい》（いまの高校《こうこう》一年生《ねんせい》）。

第《だい》二次世界大戦《じせかいたいせん》　アジアでの日《にっ》中戦争《ちゅうせんそう》と、イタリアのアフリカ・エチオピア侵略《しんりゃく》、さらにドイツの中欧《ちゅうおう》への領土拡大《りょうどかくだい》ではじまったヨーロッパの戦争《せんそう》が、日本《にほん》のハワイ・マレー半島《はんとう》への侵攻《しんこう》でアメリカ・イギリスをまきこむ世界規模《せかいきぼ》の戦争《せんそう》となり、これらを総称《そうしょう》して第《だい》二次世界大戦《じせかいたいせん》とよぶ。

三国同盟《さんごくどうめい》　正式《せいしき》には日独伊三国同盟《にちどくいさんごくどうめい》とよばれる軍事同盟《ぐんじどうめい》。締結時《ていけつじ》には同盟国《どうめいこく》の侵略戦争《しんりゃくせんそう》にアメリカの介入《かいにゅう》を抑止《よくし》する意図《いと》もあったが、アメリカはかえって同盟国《どうめいこく》への態度《たいど》を硬化《こうか》させた。本書《ほんしょ》「解説《かいせつ》」二六四ページ参照《さんしょう》。

日米開戦《にちべいかいせん》　一九四一年十二月八日未明《みめい》（日本時間《にほんじかん》）の日本軍《にほんぐん》によるハワイの真珠湾攻撃《しんじゅわんこうげき》で、日本《にほん》とアメリカは交戦状態《こうせんじょうたい》に入《はい》り、また同日《どうじつ》、イギリスの植民地《しょくみんち》マレー半島《はんとう》にも上陸作戦《じょうりくさくせん》を開始《かいし》して、太平洋戦争《たいへいようせんそう》に突入《とつにゅう》した。

この四年生《ねんせい》の一学期《がっき》までは生活《せいかつ》の不自由《ふじゆう》さはありながら、まずまずの中学生《ちゅうがくせい》生《せい》活《かつ》をおくったと思《おも》う。麦《むぎ》かり、稲《いね》かり、飛行場《ひこうじょう》づくりや土地改良事業《とちかいりょうじぎょう》*や、また洪水《こうずい》にあった地域《ちいき》の復旧作業《ふっきゅうさぎょう》などに勤労動員《きんろうどういん》されることがふえてはきたが、それでもまだ中学生《ちゅうがくせい》らしく勉強《べんきょう》の時間《じかん》が多《おお》かった。四年《ねん》の四月の終《お》わりには上《じょう》

▲1939年9月6日、国境《こっきょう》をわたってポーランド領《りょう》に入《はい》るドイツ軍《ぐん》(AKG PPS)

土地改良事業《とちかいりょうじぎょう》　耕地《こうち》の区画整理《くかくせいり》、農道《のうどう》や用排水《ようはいすい》の整備《せいび》によって農《のう》業《ぎょう》の収穫《しゅうかく》をふやすための事業《じぎょう》。

級学校受験《きゅうがっこうじゅけん》のための模擬試験《もぎしけん》が四年《ねん》、五年《ねん》の進学志望者《しんがくしぼうしゃ》を対象《たいしょう》にしておこなわれたのだった。

それに、教室《きょうしつ》のなかの勉強《べんきょう》ではないこの動員《どういん》は先生《せんせい》の目《め》を気《き》にしないですむこともあり、それなりに楽《たの》しかった。

だが、学校《がっこう》では教練《きょうれん》を指導《しどう》するもう一人《ひとり》の教官《きょうかん》、長靴《ちょうか》をピカピカに光《ひか》らせた現役《げんえき》の配属将校《はいぞくしょうこう》*がはばをきかせるようになっていた。

この時期《じき》、もっとも心《こころ》にふかくのこったのは、三年生《ねんせい》の三学期《がっき》、海軍兵学校《かいぐんへいがっこう》*を卒業《そつぎょう》した先輩《せんぱい》が学校《がっこう》へやってきたことである。その話《はなし》をきくため全校生徒《ぜんこうせいと》が講堂《こうどう》にあつまった。いままで写真《しゃしん》で見《み》るだけだった海軍士官《かいぐんしかん》の制服《せいふく》をきた関行男《せきゆきお》先輩《せんぱい》が前《まえ》に立《た》った。短《みじか》い上着《うわぎ》、腰《こし》には短剣《たんけん》をつるし、ズボンにはぴしっとおり目《め》がついている。

関先輩《せきせんぱい》は熱《ねつ》をこめて、自分《じぶん》のあとにつづけ、海軍兵学校《かいぐんへいがっこう》へ行《い》くようにと語《かた》りかけてきた。ぼくは近眼《きんがん》で軍《ぐん》の学校《がっこう》は身体検査《しんたいけんさ》ではねられることがわかっていて、

配属将校《はいぞくしょうこう》　中等学校以上《ちゅうとうがっこういじょう》の学校《がっこう》には現役《げんえき》の将校《しょうこう》が教練教官《きょうれんきょうかん》として配属《はいぞく》されていた。

海軍兵学校《かいぐんへいがっこう》　海軍《かいぐん》の士官《しかん》の養成機関《ようせいきかん》。一八七六年設立《せつりつ》。八八年東京築地《とうきょうつきじ》から広島県江田島《ひろしまけんえたじま》に移転《いてん》。敗戦《はいせん》まで存続《そんぞく》した。

残念《ざんねん》だった。

自分《じぶん》をつくる

模擬試験《もぎしけん》のあと社会《しゃかい》のうごきはあわただしくなり、ぼくたちの環境《かんきょう》も急変《きゅうへん》していく。その最初《さいしょ》は一九四三年五月の終《お》わり北太平洋《きたたいへいよう》＊アリューシャン列島《れっとう》の島《しま》の一《ひと》つ、＊アッツ島《とう》を占領《せんりょう》していた日本軍《にほんぐん》が米軍《べいぐん》の攻撃《こうげき》をうけ、玉砕《ぎょくさい》したときだった。「玉砕《ぎょくさい》」というのはこのときはじめてつかわれた言葉《ことば》で、たたかって全滅《ぜんめつ》することである。だが、「全滅《ぜんめつ》」とはちがってこの言葉《ことば》は玉《たま》がくだけてちっていく、そのきらめく光《ひかり》の美《うつく》しさをよびおこした。

ところで、ぼくの天皇崇拝《てんのうすうはい》、忠君愛国《ちゅうくんあいこく》の気持《きも》ちは、小学校《しょうがっこう》のときは教科書《きょうかしょ》で教《おし》えられ、時代《じだい》の空気《くうき》をとおして身《み》につけてきたものだが、中学生《ちゅうがくせい》になると、自分自身《じぶんじしん》で「天皇《てんのう》のため」という方向《ほうこう》に自分《じぶん》をつくっていったと思《おも》う。自覚《じかく》はしていなかったが、＊アッツ島玉砕《とうぎょくさい》はその気持《きも》ちをいちだんとふかめた。

アッツ島玉砕《とうぎょくさい》　一九四三年五月

「玉砕《ぎょくさい》」とかさなって、ぼくはときに美《うつく》しい死《し》ということを思《おも》うようになったのである。後醍醐天皇《ごだいごてんのう》の忠臣楠木正成親子《ちゅうしんくすのきまさしげおやこ》の死《し》のことがうかんでくる。正成《まさしげ》は負《ま》け戦《いくさ》と討死《うちじに》を覚悟《かくご》で京《きょう》から戦場《せんじょう》となる兵庫《ひょうご》へ行《い》く、その覚悟《かくご》を十一歳《さい》の息子《むすこ》正行《まさつら》に語《かた》ってわかれる「桜井《さくらい》の駅《えき》の別《わか》れ」は歌《うた》にもなり、本《ほん》にもなっていた有《ゆう》名《めい》な話《はなし》だった。そして、成人《せいじん》した正行《まさつら》もまた負《ま》け戦《いくさ》と知《し》りながら出陣《しゅつじん》していって討死《うちじに》する。「かへ《（え）》らじとかねて思《おも》えば梓弓《あずさゆみ》、なきかずにいる名《な》をぞとどむる」と正行《まさつら》が書《か》きのこしていった歌《うた》を思《おも》いだすと、体《からだ》がじいんとしびれた。

ぼくは自分《じぶん》を美《うつく》しい死《し》——天皇《てんのう》のために死《し》ぬという方向《ほうこう》へ自分《じぶん》を育《そだ》てていったと思《おも》う。

夏休《なつやす》み前《まえ》に学校《がっこう》のありかたはかわった。三、四、五年生《ねんせい》は学校《がっこう》へくるのではなく毎日工場《まいにちこうじょう》へかよってはたらく工場動員《こうじょうどういん》*になったのである。ただぼくは身体検《しんたいけん》査《さ》で肺結核《はいけっかく》*の初期《しょき》と判断《はんだん》されたので、学校《がっこう》のなかの作業《さぎょう》となった。

ぼくはそれが残念《ざんねん》だった。みんなが国《くに》のためにはたらくのにぼくがそれに参加《さんか》

十二日アメリカ軍約《ぐんやく》一万五千人《にん》が上陸《じょうりく》、日本軍守備隊約《にほんぐんしゅびたいやく》二千五百人《にん》には、援軍《えんぐん》も撤退作戦《てったいさくせん》もなく五月二十九日に全滅《ぜんめつ》した。大本営《だいほんえい》が「玉砕《ぎょくさい》」と発表《はっぴょう》した最初《さいしょ》のたたかい。

工場動員《こうじょうどういん》　戦争末期《せんそうまっき》には労働力《ろうどうりょく》不足《ぶそく》をおぎなうために学徒勤労動《がくときんろうどう》員《いん》が強制的《きょうせいてき》におこなわれた。動《どう》員先《いんさき》には工場《こうじょう》や農場《のうじょう》、土木作業《どぼくさぎょう》場《じょう》などがあった。

結核《けっかく》　結核菌《けっかくきん》によってひきおこされる伝染病《でんせんびょう》。多《おお》くは肺《はい》に感染《かんせん》し、患者《かんじゃ》のせきなどで伝染《でんせん》する。一九三五年から五〇年まで毎年《まいねん》二百万人《にん》以上《いじょう》の死者《ししゃ》をだし、日本人《にほんじん》の死亡原因《しぼうげんいん》の第《だい》一位《い》をしめた。その後抗生物質《ごこうせいぶっしつ》による治療法《ちりょうほう》の確立《かくりつ》によって急激《きゅうげき》に患者数《かんじゃすう》はへった。

できないとは……。同《おな》じ気持《きも》ちの同級生《どうきゅうせい》がいた。だれが言《い》いだしたのか、ぼくたち三人《にん》は松山《まつやま》の航空隊《こうくうたい》（だったと思《おも》う）に血判《けっぱん》の手紙《てがみ》をおくった。ぼくたちは体《からだ》が悪《わる》い、だから早《はや》く兵士《へいし》になって天皇陛下《てんのうへいか》と祖国《そこく》のためにつくしたい、入隊《にゅうたい》させてほしい、という志願《しがん》の手紙《てがみ》だった。

航空隊《こうくうたい》からは「病気《びょうき》をなおしてから志願《しがん》してほしい」という返事《へんじ》がきた。しかし、それが美談《びだん》として新聞《しんぶん》にのった。おどろいた母親《ははおや》が言《い》った。

「足日《たるひ》。おまえ、死《し》ぬつもりか」

ぼくは言《い》いかえした。

「天皇陛下《てんのうへいか》のために死《し》んだらいかんのかの」

母親《ははおや》はだまった。父親《ちちおや》がいたらどう言《い》ったろうか。母親《ははおや》は手紙《てがみ》でそのことを父《ちち》に知《し》らせたと思《おも》うが、その返事《へんじ》をぼくはきいていない。

一九四四年、五年生《ねんせい》（いまの高校《こうこう》二年《ねん》）になり、体《からだ》がいくらかよくなったところで、西条《さいじょう》の工場《こうじょう》や、新居浜《にいはま》の住友鉄道《すみともてつどう》の保線《ほせん》などをやったあと、交通不便《こうつうふべん》な山《やま》のなかにある住友《すみとも》の農場《のうじょう》にとまりこんではたらくことになった。

その農場《のうじょう》からうちに帰《かえ》っているときのある朝《あさ》、新聞《しんぶん》を見《み》て「あっ」と声《こえ》をあげた。新聞《しんぶん》は第《だい》一面《めん》で、爆弾《ばくだん》をだいた飛行機《ひこうき》で操縦士《そうじゅうし》もろとも敵艦《てきかん》に体当《たいあ》たりしていった最初《さいしょ》の神風特攻隊《かみかぜとっこうたい》*のことを報道《ほうどう》している。はじめて見《み》る特攻《とっこう》という言葉《ことば》だった。そのわが身《み》をすてた神風特攻隊敷島隊《かみかぜとっこうたいしきしまたい》の隊長《たいちょう》として、この特攻《とっこう》の最初《さいしょ》の人《ひと》として、あの関行男先輩《せきゆきおせんぱい》の名《な》がしるされていたのだった。

自分《じぶん》が死《し》ぬとわかっていながら、目《め》を見開《みひら》いてぐんぐん大《おお》きくなってくる敵艦《てきかん》の甲板《かんぱん》につっこんでいく、神風特攻《かみかぜとっこう》とはそういう攻撃《こうげき》なんだと思《おも》うと、思《おも》うだけで息《いき》がつまりそうだった。その特攻第《とっこうだい》一号《ごう》の関中佐《せきちゅうさ》が講堂《こうどう》で熱《ねっ》っぽく語《かた》った姿《すがた》が目《め》にうかび、ぼくの胸《むね》はきりきりいたんだ。

やがて軍神関中佐《ぐんしんせきちゅうさ》の歌《うた》がつくられた。その一節《いっせつ》に「大君《おおきみ》のため神風《かみかぜ》は翼連《つばさつら》ねて今日《きょう》も行《ゆ》く……中佐《ちゅうさ》の霊《れい》や故郷《ふるさと》のわれらに何《なに》を求《もと》むらん」という言葉《ことば》がある。中佐《ちゅうさ》の霊《れい》はぼくたちに大君《おおきみ》のため死《し》ぬことをもとめているのだとぼくは思《おも》った。

そのころ「海行《うみゆ》かば水《み》づくかばね、……大君《おおきみ》の邊《へ》にこそ死《し》なめ、かへ《(え)》りみは《(わ)》せ

神風特別攻撃隊《かみかぜとくべつこうげきたい》（特攻隊《とっこうたい》） 海軍《かいぐん》がレイテ沖海戦《おきかいせん》でアメリカ航空母艦《こうくうぼかん》への体当《たいあ》たり攻撃《こうげき》をおこなった最初《さいしょ》の特攻隊《とっこうたい》の名称《めいしょう》。以後《いご》、体当《たいあ》たり攻撃《こうげき》の代名詞《だいめいし》となり、恒常的《こうじょうてき》な戦法《せんぽう》として陸海軍《りくかいぐん》で採用《さいよう》。約《やく》二千五百機《き》の特攻《とっこう》がおこなわれた。

じ」の歌《うた》は、殊勲《しゅくん》を立《た》てた戦死者《せんししゃ》をおくる歌《うた》としてラジオからながれていた。このことばと荘重《そうちょう》なメロディは小学生《しょうがくせい》のときよりはるかにふかくぼくをとりこにした。ぼくは「大君《おおきみ》のため水《み》づくかばね」となるのだと思《おも》っていた。

だが、ぼくたちは別《べつ》の歌《うた》も歌《うた》っていた。「きのう生《う》まれたタコ八《はち》が弾丸《たま》に当《あ》たって名誉《めいよ》の戦死《せんし》／タコの遺骨《いこつ》はいつ帰《かえ》る／骨《ほね》がないから帰《かえ》れない」。当時《とうじ》はやった「湖畔《こはん》の宿《やど》」という歌《うた》のかえ歌《うた》で、あとから考《かんが》えると、戦争《せんそう》を風刺《ふうし》した歌《うた》である。一九四四年のころから戦死者《せんししゃ》の遺骨《いこつ》をおさめたはずの箱《はこ》に入《はい》っていたのは、一《ひと》にぎりの土《つち》だったというようなことがひそひそと語《かた》られていたのだった。しかし、少年《しょうねん》のぼくたちはただおもしろいからこの歌《うた》を歌《うた》っていた。「大君《おおきみ》のため神《かみ》風《かぜ》は翼《つばさ》連《つら》ねて今日《きょう》も行《ゆ》く」も「きのう生《う》まれたタコ八《はち》が」も、両方《りょうほう》とも当時《とうじ》のぼくのなかに生《い》きていた。

そして、ぼくのなかではこまったような気持《きも》ちも生《う》まれていた。「七《なな》つボタン*は桜《さくら》に錨《いかり》……」と歌《うた》われた予科練《よかれん》*に三年《ねん》のとき同級生《どうきゅうせい》が何人《なんにん》か志願《しがん》していった

七《なな》つボタン

予科練《よかれん》 海軍飛行予科練習生《かいぐんひこうよかれんしゅうせい》の略《りゃく》。海軍《かいぐん》の航空機搭乗員《こうくうきとうじょういん》の下級《かきゅう》幹部養成制度《かんぶようせいせいど》。小学《しょうがく》の高等科卒《こうとうかそつ》業生《ぎょうせい》や中学《ちゅうがく》三年以上《いじょう》の者《もの》を採用《さいよう》、事実上《じじつじょう》の志願兵《しがんへい》だった。昭和《しょうわ》のはじめにこの制度《せいど》ができたときは、一回《かい》に二、三百人《にん》くらいだったが、アジア・太平洋戦争末期《たいへいようせんそうまっき》には十数《じゅうすう》万人《まんにん》にふくれあがった。その多《おお》くが特攻隊員《とっこうたいいん》の要員《よういん》となり、一万九千人弱《じゃく》が戦死《せんし》した。

が、その予科練《よかれん》では精神注入棒《せいしんちゅうにゅうぼう》というのがあって、その棒《ぼう》で上級者《じょうきゅうしゃ》から便所《べんじょ》に行《い》けなくなるほど尻《しり》をなぐられるという話《はなし》がつたわってきた。その話《はなし》には美《うつく》しい死《し》とはかけはなれた、なまなましさがあって、ぼくはおちつかない気持《きも》ちにもなったのだった。

敗戦《はいせん》

一九四五（昭和《しょうわ》二〇）年四月、ぼくは大阪外事専門学校《おおさかがいじせんもんがっこう》ロシア語科《ごか》に入学《にゅうがく》したが、しばらくは中学《ちゅうがく》の動員先《どういんさき》ではたらいていた。大阪《おおさか》へ行《い》く前《まえ》、うちにいて朝目《あさめ》がさめると、窓《まど》いっぱいに米軍《べいぐん》の飛行機《ひこうき》が飛《と》んでいるのが見《み》えて、ショックだった。軍港《ぐんこう》の呉《くれ》を爆撃《ばくげき》に行《い》く飛行機《ひこうき》らしい。それ以前《いぜん》、艦載機《かんさいき》の襲撃《しゅうげき》を身近《みぢか》にうけたこともあったが、そのときよりもショックは大《おお》きく、あらためてもう「銃後《じゅうご》」*という言葉《ことば》は通用《つうよう》しなくなった、日本全体《にほんぜんたい》が戦場《せんじょう》なのだとぼくは思《おも》った。

学校《がっこう》へ行《い》ったのは五月のはじめだったろうか、入学試験《にゅうがくしけん》をうけた二月か三月のはじめにはあった学校《がっこう》の建物《たてもの》は、空襲《くうしゅう》で焼《や》けてなくなっていた。

銃後《じゅうご》　戦場《せんじょう》の後方《こうほう》という意味《いみ》で、ちょくせつ戦闘《せんとう》にかかわらない地域《ちいき》や人《ひと》びと。

いうまでもなく勉強《べんきょう》などない。ぼくたちは新《あたら》しい動員先《どういんさき》に行《い》った。枚方《ひらかた》にある陸軍造兵廠《りくぐんぞうへいしょう》*の分廠《ぶんしょう》の火薬関係《かやくかんけい》の工場《こうじょう》だった。しばらくして八月のある日《ひ》、ぼくたちは自給自足《じきゅうじそく》のため浜寺海岸《はまでらかいがん》に行《い》って塩《しお》をつくるように命令《めいれい》された。そして、浜寺《はまでら》について二、三日のちの朝《あさ》、まだ塩《しお》をつくらないうちに今日《きょう》の正午《しょうご》重大放送《じゅうだいほうそう》があるのであつまれというしらせがあった。

正確《せいかく》な記憶《きおく》ではないが、ぼくは松林《まつばやし》のなかでその放送《ほうそう》をきいたように思《おも》っている。この日は一九四五年八月十五日、雑音《ざつおん》だらけの放送《ほうそう》はポツダム宣言《せんげん》*を受諾《じゅだく》して降伏《こうふく》するという天皇《てんのう》の放送《ほうそう》だった。ぼくたちは泣《な》きながら海《うみ》に走《はし》りこんだ。真《ま》っ青《さお》な空《そら》、真《ま》っ青《さお》な海《うみ》だった。

気《き》がつくと、みんなははなればなれになり、ぼくは一人涙《ひとりなみだ》をながしながら海《うみ》の上《うえ》にうかんでいた。神武天皇以来《じんむてんのういらい》二千六百年あまり、一度《ど》も外敵《がいてき》におかされることのなかった祖国日本《そこくにほん》が「紅毛碧眼《こうもうへきがん》*の夷狄《いてき》」の軍靴《ぐんか》にふみにじられることになるのかと思《おも》うと、それこそはらわたがちぎれるようにいたんだ。そして、われわれ国民《こくみん》の力《ちから》たりずこうなったことを天皇陛下《てんのうへいか》にたいして申《もう》しわけないと思《おも》った。

造兵廠《ぞうへいしょう》　陸海軍《りくかいぐん》の兵器類《へいきるい》を製造《せいぞう》する工場《こうじょう》。

ポツダム宣言《せんげん》　戦争《せんそう》の終結《しゅうけつ》と戦後処理《せんごしょり》に関《かん》するアメリカ・イギリス・中国《ちゅうごく》の共同宣言《きょうどうせんげん》。アメリカ・イギリス・ソ連《れん》がポツダム会議《かいぎ》できめ、中国《ちゅうごく》の同意《どうい》をえて、一九四五年七月二六日に発表《はっぴょう》された。ソ連《れん》は日本《にほん》に宣戦布告《せんせんふこく》した八月九日に参加《さんか》した。七月の宣言《せんげん》後も日本はこれを黙殺《もくさつ》したため宣言受諾《せんげんじゅだく》の八月十四日までの間《あいだ》に広島《ひろしま》・長崎《ながさき》への原爆投下《げんばくとうか》の惨禍《さんか》をこうむった。

紅毛碧眼《こうもうへきがん》の夷狄《いてき》　紅毛碧眼《こうもうへきがん》は赤《あか》い髪《かみ》の毛《け》、青《あお》い目《め》の西洋人《せいようじん》。夷狄《いてき》は、異民族《いみんぞく》の未開人《みかいじん》。ここではあわせて「欧米《おうべい》の異人《いじん》ども」という意味《いみ》。

数日《すうじつ》たち、学校《がっこう》から、しらせがあるまで自宅《じたく》で待《ま》っているようにと連絡《れんらく》があり、ぼくは七、八時間《じかん》、ぎゅうづめの汽車《きしゃ》にのって愛媛県《えひめけん》のわが家《や》に帰《かえ》った。夜走《よるはし》る汽車《きしゃ》からは窓《まど》の外《そと》にあかりが見《み》えた。それが戦争《せんそう》が終《お》わったことを教《おし》えてくれた。いままで夜《よる》は*灯火管制《とうかかんせい》でほとんど真《ま》っ暗《くら》だったからである。

はだかの王様《おうさま》

天皇《てんのう》に申《もう》しわけないと泣《な》いた敗戦《はいせん》の日《ひ》から一年《ねん》がたち、最初《さいしょ》に書《か》いたように天皇《てんのう》はぼくのなかから去《さ》っていき、それから何年《なんねん》もの間《あいだ》、ぼくは生《い》きる目当《めあ》てのない日々《ひび》をくりかえすようになっていた。学校《がっこう》にいる時間《じかん》より麻雀屋《マージャンや》にいる時間《じかん》のほうが多《おお》くなり、ぼくは大阪外語《おおさかがいご》（そのころ学校《がっこう》の名前《なまえ》は戦前《せんぜん》のこの名前《なまえ》にかえっていたように思《おも》う）を中退《ちゅうたい》した。

そして、早稲田大学《わせだだいがく》ロシア文学科《ぶんがくか》二年《ねん》の編入試験《へんにゅうしけん》をうけて思《おも》いがけず合格《ごうかく》したが、金《かね》はない。ぼくは愛媛県《えひめけん》の山《やま》のなかで新制中学校《しんせいちゅうがっこう》の*代用教員《だいようきょういん》になり、早《わ》

灯火管制《とうかかんせい》　戦争中《せんそうちゅう》、夜間《やかん》の空襲《くうしゅう》をさけるため外《そと》に光《ひかり》がもれないように、強制的《きょうせいてき》に電灯《でんとう》などを消《け》したり、あかりを小《ちい》さくしたり、おおいをしてあかりが外《そと》にもれなくした。

代用教員《だいようきょういん》　教員不足《きょういんぶそく》をおぎなうため、小《しょう》・中学校《ちゅうがっこう》で、免許状《めんきょじょう》をもたないで勤務《きんむ》した先生《せんせい》。

稲田《せだ》にかようようになったのは一九五一（昭和《しょうわ》二六）年の四月からだった。ぼくはもう二十三歳《さい》になっていた。

その間《あいだ》に*新《あたら》しい憲法《けんぽう》が制定《せいてい》され、その前文《ぜんぶん》のなかにある「人類普遍《じんるいふへん》の原理《げんり》」という言葉《ことば》に目《め》がさめるような思《おも》いがした。ぼくは戦争中《せんそうちゅう》、自分《じぶん》は日本男児《にほんだんじ》、日《に》本人《ほんじん》だとばかり考《かんが》え、人類《じんるい》という考《かんが》えがまったくなかったことを憲法前文《けんぽうぜんぶん》のこの言葉《ことば》は教《おし》えてくれた。そして、「*戦争放棄《せんそうほうき》」を歓迎《かんげい》した。

だが、それでも胸《むね》のからっぽはうまらなかった。なぜ生《い》きるのか、どう生《い》きるのかはやはりわからず、突然《とつぜん》あれくるいたいという気持《きも》ちがむらむらとわいてくることがあった。

ある日《ひ》、それからぬけだす糸口《いとぐち》の一《ひと》つにめぐりあった。

立川《たちかわ》の近《ちか》くに行《い》ったときだった。なんのために行《い》ったのか、まったく記憶《きおく》がないのだがフェンスのむこうに広《ひろ》い芝生《しばふ》があり、米軍《べいぐん》の宿舎《しゅくしゃ》らしいきれいな建物《たてもの》が立《た》ちならんでいた。そして、その芝生《しばふ》でアメリカ人《じん》らしい金髪《きんぱつ》の子《こ》どもが数人《すうにん》

新憲法《しんけんぽう》（日本国憲法《にほんこくけんぽう》）　一九四六年十一月三日に公布《こうふ》、四七年五月三日から実施《じっし》の憲法《けんぽう》。国民主権《こくみんしゅけん》、徹底《てってい》した平和主義《へいわしゅぎ》、基本的人権《きほんてきじんけん》の尊重《そんちょう》を基調《きちょう》とし、象徴天皇《しょうちょうてんのう》制《せい》・議院内閣制《ぎいんないかくせい》・違憲立法審査権《いけんりっぽうしんさけん》・地方自治《ちほうじち》の保障《ほしょう》などを規定《きてい》する。

戦争放棄《せんそうほうき》　アジア・太平洋戦争《たいへいようせんそう》の反省《はんせい》にもとづいて、新《あたら》しくつくられた憲法《けんぽう》では二度《ど》と戦争《せんそう》を起《お》こさないように、第《だい》九条《じょう》で戦争《せん》（武力行使《ぶりょくこうし》）の放棄《ほうき》がもりこまれた。

あそんでいた。

ぼくはそれを見《み》て思《おも》わずむっとした。「よその国《くに》の人《ひと》が勝手《かって》にこの広《ひろ》いところをつかっている」。そのころ、東京《とうきょう》は住宅難《じゅうたくなん》*で、愛媛県《えひめけん》から東京《とうきょう》にでてきたぼくの一家《いっか》は二間《ふたま》と、もう一部屋《ひとへや》、庭《にわ》にたてた四畳半《よじょうはん》のバラックを間借《まが》りして、両親《りょうしん》ときょうだい七人《にん》がすしづめになってくらしていた。だから、ぼくは腹《はら》を立《た》てたのである。

一瞬《いっしゅん》のち、二《ふた》つのことがうかんだ。一《ひと》つはこれが敗戦国《はいせんこく》なんだということ。わびしい、と思《おも》ったとたん、もう一《ひと》つのことがうかび、ぼくは体《からだ》から力《ちから》がぬけてずるずるとしゃがみこんだ。

ぼくは日中戦争《にっちゅうせんそう》のはじまりとなった盧溝橋《ろこうきょう》のことを思《おも》いだしたのだった。日本軍《にほんぐん》が演習《えんしゅう》しているところへ中国軍《ちゅうごくぐん》が発砲《はっぽう》してきたと報道《ほうどう》されて、ぼくたち子《こ》どももそれでさわぎ立《た》てた。「ただ演習《えんしゅう》しているところへうってくるとはけしからん。やっつけろ」。

ぼくは思《おも》った。ひとの国《くに》で日本《にほん》の軍隊《ぐんたい》は演習《えんしゅう》していたんだ。それを見《み》ていた

住宅難《じゅうたくなん》　戦争《せんそう》（空襲《くうしゅう》）によって大都市《だいとし》の家屋《かおく》は大部分《だいぶぶん》が焼《や》かれたり破壊《はかい》されたりしたため、戦後《せんご》しばらくの時期《じき》には住居《じゅうきょ》が不足《ふそく》した。

中国人《ちゅうごくじん》は心《こころ》のなかで腹《はら》を立《た》てていたにちがいない。ぼくは小学校《しょうがっこう》四年《ねん》にもなっていて、そのことに気《き》がつかなかったのだ。

栄養《えいよう》のたりないこともあって、ぼくはすぐには立《た》ちあがれなかった。

それからどのくらいたってか、ぼくは日中戦争《にっちゅうせんそう》のころの「父《ちち》よあなたは強《つよ》かった」という歌《うた》を思《おも》いだした。「父《ちち》よあなたは強《つよ》かった／兜《かぶと》も焦《こ》がす炎熱《えんねつ》を／敵《てき》の屍《かばね》とともに寝《ね》て／泥水《どろみず》すすり草《くさ》をかみ／荒《あ》れた山河《さんが》を幾千里《いくせんり》／よくこそ撃《う》って下《くだ》さった」という歌《うた》で、きくと兵士《へいし》の苦労《くろう》がつたわってきてぼくはじいんとしたものだった。

だが、基地《きち》のアメリカ人家族《じんかぞく》を見《み》たあとぼくのなかにうかんできたのは、山河《さんが》をあらしたのはだれかということだった。ぼくはあれた畑《はたけ》、こわされた家《いえ》いえ、そのなかを日《ひ》の丸《まる》の旗《はた》を先頭《せんとう》にすすんでいく日本《にほん》の兵士《へいし》を思《おも》いうかべた。「行《い》けど進《すす》めど麦《むぎ》また麦《むぎ》の」という歌《うた》もうかぶ。麦畑《むぎばたけ》のなかを日本軍《にほんぐん》はすすみ、田畑《たはた》をあらしていった。

「敵《てき》の屍《かばね》とともに寝《ね》て」というが、その「敵《てき》」はじつは中国《ちゅうごく》の山河《さんが》をあらす日《に》本軍《ほんぐん》とたたかった中国軍《ちゅうごくぐん》の勇士《ゆうし》なのではないか。
ぼくは教室《きょうしつ》の壁《かべ》の中国《ちゅうごく》の地図《ちず》にとがった針先《はりさき》の日《ひ》の丸《まる》の旗《はた》を立《た》てたことを思《おも》いだし、思《おも》わず胸《むね》をおさえた。針《はり》がささったように心臓《しんぞう》がきりりといたんだ。

もう一《ひと》つの糸口《いとぐち》は児童文学《じどうぶんがく》とのめぐりあいだった。ぼくは早稲田《わせだ》でおとなの小《しょう》説《せつ》を書《か》くグループと、児童文学《じどうぶんがく》を書《か》く早大童話会《そうだいどうわかい》に入《はい》っていて、ある日《ひ》アンデルセンの「皇帝《こうてい》の新《あたら》しい着物《きもの》」（「はだかの王様《おうさま》」とも言《い》われている）のことを思《おも》いうかべ、はじけるように天皇《てんのう》（昭和天皇《しょうわてんのう》）ははだかの王様《おうさま》だったのだと思《おも》ったのだった。教科書《きょうかしょ》で「タットイオンカタ」と教《おし》えられ、白馬《はくば》にのり、「君《きみ》が代《よ》」でうやまわれ、という「着物《きもの》」をはぎとってしまったら、天皇《てんのう》はただの人間《にんげん》にすぎなかった。
この童話《どうわ》には人間《にんげん》の原理《げんり》――それこそ人類《じんるい》の普遍的真実《ふへんてきしんじつ》がある。天皇《てんのう》も王様《おうさま》もただの人間《にんげん》だという真実《しんじつ》がある、とぼくは思《おも》った。そして、「童話《どうわ》」は読者《どくしゃ》が子《こ》どもだから人間《にんげん》の大切《たいせつ》な原理《げんり》をきちんととらえ、表現《ひょうげん》しているのではなかろうか……、と思《おも》った。

だが、「皇帝《こうてい》の新《あたら》しい着物《きもの》」の子《こ》どもとはちがい、同《おな》じ子《こ》どもではあってもぼくは「王様《おうさま》ははだかだ」とは少《すこ》しも気《き》づかなかった。友《とも》だちもそうだった。「王《おう》様《さま》ははだかだ」と見《み》ぬける子《こ》ども、人間《にんげん》になるためにはどうすればよいのか。

思《おも》えば子《こ》ども・少年時代《しょうねんじだい》のぼくは、教科書《きょうかしょ》や、新聞雑誌《しんぶんざっし》の報道《ほうどう》にほとんどうたがいをもたなかった。しかし、うたがいの入《い》り口《ぐち》に立《た》ったことはある。小学校《しょうがっこう》六年《ねん》のとき、日清《にっしん》*、日露《にちろ》*の二《ふた》つの戦争《せんそう》で日本《にほん》が戦争相手《せんそうあいて》の国《くに》だけではなく、日清《にっしん》では朝鮮《ちょうせん》、日露《にちろ》では満州《まんしゅう》と、よその国《くに》を戦場《せんじょう》にしていたことを、ちらりとふしぎに思《おも》ったことがあった。しかし、そのうたがいをふかめていこうとはしなかった。

もしそのうたがいをふかめていったら、日本《にほん》が他国《たこく》を侵略《しんりゃく》していたことがわかったのではなかろうか。朝鮮《ちょうせん》と台湾《たいわん》のことも思《おも》った。もし日本《にほん》がアジアを白《はく》人《じん》の侵略《しんりゃく》から解放《かいほう》しようとしたのなら、なぜ自国《じこく》が植民地《しょくみんち》にしている朝鮮《ちょうせん》や台《たい》湾《わん》を解放《かいほう》しなかったのか。中学生《ちゅうがくせい》になってもぼくはそのことにまったく気《き》がつ

日清戦争《にっしんせんそう》　朝鮮《ちょうせん》の支配《しはい》をめぐって日本《にほん》と清国《しんこく》（当時《とうじ》の中国《ちゅうごく》）の間《あいだ》で一八九四年から一八九五年にたたかわれた。下関《しものせき》講和条約《こうわじょうやく》で戦争《せんそう》は終結《しゅうけつ》したが日本《にほん》が要求《ようきゅう》した中国《ちゅうごく》の遼東半島割譲《りょうとうはんとうかつじょう》や朝鮮《ちょうせん》の従属化《じゅうぞくか》は、やはりアジアの利権《りけん》をねらうロシア・フランス・ドイツの反対《はんたい》（三国干渉《さんごくかんしょう》）で放棄《ほうき》させられた。

日露戦争《にちろせんそう》　韓国《かんこく》と満州《まんしゅう》の支配《しはい》を

かなかった。その自分《じぶん》がはずかしかった。
うたがいから出発《しゅっぱつ》したらどうだろうか、とぼくは思《おも》った。
敗戦《はいせん》の日《ひ》からざっと八年《ねん》たっていた。

そのあと、ぼくは原爆被害《げんばくひがい》のすさまじさや日本軍《にほんぐん》が中国《ちゅうごく》はじめ、アジア各地《かくち》でおこなった残虐行為《ざんぎゃくこうい》を時間《じかん》をかけて少《すこ》しずつ知《し》っていった。

暴力《ぼうりょく》による人生《じんせい》の中断《ちゅうだん》

それから五十年《ねん》がたち、七十歳《さい》をこえたぼくはある日《ひ》、長野県上田《ながのけんうえだ》にある無言館《むごんかん》への坂《さか》をのぼっていった。無言館《むごんかん》は絵《え》を描《か》くことをこころざしながらアジア・太平洋戦争《たいへいようせんそう》で戦死《せんし》、戦病死《せんびょうし》した若《わか》い画家《がか》、学生《がくせい》ののこした絵《え》をあつめた美術館《びじゅつかん》である。一九九七年《ねん》五月《がつ》に開館《かいかん》した。
坂《さか》の上《うえ》に無言館《むごんかん》の建物《たてもの》が姿《すがた》をあらわしたとき、ぼくは思《おも》わず立《た》ちどまった。この建物《たてもの》を中心《ちゅうしん》に丘《おか》の上全体《うえぜんたい》が〝聖《せい》なる空間《くうかん》〟をつくりだしている。

めぐって一九〇四年から一九〇五年に日本《にほん》とロシアの間《あいだ》で起《お》こった戦争《せんそう》。アメリカを仲介《ちゅうかい》とした ポーツマス講和条約《こうわじょうやく》で日本《にほん》は韓《かん》国《こく》を保護国化《ほごこくか》し、南満州《みなみまんしゅう》を勢力《せいりょく》範囲《はんい》にするようになった。

せまい入《い》り口《ぐち》をとおってなかに入《はい》る。ならべられた絵《え》の下《した》に解説《かいせつ》がある。その作者《さくしゃ》の略歴《りゃくれき》と、その絵《え》や、人《ひと》についてのエピソードである。

その絵《え》のなかに、家族《かぞく》が円《まる》テーブルをかこんであつまっている、しあわせそうな一家《いっか》団《だん》らんの絵《え》があった。その絵《え》の解説《かいせつ》を見《み》ておどろいた。この絵《え》の作者《さくしゃ》である伊沢《いざわ》洋《ひろし》の兄《あに》が「うちは貧乏《びんぼう》な農家《のうか》だったからこんなふうな一家団《いっかだん》らんのひとときなどあじわった

▲戦没《せんぼつ》画《が》学生《がくせい》慰霊《いれい》美術館《びじゅつかん》「無言館《むごんかん》」（無言館提供《むごんかんていきょう》）

ことがなかった。洋《ひろし》は両親《りょうしん》や、わたしたちとの幸福《こうふく》な食卓風景《しょくたくふうけい》を空想《くうそう》して、この絵《え》を描《か》いたんだと思《おも》う」と語《かた》っていたのである。

伊沢洋《いざわひろし》。一九一七（大正《たいしょう》六）年栃木県《とちぎけん》生まれ。一九三九（昭和《しょうわ》一四）年東《とう》京美術学校《きょうびじゅつがっこう》入学《にゅうがく》。一九四一（昭和《しょうわ》一六）年応召《おうしょう》。一九四三（昭和《しょうわ》一八）年八月東部《とうぶ》ニューギニアで戦死《せんし》。享年《きょうねん》二十六歳《さい》。

その絵《え》のまえにぼくはしばらく立《た》っていた。伊沢洋《いざわひろし》はいつかこういう一家《いっか》の団《だん》らんを実現《じつげん》したいと思《おも》っていたのだろう。しかし、その一家団《いっかだん》らんも、絵《え》を描《か》く生活《せいかつ》も実現《じつげん》せず、戦死《せんし》した。略歴《りゃくれき》にあった「応召《おうしょう》」という言葉《ことば》が重《おも》くひびいてくる。

戦前《せんぜん》、日本《にほん》の下級兵士《かきゅうへいし》は国《くに》が徴兵制《ちょうへいせい》によって強制的《きょうせいてき》に兵士《へいし》とした国民《こくみん》だった。男子《だんし》は満《まん》二十歳《さい》になると兵隊検査《へいたいけんさ》をうける。その一部分《いちぶぶん》が現役《げんえき》の兵士《へいし》となるが、そのとき兵士《へいし》にならなかった人《ひと》もその後召集《ごしょうしゅう》されて兵士《へいし》になることがある。現役《げんえき》が終《お》わってもまた召集《しょうしゅう》されることがある。召集《しょうしゅう》でよびだされて兵士《へいし》になることが「応召《おうしょう》」であり、日本《にほん》が英米《えいべい》とたたかいだしてからその召集《しょうしゅう》は日《ひ》ごとにふえていった。

無言館《むごんかん》に絵《え》をのこした人《ひと》は少数《しょうすう》の例外《れいがい》はあるが、ほとんどの人《ひと》が国家《こっか》に兵士《へいし》として召集《しょうしゅう》されて死《し》んだ。年齢《ねんれい》は二十歳代《さいだい》が多《おお》い。まだこれからというところで、この人《ひと》たちの夢《ゆめ》、希望《きぼう》、そして人生《じんせい》は途中《とちゅう》でたちきられたのである。戦争《せんそう》のためというだけでなく、国家《こっか》の権力《けんりょく》によって暴力的《ぼうりょくてき》にたちきられたというほうが真実《しんじつ》に近《ちか》い。

その翌年《よくとし》も無言館《むごんかん》に行《い》き、伊沢《いざわ》の絵《え》のまえに立《た》って思《おも》った。伊沢《いざわ》は自分《じぶん》のねがいを絵《え》にしてのこした。ここにあつめられたのは、絵《え》という形《かたち》のあるものだ。だが、形《かたち》のあるものをのこさないまま人生《じんせい》を中断《ちゅうだん》させられた人《ひと》たちがいっぱいいる。

ぼくは「礼兄《れいにい》さん」とよんでいた親戚《しんせき》の農家《のうか》の兄《にい》さんのことを思《おも》いだした。むずかしそうな農業《のうぎょう》の雑誌《ざっし》や本《ほん》を読《よ》んでいた礼兄《れいにい》さんは農業《のうぎょう》を改良《かいりょう》しようと思《おも》っていたのだろう。だが、召集《しょうしゅう》されて水兵《すいへい》となって戦死《せんし》した。やはり二十歳代《さいだい》だった。

いろいろな人《ひと》がいろいろな夢《ゆめ》や希望《きぼう》をもっていた。ある人《ひと》は楽器店《がっきてん》を開《ひら》こうという夢《ゆめ》をもっていただろう。ある人《ひと》はよりよい教師《きょうし》になろうと思《おも》っていただろう。こういう夢《ゆめ》や希望《きぼう》の実現《じつげん》にむかって努力《どりょく》する時間《じかん》もなく、人《じん》生《せい》がたちきられた。夢《ゆめ》や希望《きぼう》以前《いぜん》、生《い》きているだけで楽《たの》しい幼児《ようじ》の人生《じんせい》もたちきられた。

戦争《せんそう》は人《ひと》びとの

▲伊沢洋《いざわひろし》・画《が》「家族《かぞく》」（無言館提供《むごんかんていきょう》）

人生《じんせい》を暴力的《ぼうりょくてき》に中断《ちゅうだん》させるものである。原爆《げんばく》ははっきりとそのことをしめしている。そして、たちきられた人生《じんせい》は日本人《にほんじん》だけのことではない。当時《とうじ》日本《にほん》の植《しょく》民地《みんち》だった朝鮮《ちょうせん》の人《ひと》びと、日本軍《にほんぐん》が日《ひ》の丸《まる》の旗《はた》をひるがえしてすすんでいった中国《ちゅうごく》、東南《とうなん》アジア諸国《しょこく》の人《ひと》びとの人生《じんせい》を日本《にほん》は中断《ちゅうだん》したのである。

伊沢《いざわ》の絵《え》を見《み》ながらぼくは、おられ、ちぎられた百合《ゆり》の花《はな》とつぼみ、そのくきを頭《あたま》のなかに思《おも》いうかべていた。子《こ》どものとき、それを見《み》てひどいと思《おも》ったのだった。野《の》の花《はな》は自然《しぜん》のまま成長《せいちょう》してつぼみが花《はな》とひらけばよい。それをたちきるようなむごいことはしたくない。

とはいっても、いまも世界《せかい》のなかで子《こ》どもの人生《じんせい》がたちきられているのだが……。

「忠君愛国《ちゅうくんあいこく》の四字《よじ》を滅《めっ》するにあり」

またある日《ひ》、ぼくが生《う》まれ育《そだ》った愛媛県川之江《えひめけんかわのえ》の近《ちか》くの町《まち》の土居町《どいちょう》へ、碑文《ひぶん》がけずり取《と》られた碑《ひ》を見《み》に行《い》った。明治《めいじ》の時代《じだい》にたてられた碑《ひ》で、碑文《ひぶん》がけずられたのは非戦《ひせん》の言葉《ことば》がしるされていたからだという。碑文《ひぶん》を書《か》いた人《ひと》は安藤正楽《あんどうせいがく》*、この村《むら》の人《ひと》で、学者《がくしゃ》であり、県会議員《けんかいぎいん》をやったこともあり、文筆《ぶんぴつ》、絵画《かいが》の素養《そよう》があった。自分《じぶん》たち夫婦《ふうふ》の銀婚記念《ぎんこんきねん》*として、つねに水不足《みずぶそく》で苦《くる》しんでいた集落《しゅうらく》三〇戸《こ》のために自分《じぶん》のお金《かね》で井戸《いど》をほり、水路《すいろ》を開《ひら》いて、各戸《かくこ》の台所《だいどころ》へ水道管《すいどうかん》を引《ひ》いた人《ひと》である。

その碑《ひ》は庶民《しょみん》の神社《じんじゃ》という感《かん》じのする小《ちい》さな野《の》の社《やしろ》の境内《けいだい》にあった。自然石《しぜんせき》の碑《ひ》であり、碑《ひ》の上部《じょうぶ》には日露戦役紀念碑《にちろせんえききねんひ》という横書《よこが》きの文字《もじ》があるが、その下《した》のかつて文字《もじ》があったはずの方形《ほうけい》のかこみには、読《よ》める文字《もじ》は一字《じ》もない。ただ黒《くろ》ぐろとしている異様《いよう》な碑《ひ》である。その横《よこ》に新《あたら》しい碑《ひ》があり、それにかつてあった碑文《ひぶん》がしるされている。

その碑文《ひぶん》のあらましはつぎのとおりである。

「日露戦争《にちろせんそう》から凱旋《がいせん》したこの集落《しゅうらく》の軍人諸氏《ぐんじんしょし》がこの記念碑《きねんひ》の文《ぶん》を書《か》くようにといわれた。その人《ひと》たちは三十七人《にん》で、そのうち八人《にん》は負傷《ふしょう》した。そのほ

安藤正楽については、山上次郎著『非戦論者安藤正楽の生涯』（一九七八年、古川書房）による。

銀婚記念《ぎんこんきねん》 夫婦《ふうふ》が結婚《けっこん》して二十五年目《め》を記念《きねん》する祝《いわ》い。

かこの集落《しゅうらく》から出《で》ていった二人《ふたり》のかたは戦死《せんし》されている。この集落《しゅうらく》はわずかに百七十戸《こ》なのにこれだけ多《おお》くの人《ひと》が戦争《せんそう》にいった。戦争《せんそう》はよくないというのは世界《せかい》の公論《こうろん》*だが、事実《じじつ》は之《これ》に反《はん》し、戦《いくさ》はまた明《あ》日《す》にもはじまるのである。ああ、之《これ》を如何《いかに》すればよいか」

安藤正楽《あんどうせいがく》はこのように書《か》いたあと、断言《だんげん》する。

「他《ほか》なし。世界人類《せかいじんるい》の為《ため》に忠君愛国《ちゅうくんあいこく》の四字《よじ》を滅《めっ》するにありと予《よ》は思《おも》ふ」

郷土《きょうど》を愛《あい》した人《ひと》がこう言《い》ったのだった。一九〇七（明治《めいじ》四〇）年のことである。

そして、警察署《けいさつしょ》によって碑文《ひぶん》がけずられたのは一九一〇、一一（明治《めいじ》四三、四四）年のころだった。

▲安藤正楽《あんどうせいがく》の碑文《ひぶん》がけずりとられたままの日露戦役紀念碑《にちろせんえききねんひ》

***公論**《こうろん》　世間一般《せけんいっぱん》にみとめられた公平《こうへい》な意見《いけん》。

「忠君愛国《ちゅうくんあいこく》」という名《な》のもとに足《あし》かけ十五年《ねん》のアジア・太平洋戦争《たいへいようせんそう》で三一〇万の日本人《にほんじん》の生命《いのち》がうしなわれた。親戚《しんせき》の礼兄《れいにい》さんが戦死《せんし》したことはさっき言《い》ったが、叔父《おじ》もフィリピンで戦死《せんし》した。妻《つま》の兄《あに》もニューギニアで戦死《せんし》した。この本《ほん》を読《よ》んでいる君《きみ》が祖父母《そふぼ》にたずねたら、かならず親戚《しんせき》に一人《ひとり》、二人《ふたり》の*戦争犠牲者《せんそうぎせいしゃ》はいるはずである。

そして、日本《にほん》以外《いがい》のアジア諸国民《しょこくみん》の死者《ししゃ》は一八八〇万、そのうち一〇〇〇万あまりは中国《ちゅうごく》の人《ひと》びとである。日本《にほん》が起《お》こした戦争《せんそう》によって、これだけの数《かず》の人《ひと》びとの人生《じんせい》が中断《ちゅうだん》されたのだった。そして、つらいことだが、幼児《ようじ》はべつにして、戦死者《せんししゃ》もふくめて当時《とうじ》の日本《にほん》のおとなたちの多数《たすう》はあの戦争《せんそう》を支持《しじ》していたことを忘《わす》れてはならぬ。

ふりかえると「きのう生《う》まれたタコ八《はち》が」の歌《うた》のおわりにもう一言《ひとこと》、ぼくたちがあまり歌《うた》わなかった言葉《ことば》があった。「タコのかあちゃん、つらかろう」という言葉《ことば》である。人生《じんせい》を中断《ちゅうだん》させられた人《ひと》びとの無念《むねん》を思《おも》うだけでなく、日本《にほん》とアジア諸国《しょこく》の何千万《なんぜんまん》という「かあちゃん」（だけではなく）が泣《な》き、一生《いっしょう》つらい思《おも》

戦争犠牲者《せんそうぎせいしゃ》　アジア・太平洋戦争《たいへいようせんそう》の死者《ししゃ》の数《かず》は、大江志乃夫《おおえしのぶ》『戦後《せんご》変革《へんかく》』日本《にほん》の歴史《れきし》第《だい》三一巻《かん》（小《しょう》学館《がくかん》）によった。

いをしつづけたことをあらためて思《おも》う。

いま、ぼくの子《こ》ども時代《じだい》とはちがって「忠君《ちゅうくん》」という言葉《ことば》はほとんどつかわれないが、「愛国《あいこく》」という言葉《ことば》は生《い》きている。そして、いまもこの言葉《ことば》は自国《じこく》のやることはすべて正《ただ》しいとし、他《た》の国《くに》を排撃《はいげき》する言葉《ことば》としてつかわれることが多《おお》い。肉親《にくしん》をうしない、忠君愛国少年《ちゅうくんあいこくしょうねん》となって日《ひ》の丸《まる》の旗《はた》を中国大陸《ちゅうごくたいりく》につきさし、子《こ》どもながら戦争《せんそう》の進行《しんこう》を応援《おうえん》し、まちがった価値観《かちかん》を身《み》につけて戦後苦《せんごく》しんだものとして、安藤正楽《あんどうせいがく》のいうとおり「忠君愛国《ちゅうくんあいこく》」の四字《よじ》を滅《めっ》したい。

憲法《けんぽう》九条《じょう》はいう。「日本国民《にほんこくみん》は、正義《せいぎ》と秩序《ちつじょ》を基調《きちょう》とする国際平和《こくさいへいわ》を誠実《せいじつ》に希《き》求《きゅう》し、国権《こっけん》の発動《はつどう》たる戦争《せんそう》と、武力《ぶりょく》による威嚇又《いかくまた》は武力《ぶりょく》の行使《こうし》は、国際紛争《こくさいふんそう》を解《かい》決《けつ》する手段《しゅだん》としては、永久《えいきゅう》にこれを放棄《ほうき》する」。

ぼくはこれをまもっていきたい。

※戦前教科書《せんぜんきょうかしょ》の漢字《かんじ》は旧字体《きゅうじたい》だが、引用《いんよう》では新字体《しんじたい》にあらためた。

人生《じんせい》はあきらめないこと——沖縄県読谷村《おきなわけんよみたんそん》*の戦中《せんちゅう》・戦後《せんご》を生《い》きる

体験者《たいけんしゃ》……山内徳信《やまうちとくしん》
聞《き》き書《が》き……西山利佳《にしやまりか》

夢《ゆめ》をかけた
闘《たたか》いが
不可能《ふかのう》を可能《かのう》とし
非常識《ひじょうしき》を常識《じょうしき》とする

わたしは、一九三五年二月十五日、沖縄県読谷村《おきなわけんよみたんそん》の宇座《うざ》という集落《しゅうらく》で生《う》まれ、戦前《せんぜん》までそこに住《す》んでいました。八人兄弟《はちにんきょうだい》の五男《なん》です。長男《ちょうなん》と次男《じなん》は召集《しょうしゅう》をうけて外地《がいち》*の戦場《せんじょう》に、三男《なん》は高等科《こうとうか》二年を卒業《そつぎょう》したばかりの十六歳《さい》の少年《しょうねん》でし

山内徳信《やまうちとくしん》　一九三五年二月、沖縄《おきなわ》県読谷村《けんよみたんそん》に生《う》まれる。十歳《さい》で敗戦《はいせん》をむかえるまで読谷村《よみたんそん》に育《そだ》つ。

西山利佳《にしやまりか》　一九六一年、宮崎県《みやざきけん》生《う》まれ。児童文学評論家《じどうぶんがくひょうろんか》。

外地《がいち》　戦前《せんぜん》、日本《にほん》の本土《ほんど》を内地《ないち》といったのにたいして、日本《にほん》が植民地《しょくみんち》とした朝鮮《ちょうせん》、台湾《たいわん》、樺太《からふと》などを外地《がいち》といったが、太平洋戦争《たいへいようせんそう》中《ちゅう》には日本《にほん》が出兵《しゅっぺい》した南方各地《なんぽうかくち》もさす言葉《ことば》としてつかわれた。

たが、軍属《ぐんぞく》*として風部隊《かぜぶたい》（読谷村《よみたんそん》の東《ひがし》の山《やま》）の食料調達《しょくりょうちょうたつ》の仕事《しごと》をしていました。四男《なん》は小学校《しょうがっこう》六年《ねん》で、わたしが四年《ねん》。そういう時期《じき》に沖縄戦《おきなわせん》*を体験《たいけん》しました。

沖縄戦前後《おきなわせんぜんご》

わたしは読谷村《よみたんそん》の渡慶次《とけし》国民学校《こくみんがっこう》*の児童《じどう》でした。毎週《まいしゅう》、校庭《こうてい》での朝会《ちょうかい》があり、かならず北《きた》のほうにむかって宮城遥拝《きゅうじょうようはい》*がありました。四年生《ねんせい》になっても、教育《きょういく》*勅語《ちょくご》がなかなかおぼえきれなかったわたしは担任《たんにん》の先生《せんせい》に「まだおぼえんのか」としかられ、「水《みず》の入《はい》ったバケツをもって立《た》っておけ」とばっせられたことがありました。だから、戦後《せんご》、そのうらみもあったので、どんな内容《ないよう》が書《か》かれていたんだろうとあらためておぼえました。

皇民化教育《こうみんかきょういく》、軍国主義教育《ぐんこくしゅぎきょういく》が徹底《てってい》している時代《じだい》でした。だから、たとえばひどい話《はなし》で、アメリカ人《じん》やイギリス人《じん》は日本人《にほんじん》とちがって「ヒージャーミー」（沖《おき》縄《なわ》のことばで「山羊《やぎ》の目《め》」）をしているから、落下傘《らっかさん》からおりてきてもしばらく

軍属《ぐんぞく》　旧軍隊《きゅうぐんたい》で、軍《ぐん》に所属《しょぞく》するが軍人《ぐんじん》でない人《ひと》。技師《ぎし》、事務職《じむしょく》などのほか、看護婦《かんごふ》、労務者《ろうむしゃ》、給仕《きゅうじ》など。

沖縄戦《おきなわせん》　太平洋戦争《たいへいようせんそう》の末期《まっき》、沖縄《おきなわ》を戦場《せんじょう》にして住民《じゅうみん》をまきこんだ日米両軍《にちべいりょうぐん》の戦闘《せんとう》。日本国内《にほんこくない》が戦場《せんじょう》となった唯一《ゆいいつ》の戦闘《せんとう》である。日本軍《にほんぐん》の最後《さいご》の抵抗《ていこう》がくりかえされたが、他方《たほう》で日本軍《にほんぐん》による住《じゅう》民虐殺《みんぎゃくさつ》や住民《じゅうみん》の集団自決《しゅうだんじけつ》があり、その犠牲者《ぎせいしゃ》は十万人《にん》をこえ、戦闘《せんとう》の死者《ししゃ》を上《うわ》まわったとされている。

国民学校《こくみんがっこう》　一九四一年から四七年までの日本《にほん》の初等普通教育機関《しょとうふつうきょういくきかん》の名称《めいしょう》。従来《じゅうらい》の小学校《しょうがっこう》を改称《かいしょう》し、初等科《しょとうか》六年《ねん》、高等科《こうとうか》二年《ねん》を義《ぎ》務教育年限《むきょういくねんげん》とした。

宮城遥拝《きゅうじょうようはい》　天皇《てんのう》のいる皇居《こうきょ》の方《ほう》向《こう》にむかって最敬礼《さいけいれい》すること。

教育勅語《きょういくちょくご》　本書《ほんしょ》「解説《かいせつ》」一五一

はものがよく見《み》えない。だから走《はし》っていって竹《たけ》やりで左胸《ひだりむね》をさせというんです。各家庭《かくかてい》みんな家族《かぞく》のぶんだけ竹《たけ》やりをつくって門《もん》のそばに立《た》ててありました。
　また、わたしたちは「鬼畜米英《きちくべいえい》*」つまり、アメリカ兵《へい》やイギリス兵《へい》は鬼畜生《おにちくしょう》だと教《おし》えこまれました。だからこそ米軍《べいぐん》の捕虜《ほりょ》になったら、どんなひどい目《め》にあうかわからんから、それよりは、いさぎよく「自決《じけつ》*」をという話《はなし》になってしまったのです。読谷村内《よみたんそんない》でも八十人《にん》あまりの人《ひと》が「集団自決《しゅうだんじけつ》」をしたチビチリガマがありますが、そのガマ（自然《しぜん》の洞穴《どうけつ》）から二キロくらい行《い》ったところに「シムクガマ」というガマがあります。そこにはハワイ帰《がえ》りの、おじいさんが二人《ふたり》いて、「抵抗《ていこう》しないかぎりおそらくアメリカ兵《へい》はわたしたちをうち殺《ころ》すことはせんだろう」というふうにさとしたので一人《ひとり》も死者《ししゃ》をださなかったといわれています。

　米軍《べいぐん》の上陸直前《じょうりくちょくぜん》の読谷村内《よみたんそんない》で日本軍《にほんぐん》は、楠木正成《くすのきまさしげ》がわら人形《にんぎょう》をつくって千《ち》早城《はやじょう》の上《うえ》に立《た》てたというのとにたようなことをしていました。模型《もけい》の飛行機《ひこうき》や高射砲《こうしゃほう》なんかをつくったりしているのです。それから、西海岸《にしかいがん》では、水《みず》ぎわから

ページ参照《さんしょう》。

鬼畜米英《きちくべいえい》　戦時中《せんじちゅう》、戦争《せんそう》の相手《あいて》国《こく》のアメリカ、イギリスを、人《ひと》の心《こころ》をもっていないとして敵《てき》をにくむ心《こころ》を高《たか》めるためにつかわれたスローガン。

自決《じけつ》　本来《ほんらい》はみずから命《いのち》をたつという意味《いみ》だが、沖縄戦《おきなわせん》ではアメリカ軍《ぐん》においつめられてにげ場《ば》をうしなった人《ひと》びとがわが子《こ》を手《て》にかけたり、おたがいにさしちがえたりして集団的《しゅうだんてき》に亡《な》くなった例《れい》があちこちで見《み》られた。

三百メートルくらい沖合《おきあい》に、松《まつ》の丸太《まるた》を打《う》ちこむんですよ。わたしは海《うみ》がすきな少《しょう》年《ねん》だったから、よく浜《はま》に行《い》きました。そんなときに、「なんで丸太《まるた》を打《う》ちこむの？」と作業《さぎょう》中《ちゅう》の人《ひと》にきくと、「敵《てき》が上陸《じょうりく》してくるときの船《ふね》をひっかける」と言《い》うんですよ。あのときは、わたしもそれで一生懸命《いっしょうけんめい》やってると思《おも》いました。しかし、人間《にんげん》がハンマーをもって打《う》ちこんだ杭《くい》に船《ふね》がひ

▲シムクガマ（読谷村字波平《よみたんそんあざなみひら》）©上羽《うえば》 修《おさむ》

っかかるはずないでしょ。それだけではない。砂浜《すなはま》の内側《うちがわ》に、上陸《じょうりく》してくる米《べい》軍《ぐん》の戦車《せんしゃ》*をおとす穴《あな》もほっていたんです。しかし、穴《あな》におちてはいあがれない戦《せん》車《しゃ》は一《ひと》つもありませんでしたね。

一九四四年の半《なか》ばからは、学校《がっこう》も各字《かくあざ》*の公民館《こうみんかん》も兵舎《へいしゃ》になってしまいました。駐屯《ちゅうとん》している若《わか》い兵隊《へいたい》が、夕食《ゆうしょく》から二、三時間《じかん》もするとお腹《なか》がすいて、「おばさん、なんか食《た》べるものはありませんか」とやってくるのです。うちの母《はは》は、長《ちょう》男次男《なんじなん》が戦地《せんち》に行《い》っていて、毎日仏壇《まいにちぶつだん》にむかって「針《はり》の穴《あな》をもくぐりぬけて、子《こ》どもたちが、この戦場《せんじょう》のなかを生《い》きのこって帰《かえ》ってくるように」と熱心《ねっしん》にいのっていましたので、自分《じぶん》の子《こ》どもとだぶったと思《おも》います。ですから、なにか食《く》えるものがあるとあげていましたね。（長男次男《ちょうなんじなん》とも戦後生《せんごい》きて帰《かえ》ってきました）。

沖縄《おきなわ》の人《ひと》たちは日本軍《にほんぐん》のことを「友軍《ゆうぐん》*」と言《い》っていたのです。しかし、米軍《べいぐん》が上陸《じょうりく》して住民《じゅうみん》が北部《ほくぶ》ににげていく道《みち》の橋《はし》も、日本軍《にほんぐん》は、全部《ぜんぶ》こわしてしまうんですね。戦争《せんそう》になると住民《じゅうみん》がにげることなど、軍《ぐん》には関係《かんけい》なくなるのです。北《ほく》部《ぶ》の山中《さんちゅう》ににげこんできた敗残兵《はいざんへい》たちは住民《じゅうみん》の食料《しょくりょう》をうばいとっていく。住《じゅう》

戦車《せんしゃ》 第一次大戦《だいいちじたいせん》ではじめて戦場《せんじょう》にあらわれた、厚《あつ》い装甲《そうこう》でおおわれ火砲《かほう》をそなえて、キャタピラで走《はし》る車輛《しゃりょう》。悪路《あくろ》や急坂《きゅうざか》でも走行《そうこう》が可能《かのう》。

字《あざ》 町《まち》や村《むら》のなかの区画《くかく》をさす。

友軍《ゆうぐん》 味方《みかた》の軍隊《ぐんたい》の意味《いみ》。敵軍《てきぐん》ではないがわが軍《ぐん》でもないところに、沖縄《おきなわ》の人《ひと》たちの歴史《れきし》があらわれている。

民《みん》は馬《うま》などもいっしょに避難《ひなん》したのですが、その馬《うま》を弾薬《だんやく》を運《はこ》ぶからかしてくれといって引《ひ》っぱっていって、実際《じっさい》はつぶ*して自分《じぶん》たちで食《く》ってしまっていた。戦《せん》争《そう》になれば軍隊《ぐんたい》は国民《こくみん》をまもらない。まもれないのです。これが、沖縄戦《おきなわせん》の最大《さいだい》の教訓《きょうくん》でしょうね。

いよいよ米軍上陸《べいぐんじょうりく》も間近《まぢか》だというときに、うちの親父《おやじ》は、母《はは》にわたしたち下《した》の四人《にん》の子《こ》をあずけて、一足《ひとあし》さきに北部《ほくぶ》の山中《さんちゅう》へ避難《ひなん》させました。父《ちち》は祖父母《そふぼ》や四男《なん》、長男《ちょうなん》の嫁《よめ》と読谷《よみたん》にのこることにしたのです。「二手《ふたて》に分《わ》けておけば、どちらかは生《い》きのこれるだろう」と考《かんが》えたのです。

読谷《よみたん》にアメリカ軍《ぐん》が上陸《じょうりく》する二、三日前《まえ》から空襲《くうしゅう》がはげしくなって、親父《おやじ》はのこっている家族《かぞく》をつれて、自分《じぶん》たちも北部《ほくぶ》の山中《さんちゅう》へ避難《ひなん》するため家《いえ》を出発《しゅっぱつ》しようとしていました。そのとき、三男《なん》が「最後《さいご》の面会《めんかい》」にやってきたのです。これを天《てん》のたすけというのか、親父《おやじ》は隊《たい》にもどさず三男《なん》を説得《せっとく》し、いっしょに山《やま》のなかに避難《ひなん》して、三男《なん》は生《い》きのこったのです。最後《さいご》の面会《めんかい》にきて、ふたたび隊《たい》に

つぶす　家畜《かちく》などを食《た》べるために殺《ころ》すこと。

もどった人《ひと》はほとんど死《し》んでしまいました。

ヤーガーの**悲劇**《ひげき》

そして、三月二十九日に「ヤーガーの悲劇《ひげき》」が起《お》きたのでした。

ヤーガーはガマの一《ひと》つです。そのころまだ部落《ぶらく》にのこっていた人《ひと》のほとんどがそのガマに避難《ひなん》していました。そこに二発《はつ》の爆弾《ばくだん》がうちこまれ、二四人《にん》がなくなったのです。わたしたちは最初《さいしょ》その洞窟《どうくつ》に避難場所《ひなんばしょ》を確保《かくほ》しておいたんですが、結局《けっきょく》、入《はい》らずに北部《ほくぶ》の山中《さんちゅう》に避難《ひなん》していました。

わたしにとってわすれられない、わすれてはいけないのが、草《くさ》かり友《とも》だちの古《ふる》堅宗一《げんそういち》や同級生《どうきゅうせい》の死《し》です。

「ヤーガーという洞窟《どうくつ》の中《なか》で／同級生《どうきゅうせい》の「重雄《しげお》」も死《し》んだ／草刈友達《くさかりともだち》の「宗一《そういち》」も死《し》んだ／「宗一《そういち》」は爆弾《ばくだん》で破壊《はかい》されたヤーガーの／岩《いわ》の下敷《したじ》きのまま／二、三日生《い》き続《つづ》けた／岩《いわ》は人々《ひとびと》の力《ちから》では／あまりにも重《おも》く大《おお》きかった／「宗一《そういち》」はくりかえしくりかえし／童謡《どうよう》を歌《うた》い／唱歌《しょうか》を歌《うた》いつづけた／十四歳《さい》の「宗一《そういち》」は重《おも》い岩《いわ》の下《した》で力一杯《ちからいっぱい》もがき苦《くる》しみ／戦争《せんそう》をのろい／救《すく》いを求《もと》めつつ死《し》んでいった」

これは、沖縄《おきなわ》の本土復帰《ほんどふっき》*二年前《ねんまえ》の一九七〇年にわたしがつくった詩《し》「それを忘《わす》れない」の一節《いっせつ》です。

かれはわたしより三《みっ》つ年上《としうえ》で、とにかくおもしろい先輩《せんぱい》でした。宗一《そういち》は天井《てんじょう》岩《いわ》におしつけられて、身動《みうご》きもできないまま、翌日《よくじつ》もそのつぎの日《ひ》もいろんな歌《うた》を歌《うた》っていました。人《ひと》の足音《あしおと》がすると、岩《いわ》のなかからたすけをもとめたのです。そんな状況《じょうきょう》の下《もと》で、あるおばさんが「もうたすけてくれる男《おとこ》も力《ちから》のある人《ひと》もだれもいない。戦争《せんそう》というものはそういうふうなものだ。だから宗一《そういち》よ、家族《かぞく》といっしょだから、これが運命《うんめい》だと思《おも》ってあきらめてくれ」と、胸《むね》のはりさける思《おも》いで言《い》いました。

わたしたちは北部《ほくぶ》の山《やま》のなかににげこんでいたので、直接《ちょくせつ》その場《ば》の光景《こうけい》を見《み》

本土復帰《ほんどふっき》　戦争《せんそう》が終《お》わって、サンフランシスコ講和《こうわ》（一九五一年）で、日本《にほん》は占領《せんりょう》からのがれたが、沖縄《おきなわ》だけはアメリカ軍《ぐん》の統治《とうち》下におかれ本土《ほんど》と切《き》りはなされてしまった。沖縄《おきなわ》の人《ひと》びとはその後《ご》長《なが》い間《あいだ》本土復帰《ほんどふっき》をねがってきた。一九七二年に施政権《しせいけん》が返還《へんかん》され日本《にほん》に復帰《ふっき》したが、広大《こうだい》なアメリカ軍《ぐん》の基地《きち》はそのままのこされたため、その後《ご》も多《おお》くの問題《もんだい》をかかえたままになっている。

ていません。ですが、そのときのようすは、すぐにわたしたちのところにも、つたわってきたのです。

沖縄《おきなわ》が日本《にほん》に復帰《ふっき》して十年後《ねんご》の一九八二年六月二十一日、戦後《せんご》三十七年目《ねんめ》にして、古堅宗一《ふるげんそういち》たちをおしつぶした大《おお》きな岩《いわ》（二トン）は十二トンのクレーンでとりのぞかれました。その下《した》からでてきた、頭《ず》がい骨《こつ》や骨《ほね》を手《て》にして「これが古堅《ふるげん》宗一《そういち》かなあ」と思《おも》うと、なんとも言《い》えない気持《きも》ちでした。遺骨《いこつ》は「*宇座守《うざもり》の塔《とう》」に合祀《ごうし》されました。遺族《いぞく》や区民《くみん》にとって、長《なが》く胸《むね》につきささっていたトゲがとれた思《おも》いでした。

わたしの沖縄戦体験《おきなわせんたいけん》は北部《ほくぶ》の山《やま》のなかでの体験《たいけん》もあるんですが、やっぱり古堅《ふるげん》宗一《そういち》や、同級生《どうきゅうせい》の与久田重雄《よくだしげお》が死《し》んでしまった「ヤーガーの悲劇《ひげき》」というのが脳裏《のうり》にふかくきざまれています。

北部《ほくぶ》（国頭《くにがみ》）山中《さんちゅう》をにげて

沖縄戦《おきなわせん》は長期化《ちょうきか》していました。わたしと同《おな》じくらいの子《こ》どもたちが、国頭《くにがみ》の山《やま》

宇座守《うざもり》の塔《とう》　沖縄《おきなわ》には字《あざ》ごとに戦《せん》没者《ぼっしゃ》を祀《まつ》る慰霊碑《いれいひ》がある。「宇座《うざ》守《もり》の塔《とう》」は、旧慰霊塔《きゅういれいとう》と招魂碑《しょうこんひ》をまとめて一九六五年に新築落成《しんちくらくせい》した慰霊塔《いれいとう》。第一次世界大戦以降《だいいちじせかいたいせんいこう》の戦争犠牲者《せんそうぎせいしゃ》がまつられている。

をおりて、いまのオクマビーチのあたりに食料《しょくりょう》をさがしに行《い》きました。親父《おやじ》たちが、子《こ》どもなら殺《ころ》さないだろうと思《おも》ったのですね。そんななかではじめて、わたしはアメリカ兵《へい》を見《み》たのです。暑《あつ》い夏《なつ》だった。あれは七月ごろでしょうか。上半身裸《じょうはんしんはだか》でした。まったく教《おそ》わったとおり鬼《おに》だなぁと思《おも》いました。顔《かお》が赤《あか》く見《み》えたんです。ところが、さらにびっくりしたのは、自動小銃《じどうしょうじゅう》*を右肩《みぎかた》にせおって、左手《ひだりて》にもっているものをよく見《み》るとギターなんです。どうして、アメリカ兵《へい》は戦場《せんじょう》で銃《じゅう》とギターをもつんだろう、と思《おも》いました。これが、日本《にほん》とちがってアメリカという国《くに》はおもしろいところがあるんだな、と気《き》づいた最初《さいしょ》の体験《たいけん》でした。これはいい意味《いみ》での大《おお》きなショックでしたね。

日本《にほん》は八月十五日に無条件降伏《むじょうけんこうふく》*をしました。早《はや》く山《やま》からおりてこい、という趣旨《しゅし》の情報《じょうほう》とかビラが、山《やま》にかくれている人《ひと》びとにもつたわってきました。しかし、母《はは》は息子《むすこ》たちがたたかっているのに、自分《じぶん》たちがアメリカ軍《ぐん》の捕虜《ほりょ》になることはゆるされないことだと言《い》いつづけていました。ところがとにかく食《く》う物《もの》は

自動小銃《じどうしょうじゅう》　弾丸《だんがん》をつめ、発射《はっしゃ》、そして空《から》になった薬《やっ》きょうを取《と》りだすまでが、ひきがねを引《ひ》くだけでできる小銃《しょうじゅう》。

無条件降伏《むじょうけんこうふく》　戦争中《せんそうちゅう》の軍隊《ぐんたい》や国《くに》が、なんの条件《じょうけん》もつけずに相手《あいて》国《こく》に降伏《こうふく》すること。

なく、飢《う》えは深刻《しんこく》でした。たとえば、山亀《やまがめ》も食《た》べたし、少《すこ》し大《おお》げさに言《い》えば人間《にんげん》以外《いがい》はなんでも食《た》べるという状 況《じょうきょう》になっていたんです。

母《はは》と兄嫁《あによめ》と三人《にん》でソテツ*をとりに行《い》ったときのことです（ソテツは調理法《ちょうりほう》をまちがうと死《し》ぬんですが、あのときはおいしいものでした）。その帰《かえ》り、細《ほそ》い針金《はりがね》みたいなものが山《やま》のなかのとおり道《みち》を横切《よこぎ》ってはってあったんです。わたしたちは、それは草《くさ》の蔓《つる》と思《おも》ったので、それをかいくぐって歩《ある》いて行《い》ったのです。するとアメリカ兵《へい》が機関《きかん》銃《じゅう》をこちらにむけているではないですか。前《まえ》のときは、こっそり見《み》ただけですから、こういうふうに正面《しょうめん》から遭遇《そうぐう》してしまったのははじめてのことです。そのときににげたら、背後《はいご》からババーッとやられていたと思《おも》います。母《はは》はまんなかわたしは左《ひだり》で、兄嫁《あによめ》は右手《みぎて》にすわって三人《にん》でぶるぶるふるえていたら、そのうちおかしをくれるんです。そしたら、母《はは》はこのおかしを食《く》うなという。毒《どく》が入《はい》っているという意味《いみ》なのです。だからもったままでいたら、わたしの手《て》のひらから取《と》って、アメリカ兵《へい》が食《た》べてみせるんですね。だいじょうぶと思《おも》って、わたしも食《た》べはじめた。けっきょく、昼《ひる》じゅう山《やま》のなかをひきずりまわ

ソテツ

されて、あっちこっちで死体《したい》を見《み》たり、死《し》んでいる人《ひと》をいっしょにかたづけてくれとたのまれたりしました。

運《うん》よく、わたしたち三人《にん》は、アメリカ兵《へい》が油断《ゆだん》しているところをさっとにげだしたんです。夜《よる》の山《やま》を星《ほし》を見《み》あげながら歩《ある》きました。カエルが鳴《な》いているところはかならず川《かわ》があり、そこが谷底《たにぞこ》だからと母《はは》が言《い》うので、底《そこ》のほうへおりていったら、人《ひと》の気配《けはい》がするんです。読谷《よみたん》の人間《にんげん》ですと言《い》ってたずねました。するとそちらも読谷《よみたん》の人《ひと》たちでした。炭焼《すみや》きがまのなかでおびえていました。塩《しお》をとるために長女《ちょうじょ》と次女《じじょ》に東《ひがし》の海《うみ》に、一升《いっしょう》ビンをもたせて海水《かいすい》をくみに行《い》かせたところ、きのうあたり帰《かえ》ってくるはずなのにまだ帰《かえ》ってこない。これはおかしいと顔《かお》をくもらせていました。けっきょくその避難小屋《ひなんごや》の近《ちか》くまできて、米兵《べいへい》にうち殺《ころ》されていたのです。そのことは、戦後《せんご》になって知《し》りました。わたしが読谷高校《よみたんこうこう》の社会《しゃかい》科《か》の教師《きょうし》になったとき、となりの席《せき》の国語《こくご》の先生《せんせい》と沖縄戦《おきなわせん》の話《はなし》をしていると、なんとその先生《せんせい》が亡《な》くなった女学生《じょがくせい》たちの妹《いもうと》だということがわかったからです。

収容所《しゅうようじょ》から読谷《よみたん》をめざす

いったんはそうやってにげたのですが、けっきょく食《た》べるものがなくなってしまいました。しんせきの子《こ》どもも水《みず》ばっかしのんで、お腹《なか》をはらして栄養失調《えいようしっちょう》で死《し》んでいくような状態《じょうたい》でした。ですから、とうとう八月の下旬《げじゅん》、山《やま》からおりて米軍《べいぐん》の捕虜《ほりょ》となり、国頭村《くにがみそん》の字《あざ》桃原《とうばる》というところに収容《しゅうよう》されました。

沖縄戦《おきなわせん》の終結《しゅうけつ》は六月二十三日とされていますが、わたしたちにはまったく関係《かんけい》なかった。あれは、司令官牛島中将《しれいかんうしじまちゅうじょう》*が自決《じけつ》した日《ひ》をもって終結《しゅうけつ》と言《い》っているだけで、南部戦線《なんぶせんせん》でも終《お》わってないんですね。いま嘉手納飛行場《かでなひこうじょう》があるところで日本軍《にほんぐん》とアメリカ軍《ぐん》が終戦《しゅうせん》の調印《ちょういん》をしたのは九月七日ですよ。八月十五日後《ご》も、戦争《せんそう》は散発的《さんぱつてき》につづいていたのです。

何《なん》か月《げつ》か桃原《とうばる》の収容所《しゅうようじょ》でくらして、すこしでも読谷《よみたん》に近《ちか》いところにうつろうと移動《いどう》（夜《よ》にげ）をはじめました。収容所《しゅうようじょ》といっても、鉄条網《てつじょうもう》でかこまれた収容所《しゅうようじょ》じゃなくて、集落内《しゅうらくない》の屋敷《やしき》に何所帯《なんしょたい》もが入《はい》るのです。わたしたちは豚小屋《ぶたごや》に入《はい》りました。昼間《ひるま》は、自由《じゆう》には移動《いどう》できなかったので夜道《よみち》をにげていくのです。

牛島中将《うしじまちゅうじょう》 牛島満《うしじまみつる》。沖縄戦《おきなわせん》の最高責任者《さいこうせきにんしゃ》である司令官《しれいかん》。アメリカ軍《ぐん》の進攻《しんこう》で沖縄本島最南端《おきなわほんとうさいなんたん》の洞窟《どうくつ》陣地《じんち》においつめられたが降伏《こうふく》せず自決《じけつ》した。そのためその後《ご》も戦闘《せんとう》がつづいた。久米島《くめじま》では、七月になってから日本軍《にほんぐん》による住民虐殺《じゅうみんぎゃくさつ》が起《お》こっている。

国頭村《くにがみそん》から、荷物《にもつ》をかついで七十キロくらい歩《ある》きましたね。幼《おさな》い子《こ》どもたちもみんな歩《ある》くのです。

ある晩《ばん》、夜道《よみち》を、それぞれ荷物《にもつ》をかついで歩《ある》いていたら、前《まえ》からライトをつけたジープがきたんです。ところが左手《ひだりて》は山《やま》、右手《みぎて》は海《うみ》。かくれる場所《ばしょ》をうしなって絶体絶命《ぜったいぜつめい》と思《おも》ったんです。そのときに、助手席《じょしゅせき》にのっているアメリカ兵《へい》が、沖縄《おきなわ》の言葉《ことば》で話《はな》すのです。「いったーまーかいが（君《きみ》たちどこ行《い》くの）」。びっくりしたね。アメリカ兵《へい》が、ヒージャーミーが、どうして沖縄《おきなわ》の言葉《ことば》を知《し》っているの、と。これまたなんともいえない、いい意味《いみ》の衝撃《しょうげき》でしたね。沖縄《おきなわ》の言葉《ことば》を話《はな》す者《もの》をスパイあつかいしていた日本軍《にほんぐん》とは、大《おお》きなちがいです。

そのとき、「読谷《よみたん》に帰《かえ》る」と答《こた》えたらそれですみました。その後《ご》、何日《なんにち》かして、夜《よる》、石川市《いしかわし》に入《はい》ろうとしたところでMP*につかまってしまった。十五、六人《にん》ぐらいでしたが、そのまま刑務所《けいむしょ》に入《い》れられてしまいました。敗戦直後《はいせんちょくご》のことで、おまわりさんはアメリカ軍《ぐん》が任命《にんめい》した沖縄《おきなわ》の人《ひと》でした。そのなかに知《し》り合《あ》いの者《もの》がいて、「あれ？　宇座《うざ》の山内《やまうち》さんの家族《かぞく》でしょう」と声《こえ》をかけてくれたのです。

MP（military police）　アメリカ陸軍《りくぐん》の憲兵《けんぺい》。

同《おな》じ読谷村出身者《よみたんそんしゅっしんしゃ》ですから、「早《はや》くにげろ」とにがしてくれました。敗戦後《はいせんご》の混《こん》乱《らん》した社会《しゃかい》の一面《いちめん》ですね。

敗戦後《はいせんご》の少年《しょうねん》の姿《すがた》

それから石川市《いしかわし》に住《す》んで、約《やく》七、八か月《げつ》くらいそこにいました。学校《がっこう》には一週間《しゅうかん》に一日《にち》だけ行《い》く。児童生徒《じどうせいと》に米軍《べいぐん》からのチョコレートがくばられるのです。その日《ひ》だけは絶対《ぜったい》に行《い》く。のこりの日《ひ》は石川《いしかわ》から友《とも》だちや先輩《せんぱい》たちといっしょに、夜《よる》の一時《じ》ごろ金網《かなあみ》をくぐって、夜道《よみち》を歩《ある》いて読谷村《よみたんそん》まで行《い》って芋《いも》をほったり、アメリカ軍《ぐん》のゴミすて場《ば》から食《く》える物《もの》をひろったりしていた。そして、また夜道《よみち》を帰《かえ》っていくのです。荷物《にもつ》をかついで約《やく》二十キロの距離《きょり》を歩《ある》いていきました。

そんななか、さいしょに自分《じぶん》のふるさと読谷村《よみたんそん》の宇座《うざ》に立《た》ちよったときに、まず、びっくりしたね。自分《じぶん》が生《う》まれて十年間《ねんかん》すごしてきた家屋敷《いえやしき》は飛行場《ひこうじょう》になっていた。そこにB29*がとまっていた。びっくりした。ふるさとが飛行場《ひこうじょう》にう

B29 アメリカ軍《ぐん》の長距離爆撃《ちょうきょりばくげき》

まってしまっていたのです。あんまりこわさを知《し》らないわたしは、そのとき、米《べい》兵《へい》が近《ちか》くにいないことをたしかめ、飛行機《ひこうき》のなかにとびのりました。飛行機《ひこうき》というのはお腹《なか》の下《した》に穴《あな》があいていて、そこから、とびのって、操縦席《そうじゅうせき》まで行《い》けるんです。はじめて飛行機《ひこうき》の操縦桿《そうじゅうかん》をにぎりましたね。いっしょに行《い》った先輩《せんぱい》が「長《なが》い間《あいだ》そこにおるとたいへんだ。にげよう、にげよう」と言《い》うのでにげだしました。

読谷村《よみたんそん》に座喜味城《ざきみじょう》という城《ぐすく》がありますが、その周囲《しゅうい》にもいっぱいアメリカ兵《へい》がいましたね。羊《ひつじ》をガーゼみたいなもので真《ま》っ白《しろ》くまいて冷凍《れいとう》されたものが軍隊《ぐんたい》の食堂《しょくどう》のなかにありましてね、それを四人《にん》で戦果《せんか》をあげて（ぬすむこと）にげようとしたときに、トラックにのったアメリカ兵《へい》がやってきたのです。米兵《べいへい》に銃《じゅう》をぶちこまれ、近《ちか》くに五、六メートルくらいのがけがあって、それを四人《にん》ともとびおりてにげました。そしてそこにあった*亀甲墓《きっこうばか》のなかにもぐりました。運《うん》がよかったから、このときもうち殺《ころ》されずにすんだのでした。（辺土名《へんとな》でも缶詰《かんづめ》をぬすもうとしてうたれかけたことがありました）。

わたしたちが石川市《いしかわし》から読谷村《よみたんそん》に帰村《きそん》がゆるされたのは一九四六年の十一月で

機《き》。日本本土空襲《にほんほんどくうしゅう》を終戦《しゅうせん》までくりかえしたが、高速《こうそく》で装備《そうび》もすぐれていたため、日本軍《にほんぐん》の戦闘機《せんとうき》は対抗《たいこう》できなかった。

亀甲墓《きっこうばか》　沖縄《おきなわ》のお墓《はか》の形式《けいしき》の一《ひと》つ。亀《かめ》のこうらにた形《かた》をしていて、昔《むかし》は沖縄《おきなわ》の貴族層《きぞくそう》のお墓《はか》の形式《けいしき》だったが、明治時代《めいじじだい》の中《なか》ごろから一般《いっぱん》の人《ひと》びともつくるようになった。

す。その翌年《よくとし》、アメリカ軍《ぐん》のゴミすて場《ば》で不発弾《ふはつだん》が爆発《ばくはつ》して、その場《ば》にいたわたしの同級生《どうきゅうせい》も死《し》んだ。兄《あに》の同級生《どうきゅうせい》も死《し》んでしまった。対日講和条約《たいにちこうわじょうやく》がむすばれる前《まえ》だからなんの補償《ほしょう》もなかったと思《おも》います。悲《かな》しいことです。

朝鮮戦争《ちょうせんせんそう》*と「灯火管制《とうかかんせい》」

朝鮮戦争《ちょうせんせんそう》がはじまるのは一九五〇年六月二十五日でした。わたしが中学三年《ちゅうがくさんねん》のときです。朝鮮戦争勃発《ちょうせんせんそうぼっぱつ》によって、沖縄《おきなわ》の米軍基地《べいぐんきち》はさらに拡大強化《かくだいきょうか》され、発進攻撃基地《はっしんこうげききち》となりました。

嘉手納飛行場《かでなひこうじょう》からとび立《た》つ戦闘機《せんとうき》のごう音《おん》、くわえて夜《よる》になると「灯火管制《とうかかんせい》」*がしかれ、「鉄《てつ》*の暴風《かじふち》」とよばれた悲惨《ひさん》な沖縄戦《おきなわせん》の悪夢《あくむ》がよみがえる日々《ひび》がつづきました。沖縄《おきなわ》の人《ひと》びとは、ふたたび戦争《せんそう》にまきこまれてしまうのではないかという深刻《しんこく》な危機感《ききかん》におそわれていました。

日本帝国主義《にほんていこくしゅぎ》によって植民地化《しょくみんちか》され、太平洋戦争《たいへいようせんそう》でたいへんな犠牲《ぎせい》となった朝鮮民族《ちょうせんみんぞく》が二《ふた》つに分断《ぶんだん》され、アメリカとソ連《れん》という超大国《ちょうたいこく》*の代理戦争《だいりせんそう》の犠牲《ぎせい》に

朝鮮戦争《ちょうせんせんそう》　一九五〇（昭和《しょうわ》二五）年から五三（昭和《しょうわ》二八）年にかけて、朝鮮半島《ちょうせんはんとう》で北朝鮮《きたちょうせん》・中国《ちゅうごく》軍《ぐん》と国連軍《こくれんぐん》（アメリカ）との間《あいだ》でたたかわれた戦争《せんそう》。両軍《りょうぐん》の背《はい》後《ご》にはソ連《れん》とアメリカという超《ちょう》大国《たいこく》の利害《りがい》もからんでいて、日本《にほん》では戦争《せんそう》の特需《とくじゅ》で景気《けいき》が上《うわ》むいたが、他方《たほう》で、再軍備《さいぐんび》への方向《ほうこう》がおしつけられるなど多大《ただい》な影響《えいきょう》をうけた。

灯火管制《とうかかんせい》　戦争中《せんそうちゅう》、夜間《やかん》の空襲《くうしゅう》をさけるため強制的《きょうせいてき》に電灯《でんとう》などの使用《しよう》を制限《せいげん》したこと。

鉄《てつ》の暴風《かじふち》　沖縄戦《おきなわせん》でアメリカ軍《ぐん》の上陸作戦《じょうりくさくせん》に先行《せんこう》して、島《しま》の地形《ちけい》が変形《へんけい》するのではないかといわれるほどはげしくおこなわれた空《くう》襲《しゅう》と艦砲射撃《かんぽうしゃげき》をこうよんだ。

超大国《ちょうたいこく》　第二次大戦後《だいじたいせんご》の世界《せかい》のなかでもとくに軍事《ぐんじ》と経済《けいざい》で影《えい》響力《きょうりょく》の強《つよ》かったアメリカとソ連《れん》

されていることに身《み》を切《き》られる思《おも》いでした。翌年《よくねん》、新聞《しんぶん》に*三十八度線《どせん》で分断《ぶんだん》された南北朝鮮《なんぼくちょうせん》の連載《れんさい》があったのですが、それをがむしゃらに読《よ》んだのをおぼえています。

中学《ちゅうがく》から高校《こうこう》へ、そしてまようことなく教師《きょうし》へ

アメリカ軍《ぐん》の豊《ゆた》かな食糧《しょくりょう》を目《め》の前《まえ》にして、飢《う》えたわたしたちは本当《ほんとう》にみじめでした。わたしたちはいつも食《た》べることばかり考《かんが》えていました。戦争《せんそう》が終《お》わったとき、十歳《さい》のわたしは、ならったはずのかけの算《ざん》九九もわすれていた。それどころではなかったのです。だから、高校《こうこう》や大学《だいがく》にすすむなどとは、思《おも》いもしませんでした。

ところが、読谷中学《よみたんちゅうがく》三年《ねん》（一九五〇年）のくれのころ、担任《たんにん》の新崎盛繁先生《あらさきせいはんせんせい》からよびだしをうけました。緊張《きんちょう》しながらわたしは先生《せんせい》のあとについていきました。肌寒《はだざむ》いグランドのまんなかで先生《せんせい》と生徒《せいと》のわたしはむかいあって立《た》ちました。

の二国《こく》をさす。ソ連《れん》の崩壊《ほうかい》（一九八九年）とともに超大国《ちょうたいこく》はアメリカのみとなった。

三十八度線《どせん》　長年《ながねん》にわたる日本《にほん》の植民地支配《しょくみんちしはい》から解放《かいほう》された朝鮮《ちょうせん》半島《はんとう》は、米《べい》ソ対立《たいりつ》の下《もと》で、統一《とういつ》した独立国家《どくりつこっか》をつくることができず、北緯《ほくい》三十八度線《どせん》で区切《くぎ》られた大韓民国《だいかんみんこく》と朝鮮民主主義人民共和国《ちょうせんみんしゅしゅぎじんみんきょうわこく》に分断《ぶんだん》されてしまった。これが朝鮮戦争《ちょうせんせんそう》の原因《げんいん》でもあり、戦争《せんそう》によってさらに分断《ぶんだん》が固定化《こていか》されることにもなった。

先生《せんせい》は「山内君《やまうちくん》は高校進学《こうこうしんがく》をどうする考《かんが》えですか」とわたしの希望《きぼう》をきかれた。タコ取《と》り少年《しょうねん》と言《い》われていたわたしは即座《そくざ》に「高校《こうこう》へは行《い》きません。ぼくの希《き》望《ぼう》はイユトゥヤァ（漁師《りょうし》）になることです」と返事《へんじ》をしたのです。そのころは高校《こうこう》や大学《だいがく》にすすむより、家計《かけい》をたすけるため仕事《しごと》につくものが多《おお》かった時代《じだい》でした。先生《せんせい》の目《め》には涙《なみだ》がうかんでいました。いまもそのことをよくおぼえております。「このような時代《じだい》だから、きみが漁師《りょうし》になりたいという気持《きも》ちもよくわかる。しかし、きみのすきなスポーツをのばすにも高校《こうこう》に進学《しんがく》したほうがいいと思《おも》う。あと三か月《げつ》あるから準備《じゅんび》をしてごらん」とあたたかくさとしてくださったのです。

　こうしてわたしは読谷高校《よみたんこうこう》へ進学《しんがく》することになりました。この先生《せんせい》との出会《であ》いがなければ、その後《ご》のわたしは、ないのです。

　新崎先生《あらさきせんせい》のおかげですすんだ高校《こうこう》でも、ほんとうに多《おお》くのありがたい先生《せんせい》がたにめぐまれました。なかでもわたしの人生《じんせい》を決定《けってい》づけてくれたのは、三年《ねん》のときの担任《たんにん》「知花哲雄《ちばなてつお》」という、個性派《こせいは》の先生《せんせい》でした。「自分《じぶん》のために勉強《べんきょう》やれ」とおっしゃるかたで、その先生《せんせい》がわたしに「琉球大学《りゅうきゅうだいがく》へすすめ」と、さとしてくださいました。わたしは小中高校《しょうちゅうこうこう》の先生《せんせい》がたのおかげで大学《だいがく》で学《まな》ぶことができたのです。

ねむっていた少年《しょうねん》のたましいをゆさぶってくれた、たくさんの先生《せんせい》がたとの出会《であ》いがあって、いまのわたしがある。そういう先生《せんせい》がたへの恩《おん》がえしの思《おも》いと、「なやめる高校生《こうこうせい》たち」とともに生《い》き、ともに学《まな》び、ともに青春《せいしゅん》を生《い》きてみたいという考《かんが》えから、わたしはまようことなく教師《きょうし》の道《みち》を進路《しんろ》としてえらんだのでした。

*サンフランシスコ対日講和条約《たいにちこうわじょうやく》

一九五一年にサンフランシスコで対日講和条約《たいにちこうわじょうやく》がむすばれ、翌《よく》五二年の四月二十八日に発効《はっこう》します。そのとき、わたしは高校《こうこう》二年生《ねんせい》でした。新聞《しんぶん》を見《み》てわたしは複雑《ふくざつ》な気持《きも》ちになりました。読谷高校生《よみたんこうこうせい》だったその日《ひ》のようすが、いまもありありとうかびます。日本本土《にほんほんど》は独立《どくりつ》を達成《たっせい》してよろこんでいるのに、わたした

サンフランシスコ対日講和条約《たいにちこうわじょうやく》
一九五一（昭和《しょうわ》二六）年、アジア・太平洋戦争《たいへいようせんそう》の相手国《あいてこく》（連合国《れんごうこく》）四十八か国《こく》と日本《にほん》との間《あいだ》でむすばれた講和《こうわ》（平和《へいわ》）条約《じょうやく》。このとき五十二か国《こく》が参加《さんか》したものの、日本《にほん》がもっとも被害《ひがい》をあたえた中国《ちゅうごく》・朝鮮《ちょうせん》はまねかれず、

ち沖縄《おきなわ》は切《き》りはなされるというのはどういう意味《いみ》かよくわからなかった。学校側《がっこうがわ》、先生《せんせい》がたからはなんの説明《せつめい》もありませんでした。切《き》りはなされた側《がわ》だから話《はなし》のしようがなかったのかもしれません。だから、意味《いみ》もよく知《し》らないから教《おし》えてくれと、新聞《しんぶん》をもって三年生《ねんせい》のところへ走《はし》っていったのをおぼえています。

沖縄《おきなわ》の人《ひと》びとは、高校生《こうこうせい》や児童生徒《じどうせいと》をふくめて切《き》りはなされたことについては、大変《たいへん》なショックをうけたし、非常《ひじょう》な屈辱感《くつじょくかん》みたいなのを感《かん》じましたね。

軍事的植民地下《ぐんじてきしょくみんちか》の沖縄《おきなわ》

沖縄《おきなわ》が日本《にほん》から切《き》りはなされて三年後《ご》の五五年九月、「由美子《ゆみこ》ちゃん事件《じけん》」がおきました。この事件《じけん》は、沖縄《おきなわ》じゅうを震撼《しんかん》させました。石川市《いしかわし》に住《す》んでいた六歳《さい》の由美子《ゆみこ》ちゃんが、*アメリカ兵《へい》に誘拐《ゆうかい》され*強《ごう》かん、殺害《さつがい》され、嘉手納町《かでなちょう》の海岸《かいがん》の雑草《ざっそう》の生《は》えた石《いし》ころの野原《のはら》にすてられているところを、捜索《そうさく》にあたった人《ひと》びとに発見《はっけん》されました。それはあまりにも無惨《むざん》でした。県民《けんみん》のいかりは言葉《ことば》では表《ひょう》現《げん》できませんでした。

インド・ビルマなどは参加《さんか》を拒否《きょひ》、ソ連《れん》・ポーランド・チェコは調《ちょう》印《いん》せず、インドネシアは批准《ひじゅん》しなかった。日本《にほん》はこの条約《じょうやく》と同《どう》時《じ》にむすばれた日米安全保障条《にちべいあんぜんほしょうじょう》約《やく》によってアメリカの軍事体制《ぐんじたいせい》に組《く》みこまれた。

アメリカ兵《へい》 沖縄《おきなわ》に集中《しゅうちゅう》している在日米軍基地周辺《ざいにちべいぐんきちしゅうへん》では、アメリカ兵《へい》による事件《じけん》がひん発《ぱつ》し、住民《じゅうみん》や自治体《じちたい》と米軍《べいぐん》との間《あいだ》ではげしい摩擦《まさつ》がおこっていた。とくに、返還前《へんかんまえ》の沖縄《おきなわ》では行政権《ぎょうせいけん》が

戦争《せんそう》が終《お》わって十年、それなのにつぎからつぎへと事件《じけん》や事故《じこ》が発生《はっせい》する。沖《おき》縄《なわ》の人《ひと》びとは「なぜいつまでも」「なにが原因《げんいん》か」「どうすればいいのか」と「アメリカ軍《ぐん》」や「軍事基地《ぐんじきち》」について考《かんが》えるようになります。その思《おも》いはやがて平《へい》*和憲法《わけんぽう》を有《ゆう》する日本《にほん》への復帰運動《ふっきうんどう》の底流《ていりゅう》としてふくらんでいきました。

わたしは一九五八年三月に琉 球 大学《りゅうきゅうだいがく》を卒業《そつぎょう》、読谷高校《よみたんこうこう》の教師《きょうし》になりました。しばらくすると読谷村《よみたんそん》は、青年学級《せいねんがっきゅう》という夜学《やがく》を開設《かいせつ》して、わたしは十一年《ねん》くらい専任講師《せんにんこうし》をつとめるんです。わたしは社会科《しゃかいか》ですから世界《せかい》の歴史《れきし》の話《はなし》や歴史《れきし》上《じょう》の人物群像《じんぶつぐんぞう》の話《はなし》をよくやった。屋《や》*良朝 苗《らちょうびょう》の話《はなし》もよくやった。戦後初《せんごはつ》の公選主《こうせんしゅ》席《せき》になった人《ひと》で、復帰後《ふっきご》の沖縄県知事《おきなわけんちじ》になった読谷村出身《よみたんそんしゅっしん》の人《ひと》で、復帰運動《ふっきうんどう》の先頭《せんとう》に立《た》った人《ひと》です。

わたしは休 憩時間《きゅうけいじかん》になるとかならず教 室《きょうしつ》の外《そと》にでるようにしていました。だれか、スパイみたいなのがいて、わたしたちの夜学《やがく》を見《み》ていないかという心配《しんぱい》があったからです。アメリカ軍《ぐん》としては、元気《げんき》のある人《ひと》びと——正義《せいぎ》や平和《へいわ》や人権《じんけん》を主張《しゅちょう》するという人《ひと》びとはほしくないからです。たとえば東 京《とうきょう》へ行《い》こうと思《おも》っ

アメリカ軍《ぐん》にあったため、犯罪《はんざい》をおかした兵隊《へいたい》の裁判権《さいばんけん》も日本《にほん》になく、不当《ふとう》な処理《しょり》（アメリカへ帰国《きこく》してしまうなど）がたびかさなり、住民《じゅうみん》の不安《ふあん》と不満《ふまん》がいっそう高《たか》まった。

強《ごう》かん　レイプ。相手《あいて》の意《い》に反《はん》してむりやりセックスすること。しばしば女性《じょせい》にたいして暴力的《ぼうりょくてき》におこなわれる。

平和憲法《へいわけんぽう》　日本国憲法《にほんこくけんぽう》のこと。前《ぜん》文《ぶん》および第《だい》九条《じょう》を中心《ちゅうしん》とした平《へい》和主義《わしゅぎ》に着目《ちゃくもく》したよび名《な》。

屋良朝苗《やらちょうびょう》　沖縄《おきなわ》の教育者《きょういくしゃ》。長《なが》く教育界《きょういくかい》の指導的役割《しどうてきやくわり》をはたし、一九六〇年には沖縄祖国復帰協《おきなわそこくふっききょう》議会会長《ぎかいかいちょう》となり運動《うんどう》の中心《ちゅうしん》となった。一九七二年の沖縄復帰後《おきなわふっきご》、最初《さいしょ》の県知事《けんちじ》になった。

てもパスポート*が必要《ひつよう》な時代《じだい》です。アメリカ軍《ぐん》がこいつは行《い》かせたくないと思《おも》えばパスポートがおりないのです。アメリカ軍《ぐん》に目《め》をつけられはしないか、たえずおびえながらの生活《せいかつ》でした。

五九年には石川市《いしかわし》の宮森小学校《みやのもりしょうがっこう》に、嘉手納飛行場《かでなひこうじょう》をとびたった米軍《べいぐん》のジェット機《き》が墜落《ついらく》しました。そして、いっしゅんのうちに小学生《しょうがくせい》一七名《めい》の死者《ししゃ》と、一二一名《めい》もの負傷者《ふしょうしゃ》がでたのです。

その翌年《よくとし》の六〇年にはアイゼンハワー*大統領《だいとうりょう》が、日米安保条約《にちべいあんぽじょうやく》の改訂《かいてい》の件《けん》で東京《とうきょう》へ行《い》く途中《とちゅう》、韓国《かんこく》により、沖縄《おきなわ》にもよることになりました。沖縄側《おきなわがわ》としては、こういう悲惨《ひさん》な事故《じこ》のことを直接《ちょくせつ》うったえる、大《おお》きなチャンスと考《かんが》えました。読谷高校《よみたんこうこう》の生徒会《せいとかい》も、那覇《なは》にうったえに行《い》くということになりました。

わたしは生徒会《せいとかい》の顧問《こもん》をしていましたので、行《い》く生徒《せいと》をあつめて言《い》いました。

「明日《あした》行《い》く生徒《せいと》は、みんなまとまって行動《こうどう》してくれ。そして、麦《むぎ》わら帽子《ぼうし》とか布《ぬの》の帽子《ぼうし》で顔《かお》がよく見《み》えないものをかぶってこい。きみたちが東京《とうきょう》、大阪《おおさか》とかどこか行《い》こうというときに、顔《かお》をアメリカ軍《ぐん》のスパイに写《うつ》されてしまったら、パス

パスポート　旅券《りょけん》。国《くに》が自国民《じこくみん》の外国旅行《がいこくりょこう》にさいして発給《はっきゅう》する国籍証明書《こくせきしょうめいしょ》。アメリカ軍統治下《ぐんとうちか》の沖縄《おきなわ》の人《ひと》びとは、アメリカ軍《ぐん》にパスポートをもらわなければならなかった。

アイゼンハワー大統領《だいとうりょう》　アメリカの軍人《ぐんじん》、政治家《せいじか》。第二次世界大戦《だいにじせかいたいせん》で、連合軍総司令官《れんごうぐんそうしれいかん》としてヨーロッパ戦線《せんせん》を指揮《しき》。戦後《せんご》アメリカ第三四代大統領《だいだいとうりょう》になる。一九六〇年に来日《らいにち》が予定《よてい》されていたが、日米安保条約《にちべいあんぽじょうやく》をめぐって反対運動《はんたいうんどう》がもり上《あ》がるなか、訪日《ほうにち》は延期《えんき》された。

ポートはおりんぞ」と、注意《ちゅうい》をしたのです。

それから棚原隆子《たなはらたかこ》ちゃんの事件《じけん》は一九六五年ですね。そのときわたしは研究《けんきゅう》教員《きょういん》で静岡県《しずおかけん》に行《い》っていて、読谷高校《よみたんこうこう》の三年生《ねんせい》の幸地進君《こうちすすむくん》から、事故《じこ》のことがくわしく書《か》かれている新聞《しんぶん》と手紙《てがみ》をうけ取《と》りました。

隆子《たかこ》ちゃんは読谷村立喜名小学校《よみたんそんりつきなしょうがっこう》四年生《ねんせい》でした。隆子《たかこ》ちゃんはこんなことをさけんでいるのです。「おかあさんあぶない。おかあさんあぶない。パラシュートがおちてくるぞー」と。トレーラーをぶらさげたパラシュートが人家《じんか》の上《うえ》におちてくるのです。たいへんな話《はなし》でしょ。パラシュートというのは遠《とお》くから見《み》るとそんなに大《おお》きくは見《み》えんのですが、近《ちか》くに行《い》くとすごく大《おお》きいんですよ。それが、ゆらゆらしながらね、演習場外《えんしゅうじょうがい》の民間地域《みんかんちいき》におちてきた。

けっきょく、にげ場《ば》をうしなった隆子《たかこ》ちゃんはおしつぶされて死《し》んでしまった。基地《きち》の島沖縄《しまおきなわ》の、基地《きち》の村読谷《むらよみたん》の、どこに安全《あんぜん》な場所《ばしょ》があるというのでしょうか。

沖縄《おきなわ》の人《ひと》たちは、日常生活《にちじょうせいかつ》がこのようにおびやかされている状況《じょうきょう》、人権《じんけん》*が保障《ほしょう》されていない状況《じょうきょう》から、人間《にんげん》らしい生活《せいかつ》を取《と》りもどす方法《ほうほう》として、異論《いろん》は若《じゃっ》

人権《じんけん》　人《ひと》が人《ひと》らしく生《い》きるためにもっている権利《けんり》。社会的《しゃかいてき》には憲法《けんぽう》のなかで、たとえば生存権《せいぞんけん》・労働《ろうどう》

干《かん》あったにしても、憲法《けんぽう》で人権《じんけん》が保障《ほしょう》されている日本《にほん》への復帰《ふっき》をめざしたのです。

一九七二年五月十五日、悲願《ひがん》の復帰《ふっき》は実現《じつげん》しました。しかし、沖縄県民《おきなわけんみん》がねがった「即時無条件全面返還《そくじむじょうけんぜんめんへんかん》」とはならず、いぜんとして基地《きち》はそのままのこり、日本全体《にほんぜんたい》の米軍基地《べいぐんきち》の七五パーセントが現在《げんざい》も沖縄《おきなわ》におしつけられたままです。

教師《きょうし》から村長《そんちょう》へ

わたしは自分《じぶん》の意志《いし》で村長《そんちょう》になろうと思《おも》ったことは最後《さいご》までありませんでした。前《まえ》の村長《そんちょう》さんがおやめになるという情報《じょうほう》が入《はい》ったものだから、地元《じもと》の先輩《せんぱい》たちや、わたしの教《おし》え子《ご》たちがやってきたんです。「山内先生《やまうちせんせい》、学校《がっこう》やめて村長《そんちょう》になれ」、「社会《しゃかい》が必要《ひつよう》とするときには青年《せいねん》はいつでも立《た》てと教《おし》えたのは先生《せんせい》じゃないのか」、とせまられましたね。それでもつっぱねていると、「山内先生《やまうちせんせい》が教《おし》えたのはうそだったのか」、「これからは先生《せんせい》の言《い》うことは信用《しんよう》しない」と言《い》いはじめたんです。わたしはその言葉《ことば》にショックをうけましたね。若《わか》い人《ひと》びとを裏切《うらぎ》ってはいけない、と心《こころ》をととのえはじめました。

権《けん》・教育権《きょういくけん》などとしてそれぞれが規定《きてい》されている。

読谷村《よみたんそん》の青年《せいねん》たちはさらに、当時《とうじ》二二あった字《あざ》の（現在《げんざい》二三）、そのうち一四の字《あざ》に後援会《こうえんかい》「山内徳信《やまうちとくしん》を励《はげ》ます○○支部《しぶ》」をつくってしまったんです。そしてけっきょく、後援会全体《こうえんかいぜんたい》で総決起大会《そうけっきたいかい》を開《ひら》くというんです。

わたしはその日《ひ》、授業《じゅぎょう》を全部《ぜんぶ》終《お》わって三時《じ》ごろ校長先生《こうちょうせんせい》のところへ行《い》って、「今夜《こんや》八時《じ》から、読谷小学校《よみたんしょうがっこう》の体育館《たいいくかん》で後援会《こうえんかい》の総決起大会《そうけっきたいかい》があるんです。ところがまだ出馬《しゅつば》するとは言《い》っておりませんので、今日《きょう》も授業《じゅぎょう》をやっているのですが、これ以上《いじょう》つっぱねることはできませんので、学校《がっこう》やめさせてください」と言《い》ったんです。

その後《ご》、全職員《ぜんしょくいん》に退任《たいにん》のあいさつをし、十七年《ねん》におよぶ学校生活《がっこうせいかつ》とおわかれをするのです。読谷高校《よみたんこうこう》の恩師《おんし》はわたしに「万年教師《まんねんきょうし》で終《お》われよ」とおっしゃっていたのでしたが、なぜそういうふうにおっしゃったのか。あるいは、わたしが政治《せいじ》の世界《せかい》にうつっていくのがその先生《せんせい》には見《み》えていたのかもしれません。そうして、一九七四年七月、三十九歳《さい》の青年村長《せいねんそんちょう》として自治体経営《じちたいけいえい》に全力投球《ぜんりょくとうきゅう》することになります。

憲法《けんぽう》を生《い》かす村《むら》づくり

わたしは役場《やくば》に入《はい》るときに、情熱的《じょうねつてき》にわたしを説得《せっとく》してくれた青年《せいねん》たちや村《そん》民《みん》の思《おも》いや自治体《じちたい》にたいする夢《ゆめ》や希望《きぼう》を大事《だいじ》にすることを心《こころ》にちかいました。わたしは、本物《ほんもの》の村《むら》（自治体《じちたい》）をつくってみたいと思《おも》ったのです。読谷村《よみたんそん》を民主主《みんしゅしゅ》義《ぎ》の村《むら》にしたいと考《かんが》えました。

福祉行政《ふくしぎょうせい》でも読谷方式《よみたんほうしき》をうち立《た》てる努力《どりょく》をしました。その根《ね》っこは憲法《けんぽう》と教《きょう》*育基本法《いくきほんほう》です。わたしが村長《そんちょう》をつとめた二十四年間《ねんかん》の読谷村《よみたんそん》政《せい》の武器《ぶき》となり盾《たて》となったものは、憲法《けんぽう》と教育基本法《きょういくきほんほう》の理念《りねん》であり精神《せいしん》でした。憲法《けんぽう》を生《い》かしきることによって日本《にほん》の未来《みらい》はかがやくとしんじているから

▲読谷村役場《よみたんそんやくば》正門《せいもん》左横《ひだりよこ》に立《た》つ憲法《けんぽう》九条《じょう》の碑《ひ》

教育基本法《きょういくきほんほう》　戦後教育《せんごきょういく》の理念《りねん》、教育行政《きょういくぎょうせい》の大綱《たいこう》を明示《めいじ》した法律《ほうりつ》。個人《こじん》の尊厳《そんげん》と平和《へいわ》と民主主義《みんしゅしゅぎ》の原則《げんそく》が教育価値《きょういくかち》として確認《かくにん》された。

です。ですから、わたしは憲法《けんぽう》と教育《きょういく》基本法《きほんほう》を、施政方針《しせいほうしん》の前文《ぜんぶん》のなかに二四回《かい》も書《か》いてきました。

わたしは一九五一年、読谷高校《よみたんこうこう》に入《はい》って憲法《けんぽう》と出会《であ》いました。文部省《もんぶしょう》（現在《げんざい》の文部科学省《もんぶかがくしょう》）発行《はっこう》の教科書《きょうかしょ》――『民主主義《みんしゅしゅぎ》』（現在《げんざい》径《こみち》書房《しょぼう》より再発行《さいはっこう》）と出会《であ》ったことがいちばん良《よ》かった。わたしの同級生《どうきゅうせい》も先輩《せんぱい》たちも、後輩《こうはい》たちも戦争《せんそう》のなかで死《し》んでいきました。そういうなかを生《い》きのこって高校《こうこう》に入《はい》ったわたしにとって、*平和主義《へいわしゅぎ》、*主権在民《しゅけんざいみん》、*基本的人権《きほんてきじんけん》の尊重《そんちょう》の三本柱《さんぼんばしら》をもつ憲法《けんぽう》はすごいと思《おも》いましたよ。感激《かんげき》したねえ。この感動《かんどう》が、とりわけわたしに力《ちから》をあたえてくれました。琉球大学《りゅうきゅうだいがく》へ進《すす》んでさらに憲法学《けんぽうがく》を学《まな》びましたし、たくさんの先生《せんせい》がたから「憲法《けんぽう》へのするどい視線《しせん》」を学《まな》ばせていただきました。

基地《きち》の村《むら》の現実《げんじつ》

わたしが村長《そんちょう》になったのは日本《にほん》へ復帰《ふっき》して二年後《ねんご》の一九七四年の七月です。就任《しゅうにん》して早《はや》い時期《じき》のころの事件《じけん》と事故《じこ》について、それぞれ一《ひと》つずつお話《はな》しした

平和主義《へいわしゅぎ》　あらそいや暴力《ぼうりょく》に反《はん》対《たい》して、平和《へいわ》を至上《しじょう》の価値《かち》として追求《ついきゅう》する立場《たちば》。

主権在民《しゅけんざいみん》（国民主権《こくみんしゅけん》）　国家《こっか》の主《しゅ》権《けん》が国民《こくみん》にあること。明治憲法《めいじけんぽう》では主権《しゅけん》が天皇《てんのう》にあったが（主権在《しゅけんざい》君《くん》）、日本国憲法《にほんこくけんぽう》は前文《ぜんぶん》で主権《しゅけん》は国民《こくみん》にあると宣言《せんげん》している。

基本的人権《きほんてきじんけん》　人《ひと》は生《う》まれながらに自由《じゆう》かつ平等《びょうどう》であるという言葉《ことば》で表現《ひょうげん》されている、すべての人《にん》間《げん》がもつ権利《けんり》。

いと思《おも》います。

読谷村《よみたんそん》にはトリイステーションという陸軍《りくぐん》の通信基地《つうしんきち》があります。そのなかには殺《ころ》し屋《や》とよばれている戦争《せんそう》のプロ、グリーンベレー*もいるのです。そこの米兵《べいへい》が民家《みんか》に侵入《しんにゅう》し、女性《じょせい》がレイプされる事件《じけん》が起《お》きました。これはわたしもいかりがおさまらなかった。わたしとしては、被害者《ひがいしゃ》がゆるせばちゃんと米軍《べいぐん》とたたかっていくべきだと思《おも》ったのですが、家族《かぞく》はぜったいに表《おもて》ざたにはしたくないと言《い》ったので、米軍《べいぐん》の司令官《しれいかん》*への厳重《げんじゅう》な抗議《こうぎ》で終《お》わりました。そういう泣《な》き寝入《ねい》りが戦後今日《せんごこんにち》まで、あっちこっちであるわけですね。

それから、村《むら》にはヤチムンの里《さと》というところがあります。ヤチムンは焼《や》き物《もの》。陶工《とうこう》の方《かた》がたが陶器《とうき》をつくる場所《ばしょ》です。その近《ちか》くに、戦後《せんご》は米軍《べいぐん》の不発弾処理《ふはつだんしょり》場《じょう》があって、復帰《ふっき》してからは自衛隊《じえいたい》もそこで不発弾《ふはつだん》を処理《しょり》するようになっていました。そこでわたしが村長《そんちょう》に就任《しゅうにん》して二週間目《しゅうかんめ》に起《お》こった事故《じこ》があります。不発弾処理場《ふはつだんしょりじょう》から、破片《はへん》が近《ちか》くのアロハゴルフ場《じょう》にとんできたのです。さらに、近《ちか》くで宅地造成《たくちぞうせい》をしている工事現場《こうじげんば》までとんできた。それからさらに、陶芸《とうげい》

グリーンベレー　アメリカ陸軍《りくぐん》の特殊部隊《とくしゅぶたい》。

司令官《しれいかん》　当時《とうじ》、アメリカ軍《ぐん》の司令《しれい》官《かん》が沖縄《おきなわ》の行政《ぎょうせい》の最高責任者《さいこうせきにんしゃ》をもかねていた。この統治《とうち》のしかたを軍政《ぐんせい》ともいう。

の人間国宝《にんげんこくほう》・金城次郎《きんじょうじろう》さんの*のぼり窯《がま》の屋根《やね》の上《うえ》にも破片《はへん》がとんできたのです。
まさに人命《じんめい》がおびやかされているのです。
行政《ぎょうせい》の使命《しめい》は「人命《じんめい》と財産《ざいさん》をまもること」ですから、米軍《べいぐん》が撤去《てっきょ》するまでたたかいぬきました。

基地返還闘争《きちへんかんとうそう》は二十一世紀《せいき》への村《むら》（街《まち》）づくり闘争《とうそう》

沖縄《おきなわ》は日本《にほん》に復帰《ふっき》した。新《あたら》しい憲法《けんぽう》のもとに復帰《ふっき》したはずなのに、県民《けんみん》の日《にち》常《じょう》生活《せいかつ》は、たえずおびやかされている。それが、「基地《きち》の村読谷《むらよみたん》」「基地《きち》の島沖《しまおき》縄《なわ》」の実態《じったい》なのです。日本《にほん》の国土面積《こくどめんせき》の〇・六パーセント、一パーセントにも満《み》たない沖縄県《おきなわけん》に日本《にほん》にあるアメリカ軍専用《ぐんせんよう》の基地《きち》の七五パーセントがおしつけられているのです。たいへんな話《はなし》でしょ。

そういうふうに基地《きち》を沖縄《おきなわ》におしつけている日本政府《にほんせいふ》は、基地《きち》の返還交渉《へんかんこうしょう》などやらないから、自分《じぶん》でやるしかない。戦略《せんりゃく》も戦術《せんじゅつ》も自分《じぶん》で駆使《くし》する。いまの時代《じだい》は、ぜんぶ情報《じょうほう》とかメディアをとおしてのたたかいとなります。たとえば、

のぼり窯《がま》 丘《おか》などの斜面《しゃめん》につくられた、下《した》にたき口《ぐち》、上《うえ》に煙《けむり》だしをもってつながった、陶器《とうき》を焼《や》く窯《かま》のこと。

パラシュート降下訓練《こうかくんれん》で畑《はたけ》に兵隊《へいたい》がおちてくると、わたしはいつも同《おな》じ白《しろ》い帽子《ぼうし》をかぶって、現地抗議《げんちこうぎ》にかならず参加《さんか》します。報道写真《ほうどうしゃしん》を見《み》るとかならず村長《そんちょう》がいる。この情報《じょうほう》は、最終的《さいしゅうてき》にはペンタゴン*（国防総省《こくぼうそうしょう》）まで行《い》く。現地闘争《げんちとうそう》の情報《じょうほう》はかかさず本部《ほんぶ》に報告《ほうこく》されるのです。そういうわけで、はじめてアメリカに要請《ようせい》に行《い》ったときに、政府《せいふ》、議会《ぎかい》、軍当局《ぐんとうきょく》など、どこへ行《い》っても村長《そんちょう》を知《し》っているのがおりましたね。

　わたしは十五、六年も同《おな》じことばっかり現地闘争《げんちとうそう》でうったえているのです。「演習《えんしゅう》やめろ。やる必要《ひつよう》あったら、アメリカに行《い》ってやれ。読谷飛行場用地《よみたんひこうじょうようち》を返還《へんかん》せよ。その土地《とち》は読谷村民《よみたんそんみん》の土地《とち》だ。そこは二十一世紀《せいき》の歴史《れきし》の批判《ひはん》にたえる村《むら》づくり、町《まち》づくりの拠点《きょてん》となる場所《ばしょ》である。マスタープランもつくってもっているのだ」と、さけびうったえつづけてきました。相手《あいて》は、三、四回情報収集《かいじょうほうしゅうしゅう》すれば、こちらの主張《しゅちょう》はわかるわけです。反基地闘争《はんきちとうそう》は、壮大《そうだい》な村《むら》づくり闘争《とうそう》なのです。それは二十一世紀《せいき》への夢《ゆめ》とロマンをもとめるたたかいなのです。

ペンタゴン（国防総省《こくぼうそうしょう》）　もとは五角形《かくけい》のこと。アメリカの国防総省《こくぼうそうしょう》の建物《たてもの》が正《せい》五角形《かくけい》なことからこうよばれる。陸海空《りくかいくう》の三軍《ぐん》を統轄《とうかつ》する。

基地《きち》のなかに文化村《ぶんかむら》づくり

福祉《ふくし》センター

福祉《ふくし》センターは村民《そんみん》が結束《けっそく》しやすいと思《おも》ったので、基地《きち》のなかにさいしょにつくることをこころみました。調査《ちょうさ》や、構想《こうそう》、予算《よさん》や敷地《しきち》の目処《めど》づけ、設計《せっけい》をコンペにかけるなど時間《じかん》がかかり、開所《かいしょ》はけっきょく一九八〇年八月になりました。

ようやく福祉《ふくし》センターができたとき、米軍《べいぐん》は電波障害《でんぱしょうがい》が起《お》こるので、通信施設《つうしんしせつ》の周辺《しゅうへん》一マイル*以内《いない》には夜間照明灯《やかんしょうめいとう》をつけるなと言《い》ってきました。野外《やがい》の駐車《ちゅうしゃ》場《じょう》やトイレに蛍光灯《けいこうとう》をつけるなと言《い》うのです。わたしは、楚辺通信所《そべつうしんじょ》（通称《つうしょう》「象《ぞう》の檻《おり》」）の周辺《しゅうへん》一マイルの範囲《はんい》を職員《しょくいん》にぜんぶ調《しら》べさせた。すると照明灯《しょうめいとう》はすでにいっぱい立《た》っているんですね。それを地図《ちず》の上《うえ》におとして米軍《べいぐん》のところにもっていって「電波障害《でんぱしょうがい》は起《お》こっているのか」ときいた。すると、「いや、起《お》こっていない」と言《い》う。「起《お》こってないのだからみとめよ」とわたしはせまった。「もしみとめんならばほんとうに電波妨害《でんぱぼうがい》をする」「象《ぞう》の檻《おり》のまわりで村民《そんみん》のたこあげ大会《たいかい》を開《ひら》く」と言《い》ったのです。四メートルのたこをつくって、しっぽに銀紙《ぎんがみ》

マイル　一マイルは約《やく》一・六キロメートル。

をつけてあげるんです。たこあげ大会《たいかい》を開《ひら》くまでもなく、許可《きょか》がでました。
この福祉《ふくし》センターでは、村民《そんみん》みんなで赤土《あかつち》のれんがをつくって、それを建物《たてもの》の土間《どま》につかいました。中学生《ちゅうがくせい》たちも放課後《ほうかご》運動着《うんどうぎ》に着《き》がえてつくってくれたし、小学生《しょうがくせい》も高校生《こうこうせい》も。老人《ろうじん》クラブも青年会《せいねんかい》も……。自分《じぶん》のつくったれんがには名前《なまえ》やすきな言葉《ことば》などを自分《じぶん》の物《もの》だとわかるように自由《じゆう》に書《か》いてもらいました。人《ひと》はいずれ死《し》ぬけど、建物《たてもの》は、れんがはのこるでしょ。将来《しょうらい》、孫《まご》たちがきてここにおじいちゃん、おばあちゃんのれんががあるよ、とそれを見《み》てどれほどおもしろいか。時間《じかん》をこえて人《ひと》と人《ひと》とがむすびつくのです。

運動広場《うんどうひろば》（公園《こうえん》）

復帰前《ふっきまえ》は、読谷村《よみたんそん》には村立《そんりつ》の運動広場《うんどうひろば》（公園《こうえん》）はありませんでした。なにしろ、わたしが村長《そんちょう》になった七四年当時《とうじ》、読谷村《よみたんそん》の総面積《そうめんせき》の七三パーセントが米軍基地《べいぐんきち》でしたから。役場内《やくばない》の会議《かいぎ》で運動広場《うんどうひろば》（公園《こうえん》）を、米軍基地《べいぐんきち》である読谷飛行場《よみたんひこうじょう》のなかにつくることにきめました。そこが、読谷村《よみたんそん》の中心部《ちゅうしんぶ》であり、住民《じゅうみん》にとってつかいやすく便利《べんり》な場所《ばしょ》だからです。村《むら》の中心地《ちゅうしんち》にある基地《きち》のなかに、教育《きょういく》・文化《ぶんか》・スポーツ・福祉《ふくし》・政治行政《せいじぎょうせい》の拠点《きょてん》をつくり、二十一世紀《せいき》の街《まち》づくりをしていく意思《いし》をたしかめるという意味《いみ》をもっていました。

ところが、アメリカ軍《ぐん》が同《おな》じ場所《ばしょ》に、対潜哨戒機《たいせんしょうかいき》（潜水艦《せんすいかん》の見《み》はりをする飛《ひ》行機《こうき》）Ｐ３Ｃとの交信用《こうしんよう》アンテナ基地《きち》をつくる工事《こうじ》をはじめたのです。白紙撤回《はくしてっかい》をもとめるこの交渉《こうしょう》、たたかいはずいぶんたいへんなものでした。工事担当《こうじたんとう》の司令官《しれいかん》に会《あ》うために、会《あ》わないという相手《あいて》がトイレにでてくるまで待《ま》って交渉《こうしょう》するというようなことまでやりました。

日米関係者《にちべいかんけいしゃ》との交渉《こうしょう》の結果《けっか》、やっと、一か月《げつ》の工事中止《こうじちゅうし》は勝《か》ちとったのですが、その一か月《げつ》がすぎると、いよいよ工事再開《こうじさいかい》、*機動隊《きどうたい》がでてくるという情報《じょうほう》が入《はい》ったんです。若《わか》い人《ひと》びとは仕事《しごと》に行《い》きますから、すわりこみは老人《ろうじん》クラブのみなさんにがんばっていただきました。機動隊《きどうたい》の若《わか》い者《もの》が、自分《じぶん》のおじいさんやおばあさんに平気《へいき》で盾《たて》や棍棒《こんぼう》をふるってくることはできんでしょう。

来週《らいしゅう》の火曜日《かようび》に、いよいよ機動隊《きどうたい》がでてくるとの情報《じょうほう》が、土曜日《どようび》に入《はい》ってき

機動隊《きどうたい》　治安《ちあん》・災害《さいがい》・雑踏《ざっとう》などの警備《けいび》にあたる警官隊《けいかんたい》。デモなどを取《と》りしまる。

ました。そこで最後《さいご》の手段《しゅだん》として、わたしは*ジミー・カーター大統領《だいとうりょう》に手紙《てがみ》をおくることにしました。月曜日《げつようび》の午後《ごご》、手紙《てがみ》をマスコミに発表《はっぴょう》して、ぎりぎり火曜日《かようび》の機動隊《きどうたい》の出動《しゅつどう》に歯止《はど》めをかけることができました。

さて、工事《こうじ》はストップしたまま二か月たってもなんの返事《へんじ》もなかったのでわたしはあせっておりましたが、ついに、工事《こうじ》の白紙撤回《はくしてっかい》の知《し》らせが入《はい》りました。四〇〇〇万円《まんえん》の工事《こうじ》で、六割方《わりがた》すすんでいた工事《こうじ》が、完全《かんぜん》に取《と》りやめになったのです。これをきっかけに、読谷飛行場《よみたんひこうじょう》に村《むら》づくりをするたたかいは展望《てんぼう》が開《ひら》け、村民《そんみん》は大《おお》きな自信《じしん》と勇気《ゆうき》をえました。

七六年の七月に計画《けいかく》して、二年後《ご》の七八年十月九日、ついに運動広場開設記念《うんどうひろばかいせつきねん》陸上競技大会《りくじょうきょうぎたいかい》を開催《かいさい》しました。わたしはこの記念行事《きねんぎょうじ》にアメリカ軍《ぐん》の司令官《しれいかん》を「走《はし》りぞめの式《しき》であんたがたにも走《はし》ってもらうから、ぜひ出席《しゅっせき》してほしい」と招待《しょうたい》しました。司令官《しれいかん》はけっきょく二人《ふたり》きて、走《はし》ってくれましたよ。「よし、ここはひとつ負《ま》かしておかんといかん」と思《おも》って、村《むら》の三役《さんやく》と二人《ふたり》の司令官《しれいかん》がいっせいに百《ひゃく》メートル走《はし》って、わたしが勝《か》ちました。

ジミー・カーター大統領《だいとうりょう》　アメリカ第《だい》三九代《だい》大統領《だいとうりょう》（一九七七年から八一年）。人権外交《じんけんがいこう》・中東和《ちゅうとうわ》平《へい》にとりくんだが在任中《ざいにんちゅう》はうまくいかず、再選《さいせん》されなかった。退《たい》任後《にんご》、国際協力《こくさいきょうりょく》による紛争解決《ふんそうかいけつ》のための活動《かつどう》が評価《ひょうか》されノーベル平和賞《へいわしょう》（二〇〇二年）を受賞《じゅしょう》した。

わたしは、背《せ》は一メートル五八センチです。でも、走《はし》ると歩幅《ほはば》は二メートルあるの。中学校《ちゅうがっこう》の陸上競技《りくじょうきょうぎ》の代表選手《だいひょうせんしゅ》でしたし、高三《こうさん》のときには五千メートルにしぼって走《はし》って優勝《ゆうしょう》して、高校新記録《こうこうしんきろく》をつくりました。そのころちょうど戦《せん》前《ぜん》のオリンピック選手《せんしゅ》でベルリン大会《たいかい》で五千メートルと一万メートルを走《はし》った村《むら》*社講平《こそこうへい》選手《せんしゅ》が、沖縄《おきなわ》の各高校《かくこうこう》で講演《こうえん》と実技指導《じつぎしどう》をされたのです。わたしも「体《からだ》の小《ちい》さい日本人《にほんじん》が、体《からだ》の大《おお》きい外国人選手《がいこくじんせんしゅ》に勝《か》つにはどういう走《はし》りかたをすればいいか」という話《はなし》をききました。わたしは三年間《かん》とにかく走《はし》りとおしていた高校《こうこう》生《せい》でした。三年間《かん》で地球一周《ちきゅういっしゅう》の距離《きょり》を走《はし》ってみたいという夢《ゆめ》をもっていたのです。琉球大学《りゅうきゅうだいがく》でも歴史学科《れきしがっか》でありながらずっと陸上部《りくじょうぶ》で千六百メートルリレーの選手《せんしゅ》でした。

運動広場《うんどうひろば》開設《かいせつ》のとき、わたしは四十三歳《さい》。相手《あいて》がアメリカ軍《ぐん》の司令官《しれいかん》でも負《ま》けるとは思《おも》いませんでしたよ。

野球場《やきゅうじょう》（平和《へいわ》の森球場《もりきゅうじょう》）の建設《けんせつ》

村社講平《むらこそこうへい》　陸上競技《りくじょうきょうぎ》の選手《せんしゅ》。ベルリン・オリンピック（一九三六年）に五千メートルと一万メートルに出場《しゅつじょう》、ともに四位《い》の好成績《こうせいせき》をおさめた。とくに一万メートルでの力走《りきそう》は、のちのちまで語《かた》りつがれた。

読谷村体育協会《よみたんそんたいいくきょうかい》や野球《やきゅう》好《ず》きな青年《せいねん》たちが「ナイター設備《せつび》つきの正式《せいしき》な野球場《やきゅうじょう》がほしい」という声《こえ》をつたえてきました。わたし自身《じしん》も高校生《こうこうせい》や中学生《ちゅうがくせい》がのびのびと白球《はっきゅう》をおう野球場《やきゅうじょう》は夢《ゆめ》でした。

「天《てん》の時《とき》、地《ち》の利《り》、人《ひと》の和《わ》」ということわざがあります。わたしは半世紀《はんせいき》に一度《いちど》しかまわってこない国民体育大会《こくみんたいいくたいかい》（一九八七年）を「天《てん》の時《とき》」と考《かんが》えていました。第《だい》四十二回国民体育大会《かいこくみんたいいくたいかい》・海邦国体少年男子《かいほうこくたいしょうねんだんし》ソフトボール大会場《たいかいじょう》を引《ひ》きうけることを、関係機関《かんけいきかん》と村民《そんみん》に表明《ひょうめい》し、村民《そんみん》の全面的《ぜんめんてき》な協力《きょうりょく》をおねがいしました。

その会場《かいじょう》をまたしても、米軍《べいぐん》のパラシュート演習場《えんしゅうじょう》である読谷飛行場《よみたんひこうじょう》のなかにつくる計画《けいかく》をしたのです。野球場《やきゅうじょう》だけではなく、西側《にしがわ》に多目的広場《たもくてきひろば》と大型《おおがた》駐車場《ちゅうしゃじょう》も同時《どうじ》に計画《けいかく》しました。その交渉《こうしょう》は困難《こんなん》をきわめました。一時《いちじ》は、アメリカ軍《ぐん》からも、日本政府《にほんせいふ》（那覇防衛施設局《なはぼうえいしせつきょく》）からもむりだと、ことわられました。国体《こくたい》にまにあうのか、という村民《そんみん》や関係団体《かんけいだんたい》の心配《しんぱい》もあって「幻《まぼろし》の国体会場《こくたいかいじょう》」と皮肉《ひにく》られたころは、ほんとうに苦《くる》しかった。日米《にちべい》という巨大《きょだい》な軍事権力者《ぐんじけんりょくしゃ》を相手《あいて》に、ＮＯをＯＫにさせるたたかいであり、不可能《ふかのう》を可能《かのう》にさせる交渉《こうしょう》ですからね。それはもう、昼《ひる》も夜《よる》もないたいへんなたたかいでした。でも、わたしたちはあきらめなかった。役場《やくば》の関係職員《かんけいしょくいん》たちはおいつめられた状況《じょうきょう》を突破《とっぱ》するのに苦労《くろう》をともにしてくれました。

一九八七年五月三十日、ついに「平和《へいわ》の森球場《もりきゅうじょう》」は完成《かんせい》し落成式《らくせいしき》は盛大《せいだい》にもよおされました。それから半年《はんとし》もたたない十月二十六日、村民《そんみん》による手《て》づくりの海邦国体《かいほうこくたい》・少年《しょうねん》（高校《こうこう》）男子《だんし》ソフトボール大会《たいかい》がおこなわれたのです。村民《そんみん》にとってわすれられない大会《たいかい》となりました。

沖縄国体《おきなわこくたい》「日《ひ》の丸《まる》」事件《じけん》

そうして無事完成《ぶじかんせい》した野球場《やきゅうじょう》で沖縄国体《おきなわこくたい》の高校男子《こうこうだんし》ソフトボール大会《たいかい》が開《ひら》かれたのですが、その開会式《かいかいしき》で「日《ひ》の丸《まる》」事件《じけん》が起《お》こりました。

スポーツにどうして日《ひ》の丸《まる》が必要《ひつよう》？　とわたしはいまも思《おも》ってるんです。かかげる気《き》は最後《さいご》までなかった。そうしたら、きかなければ会場《かいじょう》を変更《へんこう》する、と圧力《あつりょく》をかけてきた。手《て》づくりの国体《こくたい》にしようと村民《そんみん》みんなでいろんなことをやってきて、変更《へんこう》されたんでは目《め》もあてられません。だから、開会式《かいかいしき》の前《まえ》に旗《はた》をかかげておくという折衷案《せっちゅうあん》にしたのです。

ソフトボール協会《きょうかい》の責任者《せきにんしゃ》が、国体関係《こくたいかんけい》の行事《ぎょうじ》だけにしておけばよかったのに、各県《かくけん》からきた監督《かんとく》、選手《せんしゅ》たちを、チビチリガマにお参《まい》りをさせるということをやったわけです。チビチリガマは沖縄戦《おきなわせん》のとき八二名《めい》もの人《ひと》が「集団自決《しゅうだんじけつ》」をした場所《ばしょ》なのです。チビチリガマの調査《ちょうさ》にかかわった地元《じもと》の青年《せいねん》は「日《ひ》の丸《まる》をおしつけておいて、そこをお参《まい》りすることはゆるせない」と考《かんが》えたのです。そういうこともあって、開会式《かいかいしき》の時《とき》に掲揚《けいよう》されていた日《ひ》の丸《まる》の旗《はた》をおろして、火《ひ》をつけたのです。

ハプニングがあっても国体《こくたい》のスケジュールはぜんぶ計画《けいかく》どおり実施《じっし》されました。その事件後《じけんご》、いろんなうごきがあったが、役場職員《やくばしょくいん》は勇気《ゆうき》をもって対応《たいおう》してくれましたね。感謝《かんしゃ》しておりますよ。反基地《はんきち》・村《むら》づくり闘争《とうそう》で、しょっちゅう米軍《べいぐん》や機動隊《きどうたい》と対峙《たいじ》し、その経験《けいけん》もあってか、職員《しょくいん》は自信《じしん》みたいなものがありましたね。きたえられていたからでしょうか。

役場《やくば》庁舎《ちょうしゃ》と文化《ぶんか》センター

さて、米軍《べいぐん》の不動産担当事務所《ふどうさんたんとうじむしょ》の所長《しょちょう》さんが野球場《やきゅうじょう》を見《み》にきたときに「村長《そんちょう》、つぎはなにを考《かんが》えているの」と言《い》うんです。わたしは「この野球場《やきゅうじょう》の南側《みなみがわ》の西《にし》のほうに役場庁舎《やくばちょうしゃ》、東《ひがし》のほうに文化《ぶんか》センターをつくる。そういう夢《ゆめ》をもっています」と答《こた》えた。すると「おもしろいね」と言《い》うんですよ。アメリカや日本《にほん》政府《せいふ》の役人《やくにん》たちのなかにおもしろいね、と思《おも》ってくれる人《ひと》がいないと、基地《きち》のなかに役場庁舎《やくばちょうしゃ》なんて実現《じつげん》しないですよ。そこまで行《い》くのに二十年かかったなぁ。

「おもしろいね」と思《おも》ってもらうには、それだけのプランがないとダメなんです。こんな庁舎《ちょうしゃ》をつくりたいと夢《ゆめ》をふくらませ、その夢《ゆめ》を共有《きょうゆう》することです。庁舎《ちょうしゃ》は赤《あか》ガワラをのせ大鳥《おおとり》がはばたくかたちにしたい。庁舎《ちょうしゃ》の上《うえ》にふる雨《あめ》は地下《ちか》にたくわえ散水用《さんすいよう》として利用《りよう》する、夜間《やかん》に氷《こおり》をつくって、それで風《かぜ》を冷《ひ》やして夏《なつ》のクーラーとして利用《りよう》する、車椅子《くるまいす》で展望台《てんぼうだい》まであがり障害《しょうがい》のある人《ひと》でも周囲《しゅうい》の景色《けしき》が見《み》られるようにしたい。そういう夢《ゆめ》のある価値《かち》ある仕事《しごと》をしましょうや。

と、こういう話《はなし》をしますと、国《くに》の職員《しょくいん》たちも心《こころ》をうごかしはじめる。

しかし、壁《かべ》はあつかった。わたしたちがのぞむ敷地《しきち》は基地《きち》のまんなか。日米《にちべい》両政府《りょうせいふ》にとってこれをゆずると、読谷飛行場《よみたんひこうじょう》の基地《きち》としての機能《きのう》はうしなわれ、あとは返還《へんかん》という道筋《みちすじ》にしたがうほかなくなるから必死《ひっし》でした。そういうたたかいのときに相手《あいて》に食《く》われたらいかんのです。それを教《おし》えてくれたのは、中国《ちゅうごく》の魯迅《ろじん》*でした。「食《く》われる者《もの》は食《く》う」というのはかれの言葉《ことば》です。ようするに、わたしが食《く》われたら、読谷村《よみたんそん》の計画《けいかく》は崩壊《ほうかい》してしまうのです。だから、アメリカ軍《ぐん》にも食《く》われない、日本政府《にほんせいふ》にも食《く》われずに、読谷村民《よみたんそんみん》の主体性《しゅたいせい》と要求《ようきゅう》をつらぬきとおす以外《いがい》にないのです。

わたしはてこでもうごかない相手《あいて》を前《まえ》にして、もうだめかなと思《おも》いかけたとき、三十八年前大学《まえだいがく》で教《おそ》わった風水《ふうすい》*の思想《しそう》が突然《とつぜん》わきあがってきたのです。「読谷《よみたん》の役場敷地《やくばしきち》は、風水《ふうすい》の思想《しそう》にもとづいてこの場所《ばしょ》に決定《けってい》したのだ」、と言《い》った。その後《ご》、韓国《かんこく》の大学《だいがく》の風水専門《ふうすいせんもん》の先生《せんせい》にも判断《はんだん》してもらって、それが正《ただ》しいとわかった。それで事態《じたい》は好転《こうてん》したのです。

魯迅《ろじん》 近代中国《きんだいちゅうごく》の代表的文学《だいひょうてきぶんがく》者《しゃ》・思想家《しそうか》。一九〇二年日本《にほん》に留学《りゅうがく》。初《はじ》め医学《いがく》をこころざしたが、のち、文学《ぶんがく》に転《てん》じた。二十世《せい》紀初頭《きしょとう》のおくれた中国《ちゅうごく》、植民地《しょくみんち》化《か》された中国《ちゅうごく》の現実《げんじつ》をするどくあばいた『狂人日記《きょうじんにっき》』『阿《あ》Q正《せい》伝《でん》』で文学《ぶんがく》の近代的《きんだいてき》な形式《けいしき》と内容《ないよう》をきりひらき、文学運動《ぶんがくうんどう》の指導者《しどうしゃ》となった。

風水《ふうすい》 地勢《ちせい》（山《やま》や丘《おか》や水利《すいり》）や方《ほう》位《い》（方角《ほうがく》）などを観察《かんさつ》して、もっともよいと思《おも》われる場所《ばしょ》に、都市《とし》や住宅《じゅうたく》、お墓《はか》などをつくるよう

一九九五年六月十六日、読谷村議会《よみたんそんぎかい》の本会議中《ほんかいぎちゅう》に、「日米合同委員会《にちべいごうどういいんかい》は、読谷《よみたん》飛行場内《ひこうじょうない》の庁舎建設《ちょうしゃけんせつ》について合意《ごうい》にたっした」という知《し》らせがとびこんできました。興奮《こうふん》したね。そして、議会《ぎかい》が終《お》わると議長《ぎちょう》のゆるしをえて「やったぞー、やったぞー、やったぞー」とみんなでよろこびの三唱《さんしょう》をしたのです。ほんとうにうれしかったですよ。翌日《よくじつ》たれ幕《まく》をだすことにしました。わたしは沖縄口《うちなーぐち》（沖《おき》縄《なわ》の言葉《ことば》）でつぎのように書《か》かせた。「うっぴ小《ぐゎ》の村《むら》ぬ　大和動《やまといず》かち　海《うみ》わたてアメリカん突動《ちちいず》かち　読谷山野《ゆんたんじゃぬ》のなかに　村役場打《むらやくばう》ち立《た》てさ」──「こんな小《ちい》さな読谷村《よみたんそん》が、大和《やまと》（日本《にほん》）政府《せいふ》をうごかし、海《うみ》をわたってアメリカ政府《せいふ》をもうごかして、読谷山平野《よみたんざんへいや》（読谷飛行場《よみたんひこうじょう》）のなかに村役場《むらやくば》をうちたてることになる」という意味《いみ》です。

　こうやって、九七年の三月、念願《ねんがん》の村役場新庁舎《むらやくばしんちょうしゃ》が完成《かんせい》しました。つづいて文化《ぶんか》センターが完成《かんせい》しました。

　役場庁舎《やくばちょうしゃ》は読谷《よみたん》の若《わか》い設計業者《せっけいぎょうしゃ》たちにスペインに行《い》ってもらって、ガウディ*に学《まな》んで設計《せっけい》してもらいました。わたしがつけた条件《じょうけん》は「屋根《やね》は赤《あか》がわら、柱《はしら》

とく、一種《いっしゅ》の占《うらな》い。中国《ちゅうごく》に起《お》こり、のちに朝鮮《ちょうせん》に広《ひろ》まった。

ガウディ　スペインの建築家《けんちくか》。曲線《きょくせん》や曲面《きょくめん》をたくみにとり入《い》れた建物《たてもの》を設計《せっけい》し、今日《こんにち》まで影響《えいきょう》をあたえている。

は円柱《えんちゅう》」四角《しかく》い柱《はしら》は人《ひと》をはじきかえしますからね。円柱《えんちゅう》であたたかくむかえたい。

村役場《むらやくば》の南《みなみ》の木《き》の大半《たいはん》は、植樹祭《しょくじゅさい》をして住民《じゅうみん》が植《う》えてくれたものです。憲法《けんぽう》九条《じょう》の碑《ひ》の横《よこ》のフクギ*も、通用門《つうようもん》のところのガジュマル*も寄贈《きぞう》されたものです。いいことをしたらみんなかかわりをもちたいんですよね。

役場庁舎《やくばちょうしゃ》の入《い》り口《ぐち》には、子《こ》どもたちのシーサー*の面《めん》（取《と》りかえ可能《かのう》）をかざってあります。夏休《なつやす》みの作品《さくひん》も村立《そんりつ》の美術館《びじゅつかん》に展示《てんじ》します。

わたしは中学生《ちゅうがくせい》になって陸上競技《りくじょうきょうぎ》の選手《せんしゅ》になって人《ひと》の前《まえ》にでるようになった。自然《しぜん》に勉強《べんきょう》もするようになった。わたしは陸上大会《りくじょうたいかい》をとおして自信《じしん》とよろこびをえた。そういう場《ば》を早《はや》い時期《じき》から小中高校生《しょうちゅうこうこうせい》にあたえてやることが大事《だいじ》と思《おも》いましたね。そういう場《ば》を自治体《じちたい》やおとなたちが用意《ようい》してあげることが大事《だいじ》なことです。

人間《にんげん》と自治体《じちたい》はにたようなものです。自治体《じちたい》も生《い》き物《もの》ですよ。そのなかに生《い》きている人間《にんげん》は血液《けつえき》です。血液《けつえき》の流《なが》れがいいと、生《い》き生《い》きしますよね。住民《じゅうみん》みん

フクギ

ガジュマル

▶読谷村《よみたんそん》役場《やくば》（左《ひだり》）と文化《ぶんか》センター

▲役場庁舎《やくばちょうしゃ》入《い》り口《ぐち》の児童《じどう》たちがつくったシーサー

ながかがやくと自治体《じちたい》もかがやくんですよ。

それから九八年一月に村長《そんちょう》を退任《たいにん》して、当時《とうじ》の大田昌秀《おおたまさひで》沖縄県知事《おきなわけんちじ》のもと、沖縄県《おきなわけん》の出納長《すいとうちょう》に就任《しゅうにん》し、現在《げんざい》は「平和憲法《へいわけんぽう》・地方自治問題研究所《ちほうじちもんだいけんきゅうじょ》（平和《へいわ》の種《たね》蒔《ま》き塾《じゅく》）」を開設《かいせつ》し、活動《かつどう》しております。第《だい》三の人生《じんせい》は、公務《こうむ》をはなれて平和社《へいわしゃ》会《かい》をつくる運動《うんどう》にそそぎたいと思《おも》っています。二〇〇〇年に発足《ほっそく》した、「基地《きち》の県内移設《けんないいせつ》に反対《はんたい》する県民会議《けんみんかいぎ》」共同代表《きょうどうだいひょう》の一人《ひとり》でもあります。村長時代《そんちょうじだい》の経験《けいけん》を生《い》かして少《すこ》しでも沖縄《おきなわ》の平和創造《へいわそうぞう》のために、また、日本《にほん》の平和憲法《へいわけんぽう》をまもりぬき、ふたたび戦乱《せんらん》にまきこまれることのないように、微力《びりょく》をつくしたいと思《おも》っています。

日本《にほん》の若《わか》い人《ひと》びとには、人《ひと》にはやさしく、理不尽《りふじん》なものには反対《はんたい》し、世《よ》の中《なか》が明《あか》るくなるように努力《どりょく》してほしいと思《おも》っています。小《ちい》さいときから夢《ゆめ》をいだいて、たくましく、生《い》きる力《ちから》を学《まな》んでほしいと思《おも》います。

シーサー　中国《ちゅうごく》からつたわった、ライオン（獅子《しし》）をかたどった沖《おき》縄《なわ》の魔《ま》よけの置《お》きもの。屋根《やね》に置《お》く。

解説

沖縄《おきなわ》の歴史《れきし》

関田和行《せきたかずゆき》

沖縄《おきなわ》はかつて琉球《りゅうきゅう》とよばれた。一五世紀《せいき》に成立《せいりつ》した琉球王国《りゅうきゅうおうこく》は、中国《ちゅうごく》との貿易《ぼうえき》を中心《ちゅうしん》に、東南《とうなん》アジアとの中継貿易地《ちゅうけいぼうえきち》としてさかえた。

一六〇九年、薩摩藩《さつまはん》は江戸幕府《えどばくふ》の命令《めいれい》で琉球《りゅうきゅう》に出兵《しゅっぺい》、その後琉球王国《ごりゅうきゅうおうこく》は日本《にほん》の属国《ぞっこく》となった。琉球王国《りゅうきゅうおうこく》は明国《みんこく》（のち清国《しんこく》）にも進貢《しんこう》し、その支配下《しはいか》にありながら、同時《どうじ》に薩摩藩《さつまはん》（江戸幕府《えどばくふ》）の属領国《ぞくりょうこく》としての支配《しはい》もうけるという二重《にじゅう》の支配《しはい》をうけることになった。薩摩藩《さつまはん》の琉球支配《りゅうきゅうしはい》はきびしく、重《おも》い税《ぜい》を取《と》り立《た》てた。重税《じゅうぜい》に苦《くる》しんだ人《ひと》びとは、飢《き》きんになると食《た》べ物《もの》もなくなり、ソテツの毒《どく》を取《と》りのぞいてまで食《た》べて、飢《う》えをしのがなければならなかった。

一八六八年、明治維新《めいじいしん》によって江戸幕府《えどばくふ》がたおれ、その後発足《ごほっそく》した明治政府《めいじせいふ》は琉球《りゅうきゅう》を鹿児島県《かごしまけん》の管轄《かんかつ》とした。七二年には、明治政府《めいじせいふ》は琉球藩《りゅうきゅうはん》を設置《せっち》、国王《こくおう》を藩主《はんしゅ》にして清国《しんこく》の支配下《しはいか》にもあった琉球《りゅうきゅう》を日本《にほん》の領土《りょうど》として位置《いち》づけた。さらに明治《めいじ》政府《せいふ》は、七九年、武力《ぶりょく》で首里城《しゅりじょう》の明《あ》けわたしをもとめ琉球藩《りゅうきゅうはん》を日本《にほん》の一地方県《いちちほうけん》としての「沖縄県《おきなわけん》」とした。この沖縄《おきなわ》での廃藩置県《はいはんちけん》のことを「琉球処分《りゅうきゅうしょぶん》」といった。

明治政府《めいじせいふ》は「文明開化《ぶんめいかいか》」の名《な》のもとに沖縄《おきなわ》の固有《こゆう》な風俗《ふうぞく》を抑圧《よくあつ》した。それは、日《に》本《ほん》への同化《どうか》すなわち皇民化《こうみんか》をおしすすめるものとなった。沖縄《おきなわ》も本土《ほんど》なみに義務《ぎむ》をはたすことで日本《にほん》に同化《どうか》しようとし、一八九六年には徴兵令《ちょうへいれい》を実施《じっし》した。しかし、国政《こくせい》への参加《さんか》は謝花昇《じゃはなのぼる》らの運動《うんどう》で一九一二年になってからようやくみとめられた。

大正末期《たいしょうまっき》から昭和初期《しょうわしょき》の経済不況《けいざいふきょう》は、サトウキビを主作物《しゅさくもつ》とする沖縄《おきなわ》の経済体《けいざいたい》制《せい》に大《おお》きく影響《えいきょう》した。農民《のうみん》は食《た》べる物《もの》がなくなり、「ソテツ地獄《じごく》」といって、江戸《えど》時代《じだい》の飢《き》きんのときのようにソテツを食《た》べて飢《う》えをしのいだ。このとき、沖縄《おきなわ》での生活《せいかつ》に見切《みき》りをつけて海外移民《かいがいいみん》や本土《ほんど》へ出稼《でかせ》ぎにでていく人《ひと》がふえた。沖縄県民《おきなわけんみん》の海外移民《かいがいいみん》は日本全体《にほんぜんたい》の海外移民《かいがいいみん》の一割《わり》におよび、海外移民《かいがいいみん》からの沖縄《おきなわ》への送金《そうきん》は県《けん》民生活《みんせいかつ》の大《おお》きなささえとなった。

一九三一年からはじまる満州事変《まんしゅうじへん》をきっかけに中国《ちゅうごく》との戦争《せんそう》がはじまった。戦《せん》争《そう》は長期化《ちょうきか》、泥沼化《どろぬまか》した。そして、四一年にはアメリカとの戦争《せんそう》に突入《とつにゅう》した。戦《せん》域《いき》は中国大陸《ちゅうごくたいりく》から、アジア全域《ぜんいき》さらには太平洋《たいへいよう》の大半《たいはん》の地域《ちいき》にまで拡大《かくだい》した。はじめ優勢《ゆうせい》だった日本《にほん》だが、四二年以降《いこう》は劣勢《れっせい》がつづき、四三年にははじめて沖縄《おきなわ》にも飛行場《ひこうじょう》が建設《けんせつ》された。また、四四年には日本本土《にほんほんど》の防衛拠点《ぼうえいきょてん》として、沖縄守備《おきなわしゅび》隊《たい》第《だい》三二軍《ぐん》が設置《せっち》された。

一九四五年四月、沖縄戦《おきなわせん》がはじまった。この約《やく》三か月の戦闘《せんとう》で、日米両軍《にちべいりょうぐん》と沖《おき》縄県民《なわけんみん》あわせて約《やく》二十万人《にん》が戦死《せんし》した。沖縄戦《おきなわせん》では、住民《じゅうみん》をまきこんだ戦闘《せんとう》のなかで、捕虜《ほりょ》になることがいさぎよしとされなかったことが原因《げんいん》の、住民《じゅうみん》の「集団《しゅうだん》自決《じけつ》」や、日本軍《にほんぐん》による「住民虐殺《じゅうみんぎゃくさつ》」が、あいついでおこった。また、日本軍《にほんぐん》の作戦《さくせん》は沖縄《おきなわ》をはじめから本土決戦《ほんどけっせん》の準備《じゅんび》をするための時間《じかん》かせぎの「捨《す》て石《いし》」とするものだったため、日本軍《にほんぐん》は徹底抗戦《てっていこうせん》して犠牲者《ぎせいしゃ》も増加《ぞうか》した。六月二十三日に日本《にほん》軍《ぐん》の組織的抵抗《そしきてきていこう》は終了《しゅうりょう》したが、その後《ご》も各地《かくち》で戦闘《せんとう》や日本軍《にほんぐん》による住民虐殺《じゅうみんぎゃくさつ》がおこなわれた。

わたしたちの
アジア・太平洋戦争

1 広がる日の丸の下で生きる

第二章 強まる軍国主義

中国少年《ちゅうごくしょうねん》の鋭《するど》い目《め》

米田孝子《よねだたかこ》

わたしは一九三一年満州事変《まんしゅうじへん》*のはじまった年《とし》に、東京《とうきょう》に生《う》まれました。戦争《せんそう》とともに育《そだ》った「戦争《せんそう》の子《こ》」といえますが、その時代《じだい》に日本《にほん》が中国《ちゅうごく》や東南《とうなん》アジアで、どんなことをしていたかはなにも知《し》りませんでした。戦後《せんご》六十年近《ねんちか》くたって、当時《とうじ》の機密文書《きみつぶんしょ》*も公開《こうかい》されるようになり、戦場《せんじょう》からかろうじて生《い》きのこった人《ひと》、軍《ぐん》の中心部《ちゅうしんぶ》にいた人《ひと》たちが、「このまま口《くち》をとじて死《し》んではならない」と真実《しんじつ》を語《かた》るようになりました。わたしも七十歳《さい》をすぎ、子《こ》どものころの「神《かみ》がかり教育《きょういく》」「まちがった情報《じょうほう》」をたたきこまれた体験《たいけん》から、戦争《せんそう》のおそろしさをふかく心《こころ》にきざんでいます。

一九三七年、六歳《さい》のとき、わたしは横須賀《よこすか》の小学校《しょうがっこう》に入学《にゅうがく》しました。その年《とし》、日本《にほん》は盧溝橋事件《ろこうきょうじけん》をでっちあげ、日中戦争《にっちゅうせんそう》*に突入《とつにゅう》しました。当時《とうじ》ベルリンオリ

米田孝子《よねだたかこ》　一九三一年、東京《とうきょう》に生《う》まれる。沖縄《おきなわ》、神奈川《かながわ》とうつり、七歳《さい》から八歳にかけて満州国瀋陽市《まんしゅうこくしんようし》ですごす。その後《ご》も、山梨県《やまなしけん》甲府市《こうふし》、山梨県巨摩郡竜王村《やまなしけんこまぐんりゅうおうむら》と転居《てんきょ》し、兵庫県氷上郡黒井町《ひょうごけんひかみぐんくろいまち》で終戦《しゅうせん》をむかえた。

満州事変《まんしゅうじへん》　一九三一年九月十八日、中国東北部《ちゅうごくとうほくぶ》の柳条湖《りゅうじょうこ》で日本《にほん》の関東軍《かんとうぐん》が起《お》こした南満州鉄道《みなみまんしゅうてつどう》の線路《せんろ》の爆破事件《ばくはじけん》をきっかけにはじまった軍事侵略《ぐんじしんりゃく》。これを発端《ほったん》に中国《ちゅうごく》との全面戦争《ぜんめんせんそう》への道《みち》がはじまる。

機密文書《きみつぶんしょ》　政治《せいじ》・軍事上《ぐんじじょう》のもっともたいせつな秘密《ひみつ》のことがらをしるした書類《しょるい》。

日中戦争《にっちゅうせんそう》　日本《にほん》の中国《ちゅうごく》への侵略《しんりゃく》

ンピックのナチスの記録映画《きろくえいが》を見《み》た二歳年上《さいとしうえ》の兄《あに》が興奮《こうふん》して、手元《てもと》にあった木製《もくせい》のハンガーに絵《え》を描《か》きながら祭典《さいてん》の映像《えいぞう》を話《はな》してくれました。そのハンガーが現《げん》在《ざい》もあります。翌年《よくとし》、小学校《しょうがっこう》二年《ねん》のとき、中国東北部《ちゅうごくとうほくぶ》に日本《にほん》が建国《けんこく》した満州国《まんしゅうこく》*奉天市《ほうてんし》（いまの瀋陽《しんよう》*）に父《ちち》が転勤《てんきん》し、一家《いっか》でうつり、一年間《ねんかん》すごしました。奉天《ほうてん》の官舎《かんしゃ》は高《たか》く厚《あつ》いレンガ塀《べい》にかこまれ、門《もん》には鉄《てつ》の扉《とびら》があり、そこから車《くるま》まわしの道《みち》が長《なが》くつづき、まんなかは芝生《しばふ》の広場《ひろば》という広《ひろ》い敷地《しきち》に洋館《ようかん》が数軒《すうけん》ありました。日本人学校《にほんじんがっこう》は歩《ある》いてまもないところにあり、官舎《かんしゃ》の子《こ》がいっしょにかよいました。広《ひろ》い道路《どうろ》の左右《さゆう》に、アメリカ、イギリス、フランス、インドなどの領事館《りょうじかん》がならび、朝夕《あさゆう》きまった時間《じかん》に国旗《こっき》をあげさげして、門《もん》には衛兵《えいへい》が立《た》っていました。ターバンをまいたインドの衛兵《えいへい》が、わたしたちがとおるとこわい顔《かお》をくずして、お茶目《ちゃめ》なあいさつをしてくれるのが楽《たの》しみでした。

学校《がっこう》は日本人《にほんじん》ばかりの先生《せんせい》、生徒《せいと》で、日本《にほん》と変《か》わらない日々《ひび》でした。前《まえ》の横須《よこす》賀《か》の学校《がっこう》では、まだきびしい戦争教育《せんそうきょういく》ではなかったのですが、軍港《ぐんこう》だったので、「スパイに注意《ちゅうい》！」と写生《しゃせい》、写真《しゃしん》は厳禁《げんきん》。丘《おか》の上《うえ》から港《みなと》を見《み》てはいけないと言《い》わ

戦争《せんそう》。広《ひろ》い意味《いみ》では十五年にわたる日中間《にっちゅうかん》の戦争《せんそう》をさすが、一九三七（昭和《しょうわ》一二）年七月の盧溝橋事件《ろこうきょうじけん》以後《いご》四五年八月の敗戦《はいせん》までの八年間《ねんかん》の日中全面戦争《にっちゅうぜんめんせんそう》をさしていう場合《ばあい》もある。

満州《まんしゅう》（国《こく》） 日本《にほん》が満州事変《まんしゅうじへん》によって占領《せんりょう》した中国東北部《ちゅうごくとうほくぶ》につくりあげた国家《こっか》。日本《にほん》が人形《にんぎょう》のようにあやつっていたという意味《いみ》で「かいらい国家《こっか》」ともいう。政《せい》府《ふ》の要職《ようしょく》には満州人《まんしゅうじん》を起用《きよう》したが、事実上《じじつじょう》は、日本人《にほんじん》の役人《やくにん》と日本《にほん》の関東軍《かんとうぐん》の指導下《しどうか》にあった。一九四五年八月日本《にほん》の敗戦《はいせん》とともに消滅《しょうめつ》。本書《ほんしょ》「解説《かいせつ》」二三七ページ参照《さんしょう》。

れました。夕方《ゆうがた》五時《じ》にラッパの音《おと》とともに校庭《こうてい》の塔《とう》の日《ひ》の丸《まる》がおろされ、そのときは町《まち》のどこにいても、生徒《せいと》は学校《がっこう》のほうをむいて直立不動《ちょくりつふどう》で立《た》っていることとされていました。

それにくらべると、奉天《ほうてん》の学校《がっこう》はのんびりしていました。「五族協和《ごぞくきょうわ》」*がスローガンになっていたのですが、よく意味《いみ》もわからず、中国人《ちゅうごくじん》とせっすることもなかったのです。冬《ふゆ》になると校庭《こうてい》に天然《てんねん》のスケートリンクがつくられ、体操《たいそう》の時間《じかん》に練習《れんしゅう》しました。きびしい冬《ふゆ》は各家《かくいえ》でもスチーム暖房《だんぼう》をたくための石炭《せきたん》がきらせません。水洗《すいせん》トイレはこおると故障《こしょう》で水《みず》があふれ、母《はは》の苦労《くろう》はたいへんでした。春《はる》になると、いっせいに緑《みどり》の木《こ》の葉《は》が広《ひろ》がり、アカシア*の葉《は》がキラキラかがやき、柳絮《りゅうじょ》*が舞《ま》う楽《たの》しい日々《ひび》でした。そのころはまだ、塀《へい》の外《そと》でなにがあったのかまったく知《し》らない少女《しょうじょ》の日々《ひび》でした。

そんななかでも、わすれられない情景《じょうけい》がいくつかありました。ある日《ひ》、老婦人《ろうふじん》がつま先《さき》のない小《ちい》さな足《あし》に布靴《ぬのぐつ》をはき、棒《ぼう》のような脚《あし》でつきそいの人《ひと》にたすけられてヨチヨチ歩《ある》いていたのです。母《はは》に話《はな》すと、「それはてん足*といって、中国《ちゅうごく》

五族協和《ごぞくきょうわ》　もとは清朝《しんちょう》（帝政《ていせい》）を倒《たお》し、共和政体《きょうわせいたい》をめざした孫文《そんぶん》らが中国内《ちゅうごくない》の民族《みんぞく》（漢《かん》・満州《まんしゅう》・蒙古《もうこ》・チベット・ウイグル）の協力《きょうりょく》をうったえたスローガン。日本《にほん》は満州国《まんしゅうこく》を正当化《せいとうか》するために日《にち》・漢《かん》・満《まん》・韓《かん》・蒙《もう》の協和《きょうわ》の意味《い み》でつかったが、中国人《ちゅうごくじん》は「偽満州《にせまんしゅう》（ニセモノノ国《くに》）」とよんでしんじなかった。

では女性《じょせい》がお金持《かねも》ちの家《うち》にお嫁《よめ》に行《い》くためには足《あし》が小《ち》さいほどのぞまれるので、生《う》まれたときからきつくしばり発育《はついく》しないようにするのよ」と話《はな》してくれました。

家《うち》にきていた中国人《ちゅうごくじん》のお手伝《てつだ》いさんは大柄《おおがら》で、母《はは》がやっと引《ひ》きずってくる石炭《せきたん》袋《ぶくろ》をひょいと軽《かる》くもってくる力持《ちからも》ちでしたが、その人《ひと》の黒《くろ》い布靴《ぬのぐつ》がとても大《おお》きいので、そのことを言《い》うと、母《はは》は「貧《まず》しくはたらく女《おんな》の人《ひと》はてん足はしないのよ」と言《い》いました。

そのお手伝《てつだ》いさんと中国人街《ちゅうごくじんがい》へ買《か》い物《もの》に行《い》ったときのことはわすれられません。当時《とうじ》、日本《にほん》の子《こ》どもはさらわれるといううわさがささやかれていたのに、すぐお腹《なか》をこわして熱《ねつ》をだすわたしに、母《はは》は「生水《なまみず》と食《た》べ物《もの》は口《くち》にしない」という約束《やくそく》で外出《がいしゅつ》をゆるしてくれました。

中国人街《ちゅうごくじんがい》は官舎《かんしゃ》の周囲《しゅうい》とはまったくちがい、泥《どろ》んこの道《みち》はゴミだらけで、馬《うま》がたおれて死《し》んでいてハエがたかっていました。子《こ》どもたちのよごれた姿《すがた》にもおどろきました。そのあと、父《ちち》と人力車《じんりきしゃ》*にのると、零下数度《れいかすうど》の寒《さむ》さのなか、車夫《しゃふ》は綿入《わたい》れ一枚《まい》で、それもやぶれて肌《はだ》が見《み》え、そこから湯気《ゆげ》が立《た》っていたのです。母《はは》

アカシア

柳絮《りゅうじょ》

てん足《そく》 中国《ちゅうごく》の古《ふる》い風習《ふうしゅう》。小《ち》さい足《あし》が美人《びじん》の条件《じょうけん》とされ、南宋《なんそう》

に話《はな》すと、「日本《にほん》の軍人《ぐんじん》などで軍刀《ぐんとう》やステッキでなぐりかかり、運賃《うんちん》をはらわない人《ひと》がいるそうだ」と悲《かな》しそうでした。

ある日《ひ》、官舎《かんしゃ》の前《まえ》の米英両領事館前《べいえいりょうりょうじかんまえ》にたくさんの中国人《ちゅうごくじん》があつまり、ぞろぞろ歩《ある》いていました。以前母《いぜんはは》が「体《からだ》の大《おお》きな中国人《ちゅうごくじん》が少数《しょうすう》の日本人《にほんじん》に小《ちい》さくなっているのはふしぎだ。みんながわっとおしよせたら、体《からだ》の小《ちい》さな日本人《にほんじん》はひとたまりもないだろう」ともらしたことが耳《みみ》にのこっていて、「たいへんなことになった」とかけこむと、母《はは》は「心配《しんぱい》ないよ」と言《い》いました。それは戦後《せんご》にわかったのですが、日本《にほん》がしくんだ反米英《はんべいえい》を旗印《はたじるし》に動員《どういん》されたデモだったのでしょう。そういえば元気《げんき》のない暗《くら》い行列《ぎょうれつ》でした。

このような記憶《きおく》のなかで、わたし自身《じしん》、わすれられない情景《じょうけい》があります。夏《なつ》の近《ちか》い日《ひ》、緑《みどり》の芝生《しばふ》でままごと遊《あそ》びをしていたら、急《きゅう》にはげしい夕立《ゆうだ》ちがあり、かたづけるひまもなく、あわてて家《いえ》にかけもどりました。雨《あめ》がやんで、もどってみると、おもちゃがなくなっていました。四歳年上《さいとしうえ》の兄《あに》とその友人《ゆうじん》二、三人《にん》がそれを知《し》り、「それは門番《もんばん》の満人《まんじん》*の子《こ》が盗《と》ったのだ」と言《い》いだしました。そしてレ

時代《じだい》（十世紀《せいき》～十三世紀《せいき》）から流行《りゅうこう》した。二十世紀《せいき》に入《はい》って急速《きゅうそく》にすたれた。

人力車《じんりきしゃ》

満人《まんじん》 満州人《まんしゅうじん》のこと。占領《せんりょう》して

ンガ塀《べい》の一画《いっかく》にある門番《もんばん》の家《いえ》に行《い》き、扉《とびら》の横《よこ》にチョークで「ドロボーの家《いえ》」と書《か》き、大声《おおごえ》でののしりました。すると、わたしと同《おな》じくらいの女《おんな》の子《こ》が顔《かお》をだしましたが、いまにも泣《な》きだしそうでした。まもなくその子《こ》の兄《あに》らしい少年《しょうねん》がとびらをぐっとおしてでてきて、妹《いもうと》を背中《せなか》にかばいながら、わたしたちのほうをキッとにらみました。その強《つよ》い姿勢《しせい》、目《め》の光《ひかり》、額《ひたい》によせたいかりのしわ……。その姿《すがた》は六十数年《すうねん》たったいまもわすれられません。わたしは自分《じぶん》が悪《わる》いことをしていると感《かん》じました。

一年間《ねんかん》の奉天《ほうてん》の生活《せいかつ》で、気候風土《きこうふうど》になじめず、精神的《せいしんてき》にもたえられなくなった母《はは》は、父《ちち》をのこして、五人《にん》の子《こ》どもをつれて故郷《こきょう》山梨県《やまなしけん》に帰《かえ》りました。甲府市《こうふし》の生活《せいかつ》は奉天《ほうてん》よりずっと戦時色《せんじしょく》が強《つよ》まっていて、婦人《ふじん》はモンペ姿《すがた》で、駅《えき》には千*人針《せんにんばり》をたのむ人《ひと》が何人《なんにん》もいました。学校《がっこう》では代用食《だいようしょく》*のポスターをかいたりしましたが、まだ食《た》べ物《もの》がないという生活《せいかつ》ではありませんでした。そこで末弟《まってい》が生《う》まれました。この子《こ》は敗戦《はいせん》のとき五歳《さい》でしたが、現在《げんざい》、そのころの思《おも》い出《で》として、

いる日本人《にほんじん》から見《み》て、見《み》くだした感情《かんじょう》が入《はい》っている場合《ばあい》もある。

千人針《せんにんばり》　本書《ほんしょ》「写真《しゃしん》」一七三ページ参照《さんしょう》。

代用食《だいようしょく》　主食《しゅしょく》の米《こめ》や麦《むぎ》のかわりのめんやイモ類《るい》、すいとんなど。

「男《おとこ》はみんな戦争《せんそう》で死《し》ぬのだと思《おも》っていた。戦争《せんそう》のない生活《せいかつ》があるのかとふしぎに思《おも》った」と語《かた》ります。まさに「戦争《せんそう》の子《こ》」だったのです。

一九四一年対米戦争《たいべいせんそう》*がはじまった年《とし》、わたしたちは郊外《こうがい》の竜王村《りゅうおうむら》へ転居《てんきょ》しました。ここからがきびしい戦時生活《せんじせいかつ》になりました。北側《きたがわ》の八《やつ》が岳《たけ》おろしの寒風《かんぷう》をさえぎる塀《へい》のトタンがメリメリとはがされ、家《いえ》じゅうの金属《きんぞく》は供出《きょうしゅつ》*させられました。食料《しょくりょう》は配給《はいきゅう》*制《せい》で、とてもたりず、中学生《ちゅうがくせい》の男《おとこ》の子《こ》二人《ふたり》を頭《かしら》に六人《にん》の子《こ》どもを育《そだ》てるのに必死《ひっし》の母《はは》は、畑《はたけ》づくりでヒビ、アカギレが痛《いた》そうな土《つち》のしみこんだ手《て》になりました。学校《がっこう》では、教育勅語《きょういくちょくご》*、奉安殿《ほうあんでん》*に身《み》をかたくし、勤労奉仕《きんろうほうし》*でへとへとでした。

そして、二歳年上《さいとしうえ》の次兄《じけい》が、一九四四年四月、十五歳《さい》で、母《はは》の不安《ふあん》をふりきって予科練《よかれん》*に入隊《にゅうたい》し、翌年《よくとし》、敗戦《はいせん》の直前《ちょくぜん》の六月十日、霞ケ浦航空隊《かすみがうらこうくうたい》で空爆《くうばく》で死《し》にました。同《おな》じ班《はん》の四十名中半数近《めいちゅうはんすうちか》くが、九州《きゅうしゅう》の特攻隊《とっこうたい》*におくられる前《まえ》の家族《かぞく》との面会日《めんかいび》でした。そして班員《はんいん》の十名《めい》が戦死《せんし》しています。

このように、わたしが十四歳《さい》で敗戦《はいせん》となるまではなにも知《し》らされずにいた暗黒《あんこく》

対米戦争《たいべいせんそう》　真珠湾《しんじゅわん》（パール・ハーバー）攻撃《こうげき》を皮切《かわき》りにはじまったアメリカとの戦争《せんそう》。その後《ご》アメリカが日本《にほん》の侵略《しんりゃく》をうけた各国《かっこく》と共同《きょうどう》し太平洋《たいへいよう》各地《かくち》に戦線《せんせん》が拡大《かくだい》していったため、太平洋戦争《たいへいようせんそう》とよばれる。

供出《きょうしゅつ》　法律《ほうりつ》により食糧《しょくりょう》、物資《ぶっし》などを政府《せいふ》が民間《みんかん》に一定価格《いっていかかく》、また無償《むしょう》で半強制的《はんきょうせいてき》に提出《ていしゅつ》させること。戦争末期《せんそうまっき》には寺《てら》の鐘《かね》までも、供出《きょうしゅつ》させられた。

配給《はいきゅう》**（制**《せい》**）**　不足《ふそく》しがちな物資《ぶっし》の自由《じゆう》な流通《りゅうつう》を国《くに》が統制《とうせい》し、一定《いってい》量《りょう》ずつ消費者《しょうひしゃ》に売《う》ること。

教育勅語《きょういくちょくご》　本書《ほんしょ》「解説《かいせつ》」一五一ページ参照《さんしょう》。

のつらい時代《じだい》でした。そのなかでなんでも話《はな》し、わかる範囲《はんい》で答《こた》えてくれた母《はは》の言葉《ことば》がわたしの心《こころ》のささえでした。その母《はは》も懸命《けんめい》に育《そだ》てた子《こ》どものうち次男《じなん》を十六歳《さい》でうばわれたことを九十歳《さい》で亡《な》くなるまで悲《かな》しみ、悔《く》い、のこったわたしたちに、「二度《ど》と戦争《せんそう》の道《みち》をたどるな」と言《い》いのこしました。そして墓碑銘《ぼひめい》に「平和《へいわ》をねがってここに眠《ねむ》る」ときざみました。

わたしは奉天《ほうてん》の門番《もんばん》の中国少年《ちゅうごくしょうねん》の鋭《するど》い目《め》のかがやきが強《つよ》く焼《や》きついていて、多《おお》くの人《ひと》を死《し》、飢《う》え、絶望《ぜつぼう》にひきこんだ戦争《せんそう》の道《みち》をふたたびたどるまいと心《こころ》にきめているのです。

奉安殿《ほうあんでん》 戦時中《せんじちゅう》の学校《がっこう》で天皇《てんのう》の写真《しゃしん》（御真影《ごしんえい》）や教育勅語《きょういくちょくご》などを保管《ほかん》するためにもうけられた小《ちい》さな建物《たてもの》。本書《ほんしょ》「写真《しゃしん》」二七ページ、「解説《かいせつ》」一五一ページ参照《さんしょう》。

勤労奉仕《きんろうほうし》 武器等《ぶきなど》をつくるために学生《がくせい》などに課《か》せられた無償《むしょう》の労働《ろうどう》。

予科練《よかれん》 本書《ほんしょ》「脚注《きゃくちゅう》」五四ページ参照《さんしょう》。

特攻隊《とっこうたい》（特別攻撃隊《とくべつこうげきたい》） 戦争末期《せんそうまっき》、日本軍《にほんぐん》が戦局《せんきょく》の悪化《あっか》を挽回《ばんかい》するために採用《さいよう》した体当《たいあ》たり部隊《ぶたい》で「人間魚雷《にんげんぎょらい》」やモーターボートの「震洋《しんよう》」などがあるが、とくに知《し》られているのは航空機《こうくうき》に片道《かたみち》の燃料《ねんりょう》だけつんで出撃《しゅつげき》した「神風《かみかぜ》」特攻隊《とっこうたい》など。

学校《がっこう》に行《い》けなかった愛国少女《あいこくしょうじょ》

木村珪子《きむらけいこ》

わたしが学校《がっこう》にあがった一九四一（昭和《しょうわ》一六）年に小学校《しょうがっこう》が「*国民学校《こくみんがっこう》」になり、十二月には*太平洋戦争《たいへいようせんそう》がはじまった。そして敗戦《はいせん》のつぎの年《とし》、わたしは「国民学校《こくみんがっこう》」最後《さいご》の卒業生《そつぎょうせい》として卒業《そつぎょう》した。戦争《せんそう》をすすめるための教育《きょういく》にすっぽり組《く》みこまれた学校《がっこう》で、わたしは三年生《ねんせい》と五年生《ねんせい》のとき、いまいう「不登校《ふとうこう》」に苦《くる》しんだ。

悪夢《あくむ》と胃《い》けいれん

三年生《ねんせい》の五月から七月にかけて、学校《がっこう》に行《い》けない日《ひ》が多《おお》くなった。学校《がっこう》に行《い》こうと準備《じゅんび》をはじめると、きまったように胃《い》がカチカチに引《ひ》きつってはげしくいたみだし、息《いき》もつけない。見《み》かねた父《ちち》がもみほぐそうとするのだけれど、かたまっ

木村珪子《きむらけいこ》 一九三四年大阪市《おおさかし》に生《う》まれる。小学校《しょうがっこう》三年《ねん》まで大阪市《おおさかし》内《ない》の各地《かくち》ですごし、四年生《ねんせい》から高《こう》校卒業《こうそつぎょう》まで熊本県《くまもとけん》天草郡《あまくさぐん》の天草《あまくさ》ですごす。

国民学校《こくみんがっこう》 一九四一年から四七年までの日本《にほん》の小学校《しょうがっこう》の名称《めいしょう》。「国民学校令《こくみんがっこうれい》」にもとづいて、それまでの小学校《しょうがっこう》を改称《かいしょう》し、初等《しょとう》科《か》六年《ねん》、高等《こうとう》科《か》二年《ねん》を義務教育《ぎむきょういく》の年限《ねんげん》とした。

太平洋戦争《たいへいようせんそう》 第《だい》二次世界大戦《じせかいたいせん》のうち、アジア・太平洋地域《たいへいようちいき》が戦場《せんじょう》となった日本《にほん》とアメリカ・イギリス・オランダ・中国《ちゅうごく》などの連合《れんごう》国《こく》との戦争《せんそう》。一九四一年十二月八日、日本《にほん》はアメリカ・イギリスに宣戦《せんせん》、四五年八月十五日に無条件降伏《むじょうけんこうふく》した。

た胃《い》は馬《うま》のりになった父《ちち》の力《ちから》もはねつける。「あばら骨《ぼね》のおれんごつ気《き》ぃつけなっせ」。つい九州弁《きゅうしゅうべん》でおろおろする母《はは》。三十分近《ぷんちか》くもつづくと、体力《たいりょく》をつかいはたしてか、わたしはあぶらあせまみれのままねむりこみ、その日《ひ》は欠席《けっせき》という日《ひ》がつづいた。

四月に大阪市住吉区《おおさかしすみよしく》*の住宅街《じゅうたくがい》から、大正区《たいしょうく》*の軍需工場地帯《ぐんじゅこうじょうちたい》*に引《ひ》っ越《こ》したのは、父《ちち》が大手《おおて》の軍需会社《ぐんじゅがいしゃ》の少年工《しょうねんこう》たちの寮長《りょうちょう》になったからだ。住《す》んだところは、あたりに住宅《じゅうたく》もなく、高《たか》いコンクリートの塀《へい》と鉄条網《てつじょうもう》にかこまれた一帯《いったい》は兵器増産《へいきぞうさん》の緊張《きんちょう》にみちていた。夜半《やはん》に少年工《しょうねんこう》たちのけんかの声《こえ》と金属《きんぞく》のぶつかりあう音《おと》が家《いえ》のなかにもひびいてくる。全国《ぜんこく》からあつめられた少年工《しょうねんこう》たちのなかには、工場《こうじょう》での「増産《ぞうさん》・増産《ぞうさん》」の労働《ろうどう》につかれ、夜《よ》ごとのけんかやいじめにおびえて口《くち》がきけなくなる者《もの》もいて、父《ちち》は彼《かれ》らの心《こころ》をほぐそうと悪戦苦闘《あくせんくとう》していた。わたしは夜《よる》がこわくなった。

そんなおり、わたしは新《あたら》しい学校《がっこう》ではじめて担任以外《たんにんいがい》の先生《せんせい》になぐりとばされた。全校生徒《ぜんこうせいと》が行進《こうしん》し、朝礼台《ちょうれいだい》の前《まえ》で級長《きゅうちょう》が「歩調取《ほちょうと》れ」と号令《ごうれい》するとき、は

軍需工場《ぐんじゅこうじょう》 兵器《へいき》や軍服《ぐんぷく》などの軍《ぐん》事上必要《じじょうひつよう》な物資《ぶっし》を生産《せいさん》するための工場《こうじょう》。

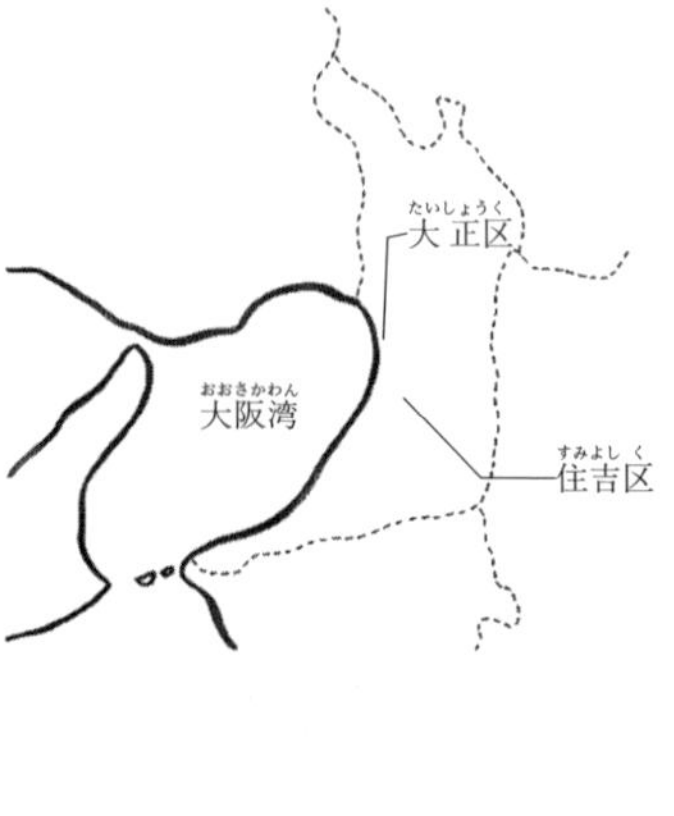

りきりすぎの声《こえ》は「ほうちょうとれ」ときこえてしまい、わたしが思《おも》わずふっとわらったとたん、「なにがおかしい」の怒号《どごう》がふって、わたしは列《れつ》の外《そと》になぐりとばされていた。家《いえ》でこっそり読《よ》んでいた『アリス物語《ものがたり》』（小学生全集《しょうがくせいぜんしゅう》・文藝《ぶんげい》春秋社刊《しゅんじゅうしゃかん》・昭和《しょうわ》二年発行《はっこう》）の女王《じょおう》の「首《くび》をちょんぎってしまえ」を思《おも》いだしたのだが、それは言《い》えない。優等生《ゆうとうせい》のほこりがふきとび、わたしはみんなの前《まえ》ではじをさらした。

当時《とうじ》は戦争《せんそう》も、太平洋《たいへいよう》のあちらこちらで負《ま》け戦《いくさ》がつづき、ヒステリックな「撃《う》ちてし止《や》まむ《（ん）》」*のかけ声《ごえ》のなか、「敵国《てきこく》」の文化《ぶんか》は、音楽《おんがく》も映画《えいが》も本《ほん》も全部禁止《ぜんぶきんし》されていた。でも、幸《こう》か不幸《ふこう》か、学校《がっこう》では「愛国少女《あいこくしょうじょ》」としての教育《きょういく》をうけていたわたしは、家《いえ》では兄《あに》たちの本棚《ほんだな》のアメリカ・イギリス・フランスなどの子《こ》どもの本《ほん》を、こっそり夢中《むちゅう》で読《よ》んでいた。「鬼畜米英《きちくべいえい》」*という時代《じだい》に、「小公子《しょうこうし》」にわくわくし、「家《いえ》なき娘《むすめ》」に心《こころ》をうばわれ、「アリス」で大《おお》わらいをしていたわたしは、学校《がっこう》の教育《きょういく》とはちがう感《かん》じかたをいつか身《み》につけてしまっていたのかもしれない。そしてとうとう「ほうちょうとれ」で大失敗《だいしっぱい》をやったわけだった。

撃《う》ちてし止《や》まむ《（ん）》　戦争中《せんそうちゅう》、国民《こくみん》の戦意《せんい》を高《たか》めるためにつかわれたスローガン。『古事記《こじき》』『日本書紀《にほんしょき》』にもある言葉《ことば》で、戦時中《せんじちゅう》アッツ島戦《とうせん》の敗北《はいぼく》にさいしては朝日《あさひ》新聞選定《しんぶんせんてい》「アッツ島血戦勇士顕彰国民歌《とうけっせんゆうしけんしょうこくみんか》」の歌詞《かし》にももりこまれた。本書《ほんしょ》「写真《しゃしん》」一四一ページ参照《さんしょう》。

鬼畜米英《きちくべいえい》　戦時中《せんじちゅう》、戦争《せんそう》の相手《あいて》国《こく》のアメリカ、イギリスを、人《ひと》の心《こころ》をもっていないとして敵《てき》をにくむ心《こころ》を高《たか》めるためにつかわれたスローガン。

自分《じぶん》がなぐられたことから気《き》になったのか、夢《ゆめ》にまで見《み》るいやな光景《こうけい》が学校《がっこう》でつづいた。

この地域《ちいき》には、朝鮮民族《ちょうせんみんぞく》の人《ひと》たちが多《おお》く、その子《こ》どもたちの男子《だんし》が、昼休《ひるやす》みになると校庭《こうてい》に整列《せいれつ》させられ、どなられなぐられている。

「おまえら半島人《はんとうじん》*も天皇陛下《てんのうへいか》の軍隊《ぐんたい》にくわえていただけるんだ」

「日本人精神《にほんじんせいしん》をたたきこんでやる」

血色《けっしょく》も悪《わる》くやせてとがった顔《かお》を下《した》にむけて、じっとされるままに足《あし》をふんばっているようすが不気味《ぶきみ》な迫力《はくりょく》でわたしをうった。

夢《ゆめ》にうなされ、ねむれない夜《よる》がつづいた。かくれてもかくれてもおそろしい怪物《かいぶつ》がおってくる。いっしょににげる少年《しょうねん》が悲鳴《ひめい》をあげる。少年《しょうねん》の頭《あたま》がわられ血《ち》まみれの目《め》がせめるようにわたしをにらむ。またしても悲鳴《ひめい》。めざめるとほんとうに外《そと》から悲鳴《ひめい》がきこえる。少年工《しょうねんこう》たちのけんかだ。十四歳《さい》で地方《ちほう》から軍需工場《ぐんじゅこうじょう》にきて、いらだつ気分《きぶん》を自転車《じてんしゃ》のチェーンや刃物《はもの》で爆発《ばくはつ》させる。かたちをかえて悪夢《あくむ》がつづき、そのつぎの朝《あさ》、わたしは胃《い》けいれんを起《お》こし、学校《がっこう》へ行《い》けなかった。

半島人《はんとうじん》　戦前《せんぜん》日本《にほん》に植民地《しょくみんち》にされていた朝鮮《ちょうせん》の人《ひと》のこと。朝鮮《ちょうせん》半島《はんとう》に住《す》む人《ひと》という意味《いみ》が転《てん》じて、軽蔑《けいべつ》をふくんだよびかたになっていた。

八月、父《ちち》が少年工《しょうねんこう》たちにあまいとの理由《りゆう》で解雇《かいこ》され、また転校《てんこう》し、わたしの不登校《ふとうこう》も終《お》わった。

特攻隊《とっこうたい》をめぐる苦《にが》い体験《たいけん》

大阪《おおさか》のひどい食糧難《しょくりょうなん》と、空襲《くうしゅう》のおそれによる疎開《そかい》*奨励《しょうれい》で、わたしたちは家《か》族《ぞく》で父母《ふぼ》の郷里《きょうり》の九州天草《きゅうしゅうあまくさ》*に帰《かえ》った。一九四四（昭和《しょうわ》一九）年三月末《すえ》の天草《あまくさ》は、菜《な》の花《はな》と桃《もも》の花《はな》が満開《まんかい》で、貝《かい》ほり帰《がえ》りの子《こ》どもたちの声《こえ》がにぎやかにひびいていた。昔《むかし》からつきあいのある西《にし》どなりのおばさんが、さっそくふかしたてのサツマイモをとどけてくれた。どうしようもないほどの空腹《くうふく》も、ぎゅうぎゅうづめの疎《そ》開列車《かいれっしゃ》も、うそのようで、ほんとうにうれしかった。

しかし天草《あまくさ》も確実《かくじつ》に戦争《せんそう》にまきこまれていた。機体《きたい》を赤《あか》くぬった二枚羽根《まいばね》の水《すい》*上練習機《じょうれんしゅうき》が島内《とうない》のとなり村《むら》からとび立《た》って旋回《せんかい》し、やがて上空《じょうくう》から海《うみ》に着水《ちゃくすい》するのは、子《こ》どもの目《め》にはのどかに見《み》えた。しかし、あとで知《し》ったことだが、となり村《むら》の基地《きち》は一九四五（昭和《しょうわ》二〇）年三月には実戦基地《じっせんきち》となり、五月と六月

疎開《そかい》　災害《さいがい》や空襲《くうしゅう》にそなえて、都会《とかい》の人《ひと》や物資《ぶっし》・工場《こうじょう》などをほかの地《ち》へうつすこと。

の二回《かい》にわたり八機《き》の神風特攻隊《かみかぜとっこうたい》が沖縄《おきなわ》に発進《はっしん》し消《き》えたという。

この「特攻隊《とっこうたい》」をめぐる苦《にが》い体験《たいけん》で、わたしはまた「学校《がっこう》」に行《い》けなくなった。

五年生《ねんせい》になった一九四五（昭和《しょうわ》二〇）年五月、アメリカ軍《ぐん》の上陸《じょうりく》にそなえて軍隊《ぐんたい》が強化《きょうか》され、校舎《こうしゃ》が兵隊《へいたい》の宿舎《しゅくしゃ》となり、わたしたちは、小《ちい》さい集落《しゅうらく》ごとに神社《じんじゃ》の社務所《しゃむしょ》や集会所《しゅうかいじょ》を「学校《がっこう》」とすることになった。校舎《こうしゃ》をはなれる前《まえ》に講《こう》堂《どう》で集会《しゅうかい》があった。そのとき、去年《きょねん》まで高等科《こうとうか》の秀才《しゅうさい》としてわたしたちのあこがれの的《まと》だった少年《しょうねん》が、＊少年航空隊《しょうねんこうくうたい》の制服《せいふく》で壇上《だんじょう》に立《た》ち、「やがては特攻隊員《とっこうたいいん》としてお国《くに》のお役《やく》に立《た》つ所存《しょぞん》であります」とあいさつした。思《おも》わず涙《なみだ》ぐんだわたしは、愛国少女《あいこくしょうじょ》として感動《かんどう》したものと自分《じぶん》では思《おも》いこんでいたのだが、いつまでも黒《くろ》いしこりが胸《むね》の奥《おく》にわだかまっていた。

社務所《しゃむしょ》での勉強《べんきょう》はつまらなかった。二《ふた》けたの割《わ》り算《ざん》を三題《だい》もとけば、あとは雨《あめ》の日《ひ》は自分《じぶん》ではく「わらぞうり」つくり、晴《は》れれば軍馬《ぐんば》のための草《くさ》かり競争《きょうそう》。「愛国心《あいこくしん》をはかる」と言《い》ってかり取《と》った草《くさ》の重《おも》さがはかられて、わたしはいたたまれなかった。放課後《ほうかご》に課《か》せられた農作業《のうさぎょう》の手伝《てつだ》いや、なにやら軍隊《ぐんたい》でつかうも

水上練習機《すいじょうれんしゅうき》（赤《あか》とんぼ）

少年航空隊《しょうねんこうくうたい》（兵《へい》） 志願《しがん》によって一九三〇年から四五年にわたって採用《さいよう》した徴兵適齢未満《ちょうへいてきれいみまん》の航空《こうくう》兵《へい》。海軍《かいぐん》の飛行予科練習生《ひこうよかれんしゅうせい》、陸《りく》軍《ぐん》の少年飛行兵《しょうねんひこうへい》。

のの原料《げんりょう》という桑《くわ》の皮《かわ》はぎも、集落《しゅうらく》ごとの成績《せいせき》の足《あし》を引《ひ》っぱり、たすけてくれていた農家《のうか》の子《こ》たちもはなれていって、わたしは放課後《ほうかご》もひとりぼっちになってしまった。

そんなわたしの相手《あいて》になってくれたのは、東《ひがし》どなりに住《す》む朝鮮人《ちょうせんじん》のジュンサイちゃんだった。ジュンサイちゃんはわたしとおない年《どし》だが学校《がっこう》には行《い》かず、家《か》業《ぎょう》のくずやを手伝《てつだ》っていた。*オンドルのあたたかさや、ウサギのスープのおいしさを教《おし》えてくれるやさしい一家《いっか》だったのだが、おたがいにどこか行《い》き来《き》をはばかっていた。そんなわたしたちに貴重《きちょう》な友情《ゆうじょう》が生《う》まれたのだけれど。

天草《あまくさ》の浜辺《はまべ》に*機銃掃射《きじゅうそうしゃ》で死者《ししゃ》がでて、連日空襲《れんじつくうしゅう》におびえる日《ひ》がつづき、わたしは「特攻隊員《とっこうたいいん》として」と話《はな》した少年兵《しょうねんへい》のことを口《くち》にした。「どうして死《し》ぬとわかってて行《い》くんだろうね」とジュンサイちゃんが言《い》った瞬間《しゅんかん》、「あんたが朝鮮人《ちょうせんじん》だから、わからないんだよ」とわめいてしまった。一瞬《いっしゅん》青《あお》い顔《かお》になったジュンサイちゃんは、だまって家《いえ》に帰《かえ》ってしまった。

また朝《あさ》の胃《い》けいれんがはじまった。わたしのわだかまりの心《こころ》を射《い》ぬいたジュン

オンドル　朝鮮《ちょうせん》や中国東北部《ちゅうごくとうほくぶ》の家庭《かてい》でもちいられている暖房装置《だんぼうそうち》。たき口《ぐち》で火《ひ》をもやし、床下《ゆかした》にもうけた煙突《えんとつ》に煙《けむり》をとおして床《ゆか》をあたためるもの。

機銃掃射《きじゅうそうしゃ》　機関銃《きかんじゅう》で、敵《てき》をなぎはらうように射撃《しゃげき》すること。

サイちゃんだったのに。みにくい言葉《ことば》がかくれていた自分《じぶん》がはずかしくてやりきれなかった。さびしかった。

平和《へいわ》のよろこび

敗戦《はいせん》で学校《がっこう》は混乱《こんらん》したが、胃《い》けいれんは起《お》こらなくなった。六年生《ねんせい》の十一月、新憲法《しんけんぽう》*が発表《はっぴょう》された。「日本国民《にほんこくみん》は、恒久《こうきゅう》の平和《へいわ》を念願《ねんがん》し」という「前文《ぜんぶん》」を、胸《むね》の底《そこ》からつきあげるうれしさで、わたしは学校帰《がっこうがえ》りのあぜ道《みち》を歩《ある》きながら、思《おも》いっきり大《おお》きな声《こえ》で暗唱《あんしょう》した。

いま思《おも》えば、わたしの胃《い》はわたしの愛国精神《あいこくせいしん》に反逆《はんぎゃく》して、わたしを苦《くる》しめたのかもしれない。

新憲法《しんけんぽう》＝日本国憲法《にほんこくけんぽう》　一九四六年十一月三日に公布《こうふ》、四七年五月三日から実施《じっし》の憲法《けんぽう》。国民主権《こくみんしゅけん》、徹底《てってい》した平和主義《へいわしゅぎ》、基本的人権《きほんてきじんけん》の尊重《そんちょう》を基調《きちょう》とし、象徴天皇制《しょうちょうてんのうせい》、議院内閣制《ぎいんないかくせい》、違憲立法審査権《いけんりっぽうしんさけん》、地方自治《ちほうじち》の保障《ほしょう》などを規定《きてい》する。明治憲法《めいじけんぽう》（旧憲法《きゅうけんぽう》）にたいして新憲法《しんけんぽう》という。

平和《へいわ》こそ宝《たから》

石上正夫《いしがみまさお》

一九四一（昭和《しょうわ》一六）年十二月八日、南雲機動部隊《なぐもきどうぶたい》*は真珠湾《しんじゅわん》を奇襲攻撃《きしゅうこうげき》し、アメリカ太平洋艦隊《たいへいようかんたい》の戦艦《せんかん》四隻撃沈《せきげきちん》、四隻撃破《せきげきは》、ほかにも大《おお》きな損害《そんがい》をあたえた。

しかし、勝《か》ち戦《いくさ》ははじめだけだった。一九四三（昭和《しょうわ》一八）年五月二十九日、アッツ島《とう》*の日本軍守備隊《にほんぐんしゅびたい》はアメリカ軍《ぐん》の猛烈《もうれつ》な攻撃《こうげき》をうけ、二千五百名《めい》の将兵《しょうへい》は全滅《ぜんめつ》した。

軍部《ぐんぶ》は「全将兵夜襲《ぜんしょうへいやしゅう》を敢行玉砕《かんこうぎょくさい》」と発表《はっぴょう》し、新聞《しんぶん》は一面《いちめん》トップに大《おお》きく報道《どう》して、ボロボロになるまでたたかい死《し》んでいった兵隊《へいたい》たちを、「玉砕《ぎょくさい》」（玉《たま》のように美《うつく》しくくだけちる）という言葉《ことば》にすりかえて、国民《こくみん》の戦意《せんい》をかきたてた。

「刃《やいば》も凍《こお》る北海《ほっかい》の／御楯《みたて》と立《た》ちて二千余士《よし》／精鋭《せいえい》こぞるアッツ島《とう》……」（アッツ島血戦勇士顕彰国民歌《とうけっせんゆうしけんしょうこくみんか》）

石上正夫《いしがみまさお》　一九二四年東京都千代田区《とうきょうとちよだく》に生まれる。六歳《さい》のとき中野区《なかのく》にうつり、十二歳《さい》までそこで育《そだ》つ。

南雲機動部隊《なぐもきどうぶたい》　南雲忠一第一航空艦隊長官《なぐもちゅういちだいいちこうくうかんたいちょうかん》にひきいられた航空戦《こうくうせん》を主《おも》な任務《にんむ》として、航空母艦《こうくうぼかん》を中心《ちゅうしん》に編成《へんせい》された艦隊《かんたい》。

ラジオの悲壮《ひそう》なメロディーは、たたかう教育《きょういく》をうけたわたしたちの胸《むね》にふかくきざみこまれた。

この年《とし》、政府《せいふ》は*学徒動員令《がくとどういんれい》で学生《がくせい》・生徒《せいと》三百万人《にん》を兵器工場《へいきこうじょう》へ動員《どういん》、*女子挺身隊《じょしていしんたい》も根《ね》こそぎ動員《どういん》された。こうしたなかで、出陣学徒《しゅつじんがくと》が神宮外苑《じんぐうがいえん》で雨《あめ》のなかを行進《こうしん》、国《くに》じゅうが戦争《せんそう》へとのめりこんでいった。戦争《せんそう》はさらに子《こ》どもたちもまきこんで、*学童疎開《がくどうそかい》がはじめられた。

小学《しょうがく》一年生《ねんせい》から、天皇《てんのう》のため国《くに》のため、命《いのち》をおしまずたたかえと教育《きょういく》されてきたわたしたちの多《おお》くは、*徴兵検査《ちょうへいけんさ》をまたずに少年兵《しょうねんへい》を志願《しがん》した。なかには血《けっ》書志願《しょしがん》をする少年《しょうねん》もいた。

軍国教育《ぐんこくきょういく》にくわえて、「少年《しょうねん》よ大空《おおぞら》へ」とさそいこむカッコいい少年飛行兵《しょうねんひこうへい》募集《ぼしゅう》のポスターや「撃《う》ちてし止《や》まむ《（ん）》」と勇敢《ゆうかん》にたたかう兵士《へいし》のカッコよさが、わたしたちを戦場《せんじょう》へいそがせ、少年志願兵《しょうねんしがんへい》への道《みち》を選《えら》ばせたのである。

軍部《ぐんぶ》は負《ま》け戦《いくさ》の真相《しんそう》は報道《ほうどう》しない。しかし、ただごとでないことだけは感《かん》じとれた。アッツ島《とう》の玉砕《ぎょくさい》につづいて、*連合艦隊《れんごうかんたい》山本《やまもと》司令長官《しれいちょうかん》の国葬《こくそう》が日比谷《ひびや》で

学徒動員令《がくとどういんれい》　太平洋戦争中《たいへいようせんそうちゅう》、労働力不足《ろうどうりょくぶそく》のため、国《くに》は学徒動員《がくとどういん》令《れい》をつくって強制的《きょうせいてき》に労働力《ろうどうりょく》として、学生《がくせい》・生徒《せいと》を軍需工場《ぐんじゅこうじょう》などに動員《どういん》した。

女子挺身隊《じょしていしんたい》　戦争中《せんそうちゅう》、労働力不足《ろうどうりょくぶそく》をおぎなう目的《もくてき》で強制的《きょうせいてき》に軍需工場《ぐんじゅこうじょう》などではたらかされた未婚《みこん》の女性《じょせい》。

学童疎開《がくどうそかい》　一九四四年七月から大《だい》都市《とし》の国民学校初等科児童《こくみんがっこうしょとうかじどう》を農山《のうさん》村《そん》や地方都市《ちほうとし》へ集団移動《しゅうだんいどう》させたこと。

徴兵検査《ちょうへいけんさ》　戦前《せんぜん》の日本《にほん》は国民皆《こくみんかい》兵《へい》が原則《げんそく》であり、一八七三年に実《じっ》施《し》された徴兵令《ちょうへいれい》で二十歳《さい》になった男子《だんし》はすべて検査《けんさ》をうけ、心身《しんしん》ともに兵隊《へいたい》になれるかどうかをしらべられた。その後数度《ごすうど》の改正《かいせい》があったが、合格者《ごうかくしゃ》の一部《いちぶ》は現役兵《げんえきへい》として入隊《にゅうたい》し、ほかの合格者《ごうかくしゃ》および除隊者《じょたいしゃ》は、国《くに》が必要《ひつよう》とすると

▲戦争中《せんそうちゅう》、国民《こくみん》の戦意《せんい》を高《たか》めるためにつかわれたスローガン

大々的《だいだいてき》におこなわれ、その葬列《そうれつ》を見《み》て「自分《じぶん》たちが一日《にち》も早《はや》く戦場《せんじょう》にでて、たたかわなければならない」という思《おも》いが胸《むね》をしめつけた。

「少年兵《しょうねんへい》を志願《しがん》したい」というわたしの話《はなし》をきいて、姉《あね》は言葉《ことば》をうしなったよ

き、召集令状《しょうしゅうれいじょう》をだして入隊《にゅうたい》させた。

連合艦隊《れんごうかんたい》　ふつうは二《ふた》つ以上《いじょう》の艦隊《かんたい》が合同《ごうどう》して、連合艦隊《れんごうかんたい》を編制《へんせい》

うにわたしをじっと見《み》つめるだけだった。
　父母《ふぼ》を早《はや》くにうしない、兄《あに》は召集《しょうしゅう》されて中国戦線《ちゅうごくせんせん》へ、二歳下《さいした》の弟《おとうと》は海軍《かいぐん》の予《よ》科練《かれん》の訓練《くんれん》を終《お》えて、どこかの戦場《せんじょう》でたたかっている。わたしが軍隊《ぐんたい》に入《はい》れば、姉《あね》は一人《ひとり》だけになってしまう。しかし、そうした家庭《かてい》の事情《じじょう》を考《かんが》えることのできない緊迫《きんぱく》したものがあり、姉《あね》も志願《しがん》することに同意《どうい》してくれた。

　この年《とし》の十二月、徴兵検査《ちょうへいけんさ》の年齢《ねんれい》は十九歳《さい》に引《ひ》きさげられた。

　わたしたち少年志願兵《しょうねんしがんへい》は、一人前《いちにんまえ》のたたかう飛行兵《ひこうへい》になるまでは、危険《きけん》な第《だい》一線《いっせん》にださないようにされていた。しかし、わたしとおない年《どし》の友人西村旭《ゆうじんにしむらあきら》は、わたしが入隊《にゅうたい》したすぐあとに徴兵《ちょうへい》され、十分訓練《じゅうぶんくんれん》をうけるひまもなく、南方《なんぽう》派《は》遣軍《けんぐん》に編入《へんにゅう》された。西村《にしむら》が乗船《じょうせん》した輸送船《ゆそうせん》は、敵《てき》の潜水艦《せんすいかん》の魚雷攻撃《ぎょらいこうげき》をうけて沈没《ちんぼつ》、海《うみ》のもくずとなった。

　戦争《せんそう》はカッコよく少年《しょうねん》に近《ちか》づいてくるが、戦争《せんそう》はそんなあまいものではない。戦争《せんそう》はすべてを破壊《はかい》する殺《ころ》しあいなのである。

するが、このときの日本海軍《にほんかいぐん》は、国内戦《こくないせん》にそなえた艦船《かんせん》をのぞいた全兵力《ぜんへいりょく》の艦船《かんせん》で編制《へんせい》された艦隊《かんたい》だった。司令長官《しれいちょうかん》は山本五十六《やまもといそろく》海軍大将《かいぐんたいしょう》。

わたしたち少年飛行兵《しょうねんひこうへい》の志願者《しがんしゃ》は適性《てきせい》によって操縦《そうじゅう》と整備《せいび》にわけられた。*所《ところ》沢陸軍整備学校《ざわりくぐんせいびがっこう》の営門《えいもん》をくぐった瞬間《しゅんかん》、カッコいいという幻想《げんそう》は霧《きり》がちるように消《き》えうせた。

毎朝《まいあさ》六時起床《きしょう》、朝食前《ちょうしょくまえ》に兵舎《へいしゃ》から*村山貯水池《むらやまちょすいち》まで、六キロの道《みち》を走《はし》る。三か月《げつ》は毎日《まいにち》歩兵《ほへい》と同《おな》じ戦闘訓練《せんとうくんれん》、実弾射撃《じつだんしゃげき》、戦車攻撃《せんしゃこうげき》、夜襲訓練《やしゅうくんれん》、そしてくたくたになった夜《よる》は「*軍人勅諭《ぐんじんちょくゆ》」のむずかしい言葉《ことば》の丸暗記《まるあんき》である。

一九四四（昭和《しょうわ》一九）年十一月、わたしたちは、卒業《そつぎょう》をひかえ新型《しんがた》エンジンの組《く》み立《た》てを学習《がくしゅう》するために、*中島飛行機武蔵製作所《なかじまひこうきむさしせいさくじょ》へ派遣《はけん》された。

十一月二十四日正午《しょうご》、空襲警報《くうしゅうけいほう》のサイレンが工場内《こうじょうない》になりひびいた。工員《こういん》、動員学徒《どういんがくと》、女子挺身隊《じょしていしんたい》は、クモの子《こ》をちらすように姿《すがた》を消《け》した。のこったのは退《たい》避命令《ひめいれい》のでないわたしたち少年兵《しょうねんへい》だけであった。

十二時十分、*B29約《やく》八十機《き》が一万メートル上空《じょうくう》から工場《こうじょう》をねらって爆弾《ばくだん》を投《とう》下《か》、爆撃《ばくげき》は二時間《じかん》におよんだ。わたしは工場《こうじょう》をでて千川上水《せんかわじょうすい》の土手《どて》にきたところで、キィーンと爆弾《ばくだん》がおちてくるするどい音《おと》に、上水《じょうすい》にとびこんで土手《どて》に顔《かお》

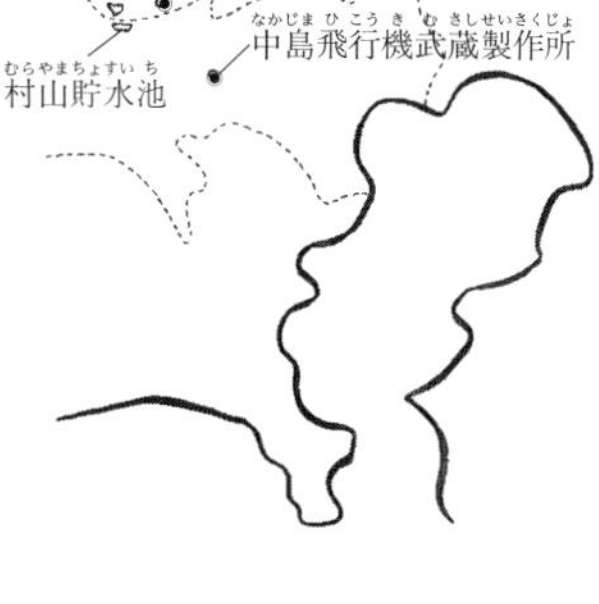

軍人勅諭《ぐんじんちょくゆ》　一八八二年、明治天《めいじてん》皇《のう》が軍人《ぐんじん》にたいして、忠節《ちゅうせつ》・礼《れい》儀《ぎ》・武勇《ぶゆう》・信義《しんぎ》・質素《しっそ》を説《と》いてあたえた訓辞《くんじ》。天皇《てんのう》への忠節《ちゅうせつ》をもとめた軍人精神《ぐんじんせいしん》の基礎《きそ》とされるもので、軍人《ぐんじん》や生徒《せいと》たちはこれを暗《あん》記《き》させられた。

B29　アメリカ軍《ぐん》の長距離爆撃《ちょうきょりばくげき》機《き》。日本本土空襲《にほんほんどくうしゅう》を終戦《しゅうせん》までくりかえしたが、高速《こうそく》で装備《そうび》もすぐれていたため、日本軍《にほんぐん》の戦闘機《せんとうき》は対抗《たいこう》できなかった。

をふせた。ドドーンとすごい炸裂音《さくれつおん》と同時《どうじ》に砂《すな》が全身《ぜんしん》にふりかかり、火鉢《ひばち》ほどの石《いし》が頭《あたま》のすぐ近《ちか》くにドスン!!　と落下《らっか》した。

　B29のぶきみな爆音《ばくおん》が遠《とお》のくと、人《ひと》のうめき声《ごえ》がきこえる。目標《もくひょう》をそれた爆《ばく》弾《だん》が民家《みんか》を直撃《ちょくげき》。家《いえ》がこなごなに破壊《はかい》され、おしつぶされた防空壕《ぼうくうごう》からうめき声《ごえ》がきこえるのだ。

　わたしは板《いた》きれで土《つち》をとりのぞき、かけつけた人《ひと》と何時間《なんじかん》もかかって救助活《きゅうじょかつ》動《どう》をした。しかし、たすかったのは一人《ひとり》で、九人《にん》が圧死《あっし》していた。

　小学《しょうがく》一年生《ねんせい》ぐらいの女《おんな》の子《こ》が、赤《あか》いランドセルをだくようにして息《いき》たえていた。泥《どろ》まみれの小《ちい》さな体《からだ》をだきあげたとき、涙《なみだ》をとめることができなかった。

　卒業《そつぎょう》をむかえると教育隊全員《きょういくたいぜんいん》が靖国神社《やすくにじんじゃ》*に参拝《さんぱい》。その夜《よ》「遺書《いしょ》」を書《か》くように言《い》われ、人事担当《じんじたんとう》の将校《しょうこう》がそれをあつめた。その場《ば》で転属部隊《てんぞくぶたい》の調査《ちょうさ》があり、わたしは「重爆《じゅうばく》（重爆撃部隊《じゅうばくげきぶたい》）」を希望《きぼう》した。機上機関兵《きじょうきかんへい》として戦闘《せんとう》に参加《さんか》できるからであった。

B29

靖国神社《やすくにじんじゃ》　明治天皇《めいじてんのう》の意思《いし》により、明治維新前後《めいじいしんぜんご》の内乱《ないらん》での天皇側《てんのうがわ》の戦死者《せんししゃ》をまつるためつくられた招魂社《しょうこんしゃ》がその前身《ぜんしん》。一八七九年靖国神社《やすくにじんじゃ》と改称《かいしょう》。その後《ご》の戦争《せんそう》で天皇《てんのう》のための戦死者《せんししゃ》をまつっていく神社《じんじゃ》として神社《じんじゃ》のなかでも特《とく》別《べつ》な位置《いち》をしめ、第二次世界大戦《だいにじせかいたいせん》の敗戦《はいせん》まで陸海軍省《りくかいぐんしょう》が管理《かんり》した。戦後《せんご》は国《くに》の管理《かんり》をはなれ、独立《どくりつ》の宗教法人《しゅうきょうほうじん》となったが、一九七八年にA級戦犯《きゅうせんぱん》が合祀《ごうし》され、首相《しゅしょう》

転属《てんぞく》した浜松航空隊《はままつこうくうたい》では、キ-六七（飛龍《ひりゅう》）*重爆隊《じゅうばくたい》に配属《はいぞく》された。硫黄島《いおうとう》*をうしなうまでは、サイパン、テニアンが攻撃目標《こうげきもくひょう》であったが、米軍《べいぐん》に占領《せんりょう》された硫黄島《いおうじま》がそのころは攻撃目標《こうげきもくひょう》であった。

わたしが所属《しょぞく》した中隊《ちゅうたい》の飛行機《ひこうき》は三機《き》で、飛行訓練《ひこうくんれん》が終《お》わったつぎの日《ひ》、硫《い》黄島《おうじま》に出撃《しゅつげき》、全機未帰還《ぜんきみきかん》であった。新《あたら》しい機《き》三機《き》がくるとまた飛行訓練《ひこうくんれん》。そして出撃《しゅつげき》、未帰還《みきかん》のくりかえしである。米軍《べいぐん》のレーダーはきわめて優秀《ゆうしゅう》で、日本《にほん》の攻撃機《こうげきき》の接近《せっきん》を正確《せいかく》にとらえて、戦闘機《せんとうき》が待《ま》ちぶせていっせいに攻撃《こうげき》する体勢《たいせい》をととのえていた。日本《にほん》の重爆撃機《じゅうばくげきき》は、撃墜《げきつい》されるか、敵《てき》の飛行場《ひこうじょう》に強行着《きょうこうちゃく》陸《りく》、敵陣《てきじん》にきりこんで戦死《せんし》するほかなかった。

部隊《ぶたい》に新《あたら》しい機《き》がこない日《ひ》が、だんだん長《なが》くなった。硫黄島《いおうとう》への攻撃《こうげき》が少《すく》なくなると、米軍《べいぐん》の戦闘機《せんとうき》の攻撃《こうげき》がはげしくなった。

七月一日、P51*一五機《き》がはじめて基地《きち》を襲撃《しゅうげき》、ついで二十四日艦載機《かんさいき》七〇機《き》が飛行場《ひこうじょう》に小型爆弾《こがたばくだん》を投下《とうか》、機銃掃射《きじゅうそうしゃ》*をあびせてきた。

わたしが機銃弾《きじゅうだん》が砂煙《すなけむり》をあげるなかにふせたとき、弾薬箱《だんやくばこ》をひきずっていた

や閣僚《かくりょう》が参拝《さんぱい》することで、アジア各国《かっこく》の反発《はんぱつ》もまねいている。

飛龍《ひりゅう》

硫黄島《いおうとう》　一九四五年二月から三月にかけての日米間《にちべいかん》の激戦地《げきせんち》。アメリカは日本本土空襲機《にほんほんどくうしゅうき》の不時着《ふじちゃく》地《ち》として、またその護衛機《ごえいき》の発着基地《はっちゃくきち》にするため、この島《しま》を占領《せんりょう》しようとして攻撃《こうげき》、日本軍《にほんぐん》のはげしい抵抗《ていこう》にあった。

年《とし》をとった召集兵《しょうしゅうへい》らしい兵隊《へいたい》が、腹《はら》をうちぬかれた。ふせてうごけないわたしの目《め》の前《まえ》に、とびだした腸《ちょう》が流《なが》れだした。即死《そくし》したはずなのに腸《ちょう》がうごいている。目《め》をこらして見《み》ると無数《むすう》の回虫《かいちゅう》がうごめいていた。

その日《ひ》の攻撃《こうげき》で同期生《どうきせい》二名《めい》が、頭《あたま》をうちぬかれて戦死《せんし》した。つぎの日《ひ》、火葬《かそう》の命令《めいれい》をうけ浜松市郊外《はままつしこうがい》の火葬場《かそうば》に行《い》くと人《ひと》かげはなく、死体《したい》の入《はい》った棺《ひつぎ》が床《ゆか》にならべてあった。わたしたち少年兵《しょうねんへい》五名《めい》は戦友《せんゆう》の火葬《かそう》を自分《じぶん》たちでやり、空《あ》き缶《かん》に骨《ほね》を入《い》れ、基地《きち》にむかって走《はし》った。骨《ほね》が缶《かん》のなかでカラコロなる音《おと》がいまも消《き》えない。

そして八月十五日、全滅《ぜんめつ》した浜松《はままつ》から富山《とやま》の布目飛行場《ぬのめひこうじょう》へ移駐《いちゅう》したところで敗戦《はいせん》をむかえた。

軍国少年《ぐんこくしょうねん》だったわたしの、死《し》に急《いそ》いだはりつめた、戦争《せんそう》にのめりこんだ悲壮《ひそう》な緊張《きんちょう》の糸《いと》が、プツンと切《き》れた。

少年兵《しょうねんへい》にとって、敗戦《はいせん》はたえられないほどのショックであった。なにがまち

P51ムスタング

機銃掃射《きじゅうそうしゃ》 機関銃《きかんじゅう》で、敵《てき》をなぎはらうように射撃《しゃげき》すること。

がっていたのか……。「日本《にほん》を神《かみ》の国《くに》」と思《おも》い、「侵略戦争《しんりゃくせんそう》」を「聖戦《せいせん》*」としんじてたたかった。ただしい判断《はんだん》ができなかったことがいけなかったのだ。

大学《だいがく》で歴史《れきし》を学《まな》び直《なお》し、軍国主義《ぐんこくしゅぎ》*の心《こころ》の軍服《ぐんぷく》をぬぎすてるのは、長《なが》い時間《じかん》をかけた苦《くる》しい努力《どりょく》が必要《ひつよう》であった。

一九五〇（昭和《しょうわ》二五）年、東京都《とうきょうと》下《か》西多摩郡《にしたまぐん》の小学教師《しょうがくきょうし》になった。その後《ご》、昭和《しょうわ》三三年、江東区《こうとうく》深川《ふかがわ》小学校《しょうがっこう》へ転任《てんにん》した。深川《ふかがわ》は昭和《しょうわ》二〇年三月十日の東*京大空襲《とうきょうだいくうしゅう》の中心地《ちゅうしんち》である。鉄筋《てっきん》の校舎《こうしゃ》には焼《や》けた傷《きず》あとがのこっていた。

小学《しょうがく》三年生《ねんせい》に『わたしたちの江東区《こうとうく》』を教《おし》えるアンケートで、東京大空襲《とうきょうだいくうしゅう》を知《し》っている子《こ》どもが一五パーセントしかいないのにおどろいた。調《しら》べると教科書《きょうかしょ》にも江東区《こうとうく》の副読本《ふくどくほん》にも東京大空襲《とうきょうだいくうしゅう》が書《か》かれていないのに気《き》づいた。

郷土《きょうど》のほんとうの歴史《れきし》を知《し》らなければ、郷土《きょうど》を愛《あい》する心《こころ》は育《そだ》たない。わたしたちは空襲体験者《くうしゅうたいけんしゃ》の記録《きろく》を『炎《ほのお》の街《まち》——東京大空襲《とうきょうだいくうしゅう》三月十日』（鳩《はと》の森書房《もりしょぼう》）にまとめ出版《しゅっぱん》した。江東公会堂《こうとうこうかいどう》の出版記念会《しゅっぱんきねんかい》には、三千人《にん》の市民《しみん》があつまった。

ほんとうのことを知《し》ることの大切《たいせつ》さをこのときほど強《つよ》く感《かん》じたことはなかった。

聖戦《せいせん》　領土拡大《りょうどかくだい》などを目的《もくてき》とした戦争《せんそう》ではなく、神聖《しんせい》な目的《もくてき》の戦争《せんそう》。ここではアジアの白人支配《はくじんしはい》（植民地化《しょくみんちか》）にたいして、アジア諸国《しょこく》の独立《どくりつ》のための神聖《しんせい》な戦争《せんそう》だとして正当化《せいとうか》する考《かんが》え。

軍国主義《ぐんこくしゅぎ》　国家《こっか》と社会全体《しゃかいぜんたい》で戦争《せんそう》や戦争準備《せんそうじゅんび》のために政治《せいじ》、経済《けいざい》、文化《ぶんか》、教育《きょういく》など国民生活《こくみんせいかつ》のあらゆる面《めん》で、軍事《ぐんじ》を優先《ゆうせん》する体制《たいせい》およびその考《かんが》えかた。

東京大空襲《とうきょうだいくうしゅう》　この大空襲《だいくうしゅう》では約《やく》十万人《にん》が亡《な》くなった。アメリカ軍《ぐん》の焼夷弾《しょういだん》による火災《かさい》とその風《かぜ》はものすごく、一晩《ひとばん》で、東京《とうきょう》の下町《したまち》・本所深川《ほんじょふかがわ》から日本橋《にほんばし》までが全部《ぜんぶ》焼《や》け野原《のはら》になった。

江東《こうとう》の子《こ》どももおとなの記録《きろく》に感動《かんどう》して感想《かんそう》を書《か》いた。子《こ》どもたちの感想《かんそう》は本《ほん》『町《まち》は火《ひ》の海《うみ》』（鳩《はと》の森書房《もりしょぼう》）になり多《おお》くの子《こ》どもに読《よ》まれた。

小学校《しょうがっこう》の教師《きょうし》を三十三年、ジャーナリスト専門学校《せんもんがっこう》の講師《こうし》を十七年、「平和《へいわ》こそ宝《たから》」の種《たね》をまきつづける五十年であった。

平和《へいわ》はだれかがつくってくれるものではない。自分《じぶん》たちの手《て》でつくりあげるものである。

平和《へいわ》をつくるエネルギーは、戦争《せんそう》の事実《じじつ》を心《こころ》のいたみとしてとらえることからはじまる。戦争《せんそう》は二度《ど》とくりかえさない。国《くに》のきまりとして憲法《けんぽう》にはっきり書《か》かれている。

「平和《へいわ》こそ宝《たから》」この言葉《ことば》を心《こころ》の輪《わ》として、広《ひろ》く広《ひろ》く、広《ひろ》げたい。

君《きみ》が代《よ》・日《ひ》の丸《まる》

岡本重春《おかもとしげはる》

戦前《せんぜん》は、「元旦《がんたん》」「紀元節《きげんせつ》（二月十一日）」「天長節《てんちょうせつ》（四月二十九日）」「明治節《めいじせつ》（十一月三日）」とよばれた四《よっ》つの祝日《しゅくじつ》は、会社《かいしゃ》や役所《やくしょ》は休《やす》みだったが、子《こ》どもたちは学校《がっこう》でそれぞれの儀式《ぎしき》に参加《さんか》しなければならなかった。

それらの祝日《しゅくじつ》には、校門《こうもん》に「日《ひ》の丸《まる》」がかかげられ、式場《しきじょう》ではかならず「君《きみ》が代《よ》」を歌《うた》い、「御真影《ごしんえい》」とよぶ天皇《てんのう》・皇后《こうごう》の写真《しゃしん》に最敬礼《さいけいれい》をした。さらに校長先生《こうちょうせんせい》の「教育勅語《きょういくちょくご》」奉読《ほうどく》のときには、十分前後《ぷんぜんご》のあいだ、両手《りょうて》をぴたっとわきにつけ、頭《あたま》を下《さ》げたまま身動《みうご》きせずにきいていなければならなかった。

「君《きみ》が代《よ》」について、一九四一年の国民学校用《こくみんがっこうよう》の国定教科書《こくていきょうかしょ》では、「この歌《うた》は『天《てん》皇陛下《のうへいか》のお治《おさ》めになる御代《みよ》は、千年《せんねん》も万年《まんねん》もつづいて、おさかえになりますように』という意味《いみ》で、国民《こくみん》が、心《こころ》からおいは《（わ）》ひ《（い）》申《もう》し上《あ》げる歌《うた》であります」「祝日《しゅくじつ》やおめでたい儀式《ぎしき》には、私《わたし》たちは、この歌《うた》を声高《こえたか》く歌《うた》ひ《（い）》ます。しせいをきちんと正《ただ》しくして、おごそかに歌《うた》ふ《（う）》と、身《み》も心《こころ》も、ひきしまるやう《（よ）》な気持《きも》ちになります」

と教《おし》えている。

また、「君《きみ》が代《よ》」は祝日《しゅくじつ》の儀式以外《ぎしきいがい》の学校行事《がっこうぎょうじ》でもひんぱんに歌《うた》われ、卒業式《そつぎょうしき》、入学式《にゅうがくしき》、創立記念日《そうりつきねんび》、始業式《しぎょうしき》、終業式《しゅうぎょうしき》、教員新任式《きょういんしんにんしき》・送別式《そうべつしき》などの行事《ぎょうじ》で、天皇《てんのう》への忠誠《ちゅうせい》の気持《きも》ちを育《そだ》て、命令《めいれい》されたとおりに団体行動《だんたいこうどう》をおこなうことを教《おし》えるための道具《どうぐ》としてつかわれた。

さらに、学校行事以外《がっこうぎょうじいがい》でも、校庭《こうてい》で朝礼《ちょうれい》がおこなわれ、君《きみ》が代《よ》の曲《きょく》とともに、ポールに日《ひ》の丸《まる》が掲揚《けいよう》され、先生《せんせい》も子《こ》どもたちも、直立不動《ちょくりつふどう》で日《ひ》の丸《まる》に注目《ちゅうもく》していなければならなかった。このように学校《がっこう》では、低学年《ていがくねん》のうちから、理屈《りくつ》としてではなく、形《かたち》をくりかえすことで、「天皇《てんのう》への忠誠《ちゅうせい》」「国家《こっか》への忠誠《ちゅうせい》」の気持《きも》ちを教《おし》えこむ道具《どうぐ》として、「君《きみ》が代《よ》・日《ひ》の丸《まる》」がつかわれていたのである。

そして、学校以外《がっこういがい》でも、祝日《しゅくじつ》・祭日《さいじつ》には、各家庭《かくかてい》でかならず日《ひ》の丸《まる》がかかげられ、路面電車《ろめんでんしゃ》やバスも、日《ひ》の丸《まる》の小旗《こばた》をつけて走《はし》っていた。日《ひ》の丸《まる》をかかげない家《いえ》には巡査《じゅんさ》がやってきてきびしく注意《ちゅうい》した。各家《かくいえ》の門口《かどぐち》に日《ひ》の丸《まる》の旗《はた》を立《た》てるかどうかが、国家《こっか》への忠誠心《ちゅうせいしん》をはかる役割《やくわり》をはたしていたのである。

解説

教育勅語《きょういくちょくご》・御真影《ごしんえい》・奉安殿《ほうあんでん》

岡本重春《おかもとしげはる》

「教育勅語《きょういくちょくご》」は、戦前《せんぜん》の、天皇中心《てんのうちゅうしん》の思想《しそう》、教育《きょういく》の根本方針《こんぽんほうしん》をしめした、明治《めいじ》天皇《てんのう》の勅語《ちょくご》（天皇《てんのう》の意志《いし》をしめした言葉《ことば》）で、一八九〇（明治《めいじ》二三）年十月三十日に発表《はっぴょう》された。全文《ぜんぶん》は三一五字《じ》からなり、天皇《てんのう》が臣民《しんみん》（天皇《てんのう》にしたがうものとしての国民《こくみん》の意味《いみ》）にたいして、教育《きょういく》の基本精神《きほんせいしん》をしめすという形《かたち》をとって、忠孝《ちゅうこう》（よく主君《しゅくん》に仕《つか》えることと、よく親《おや》に仕《つか》えること）の道徳《どうとく》を中心《ちゅうしん》にときながら、「いざというときには、国《くに》（天皇《てんのう》）に命《いのち》をささげる」ことをもとめたものであった。

教育勅語《きょういくちょくご》は、戦前《せんぜん》、戦中《せんちゅう》をつうじて、小学校《しょうがっこう》から大学《だいがく》にいたるまでの教育《きょういく》の基本精神《きほんせいしん》とされ、子《こ》どもは小学校《しょうがっこう》に入《はい》ると機会《きかい》あるごとに奉読《ほうどく》（あらたまった気《き》持《も》ちで、うやうやしく、気持《きも》ちをひきしめて読《よ》むこと）、暗記《あんき》させられた。学校《がっこう》での儀式《ぎしき》のさいには、子《こ》どもは校長《こうちょう》の奉読《ほうどく》を厳粛《げんしゅく》な雰囲気《ふんいき》のなかできかされ、それが人間《にんげん》としてのいっさいの行動《こうどう》や心情《しんじょう》の基準《きじゅん》であることを教《おし》えこまれた。このような形《かたち》で、学校儀式《がっこうぎしき》をとおして天皇《てんのう》に忠誠《ちゅうせい》をちかう子《こ》どもたちの育成《いくせい》をはかったのである。

　また、一九三〇年代《だい》になると、すべての学校《がっこう》に昭和天皇《しょうわてんのう》・皇后《こうごう》の写真《しゃしん》「御真影《ごしんえい》」が配布《はいふ》され、「奉安殿《ほうあんでん》」という御真影《ごしんえい》のための収納庫《しゅうのうこ》がつくられた。そこは学校《がっこう》のなかでもっとも神聖《しんせい》な場所《ばしょ》とされ、教職員《きょうしょくいん》や児童《じどう》の登下校時《とうげこうじ》にはかならず奉安殿《ほうあんでん》にむかって、両手《りょうて》をひざの下《した》までおろしてする、いちばんていねいなお辞儀《じぎ》である「最敬礼《さいけいれい》」が義務《ぎむ》づけられていた。また、この時期《じき》には、天皇《てんのう》にかかわる、四大節《しだいせつ》（四方拝《しほうはい》＝一月一日、紀元節《きげんせつ》＝二月十一日、天長節《てんちょうせつ》＝四月二十九日、明治節《めいじせつ》＝十一月三日）が特別《とくべつ》に重視《じゅうし》されるようになり、そのときの学校儀式《がっこうぎしき》では、「君《きみ》が代《よ》」の斉唱《せいしょう》、天皇《てんのう》・皇后《こうごう》の「御真影《ごしんえい》」にたいする最敬礼《さいけいれい》、「教育勅語《きょういくちょくご》」の奉読《ほうどく》をかならずおこなわなければならなかった。

　このように同《おな》じ形式《けいしき》、内容《ないよう》でおこなうことを強制《きょうせい》された学校儀式《がっこうぎしき》が、すべての学校《がっこう》に徹底《てってい》されるようになり、天皇《てんのう》を神《かみ》として尊《たっと》ぶことが、学校教育《がっこうきょういく》をつうじておしすすめられていったのである。

五隻《せき》で九人《にん》——軍神《ぐんしん》たちの物語《ものがたり》とわたし

長谷川《はせがわ》　潮《うしお》

わたしは八歳《さい》にして軍国少年《ぐんこくしょうねん》だった。

軍国少年《ぐんこくしょうねん》とは、日本《にほん》の戦争《せんそう》を正義《せいぎ》の戦争《せんそう》だとしんじ、その戦争《せんそう》に生命《いのち》をささげることが日本人《にほんじん》にとっていちばん大切《たいせつ》なことだ、と思《おも》いこんでいた少年《しょうねん》のことである。わたしが国民学校《こくみんがっこう》*三年生《ねんせい》だった一九四五年八月、日本《にほん》が降伏《こうふく》して戦争《せんそう》は終《お》わったが、そのときまでわたしは軍国少年《ぐんこくしょうねん》だった。

軍国少年《ぐんこくしょうねん》としてのわたしは、むろん自然《しぜん》に生《う》まれたのではない。学校《がっこう》でそういうことを教《おし》えこまれたためでもあり、また、本《ほん》や雑誌《ざっし》や紙芝居《かみしばい》でたたきこまれたためでもある。そして、わたしに最大《さいだい》の影響《えいきょう》をあたえたのは、これからあげる三冊《さつ》の本《ほん》だったのである。

三冊《さつ》のなかで最初《さいしょ》に読《よ》んだのは、『九軍神《きゅうぐんしん》*の少年時代《しょうねんじだい》』（関瑞臣著《せきみずおみちょ》）である。

長谷川潮《はせがわうしお》　一九三六年東京《とうきょう》に生《う》まれた。八歳《さい》のとき学童疎開《がくどうそかい》で福島県《ふくしまけん》に行《い》き、以後《いご》、長野県《ながのけん》、鹿児島県《かごしまけん》、宮崎県《みやざきけん》と転《てん》てんとうつった。

国民学校《こくみんがっこう》　一九四一年から四七年までの日本《にほん》の小学校《しょうがっこう》の名称《めいしょう》。それまでの小学校《しょうがっこう》を改称《かいしょう》し、初等《しょとう》科《か》六年《ねん》、高等科《こうとうか》二年《ねん》を義務教育《ぎむきょういく》の年限《ねんげん》とした。

軍神《ぐんしん》　戦争《せんそう》のなかでとくに功績《こうせき》をあげ戦死《せんし》した模範的《もはんてき》な軍人《ぐんじん》の尊称《そんしょう》。日中戦争以降《にっちゅうせんそういこう》は軍《ぐん》が公式《こうしき》に軍神《ぐんしん》を指定《してい》した。

一九四一年十二月八日（ハワイ時間《じかん》では七日）、日本《にほん》の海軍航空隊《かいぐんこうくうたい》がハワイの*真珠湾《しんじゅわん》（パール・ハーバー）を攻撃《こうげき》して日本《にほん》とアメリカなどとの戦争《せんそう》がはじまった。ハワイ近海《きんかい》に進攻《しんこう》した日本艦隊《にほんかんたい》のなかに、*特殊潜航艇《とくしゅせんこうてい》という小《ちい》さな小《ちい》さな潜《せん》水艦《すいかん》が五隻《せき》くわわっていた。ふつうの潜水艦《せんすいかん》では入《はい》ることのむずかしい真珠湾《しんじゅわん》のなかに、ひそかにもぐりこんでアメリカの軍艦《ぐんかん》を攻撃《こうげき》するためだった。

攻撃《こうげき》にむかった五隻《せき》の潜航艇《せんこうてい》は、一隻《せき》も帰《かえ》ってこなかったが、敵《てき》の軍艦《ぐんかん》をしずめるなどの大《おお》きな戦果《せんか》があったと海軍《かいぐん》は発表《はっぴょう》した。「九軍神《きゅうぐんしん》」とは、その五隻《せき》にのっていた九人《にん》の海軍軍人《かいぐんぐんじん》のことである。日本《にほん》の軍隊《ぐんたい》は、大《おお》きな手柄《てがら》を立《た》てて戦死《せんし》した軍人《ぐんじん》を「軍神《ぐんしん》」（戦《いくさ》の神《かみ》）としてしばしばたたえてきたが、この潜航艇《せんこうてい》の乗組員《のりくみいん》も軍神《ぐんしん》とされ、九人《にん》なので九軍神《きゅうぐんしん》とまとめてよばれたのだ。

『九軍神《きゅうぐんしん》の少年時代《しょうねんじだい》』は、その九人《にん》の伝記《でんき》であり、かれらの少年時代《しょうねんじだい》や海軍軍《かいぐんぐん》人《じん》としての訓練中《くんれんちゅう》のことなどが中心《ちゅうしん》になっていた。すべての人《ひと》が努力家《どりょくか》であり、そしてひたむきに戦争《せんそう》に生命《いのち》をささげようとしていた。この九人《にん》のようにならなければいけないと、わたしは強《つよ》く思《おも》った。

特殊潜航艇《とくしゅせんこうてい》　魚雷《ぎょらい》を装備《そうび》した超《ちょう》小型《こがた》の攻撃用潜水艇《こうげきようせんすいてい》。真珠湾攻撃《しんじゅわんこうげき》でつかわれたが乗員《じょういん》は全員帰還《ぜんいんきかん》できなかった。

つぎの一冊《さつ》は『少国民版《しょうこくみんばん》　海軍《かいぐん》』（岩田《いわた》豊雄《とよお》作《さく》）である。『海軍《かいぐん》』はもともと『朝日新聞《あさひしんぶん》』に連載《れんさい》された小説《しょうせつ》で、単行本《たんこうぼん》としても出版《しゅっぱん》された。その本《ほん》を子《こ》どもむきにしたのが『少国民版《しょうこくみんばん》　海軍《かいぐん》』である。この小説《しょうせつ》の主人公《しゅじんこう》は谷真人《たにまさと》という海軍《かいぐん》の軍人《ぐんじん》だが、谷真人《たにまさと》は九軍神《きゅうぐんしん》の一人《ひとり》である横山正治海軍中尉《よこやままさはるかいぐんちゅうい》をモデルにしていた。

一九四五年一月十一日の日記《にっき》に、わたしは〈お父《とう》さんのみやげ。「海軍《かいぐん》」〉と書《か》いている。さらに翌《よく》十二日の日記《にっき》には「本《ほん》をよむ」とあるから、たぶんこの『少国民版《しょうこくみんばん》　海軍《かいぐん》』を読《よ》んだのだろう。もともと新聞小説《しんぶんしょうせつ》なのだから、二年生《ねんせい》のわたしから見《み》ればすべておとなの世界《せかい》のことである。わからないところも多《おお》かったのだろうが、しかし真珠湾攻撃《しんじゅわんこうげき》にむかう谷真人《たにまさと》（横山正治《よこやままさはる》）の立派《りっぱ》さにわたしは強《つよ》く感動《かんどう》した。

最後《さいご》の一冊《さつ》は、『若林東一中隊長《わかばやしとういちちゅうたいちょう》　少国民版《しょうこくみんばん》』（毎日新聞社編《まいにちしんぶんしゃへん》）である。若林中隊長《わかばやしちゅうたいちょう》は陸軍《りくぐん》の将校《しょうこう》で、南太平洋《みなみたいへいよう》の*ガダルカナル島《とう》で戦死《せんし》した。この本《ほん》は若林中隊長《わかばやしちゅうたいちょう》の伝記《でんき》だが、中隊長《ちゅうたいちょう》は九軍神《きゅうぐんしん》と同《おな》じように努力家《どりょくか》であり、任務《にんむ》に

ガダルカナル島《とう》　ソロモン諸島《しょとう》の島《しま》。日本軍《にほんぐん》が飛行場建設中《ひこうじょうけんせつちゅう》の同《どう》島《とう》はアメリカとオーストラリアの交通線《こうつうせん》をしゃ断《だん》するおそれがあるため、米軍《べいぐん》の攻撃《こうげき》をうけた。この攻防《こうぼう》の敗戦《はいせん》は、太平洋戦争《たいへいようせんそう》の転換点《てんかんてん》となった。前《ぜん》ページ地図《ちず》参照《さんしょう》。

ひたむきな人《ひと》として熱《ねっ》っぽく語《かた》られている。その若林《わかばやし》中《ちゅう》隊長《たいちょう》は、三《みっ》つの信念《しんねん》をもちつづけて戦死《せんし》したという。すなわち、「神国日本《しんこくにほん》の天壌無窮《てんじょうむきゅう》*を信《しん》ず。大東亜戦争《だいとうあせんそう》*の必《ひっ》勝《しょう》を信《しん》ず。後《あと》に続《つづ》く者《もの》を信《しん》ず」の三《みっ》つである。

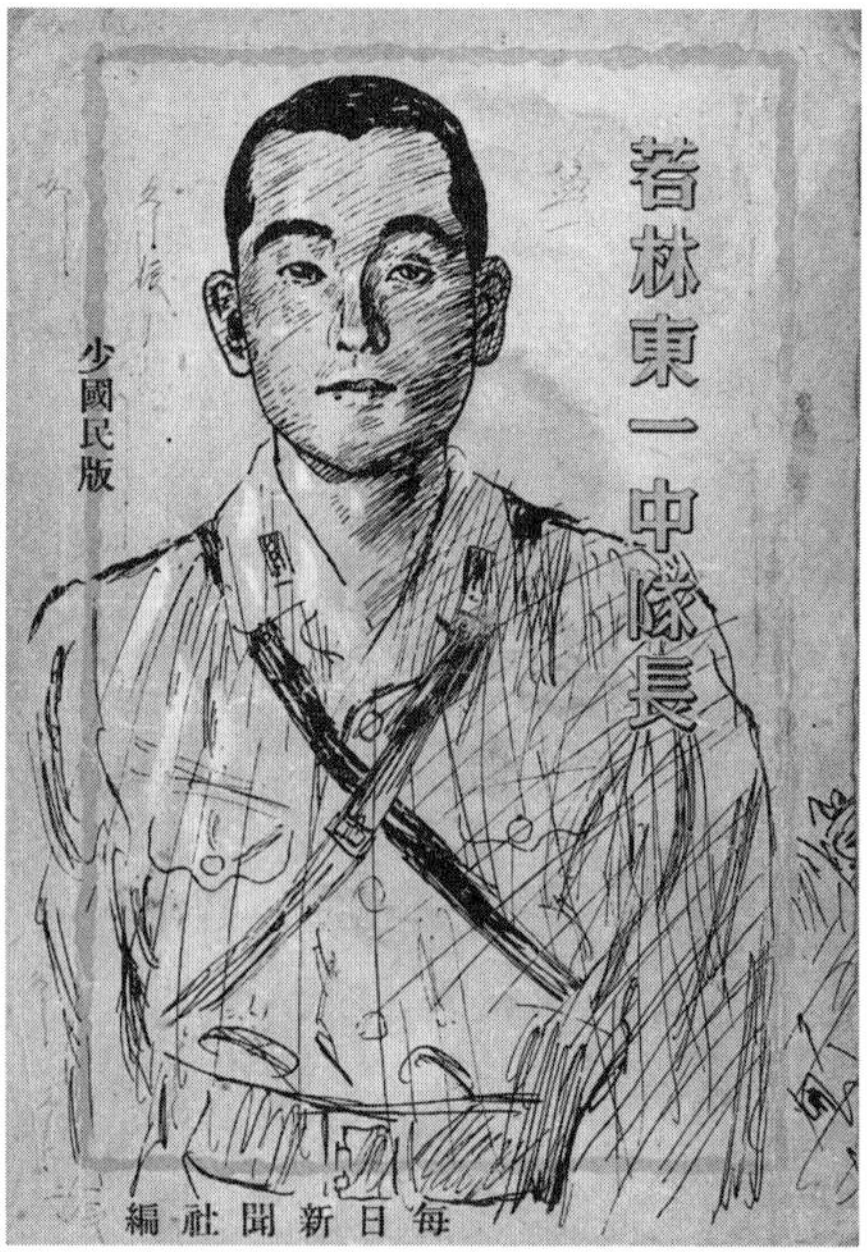

▲『若林東一中隊長《わかばやしとういちちゅうたいちょう》　少国民版《しょうこくみんばん》』

『若林東一中隊長《わかばやしとういちちゅうたいちょう》　少国民版《しょうこくみんばん》』が刊行《かんこう》されたのは一九四五年二月だが、わたしが読《よ》んだのはたぶん四月以降《いこう》だと思《おも》う。わたしは三月末《すえ》に学童集団疎開《がくどうしゅうだんそかい》*で東《とう》京《きょう》から福島県安達郡油井村《ふくしまけんあだちぐんゆいむら》（現在《げんざい》は安達町《あだちまち》）に行《い》っていたので、そこへ父《ちち》からおくられてきたのである。そのころ、わたしは日本《にほん》が戦争《せんそう》に負《ま》けるなどとは思《おも》っていなかったが、敵《てき》が日本《にほん》に近《ちか》づいてきていることは知《し》っていた。四月三日づけの母《はは》へのハガキに、わたしは〈「おきなわ」の神山島前島《かみやまじままえじま》にも上《じょう》りく（陸《りく》）しまし

天壌無窮《てんじょうむきゅう》　天地《てんち》とともに永遠《えいえん》につづくこと。

大東亜戦争《だいとうあせんそう》　太平洋戦争《たいへいようせんそう》にたいする日本側《にほんがわ》の呼称《こしょう》。大東亜共栄圏《だいとうあきょうえいけん》建設《けんせつ》のための「聖戦《せいせん》」という意味《いみ》あいをもたせるためにつかわれた。

学童《がくどう》**（集団**《しゅうだん》**）疎開**《そかい》　第二次大戦《だいにじたいせん》末期《まっき》の一九四四年七月から大都市《だいとし》の国民学校初等科児童《こくみんがっこうしょとうかじどう》を農山村《のうさんそん》や地方都市《ちほうとし》へ集団移動《しゅうだんいどう》させたこと。

たね。本《ほん》とにく米英《べいえい》ですね〉（「にくい」の「い」がぬけている）などと書《か》いている。

そしてこのころわたしは、自分《じぶん》が大《おお》きくなったら特攻機《とっこうき》にのりこんで敵艦《てきかん》に体《たい》当《あ》たりするのだと思《おも》いつめていた。体当《たいあ》たりすると自分《じぶん》が死《し》ぬことはわかっていて、そのときはどういう気持《きも》ちになるのだろうと考《かんが》えこんだりもした。しかし若《わか》林《ばやし》中隊長《ちゅうたいちょう》のいう「後《あと》に続《つづ》く者《もの》」の一人《ひとり》であるわたしが、そのよびかけにおうじないわけにはいかなかったのだ。

若林中隊長《わかばやしちゅうたいちょう》は軍神《ぐんしん》とまではよばれなかったようだが、ほとんどそれと同《おな》じあつかいをうけた。わたしにとっても、若林中隊長《わかばやしちゅうたいちょう》は九軍神《きゅうぐんしん》と同《おな》じ軍神《ぐんしん》だった。

さてわたしは『九軍神《きゅうぐんしん》の少年時代《しょうねんじだい》』と『少国民版《しょうこくみんばん》　海軍《かいぐん》』とで、九軍神《きゅうぐんしん》と特殊潜航艇《とくしゅせんこうてい》のことをくわしく知《し》ったのだが、どうしてもわからないこと、なぞであることが一《ひと》つあった。五隻《せき》で攻撃《こうげき》したのに、なぜ軍神《ぐんしん》は九人《にん》なのかということである。一隻《せき》に二人《ふたり》ずつのっていたとすると、九人《にん》では一人《ひとり》たりない。このことでわたしは、ずいぶんなやんだ。そして、四隻《せき》には二人《ふたり》ずつのり、一隻《せき》だけは一人《ひとり》しかのらなかったのにちがいないと考《かんが》えた。

このなぞがとけたのは、戦後《せんご》になってからである。五隻《せき》のなかの一隻《せき》は故障《こしょう》して海岸《かいがん》に漂着《ひょうちゃく》してしまい、乗組員《のりくみいん》の一人《ひとり》酒巻和男《さかまきかず》少尉《おしょうい》がアメリカ軍《ぐん》の捕虜《ほりょ》*になってしまったのだった。酒巻少尉《さかまきしょうい》が捕虜《ほりょ》になったという事実《じじつ》を、日本側《にほんがわ》はすぐに知《し》った。だから「十軍神《じゅうぐんしん》」というわけにはいかなかったのだ。ついでに言《い》えば、さきに「敵《てき》の軍艦《ぐんかん》をしずめるなどの大《おお》きな戦果《せんか》があったと海軍《かいぐん》は発表《はっぴょう》した」と書《か》いたが、じっさいには特殊潜航艇《とくしゅせんこうてい》の攻撃《こうげき》にはなんの戦果《せんか》もなかった。

特殊潜航艇《とくしゅせんこうてい》の真珠湾攻撃《しんじゅわんこうげき》は、戦果《せんか》がなかったことでも、さらに捕虜《ほりょ》まででたことでも、軍事的《ぐんじてき》にはまったくの失敗《しっぱい》だった。だから、むしろかくしてしまったほうがよかったくらいのものである。しかし、海軍《かいぐん》はかくすのではなく、九軍神《きゅうぐんしん》として大々的《だいだいてき》に宣伝《せんでん》することをえらんだ。そのほうが国民《こくみん》を戦争《せんそう》に協力《きょうりょく》させるのにつごうがいいと判断《はんだん》したのだ。その判断《はんだん》は、当時《とうじ》においてはまちがっていな

捕虜《ほりょ》　戦争《せんそう》などで、敵《てき》に捕《と》らえられた者《もの》。日本軍《にほんぐん》では、それは恥《はじ》とされ、公表《こうひょう》されなかったこともある。

かった。わたしだけではなく、大勢《おおぜい》の子《こ》どもが、九軍神《きゅうぐんしん》のように戦争《せんそう》に生命《いのち》をささげる気持《きも》ちになったからである。

いま考《かんが》えると、五隻《せき》で九人《にん》はおかしいと感《かん》じたわたしは、戦争《せんそう》の真実《しんじつ》への入《い》り口《ぐち》に立《た》っていた。しかし当時《とうじ》のわたしは、おとなが真実《しんじつ》をかくしたり、ウソをついたりすることがあるなどとはまったく思《おも》っていなかった。「一隻《せき》だけは一人《ひとり》」と考《かんが》えるしかなかったのである。

八歳《さい》のわたしがおかしいと思《おも》ったくらいだから、おとなたちはだれでも、「九《きゅう》軍神《ぐんしん》」はおかしいと思《おも》ったにきまっている。捕虜《ほりょ》になったことは知《し》らなくても、あと一人《ひとり》はどうなったのかと疑問《ぎもん》をもったはずだ。しかし九軍神《きゅうぐんしん》について本《ほん》や雑誌《ざっし》に書《か》いたおとなたちは、だれもそんなことには知《し》らぬふりだった。もちろん、政府《せいふ》や軍《ぐん》の発表《はっぴょう》をうたがったりしたら、すぐに警察《けいさつ》や憲兵隊《けんぺいたい》*に逮捕《たいほ》された時代《じだい》ではあった。

しかし、疑問《ぎもん》を公表《こうひょう》できない時代《じだい》だったとしても、真実《しんじつ》がかくされていることを知《し》りつつ、九軍神《きゅうぐんしん》の話《はなし》を本《ほん》や雑誌《ざっし》や紙芝居《かみしばい》などで子《こ》どもたちにつたえ、子《こ》

憲兵《けんぺい》 旧軍隊内《きゅうぐんたいない》の秩序維持《ちつじょいじ》を任《にん》務《む》とする兵隊《へいたい》。犯罪捜査《はんざいそうさ》、軍紀維《ぐんきい》持《じ》、思想取《しそうと》りしまりから、しだいに権限《けんげん》を拡大《かくだい》し、公安対策《こうあんたいさく》、思想《しそう》弾圧《だんあつ》、スパイ活動防止《かつどうぼうし》などにも強《つよ》い権力《けんりょく》をふるった。

どもたちを戦争《せんそう》にあおりたてたおとなには大《おお》きな責任《せきにん》がある。

戦争《せんそう》にかかわる子《こ》どもの本《ほん》で、アジア・太平洋戦争中《たいへいようせんそうちゅう》に刊行《かんこう》されたものは何《なん》百冊《びゃくさつ》とある。わたしが子《こ》ども時代《じだい》に読《よ》んだのはそのなかの数冊《すうさつ》でしかないが、わたしは戦争《せんそう》と児童文学《じどうぶんがく》との関係《かんけい》を研究《けんきゅう》しているため、おとなになってからかなり多《おお》くのものを読《よ》んできた。

その経験《けいけん》から言《い》えることは、当時《とうじ》のそういう本《ほん》のすべてが、戦争《せんそう》の真実《しんじつ》を語《かた》ってはおらず、むしろウソに満《み》ちていたということである。そのことは、日本《にほん》の戦《せん》争《そう》そのものが、真実《しんじつ》を明《あき》らかにすることができないものであり、つまり正義《せいぎ》の戦《せん》争《そう》ではなかったことを意味《いみ》している。

わたしはたまたまここに取《と》りあげた三冊《さつ》の本《ほん》に強《つよ》い影響《えいきょう》をうけたが、それ以《い》外《がい》のどの本《ほん》を読《よ》んでも同《おな》じ結果《けっか》になっただろう。戦争《せんそう》にかかわる当時《とうじ》の子《こ》どもの本《ほん》は、子《こ》どもを軍国少年《ぐんこくしょうねん》にするのに、大《おお》きな役割《やくわり》をはたしたのである。

ところで教科書《きょうかしょ》はすべての子《こ》どもが読《よ》まされたが、本《ほん》の場合《ばあい》はそうではない。

本《ほん》がきらいな子《こ》どもは読《よ》まないですんだ。わたしは本《ほん》がすきな子《こ》どもだったが、それでも親《おや》が買《か》ってきさえしなければこの三冊《さつ》の本《ほん》を読《よ》むことはなかった。その意味《いみ》で、わたしが軍国少年《ぐんこくしょうねん》になったことに、わたしの親《おや》（とくに父《ちち》）もまた、責任《せきにん》をおっている。そしてその父《ちち》は、息子《むすこ》が八歳《さい》にして戦争《せんそう》に生命《いのち》をささげる決意《けつい》をしたことに、自分《じぶん》も一役買《ひとやくか》ったとはまったく気《き》づかなかったようだ。本《ほん》を書《か》いたり出版《しゅっぱん》した人《ひと》たちとあわせて、わたしは父《ちち》をも批判《ひはん》し、その責任《せきにん》を問《と》わなければならないのである。

付記《ふき》

取《と》りあげた三冊《さつ》の本《ほん》はすべてうしなってしまったが、『若林東一中隊長《わかばやしとういちちゅうたいちょう》　少国民版《しょうこくみんばん》』（毎日新聞社《まいにちしんぶんしゃ》、一九四五年二月）は古本屋《ふるほんや》で購入《こうにゅう》し、現在手元《げんざいてもと》にある。『九軍神《きゅうぐんしん》の少年時代《しょうねんじだい》』（東京《とうきょう》　修文館《しゅうぶんかん》、一九四三年一月）と『少国民版《しょうこくみんばん》　海軍《かいぐん》』（利根書房《とねしょぼう》、一九四三年十月）は、図書館《としょかん》で読《よ》みかえした。

歌声《うたごえ》よ、いつまでも——嵐《あらし》のなかを生《い》きた、母《はは》、啓子《けいこ》さん

まついのりこ

　わたしのお母《かあ》さんは、一九一一年に生《う》まれました。いま、九十二歳《さい》でとても元《げん》気《き》に、わたしの夫《おっと》やわたしの娘《むすめ》たちといっしょにくらしています。家族《かぞく》みんなは、〃おばあちゃん〃とはよばず、〃啓子《けいこ》さん〃と名前《なまえ》でよび、みんな啓子《けいこ》さんが大《だい》すきです。これから啓子《けいこ》さんのことをお話《はなし》いたしましょう。

　啓子《けいこ》さんは神戸《こうべ》*で生《う》まれ育《そだ》ち、啓子《けいこ》さんのお父《とう》さんは学者《がくしゃ》でした。そのころの日本《にほん》は、女《おんな》の子《こ》には学問《がくもん》はいらない、男《おとこ》の人《ひと》にしたがって生《い》きていればいいという考《かんが》えかたがあたりまえでした。でも啓子《けいこ》さんはのびのびした国際的《こくさいてき》な神戸《こうべ》の街《まち》で、十九歳《さい》まで学校《がっこう》に行《い》き、しあわせな家庭《かてい》で一人《ひとり》の人間《にんげん》としてたいせつに育《そだ》て

北川啓子《きたがわけいこ》　一九一一年兵庫県《ひょうごけん》の神戸《こうべ》に生《う》まれ、二十二歳《さい》まで、そこで育《そだ》つ。

まついのりこ　一九三四年、和歌山県《わかやまけん》生《う》まれ。絵本作家《えほんさっか》・紙芝居作家《かみしばいさっか》。

られました。

「わたしがまだ結婚《けっこん》していないころのことだった。ある日《ひ》わたしは映画《えいが》を見《み》にいったの」

啓子《けいこ》さんがそのころの自分《じぶん》を思《おも》いだしてこう語《かた》りはじめたことがありました。

「〝西部戦線異常《せいぶせんせんいじょう》なし〟という戦争《せんそう》をテーマにした外国《がいこく》の映画《えいが》だった。若《わか》い主人公《しゅじんこう》の青年《せいねん》が戦争《せんそう》で死《し》んでいくのを見《み》て、わたしは泣《な》いて泣《な》いて涙《なみだ》を流《なが》した。でも心《こころ》のなかで、これは映画《えいが》の物語《ものがたり》、だからほんとうのことでない、戦争《せんそう》なんてほんとうにわたしの身《み》のまわりに起《お》こるはずはないって思《おも》いつづけたの。その後何年《ごなんねん》かして、わたしのかわいい弟《おとうと》が映画《えいが》のなかの青年《せいねん》のように戦争《せんそう》で死《し》ぬなんて考《かんが》えもしなかった。わたしの夫《おっと》が、戦争《せんそう》に反対《はんたい》したため捕《とら》えられて牢獄《ろうごく》に入《い》れられるなんて、まさかそんなことが起《お》きるとは思《おも》いもしなかった」

そのころ日本《にほん》では、すでに侵略戦争《しんりゃくせんそう》＊をはじめる準備《じゅんび》がはじまっていたのです。でも毎日《まいにち》の生活《せいかつ》のなかでほとんどの人《ひと》びとは「まさか戦争《せんそう》は起《お》こらない」と思《おも》っていたのです。啓子《けいこ》さんもしあわせな娘時代《むすめじだい》のなかでそう思《おも》っていたのでした。

侵略戦争《しんりゃくせんそう》 他国《たこく》に侵入《しんにゅう》してその領土《りょうど》や財物《ざいぶつ》をうばいとるための戦争《せんそう》。

啓《けい》子《こ》さんは二十二歳《さい》のとき、自分《じぶん》のお父《とう》さんの弟子《でし》だった人《ひと》と結婚《けっこん》しました。啓《けい》子《こ》さんの大《だい》すきな人《ひと》でやはり学者《がくしゃ》でした。そしてわたしと妹《いもうと》が生《う》まれたのです。啓子《けいこ》さんは結婚前《けっこんまえ》にわたしのお父《とう》さんからもらったたくさんの手紙《てがみ》をいまも大切《たいせつ》に大切《たいせつ》にしています。「わたしが死《し》んだら読《よ》んでもいいよ」と、秘密《ひみつ》の場所《ばしょ》にかくしているのです。

戦争《せんそう》の嵐《あらし》が近《ちか》づいていましたが、結婚《けっこん》した啓子《けいこ》さんはその前《まえ》ぶれも知《し》らず夫《おっと》と子《こ》どもたちといっしょにしあわせな毎日《まいにち》でした。その当時《とうじ》、男《おとこ》の人《ひと》があたりまえのようにつかっていた〝女《おんな》のくせに〟という言葉《ことば》を父《ちち》は絶対《ぜったい》つかわず、啓子《けいこ》さんは父《ちち》のことを〝主人《しゅじん》〟とは言《い》わず二人《ふたり》は仲《なか》のよい同《おな》じ人間同士《にんげんどうし》の関係《かんけい》でした。父《ちち》はかならず夕方《ゆうがた》には研究室《けんきゅうしつ》から家《いえ》に帰《かえ》り、夕食後《ゆうしょくご》家族《かぞく》みんなで散歩《さんぽ》に行《い》きました。宵待草《よいまちぐさ》いっぱいの野原《のはら》、とんだりはねたりしているわたしと妹《いもうと》、わらいながら語《かた》りあっている父《ちち》と啓子《けいこ》さん。こんな一《ひと》つの家庭《かてい》に戦争《せんそう》は牙《きば》をむいて近《ちか》づいてきていたのです。

そのころ、*特別高等警察《とくべつこうとうけいさつ》（特高警察《とっこうけいさつ》とよばれていました）というものが政府《せいふ》に

特別高等警察《とくべつこうとうけいさつ》（特高《とっこう》） 政治《せいじ》、思《し》

よってつくられ、戦争《せんそう》に反対《はんたい》する人《ひと》たち、真実《しんじつ》の研究《けんきゅう》や人間《にんげん》としての心《こころ》を育《そだ》てる文化《ぶんか》をつくろうとしている人《ひと》たちを「国賊《こくぞく》」（国家《こっか》に害《がい》をあたえる者《もの》）といって捕《とら》えはじめていました。国民一人《こくみんひとり》ひとりが平和《へいわ》を愛《あい》しほんとうのことを知《し》ったならば、みんな戦争《せんそう》に反対《はんたい》するにちがいありません。侵略戦争《しんりゃくせんそう》をしようとしていた当時《とうじ》の日本《にほん》の政府《せいふ》は、真実《しんじつ》を国民《こくみん》に見《み》えなくするために治安維持法《ちあんいじほう》*という法律《ほうりつ》をつくり、特高警察《とっこうけいさつ》が強《つよ》い力《ちから》をもつようになっていました。

わたしのお父《とう》さんは真実《しんじつ》をもとめふかく人間《にんげん》を愛《あい》する人《ひと》でした。啓子《けいこ》さんにとってもそれは、人間《にんげん》として呼吸《こきゅう》をするように当然《とうぜん》のことでした。父《ちち》は、戦争《せんそう》にでかけていく学生《がくせい》たちに（学徒動員《がくとどういん》といって強制的《きょうせいてき》に戦争《せんそう》につれて行《い》かれたのです）〝かならず生《い》きて帰《かえ》れ〟と言《い》いつづけました。死《し》んで天皇《てんのう》と国家《こっか》のためにつくせ、と言《い》わなければ国賊《こくぞく》と言《い》われたこの時代《じだい》に、父《ちち》は〝戦争《せんそう》はかならず終《お》わる、そのとき若《わか》い君《きみ》たちの大切《たいせつ》な仕事《しごと》が待《ま》っている〟と言《い》いつづけたのです。そして、人《ひと》びとがどんなにだまされているか、戦争《せんそう》がどんなにまちがっているかを、自分《じぶん》の学問《がくもん》としての研究《けんきゅう》で解明《かいめい》していきました。

想《そう》、言論《げんろん》を取《と》りしまるために設置《せっち》された警察《けいさつ》。大逆事件《たいぎゃくじけん》を契機《けいき》に一九一一年警視庁《けいしちょう》に特別高等課《とくべつこうとうか》がおかれ、二八年には全国《ぜんこく》に拡大《かくだい》。内務省直轄《ないむしょうちょっかつ》で、共産主義運動《きょうさんしゅぎうんどう》や社会運動《しゃかいうんどう》の弾圧《だんあつ》にあたった。四五年、解体《かいたい》。

治安維持法《ちあんいじほう》　国体《こくたい》の変革《へんかく》、私有財産制度《しゆうざいさんせいど》の否定《ひてい》を目的《もくてき》とする結社活動《けっしゃかつどう》および、個人的行為《こじんてきこうい》にたいする罰則《ばっそく》をさだめた法律《ほうりつ》。一九二五年公布《こうふ》。二八年には死刑《しけい》を導入《どうにゅう》、四一年には「予防拘禁《よぼうこうきん》」制度《せいど》をとり入れるなどの改悪《かいあく》がおこなわれた。はじめは、おもに天皇制《てんのうせい》に反対《はんたい》する共産主義活動《きょうさんしゅぎかつどう》などへの弾圧《だんあつ》が目的《もくてき》だったが、しだいに自由主義者《じゆうしゅぎしゃ》や宗教家《しゅうきょうか》なども処罰《しょばつ》の対象《たいしょう》になった。言論《げんろん》、思想《しそう》の自由《じゆう》をふみにじったこの法律《ほうりつ》は、敗戦《はいせん》の四五年に廃止《はいし》された。本書「解説《かいせつ》」一七五ページ参照《さんしょう》。

こんな父《ちち》に特高警察《とっこうけいさつ》はおそいかかろうとしていました。特高《とっこう》の手《て》に、自分《じぶん》の研究《けんきゅう》をわたさないようにするため、父《ちち》はある日《ひ》、長年《ながねん》の自分《じぶん》の研究《けんきゅう》を焼《や》くことを決心《けっしん》しました。カマドで自分《じぶん》の原稿《げんこう》を焼《や》く夫《おっと》の手伝《てつだ》いをしながら啓子《けいこ》さんは、夫《おっと》の無念《むねん》を自分《じぶん》のふかいいたみとしてきざみこんだのでした。でも父《ちち》は全部《ぜんぶ》を焼《や》きすてたのではありませんでした。どうしても焼《や》きすてることのできない自分《じぶん》の研究《けんきゅう》をこまかい紙《かみ》に小《ちい》さい字《じ》でぎっしりと書《か》きこみ、レコードケースの奥《おく》にかくし、その場所《ばしょ》を啓子《けいこ》さんにだけは言《い》っておきました。

一九四四年、まだ寒《さむ》い三月のはじめ、父《ちち》は特高警察《とっこうけいさつ》に捕《とら》えられました。父《ちち》三十九歳《さい》、啓子《けいこ》さん三十二歳《さい》、わたしは小学校《しょうがっこう》四年《ねん》、妹《いもうと》は幼稚園《ようちえん》でした。その日《ひ》、特高警察《とっこうけいさつ》が家宅捜索《かたくそうさく》にやってきて、わたしと妹《いもうと》が見《み》ている前《まえ》で家《いえ》のなかをつぎつぎひっくりかえしていきました。父《ちち》が戦争《せんそう》に反対《はんたい》することを書《か》いたものがないかをさがすためでした。

啓子《けいこ》さんは、お嬢《じょう》さん育《そだ》ちのこわがりやでした。でもこの日《ひ》から啓子《けいこ》さんはすっくと立《た》ちあがりました。まちがっていることにたいして、こわがってはならないのです。自分《じぶん》の夫《おっと》である人《ひと》は正《ただ》しいのです。啓子《けいこ》さんはレコードケースの奥《おく》にある父《ちち》の貴重《きちょう》なものを特高警察《とっこうけいさつ》の手《て》にわたしてはならないと勇気《ゆうき》をだしました。彼《かれ》らの目《め》をくぐって、こまかい紙切《かみき》れの束《たば》を取《と》りだし納屋《なや》のマキのすきまにすばやくかくしたのです。

それがどんなにたいへんなことだったことか、啓子《けいこ》さんはいまでも「あのときほど、こわくて心臓《しんぞう》がとびでそうになったことはなかった」と言《い》います。特高警察《とっこうけいさつ》はマキの間《あいだ》の紙切《かみき》れの束《たば》を見《み》つけだすことができず、なにも証拠《しょうこ》がなかったのに、父《ちち》は牢獄《ろうごく》に二年《ねん》三か月《げつ》捕《とら》えられるということが判決《はんけつ》できまりました。高《たか》い費用《ひよう》でたのんだ*弁護士《べんごし》さんは、裁判《さいばん》の間《あいだ》一度《ど》も法廷《ほうてい》にでて弁護《べんご》せず、判決《はんけつ》がおりたとたん姿《すがた》をあらわしただけでした。弁護《べんご》すれば自分《じぶん》が捕《とら》えられるからでした。

わたしたちの家族《かぞく》は〝国賊《こくぞく》〟でした。それは人間《にんげん》でないというレッテルをはられることでした。だれからも人間《にんげん》としての手《て》をさしのべてもらうことができず、なによりも食《た》べるものがなくなっていきました。そのころ日本《にほん》じゅうが飢《う》えてい

弁護士《べんごし》　裁判《さいばん》で被告人《ひこくにん》の権利《けんり》をまもり、その利益《りえき》を保護《ほご》するためにその弁護《べんご》をする人《ひと》。戦時中《せんじちゅう》は弁護士《べんごし》の役割《やくわり》も大幅《おおはば》な制約《せいやく》をうけた。

て、たすけあって生《い》きていたのです。でも啓子《けいこ》さんは、父《ちち》がいたときと同《おな》じようにのびのびと明《あか》るく、涙《なみだ》を見《み》せたり落《お》ちこんだ姿《すがた》をわたしは見《み》たことがありませんでした。よくじょうだんを言《い》って、わたしと妹《いもうと》をわらわせました。それは無理《むり》をしていたのではなく、父《ちち》と啓子《けいこ》さんをむすびつけている戦争《せんそう》をのりこえた、もっと大《おお》きい人間《にんげん》としての信頼《しんらい》でした。でも、いまでも啓子《けいこ》さんはときどき言《い》うのです。

「あのとき寒《さむ》い夜《よる》がくると、お父《とう》さんは牢獄《ろうごく》でどんなに寒《さむ》かろうと、わたしはつらかった……」

　父《ちち》のように捕《とら》えられた人《ひと》のことを政治犯《せいじはん》*といいます。政治犯《せいじはん》にたいするあつかいは苛酷《かこく》で身体《からだ》がどんどん弱《よわ》っていく人《ひと》がたくさんいました。

　啓子《けいこ》さんが父《ちち》にあえる面会日《めんかいび》は、月《つき》に一度《ど》でした。そのとき父《ちち》にわたすことがゆるされているお弁当《べんとう》を、啓子《けいこ》さんは父《ちち》の命《いのち》をつなぐため少《すこ》しでも栄養《えいよう》のあるものにしたいと思《おも》いました。でも材料《ざいりょう》がないのです。

　啓子《けいこ》さんは一月《ひとつき》の間《あいだ》一生《いっしょう》けんめい少《すこ》しずつ材料《ざいりょう》をあつめ面会《めんかい》の前《まえ》の晩《ばん》、父《ちち》のためにお弁当《べんとう》づくりをしました。わたしと妹《いもうと》がねてしまった深夜《しんや》につくったので

政治犯《せいじはん》　政治《せいじ》の上《うえ》での主張《しゅちょう》をつらぬくと、法《ほう》にふれてしまう人《ひと》のこと。治安維持法《ちあんいじほう》という法律《ほうりつ》は思《し》想的《そうてき》政治的《せいじてき》自由《じゆう》を大幅《おおはば》に制限《せいげん》したものだったため、戦争中《せんそうちゅう》はさまざまな人《ひと》びとがこの法《ほう》にふれたという理由《りゆう》でたい捕《ほ》された。

す。飢《う》えきっていたわたしと妹《いもうと》がどんなに食《た》べたがるだろうと、それがかわいそうでならなかったからでした。そんなに苦労《くろう》したお弁当《べんとう》も、のちに父《ちち》が牢獄《ろうごく》をでたときにわかったのですが、おいしいところはほとんど刑務所《けいむしょ》の職員《しょくいん》たちに食《た》べられてしまっていたのでした。

啓子《けいこ》さんが七十歳《さい》になったころ、ある日紙《ひかみ》に自分《じぶん》が書《か》いたものをわたしに見《み》せました。「わたしの心《こころ》のなかでずっとずっとつらくのこっていることがあるの。お父《とう》さんに面会《めんかい》に行《い》ったとき出会《であ》った一人《ひとり》の男《おとこ》の子《こ》のことなの。その子《こ》がしあわせになっていてほしい。その子《こ》に会《あ》いたい。その子《こ》をさがすために新聞《しんぶん》に投書《とうしょ》したくてこの文章《ぶんしょう》を書《か》いたの」。そのとき、啓子《けいこ》さんが書《か》いた文章《ぶんしょう》はつぎのような文章《ぶんしょう》でした。

「ねえ、おばさん連《つ》れていってよ。おばさんの家《いえ》に」必死《ひっし》になってたのんだ幼《おさな》い男《おとこ》の子《こ》をどうふりきったのか、おぼえていません。戦争末期《せんそうまっき》。堺刑務《さかいけいむ》所《しょ》には治安維持法違反《ちあんいじほういはん》で捕《とら》えられ服役中《ふくえきちゅう》の夫《おっと》がおり、面会《めんかい》に行《い》きました。となりに一人《ひとり》の少年《しょうねん》がいて、やはり服役中《ふくえきちゅう》の父親《ちちおや》に面会《めんかい》にきたのです。「空《くう》襲《しゅう》で母《はは》も妹《いもうと》も死《し》んで家《いえ》は焼《や》け、少《すこ》し残《のこ》った食糧《しょくりょう》は親《しん》せきが持《も》って行《い》った。ボクは地下道《ちかどう》で暮《く》らしている」といいます。面会《めんかい》は子《こ》どもだけではできない仕組《しく》みで、わたしは係《かかり》の人《ひと》に特別《とくべつ》のはからいを懇願《こんがん》しましたが、結果《けっか》はどうだったか。わたしを待《ま》つ子《こ》らのために帰《かえ》らなければならなかったのです。少年《しょうねん》よいずこ。

啓子《けいこ》さんが書《か》いている「わたしを待《ま》つ子《こ》らのために」という「子《こ》ら」とは、わたしと妹《いもうと》のことなのです。啓子《けいこ》さんはその少年《しょうねん》をどんなに胸《むね》にだきたかったことでしょう。いまも重《おも》い重《おも》いものとして啓子《けいこ》さんはこの子《こ》のことを思《おも》っているのです。この啓子《けいこ》さんの文章《ぶんしょう》は投書《とうしょ》として新聞《しんぶん》にのりましたが、少年《しょうねん》のその後《ご》のことはわかりませんでした。「いまはかならずしあわせにくらしているよ」とわたしは啓子《けいこ》さんに言《い》いつづけています。

一九四五年、日本敗戦《にほんはいせん》。父《ちち》は牢獄《ろうごく》をでました。学者《がくしゃ》として大学《だいがく》にもどり、若《わか》い人《ひと》びとと平和《へいわ》で民主主義《みんしゅしゅぎ》の新《あたら》しい日本《にほん》をつくろうと全力《ぜんりょく》をあげていました。ですが長《なが》い苛酷《かこく》な牢獄生活《ろうごくせいかつ》は父《ちち》の身体《からだ》をむしばんでおり、牢獄《ろうごく》をでて八年、四十九歳《さい》の若《わか》さでこの世《よ》を去《さ》りました。啓子《けいこ》さんは泣《な》きました。父《ちち》とともに歩《ある》いた散歩《さんぽ》の道《みち》を歩《ある》いてきて、子《こ》どものように泣《な》きじゃくりました。

家《いえ》にはお金《かね》がありませんでした。たくさんあった外国《がいこく》の学問《がくもん》の本《ほん》を売《う》ればしばらくは生活《せいかつ》できたはずなのですが、戦争中《せんそうちゅう》、特高警察《とっこうけいさつ》が全部《ぜんぶ》もっていってかえしてくれなかったのです。わたしたち家族《かぞく》は生活《せいかつ》するために、いままで住《す》んでいた和歌山《わかやま》から東京《とうきょう》にでて、わたしははたらきはじめました。二十歳《さい》になったばかりでした。啓子《けいこ》さんも生活《せいかつ》のために洋服《ようふく》をぬう仕事《しごと》をしました。わたしは結婚《けっこん》し娘《むすめ》が生《う》まれ、啓子《けいこ》さんは孫《まご》であるわたしの娘《むすめ》を自分《じぶん》の子《こ》どものようにかわいがり、明《あか》るく生《い》きはじめました。

女学生《じょがくせい》のとき、バスケットの選手《せんしゅ》だった啓子《けいこ》さんは、社交《しゃこう》ダンスが大《だい》すきになりました。啓子《けいこ》さんはおどりつづけ、九十二歳《さい》のいまも高《たか》いヒールの靴《くつ》をはき、はなやかにタンゴをおどります。

わたしたち家族《かぞく》だけでなく、たくさんの人《ひと》たちが〝おばあちゃん〟とよばず〝啓子《けいこ》さん〟とよびかけたくなるように、啓子《けいこ》さんは、若《わか》いときと同《おな》じように明《あか》るく前《まえ》むきです。でも、いままで生《い》きた人生《じんせい》によって、啓子《けいこ》さんのなかには「戦《せん》争《そう》はイヤ！　平和《へいわ》こそ！」という血《ち》が熱《あつ》くたぎって流《なが》れるようになりました。どんなことを考《かんが》えるときでも、なんでもないことをするときでも、いつもその奥底《おくそこ》に自然《しぜん》にわきでるように〝平和《へいわ》こそ!!〟というふかいねがいがあるのです。

　何年《なんねん》か前《まえ》のバレンタインデーの日《ひ》でした。街《まち》から帰《かえ》ってきた啓子《けいこ》さんが言《い》いました。「チョコレート売《う》り場《ば》にたくさんの若《わか》い女《おんな》の人《ひと》たち。なんていいこと。女《じょ》性《せい》が心《こころ》をこめて男《おとこ》の人《ひと》にわたすのがチョコレートなんだもの。心《こころ》をこめるものが〝千人針《せんにんばり》〟でなくてよかった！」。〝千人針《せんにんばり》〟ってどういうものか知《し》っていますか。あの戦争《せんそう》のとき、戦場《せんじょう》にでかける男《おとこ》の人《ひと》のために女性《じょせい》たちが一人一針《ひとりひとはり》ずつ、一枚《まい》の布《ぬの》に千《せん》の小《ちい》さな赤《あか》い玉《たま》を縫《ぬ》いこんで無事《ぶじ》に帰《かえ》ってくることをいのったのです。一人一針《ひとりひとはり》ですから一枚《まい》の布《ぬの》をしあげるのに、千人《にん》の女性《じょせい》の一針《ひとはり》ずつが必要《ひつよう》だったのです。そのころわたしの町《まち》の中心《ちゅうしん》のとおりには、夫《おっと》や息子《むすこ》を戦争《せんそう》に行《い》かせなければならない妻《つま》や母親《ははおや》が千人針《せんにんばり》の布《ぬの》をもってたくさんならび、道《みち》を行《い》く女《おんな》の人《ひと》たちに「おねがいします」と頭《あたま》をさげていました。死《し》が待《ま》っている戦場《せんじょう》に行《い》く男《おとこ》の人《ひと》のために心《こころ》をこめなければならなかったあの戦争《せんそう》のいたみが、バレンタインデーの日《ひ》に啓子《けいこ》さんのなかでよみがえったのです。

近《ちか》ごろ、啓子《けいこ》さんは、ふと表情《ひょうじょう》をくもらせて言《い》います。「また戦争《せんそう》が近《ちか》づいているような気《き》がする。わたしが〝まさか〟と思《おも》っているうちに戦争《せんそう》がやってきたあのころとなんだかにている。戦争《せんそう》は、はじまったらもうだめなの。平和《へいわ》はなくなるの」。そして、「戦争《せんそう》はイヤ！」とつよくつよく言《い》うのです。

戦争《せんそう》が終《お》わり平和《へいわ》がきてしばらくたったころのことでした。啓子《けいこ》さんはわたしと妹《いもうと》をつれて野原《のはら》に行《い》きました。そして、歌《うた》を歌《うた》いはじめました。戦争中《せんそうちゅう》は心《こころ》が豊《ゆた》かになる歌《うた》は禁止《きんし》され、戦争《せんそう》に協力《きょうりょく》する歌《うた》しか歌《うた》えませんでした。啓子《けいこ》さんの口《くち》から流《なが》れはじめた歌《うた》は、啓子《けいこ》さんが若《わか》いときから大《だい》すきで長《なが》い間《あいだ》、歌《うた》うこ

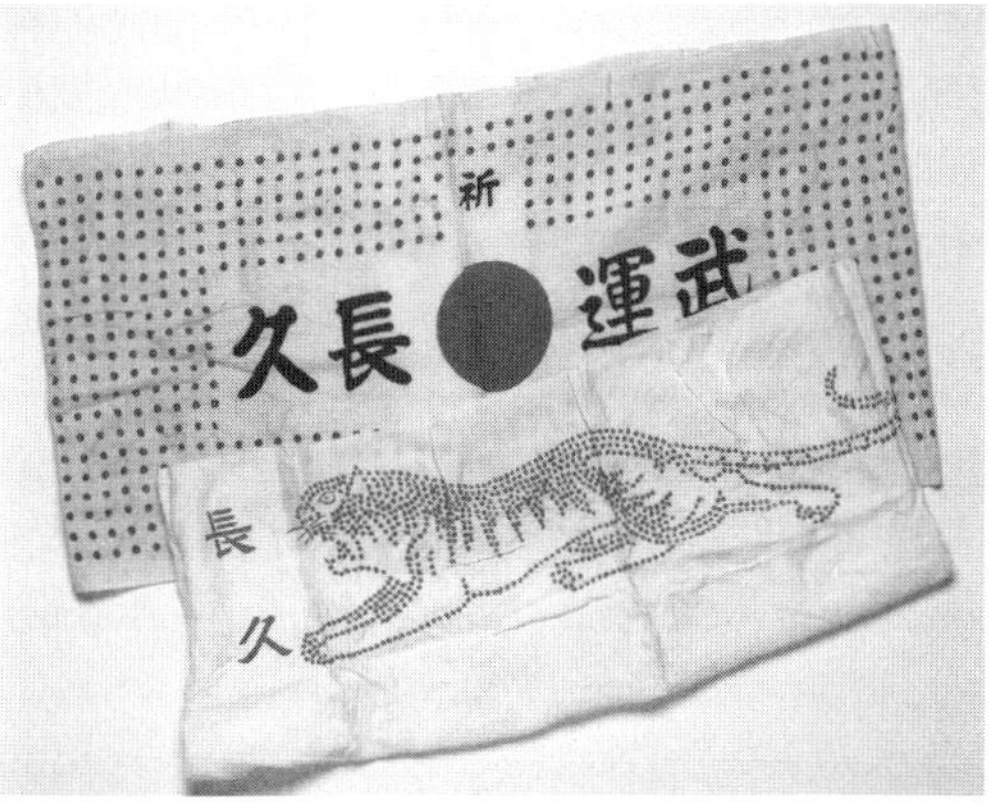

▲「武運長久《ぶうんちょうきゅう》」日本手《にほんて》ぬぐい（千人針《せんにんばり》）と千人針鉢巻《せんにんばりはちまき》（江戸東京博物館蔵《えどとうきょうはくぶつかんぞう》）

とができなかった歌《うた》でした「女馬子唄《おんなまごうた》朝《あさ》もやぬうて　行《い》くや涼《すず》しい夏《なつ》の原《はら》　勇《いさ》む栗毛《くりげ》にひとむちあてて、娘唄《むすめうた》えば　鈴《すず》がなる……」。野原《のはら》に啓子《けいこ》さんの歌声《うたごえ》がひびき、わたしと妹《いもうと》もせいいっぱい歌《うた》いました。平和《へいわ》がきたよろこびでした。野《の》原《はら》いっぱいに広《ひろ》がったあのよろこびを、啓子《けいこ》さんは九十二歳《さい》のいまも、うしなってはならないとねがいつづけているのです。世界《せかい》じゅうのすべての人《ひと》にとって、このよろこびが当然《とうぜん》のことであってほしいとねがっているのです。

啓子《けいこ》さん、わたしのお母《かあ》さん、あなたのふかいねがいをわたしたちは引《ひ》きついでいきます。あなたの血《ち》のなかに流《なが》れる平和《へいわ》へのいのりを、未来《みらい》にむかっての光《ひかり》にしていきます。

長《なが》く生《い》きて、野原《のはら》にひろがっていったあのよろこびの歌《うた》をいっしょに歌《うた》いつづけてくださいね。

解説

治安維持法《ちあんいじほう》

米田佐代子《よねださよこ》・山本公徳《やまもとこうとく》

治安維持法《ちあんいじほう》は一九二五（大正《たいしょう》一四）年につくられた、国民《こくみん》の思想《しそう》・信条《しんじょう》・結社《けっしゃ》の自由《じゆう》を抑圧《よくあつ》する治安立法《ちあんりっぽう》である。日本《にほん》では一九〇〇（明治《めいじ》三三）年、女性《じょせい》の政治《せいじ》活動禁止《かつどうきんし》をはじめ労働組合《ろうどうくみあい》や農民運動《のうみんうんどう》をおさえつける治安警察法《ちあんけいさつほう》がつくられたが、第一次世界大戦後《だいいちじせかいたいせんご》、労働者《ろうどうしゃ》や農民《のうみん》の運動《うんどう》だけでなく、普通選挙権運動《ふつうせんきょけんうんどう》、被差別部落《ひさべつぶらく》の人《ひと》びとや女性《じょせい》の解放運動《かいほううんどう》などがひろがり、国際的《こくさいてき》な社会主義運動《しゃかいしゅぎうんどう》の影響《えいきょう》をうけて一九二二（大正《たいしょう》一一）年にはひそかに日本共産党《にほんきょうさんとう》が創立《そうりつ》された。政府《せいふ》は天皇主権《てんのうしゅけん》の国家体制《こっかたいせい》（国体《こくたい》）をおびやかす思想《しそう》や運動《うんどう》を根《ね》だやしにしなければならないと考《かんが》えてさらに治安維持法《ちあんいじほう》を成立《せいりつ》させたのである。このとき同時《どうじ》に国民《こくみん》の要求《ようきゅう》であった普通選挙法《ふつうせんきょほう》（二五歳以上《さいいじょう》の男子《だんし》のみに財産《ざいさん》の制限《せいげん》なしに選挙権《せんきょけん》をみとめた。ただし女性《じょせい》にはみとめず、朝鮮《ちょうせん》・台湾《たいわん》など植民地《しょくみんち》では選挙《せんきょ》をしないという不完全《ふかんぜん》な制度《せいど》だった）を制定《せいてい》したので、「アメとムチ」の政策《せいさく》といわれた。

はじめ治安維持法《ちあんいじほう》は「国体《こくたい》の変革《へんかく》」と「私有財産制度《しゆうざいさんせいど》の廃止《はいし》」を目的《もくてき》とする結社《けっしゃ》

（政党《せいとう》や団体《だんたい》）を取《と》りしまる法律《ほうりつ》だと説明《せつめい》され、一部《いちぶ》の共産党員《きょうさんとういん》が対象《たいしょう》といわれた。しかし日本《にほん》の軍国主義化《ぐんこくしゅぎか》とともに政府批判《せいふひはん》の声《こえ》が高《たか》まるなかで、政府《せいふ》は一九二八（昭和《しょうわ》三）年、刑罰《けいばつ》の最高刑《さいこうけい》を死刑《しけい》または無期懲役《むきちょうえき》とおもくしたうえ、共産党員《きょうさんとういん》でなくても「結社《けっしゃ》の目的遂行《もくてきすいこう》のため」の協力《きょうりょく》とみなされたことはすべて刑罰《けいばつ》の対《たい》象《しょう》とする改正案《かいせいあん》を議会《ぎかい》に提出《ていしゅつ》した。さすがに議会《ぎかい》では反対《はんたい》が強《つよ》く審議《しんぎ》未了《みりょう》になったが、政府《せいふ》は「勅令《ちょくれい》（天皇《てんのう》の命令《めいれい》）」で成立《せいりつ》させ、翌《よく》一九二九（昭和《しょうわ》四）年の議《ぎ》会《かい》でむりやり承認《しょうにん》させてしまった。議会《ぎかい》の本会議《ほんかいぎ》でただひとり反対演説《はんたいえんぜつ》をしようとした労農党代議士《ろうのうとうだいぎし》の山本宣治《やまもとせんじ》は右翼《うよく》に暗殺《あんさつ》され、一九三三（昭和《しょうわ》八）年にはプロレタリア作家《さっか》の小林多喜二《こばやしたきじ》が築地警察署《つきじけいさつしょ》で逮捕《たいほ》されそこで虐殺《ぎゃくさつ》された。

　このため共産党《きょうさんとう》は大《おお》きな打撃《だげき》を受《う》け、一九三五年ごろまでにはほとんど活動《かつどう》できなくなってしまったが、その後《ご》も治安維持法《ちあんいじほう》の対象《たいしょう》はどんどん拡大《かくだい》され、自由《じゆう》主義的《しゅぎてき》な学者《がくしゃ》・文化人《ぶんかじん》、教師《きょうし》、宗教者《しゅうきょうしゃ》なども犠牲《ぎせい》になっていった。戦争反対《せんそうはんたい》の声《こえ》をあげることもできず、子《こ》どもたちが生活《せいかつ》をありのままに書《か》く「生活《せいかつ》つづり方《かた》」運《うん》動《どう》も「戦争《せんそう》のつらさや貧《まず》しさを意識《いしき》させる反体制運動《はんたいせいうんどう》」とされ、キリスト教信者《きょうしんじゃ》も「キリストを神《かみ》と信《しん》じるのは、（天皇《てんのう》を神《かみ》とする）国体《こくたい》を否認《ひにん》するもの」と弾圧《だんあつ》された。参政権《さんせいけん》を認《みと》められなかった女性《じょせい》も治安維持法《ちあんいじほう》では男性《だんせい》と同《おな》じように逮捕《たいほ》され、性的虐待《せいてきぎゃくたい》まで受《う》けた。

　このように治安維持法《ちあんいじほう》は、少《すこ》しでも戦争反対《せんそうはんたい》や国策批判《こくさくひはん》の意見《いけん》を書《か》いたり話《はな》したりしただけで「犯罪《はんざい》」とする悪法《あくほう》として歴史《れきし》に名《な》をのこすことになった。

さらに日米開戦直前《にちべいかいせんちょくぜん》の一九四一（昭和《しょうわ》一六）年三月には、治安維持法違反《ちあんいじほういはん》で刑《けい》を受《う》けたものにたいし、刑《けい》の執行《しっこう》が終《お》わって釈放《しゃくほう》されることになっても「違反《いはん》をくりかえすおそれがある」と判断《はんだん》されるとそのまま拘禁《こうきん》（つかまえておくこと）できるという「予防拘禁制《よぼうこうきんせい》」がとりいれられた。そのため戦争《せんそう》が終《お》わるまでとらえられていた人《ひと》や獄死《ごくし》した人《ひと》も少《すく》なくなかった。

敗戦《はいせん》までのあいだに多《おお》くの人《ひと》びとが、ありもしない「共産主義《きょうさんしゅぎ》の陰謀《いんぼう》」にくわわったとして逮捕投獄《たいほとうごく》された。一九四四（昭和《しょうわ》一九）年には、雑誌《ざっし》『改造《かいぞう》』・『中央公論《ちゅうおうこうろん》』の編集者《へんしゅうしゃ》や研究者《けんきゅうしゃ》たちの懇親会《こんしんかい》を「共産党再建《きょうさんとうさいけん》のための会合《かいごう》」とでっちあげた「横浜事件《よこはまじけん》」が起《お》こり、雑誌《ざっし》は廃刊《はいかん》、拷問《ごうもん》された編集者《へんしゅうしゃ》が次《つぎ》つぎに死亡《しぼう》するという、おおがかりな人権《じんけん》じゅうりん・言論思想《げんろんしそう》の自由弾圧事件《じゆうだんあつじけん》となった。

敗戦後《はいせんご》も政府《せいふ》はこの法律《ほうりつ》をのこそうとしたが、アメリカ占領軍《せんりょうぐん》により一九四五年一〇月廃止《はいし》された。しかし犠牲者《ぎせいしゃ》にたいし、国《くに》はなんの謝罪《しゃざい》も補償《ほしょう》もしていない。犠牲者《ぎせいしゃ》と家族《かぞく》は「治安維持法犠牲者国家賠償要求同盟《ちあんいじほうぎせいしゃこっかばいしょうようきゅうどうめい》」を結成《けっせい》して国家賠償法《こっかばいしょうほう》の制定《せいてい》を訴《うった》えている。

戦争中《せんそうちゅう》に生《う》まれ育《そだ》った日本点字図書館《にほんてんじとしょかん》

体験者《たいけんしゃ》……本間一夫《ほんまかずお》
聞《き》き書《が》き……西山利佳《にしやまりか》

わたしは、北海道《ほっかいどう》の日本海側《にほんかいがわ》、増毛《ましけ》*という小《ちい》さな漁師町《りょうしまち》で、一九一五（大正《たいしょう》四）年十月七日に生《う》まれました。目《め》を悪《わる》くしたのはわたしが五《いつ》つのときのくれ。脳膜炎《のうまくえん》になりまして、その熱《ねつ》で、目《め》が見《み》えなくなりました。わたしの家《いえ》は、わりあいに裕福《ゆうふく》な家庭《かてい》でしたので、なんとかわたしの目《め》をなおそうと、二年間《ねんかん》東京《とうきょう》へ、家族《かぞく》をあげて、でてきたりなんかしましたけれど、だめでした。

両親《りょうしん》は、わたしのために、アルスの『日本児童文庫《にほんじどうぶんこ》』や講談社《こうだんしゃ》の『少年倶楽部《しょうねんくらぶ》』をとってくれました。それはほんとうに楽《たの》しみだったのですが、残念《ざんねん》だったのは、自分《じぶん》で読《よ》めない、人《ひと》に読《よ》んでもらうしかないということです。いよいよお話《はなし》がおもしろくなってきたところでも、読《よ》んでくれる人《ひと》のつごうが悪《わる》ければ、途《と》

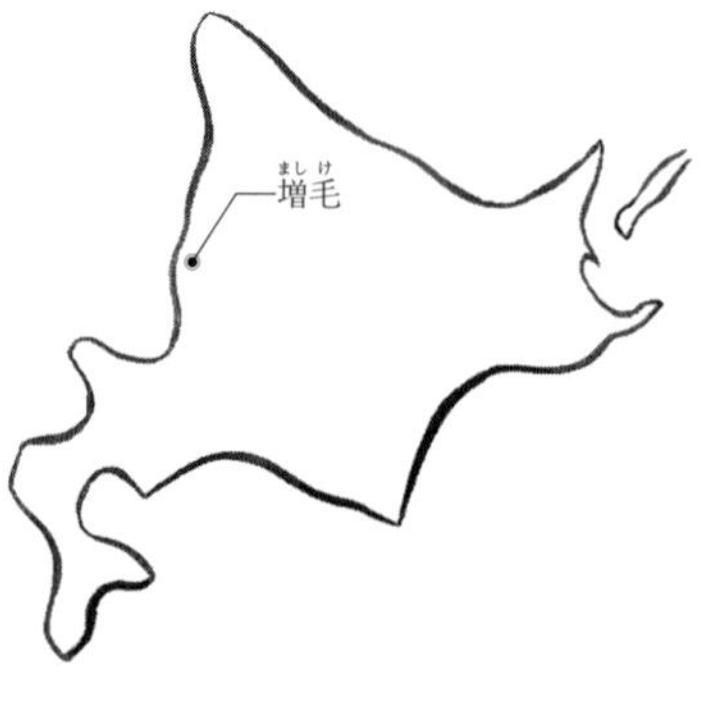

本間一夫《ほんまかずお》　一九一五年、北海道《ほっかいどう》に生《う》まれる。十三歳《さい》で函館盲唖院《はこだてもうあいん》に入《はい》るまで、増毛《ましけ》の生家《せいか》で育《そだ》つ。二〇〇三年没《ぼっ》。

西山利佳《にしやまりか》　一九六一年、宮崎県《みやざきけん》生《う》まれ。児童文学評論家《じどうぶんがくひょうろんか》。

中《ちゅう》でとまってしまうのです。思《おも》うように読書《どくしょ》ができないということが、いちばんのなやみでした。

　函館《はこだて》に親戚《しんせき》がおりました関係《かんけい》で、函館《はこだて》の盲唖院《もうあいん》（現在《げんざい》の北海道函館盲学校《ほっかいどうはこだてもうがっこう》）に入《はい》りました。一九二九（昭和《しょうわ》四）年、わたしが十三歳《さい》の五月のことです。わたしはそこではじめて点字《てんじ》を知《し》ります。それまでのように人手《ひとで》をかりて本《ほん》を読《よ》まなくても、点字《てんじ》で本《ほん》が読《よ》める。これはもう、ほんとうに、天《てん》にものぼるよろこびでありました。

　ところが、これで本《ほん》が読《よ》めるとよろこんでいると、今度《こんど》は読《よ》む本《ほん》がないという、第二《だいに》の大《おお》きな壁《かべ》にぶつかるわけです。点字《てんじ》の本《ほん》の大半《たいはん》はアンマ・ハリなどの関係《かんけい》で、十代《じゅうだい》の少年《しょうねん》の夢《ゆめ》をはぐくんでくれるような本《ほん》は、ほとんどありませんでした。

　また、将来《しょうらい》をどう切《き》り開《ひら》いていけばよいのかというなやみもかかえはじめていました。そんなときに、*岩橋武夫《いわはしたけお》、熊谷鉄太郎《くまがいてつたろう》という盲人《もうじん》の大先輩《だいせんぱい》といった人《ひと》の講演《こうえん》を、キリスト教《きょう》の教会《きょうかい》できくことができました。そのころまでは、アン

岩橋武夫《いわはしたけお》　昭和初期《しょうわしょき》の社会事業《しゃかいじぎょう》家《か》。大学生《だいがくせい》のときに失明《しつめい》、ヘレン・ケラーを日本《にほん》にまねくために

マ・ハリ・キュウが盲人《もうじん》が身《み》を立《た》てるほとんど唯一《ゆいいつ》の職業《しょくぎょう》だったのですけれども、それだけでなくて、大学《だいがく》の先生《せんせい》もあれば、牧師《ぼくし》さんもある。いろんな道《みち》があるということが知《し》らされるわけなのです。また、ロンドンには、蔵書《ぞうしょ》十七万冊《まんさつ》の点字図書館《てんじとしょかん》があるということを知《し》りまして、日本《にほん》にもなんとかそれをつくりたい、それをわたしの人生《じんせい》の仕事《しごと》にしようときめたのです。

それから、一九三六（昭和《しょうわ》一一）年に、関西学院大学《かんせいがくいんだいがく》の文学部専門部英文科《ぶんがくぶせんもんぶえいぶんか》というのに入《はい》って、三年そこで勉強《べんきょう》して、東京《とうきょう》へでてきて、一九四〇（昭和《しょうわ》一五）年の十一月十日に、雑司《ぞうし》ケ谷《や》でかりていた家《いえ》で、点字図書館《てんじとしょかん》をスタートさせました。そして、その翌年《よくねん》の三月に母《はは》が、いま、点字図書館《てんじとしょかん》がたっているこの場《ば》所《しょ》（新宿区高田馬場《しんじゅくくたかだのばば》）に小《ちい》さな家《いえ》をたててくれまして、そこへうつってきて、独《どく》立《りつ》した図書館《としょかん》という格好《かっこう》ができあがる。そして今日《こんにち》にいたっているわけなんです。

十九歳《さい》のときに点字図書館《てんじとしょかん》をつくると決意《けつい》して、あとはもうただその一筋道《ひとすじみち》を歩《ある》いてきました。点字図書館《てんじとしょかん》をはじめた時期《じき》は、日本《にほん》が戦争《せんそう》をしていてどんどん緊張《きんちょう》がこくなっていった時代《じだい》です。わたしもちょうど兵隊《へいたい》にとられる年齢《ねんれい》だったわけですが、目《め》が見《み》えないということを前《まえ》もって手続《てつづ》きすれば徴兵検査《ちょうへいけんさ》*の現《げん》場《ば》へ行《い》かなくてもすみました。しかし、同《おな》じ年《とし》ごろの友人《ゆうじん》たちは、召集《しょうしゅう》*されて戦地《せんち》にひっぱっていかれます。だんだん戦争《せんそう》がはげしくなって、戦死《せんし》する友人《ゆうじん》なんかもでてくるでしょう？　そうすると、「ああ、自分《じぶん》は、いまこうして、戦争《せんそう》に行《い》かずに、こういう特別《とくべつ》な仕事《しごと》をしていて、いいんだろうか」と、そのころはもう世《よ》の中《なか》戦争第一《せんそうだいいち》ですから、外《はず》されているようで、ちょっと「これでいいかどうか」というようなさびしさも感《かん》じないでもありませんでした。一方《いっぽう》で、どんどん召集《しょうしゅう》してひっぱっていった時代《じだい》ですから、わたしも目《め》が悪《わる》くなければひっぱっていかれて、あるいはそっちで戦死《せんし》しちゃって、この図書館《としょかん》なんかも夢《ゆめ》のまた夢《ゆめ》に終《お》わってしまっていたかもしれないんですね。そのことはよく感《かん》じました。

また、戦争中《せんそうちゅう》には、盲学校《もうがっこう》にたいする募集《ぼしゅう》をとおして従軍《じゅうぐん》して戦地《せんち》の兵隊《へいたい》さんたちにアンマの治療《ちりょう》をしたり、とんでくる飛行機《ひこうき》の音《おと》で、アメリカの飛行機《ひこうき》か、日本《にほん》の飛行機《ひこうき》か、聞《き》きわけるという仕事《しごと》に従事《じゅうじ》した弱視《じゃくし》の人《ひと》たちもいたようです。

徴兵検査《ちょうへいけんさ》　戦前《せんぜん》の日本《にほん》は国民皆《こくみんかい》兵《へい》が原則《げんそく》であり、一八七三年に実《じっ》施《し》された徴兵令《ちょうへいれい》で二〇歳《さい》になった男子《だんし》はすべて検査《けんさ》をうけ、心身《しんしん》ともに兵隊《へいたい》になれるかどうかをしらべられた。その後《ご》数度《すうど》の改正《かいせい》があったが、合格者《ごうかくしゃ》の一部《いちぶ》は現役兵《げんえきへい》として入隊《にゅうたい》し、ほかの合格者《ごうかくしゃ》および除隊者《じょたいしゃ》は、国《くに》が必要《ひつよう》とするとき、召集令状《しょうしゅうれいじょう》をだして入隊《にゅうたい》させた。

召集《しょうしゅう》　軍隊《ぐんたい》に入《はい》るためにあつめられること。

さて、点字図書館《てんじとしょかん》をスタートはさせましたが、蔵書《ぞうしょ》をふやしていくという大問題《だいもんだい》がありました。それにたいして、はっきりした案《あん》をもっていなかったわたしに、点訳奉仕《てんやくほうし》をよびかけることをすすめてくださったのは、著名《ちょめい》な社会教育家《しゃかいきょういくか》、後藤静香先生《ごとうしずかせんせい》でした。

そのころ物価《ぶっか》が高《たか》くなったり、戦争《せんそう》の影響《えいきょう》はそういうマイナス要素《ようそ》のほうが多《おお》かったです。けれども、戦争《せんそう》によって目《め》が見《み》えなくなってもどってきた人《ひと》たちを町《まち》で見《み》かけることが多《おお》くなってきて、「お国《くに》のためにはたらいて、だいじな目《め》をうしなった人《ひと》たちの読書《どくしょ》のために、できるだけの奉仕《ほうし》をします」と、そういう気持《きも》ちで点字《てんじ》をおぼえてくださる、目《め》の見《み》える若《わか》いかたたちがたくさんでたということは、逆《ぎゃく》にプラスでした。失明兵士《しつめいへいし》のかたがたは人一倍《ひといちばい》の練習《れんしゅう》をして、点字《てんじ》を読《よ》めるようになって、図書館《としょかん》には利用《りよう》の申《もう》しこみがたくさんありました。お一人《ひとり》お一人《ひとり》このみはちがいますが、戦争《せんそう》にかんするものはあまり読《よ》みたいという気持《きも》ちではなかったようです。

戦争《せんそう》がすすむと、空襲《くうしゅう》の危険性《きけんせい》もだんだん身近《みぢか》に感《かん》じられるような状況《じょうきょう》になってきました。ボランティアのかたたちがつくってくれた点字書《てんじしょ》は一冊《いっさつ》しかありません。かけがえのないそういう本《ほん》を、「空襲《くうしゅう》で焼《や》いたりしたら、もうたいへんだ」ということで、いよいよ状況《じょうきょう》も悪《わる》くなってきた一九四四（昭和《しょうわ》一九）年三月、わたしたちは疎開《そかい》*することにいたしました。三千冊《さつ》の点字書《てんじしょ》と、本棚《ほんだな》とか貸《か》しだし用《よう》の袋《ふくろ》とかそういうようなものをみんなもって、茨城《いばらき》のお寺《てら》に疎開《そかい》したのです。あちこちで空襲《くうしゅう》の被害《ひがい》もでるようになって、自分《じぶん》が生《い》きることで精一杯《せいいっぱい》だったあの時代《じだい》なのに、点訳《てんやく》された本《ほん》は疎開先《そかいさき》にもつぎつぎとおくられてきていました。図書《としょ》の貸《か》しだしは郵便《ゆうびん》でおこなっていましたから、疎開先《そかいさき》でも貸《か》しだしをつづけることができました。全国《ぜんこく》の読者《どくしゃ》からのリクエストもたえることはありませんでした。

疎開先《そかいさき》のお寺《てら》をかしてくれていた住職《じゅうしょく》さんは東京《とうきょう》にいらしたのですが、一九四五（昭和《しょうわ》二〇）年三月十日の東京大空襲《とうきょうだいくうしゅう》*で焼《や》けだされて家族《かぞく》ともどってこられました。それで、わたしたちは、郷里《きょうり》の増毛《ましけ》に再疎開《さいそかい》することになりました。

疎開《そかい》　災害《さいがい》や空襲《くうしゅう》にそなえて、都会《とかい》の人《ひと》や物資《ぶっし》・工場《こうじょう》などをほかの地《ち》へうつすこと。

東京大空襲《とうきょうだいくうしゅう》　三月十日未明《みめい》のこの大空襲《だいくうしゅう》では約《やく》十万人《にん》が亡《な》くなった。アメリカ軍《ぐん》の焼夷弾《しょういだん》によ

東京《とうきょう》から茨城《いばらき》への移動《いどう》は、トラック二台《だい》でなんとか運《はこ》べたんです。ところが、北海道《ほっかいどう》へ帰《かえ》るときは、海《うみ》があるからだめでしょ？　そこで、点字書《てんじしょ》をみんな一冊《いっさつ》一冊《いっさつ》、貸《か》しだしの袋《ふくろ》につめて、郵便《ゆうびん》でおくったのです。増毛《ましけ》の郵便局長《ゆうびんきょくちょう》はもうおどろいちゃって、特別《とくべつ》に人《ひと》をやとって、わたしの家《いえ》へ運《はこ》んでくれたそうです。増毛《ましけ》の実家《じっか》から約《やく》三年間《かん》、全国《ぜんこく》の盲人《もうじん》に貸《か》しだしをつづけました。ほかに点字図《てんじと》書館《しょかん》なんてのはありませんでしたから、非常《ひじょう》によろこばれましたね。

一九四五（昭和《しょうわ》二〇）年五月二十六日の午後《ごご》だったでしょうか、東京《とうきょう》から電《でん》報《ぽう》がとどきました。「トショカンゼンショウ、イチブツモノコサズ（図書館全焼《としょかんぜんしょう》、一物《いちぶつ》ものこさず）」という電文《でんぶん》。この高田馬場《たかだのばば》の地《ち》に一九四三（昭和《しょうわ》一八）年七月十八日に落成《らくせい》したばかりだった新築《しんちく》の建物《たてもの》が二十五日の空襲《くうしゅう》で焼《や》けてしまったのです。わたしも当然《とうぜん》、そういうことになるだろうということを、ある程度覚《ていどかく》悟《ご》していましたから、まあ、そのときのショックはそう大《おお》きくはなかったんですけれども。しかし、みんなの寄付金《きふきん》でたった建物《たてもの》が焼《や》けたり、個人《こじん》の家《いえ》がなくなったりというのは大《おお》きな事件《じけん》でした。

る火災《かさい》とその風《かぜ》はものすごく、この夜《よる》一晩《ひとばん》で東京《とうきょう》の下町《したまち》・本所深《ほんじょふか》川《がわ》から日本橋《にほんばし》までが全部焼《ぜんぶや》け野原《のはら》になった。

そして、北海道《ほっかいどう》の実家《じっか》で終戦《しゅうせん》の日《ひ》をむかえます。みんな負《ま》けるとは思《おも》っていませんでしたから、天皇陛下《てんのうへいか》のお声《こえ》をきいたときはそれほど理解《りかい》できなかったですけど、「とうとう日本《にほん》は負《ま》けて、これで終《お》わったな」ということを、まわりの者《もの》たちがみな残念《ざんねん》そうに話《はな》しておりました。それまでは、毎晩《まいばん》、灯火管制《とうかかんせい》*といって、外《そと》から見《み》えるようなあかりをつけてはいけないのが非常《ひじょう》にきゅうくつでした。それが、もう終戦《しゅうせん》の夜《よる》から解放《かいほう》されたというのは、「ああ、これで戦争《せんそう》は終《お》わったか」というよろこびでしたね。わたし自身《じしん》はあかりのついていたり消《き》えていたりということが見《み》えるわけではありませんが、まわりの者《もの》の解放感《かいほうかん》がつたわりますから。

わたしは、わりあいにめぐまれた境遇《きょうぐう》でしたから、自分《じぶん》の将来《しょうらい》のことはあまり考《かんが》えずに、ただ点字図書館《てんじとしょかん》一筋《ひとすじ》でやってきたんです。けれども、終戦《しゅうせん》で、もう日本人《にほんじん》はどうなるか、一人《ひとり》ひとり職業《しょくぎょう》なんかもてるかどうかわからん、となった。そのとき、函館《はこだて》の盲唖院《もうあいん》で、ハリ・キュウ・マッサージの勉強《べんきょう》はして、お免状《めんじょう》なんかもいちおうもらってあったので、「やっぱりそれをやってよかった、

灯火管制《とうかかんせい》 戦争中《せんそうちゅう》、夜間《やかん》の空襲《くうしゅう》をさけるため外《そと》に光《ひかり》がもれないように、強制的《きょうせいてき》に電灯《でんとう》などを消《け》したり、あかりを小《ちい》さくしたり、おおいをしてあかりが外《そと》にもれなくした。

あれでこれからは、生活《せいかつ》を立《た》てていけるのかなあ」と感《かん》じました。しかし、実際《じっさい》には、そういうことにはならずにきましたけれども。

戦争《せんそう》は終《お》わりましたが、わたしが東京《とうきょう》へもどれたのはそれから二年半《はん》ほどたってからです。そのころは、東京《とうきょう》での生活《せいかつ》はほんとうに苦《くる》しいものだとつたわっていましたが、その東京《とうきょう》から五日《いつか》に一冊《さつ》の割合《わりあい》で、貴重《きちょう》な点訳書《てんやくしょ》がおくられつづけていました。とくに、防空壕《ぼうくうごう》のなかでろうそくの光《ひかり》で書《か》きつづけられたという『カラマーゾフの兄弟《きょうだい》』全《ぜん》二〇冊《さつ》や、カリエス*の病床《びょうしょう》で点訳《てんやく》されたという『風《かぜ》と共《とも》に去《さ》りぬ』全《ぜん》二四冊《さつ》などには、感動《かんどう》しました。

のちに点字図書館《てんじとしょかん》六〇周年《しゅうねん》を祝《いわ》うあつまりで、名古屋《なごや》ライトハウスの館長《かんちょう》さんが「自分《じぶん》たちは戦争中《せんそうちゅう》、ほんとうにすべてにとぼしかったけれども、点字図《てんじと》書館《しょかん》のおかげで心《こころ》は豊《ゆた》かだった」とおっしゃったのです。ほんとうによろこばれて、この仕事《しごと》をがんばってきてよかったとしみじみ思《おも》います。

カリエス　骨《ほね》の慢性炎症《まんせいえんしょう》。とくに結核《けっかく》によって骨《ほね》がしだいに破壊《はかい》される骨《ほね》の病気《びょうき》。

まぶしかった青空《あおぞら》

石田《いしだ》ヒサ子《こ》

一九四一（昭和《しょうわ》一六）年《ねん》、米英《べいえい》との戦争《せんそう》がはじまったとき、わたしは*国民学《こくみんがっ》校《こう》六年生《ねんせい》。

卒業後《そつぎょうご》、技術《ぎじゅつ》を身《み》につけたいと入学《にゅうがく》した女子商業《じょししょうぎょう》で簿記《ぼき》をならったり、珠算《しゅざん》の認定試験《にんていしけん》をめざして練習《れんしゅう》し、希望《きぼう》にもえて勉強《べんきょう》していた。運動会《うんどうかい》でクラス対《たい》抗《こう》リレーの選手《せんしゅ》になったり、友《とも》だちと軽快《けいかい》なリズムのフォークダンスを楽《たの》しくおどったり、短《みじ》かい時間《じかん》ながら戦争《せんそう》をわすれていた。

文房具《ぶんぼうぐ》がなくても新聞紙《しんぶんし》を四《よ》つ切《ぎ》りにし、真《ま》っ黒《くろ》になるまで習字《しゅうじ》の練習《れんしゅう》をして、清書《せいしょ》のときだけ半紙《はんし》をつかう工夫《くふう》をしたり、校庭《こうてい》にマス目《め》を書《か》き、リーダーの読《よ》む漢字《かんじ》を早《はや》く正確《せいかく》に書《か》いた人《ひと》がマス目《め》を取《と》る陣取《じんと》りあそびも流行《りゅうこう》した。

白《しろ》い半袖《はんそで》にはかまをつけ、鉢巻《はちま》きをした京人形《きょうにんぎょう》のような若《わか》い教師《きょうし》の「エイ、

石田《いしだ》ヒサ子《こ》　一九二九年愛媛県新《えひめけんに》居浜市《いはまし》に生《う》まれ、現在《げんざい》もそこでくらしている。

国民学校《こくみんがっこう》　一九四一年から四七年までの日本《にほん》の小学校《しょうがっこう》の名称《めいしょう》。それまでの小学校《しょうがっこう》を改称《かいしょう》し、初等《しょとう》科《か》六年《ねん》、高等科《こうとうか》二年《ねん》を義務教育《ぎむきょういく》の年限《ねんげん》とした。

ヤアー」のかけ声《ごえ》で自分《じぶん》の身《み》の丈《たけ》をこえた薙刀《なぎなた》*をふりまわす授業《じゅぎょう》ではじめて、戦争《せんそう》をしていることを感《かん》じるくらい平穏《へいおん》な毎日《まいにち》だった。

一九四五（昭和《しょうわ》二〇）年《ねん》四月《がつ》、学校《がっこう》の授業《じゅぎょう》は全面停止《ぜんめんていし》され、学《まな》ぶより食《た》べるほうが先《さき》と一、二年生《ねんせい》は農家《のうか》の手伝《てつだ》いや食糧増産《しょくりょうぞうさん》のための開墾《かいこん》、三、四年生《ねんせい》は「学徒動員《がくとどういん》*」で工場《こうじょう》に動員《どういん》された。

「いいかね。今日《きょう》かぎりで教室《きょうしつ》でのお勉強《べんきょう》はおしまいです。女学生《じょがくせい》の身《み》でも滅《めっ》*私奉公《しほうこう》、祖国日本《そこくにほん》のお役《やく》に立《た》てる日《ひ》がきたことをよろこぼう！」

出発《しゅっぱつ》にあたって先生《せんせい》が激励《げきれい》した。日本《にほん》のためにいまこそ役立《やくだ》つときがきたとわたしはわくわくした。

そのころ、海軍兵学校《かいぐんへいがっこう》*、陸軍士官学校《りくぐんしかんがっこう》*、予科練《よかれん》*など軍人《ぐんじん》をめざすのは男子中《だんしちゅう》学生《がくせい》のほまれだと思《おも》われていた。それが女《おんな》の目《め》にはうらやましく、国《くに》のためにはたらけないのが残念《ざんねん》であった。だから多《おお》くの女《おんな》の子《こ》は、りりしい軍服姿《ぐんぷくすがた》に熱《あつ》いあこがれの目《め》をむけていた。

（緑《みどり》の森《もり》の見《み》える、このすきな教室《きょうしつ》ともしばらくおわかれするのは悲《かな》しいけど、

薙刀《なぎなた》

学徒動員令《がくとどういんれい》　太平洋戦争下《たいへいようせんそうか》における労働力不足《ろうどうりょくぶそく》をおぎなうために学生《がくせい》・生徒《せいと》を強制的《きょうせいてき》に軍需工場《ぐんじゅこうじょう》ではたらかせるための措置《そち》。中《ちゅう》学生《がくせい》や女学生《じょがくせい》も国民学校高等科生《こくみんがっこうこうとうかせい》徒《と》も軍需工場《ぐんじゅこうじょう》ではたらいたり、学校《がっこう》にミシンがもちこまれて軍服《ぐんぷく》をつくったりした。

滅私奉公《めっしほうこう》　私心《ししん》（私利《しり》・私情《しじょう》）をすてて公《おおやけ》のためにつくすこと。

海軍兵学校《かいぐんへいがっこう》　海軍《かいぐん》の士官《しかん》の養成機《ようせいき》関《かん》。一八七六年設立《せつりつ》。八八年東《とう》

女子生徒《じょしせいと》だって男《おとこ》に負《ま》けず「銃後《じゅうご》」*のまもりに参加《さんか》できるんよ)。そんな思《おも》いで学校《がっこう》をあとにした。

わたしたち四年生《ねんせい》百五十名《めい》は、二十名《めい》から三十名《めい》にわかれ、新居浜市内《にいはましない》の住友《すみとも》五社《しゃ》に配属《はいぞく》された。白《しろ》いえりのかかったへちまえりの制服《せいふく》をぬぎ、母《はは》の着物《きもの》をといてつくったモンペの上下《じょうげ》を着《き》て、住友《すみとも》の社章《しゃしょう》の「イゲタ」がまんなかにある鉢巻《はちま》き、左肩《ひだりかた》には防空頭巾《ぼうくうずきん》、右肩《みぎかた》には非常食《ひじょうしょく》(いり米《ごめ》と水《みず》)と三角巾《さんかくきん》・包帯《ほうたい》の入《はい》った救急袋《きゅうきゅうぶくろ》。胸《むね》には学校名《がっこうめい》・氏名《しめい》・血液型《けつえきがた》をしるした名札《なふだ》をぬいつける。それが晴姿《はれすがた》だった。

会社《かいしゃ》の前《まえ》の広場《ひろば》にあつまると隊列《たいれつ》をつくって門《もん》のなかに入《はい》る。班長《はんちょう》は「歩調《ほちょう》とれ。かしら右《みぎ》っ」と号令《ごうれい》をかける。靴《くつ》もそろわぬ下駄《げた》ばきの生徒《せいと》たちが、カラコロカラコロとふみしめる足音《あしおと》が高鳴《たかな》る。まるで兵営《へいえい》*と同《おな》じ規律《きりつ》だと心《こころ》のなかでほこらしげに思《おも》いわたしは胸《むね》をはるのだった。

隊列《たいれつ》をつくって歩《ある》く、もう一《ひと》つの集団《しゅうだん》があった。後《うし》ろのほうで、なにかわからない言葉《ことば》でしゃべっていると「朝鮮語《ちょうせんご》をつかうなっ!」と横《よこ》で監督《かんとく》をしてい

京築地《きょうつきじ》から広島県江田島《ひろしまけんえたじま》に移転《いてん》。敗戦《はいせん》まで存続《そんぞく》した。

陸軍士官学校《りくぐんしかんがっこう》 陸軍将校《りくぐんしょうこう》の養成《ようせい》教育機関《きょういくきかん》。陸軍兵学校《りくぐんへいがっこう》を前身《ぜんしん》とし一八七四年に創立《そうりつ》。

予科練《よかれん》 海軍飛行予科練習生《かいぐんひこうよかれんしゅうせい》の略《りゃく》。海軍《かいぐん》の航空機搭乗員《こうくうきとうじょういん》の下級《かきゅう》幹部養成制度《かんぶようせいせいど》。小学《しょうがく》の高等科卒《こうとうかそつ》業生《ぎょうせい》や中学《ちゅうがく》三年以上《いじょう》の者《もの》を採用《さいよう》、事実上《じじつじょう》の志願兵《しがんへい》だった。昭和《しょうわ》のはじめにこの制度《せいど》ができたときは、一回《かい》に二、三百人《にん》くらいだったが、アジア・太平洋戦争末期《たいへいようせんそうまっき》には十数万人《まんにん》にふくれあがった。その多《おお》くが特攻隊員《とっこうたいいん》の要員《よういん》となり、一万九千人弱《じゃく》が戦死《せんし》した。

銃後《じゅうご》 戦場《せんじょう》の後方《こうほう》という意味《いみ》で、ちょくせつ戦闘《せんとう》にくわわらない地《ち》域《いき》や人《ひと》びとをいう。

兵営《へいえい》 兵隊《へいたい》が寝起《ねお》きする宿舎《しゅくしゃ》で、ここでは軍隊《ぐんたい》の規律《きりつ》がすべての生《せい》

た人《ひと》がどなっていた。
「あの男《おとこ》の人《ひと》たちは、朝鮮《ちょうせん》からつれてこられた清静寮《せいせいりょう》の人《ひと》よ」と教《おし》えてくれた。清静寮《せいせいりょう》には二百人《にん》の朝鮮《ちょうせん》の人《ひと》が住《す》み、はたらかされていた。

兵器《へいき》をつくれると期待《きたい》して行《い》ったのに、わたしともう一人《ひとり》の友《とも》だちは人事課《じんじか》に配置《はいち》された。仕事《しごと》の多《おお》くは「配給品《はいきゅうひん》*」の仕分《しわ》けだった。

健康《けんこう》な若者《わかもの》は銃後《じゅうご》にはのこらず、事務所《じむしょ》は身体《からだ》の弱《よわ》い人《ひと》、年寄《としよ》り、女性《じょせい》が多《おお》かった。やせた体《からだ》、せきをしながら指図《さしず》するおじいさんが係長《かかりちょう》で、初仕事《はつしごと》は、こよりづくりだったが、わたしはこよりをつくったことがなかった。できあがりを見《み》た係長《かかりちょう》は「なんじゃ、女《おんな》のくせに。練習《れんしゅう》しときなさい」と顔《かお》をしかめた。こよりは、大《おお》きな箱《はこ》にバラバラで入《はい》ってくる配給《はいきゅう》の煙草《たばこ》を二〇本《ぽん》ずつたばねてゆくのに必要《ひつよう》なのだ。

傘《かさ》、石《せっ》けん、その他《た》の日用品《にちようひん》を公平《こうへい》にくばるには名簿《めいぼ》をつくり、何百人《なんにん》もの名《な》前《まえ》をおぼえなければならない。給料計算書《きゅうりょうけいさんしょ》の記入《きにゅう》、各現場《かくげんば》への連絡《れんらく》にも走《はし》る。

なれない仕事《しごと》におわれ、終業《しゅうぎょう》のベルが鳴《な》るころになると、十五歳《さい》のわたしはく

活面《かつめん》を支配《しはい》していた。

配給品《はいきゅうひん》 戦中《せんちゅう》と戦後《せんご》のはじめに流通《りゅうつう》が統制《とうせい》され、各家庭《かくかてい》にはきまった分量《ぶんりょう》しかくばられなくなった制度《せいど》。砂糖《さとう》・マッチ・米《こめ》・みそ・しょうゆ、石《せっ》けん、酒《さけ》、たばこ、菓子《かし》をはじめ、いっさいの日《にち》用生活品《ようせいかつひん》は自由《じゆう》に買《か》えなくなった。

たくたになっていた。

ある日《ひ》、どっさりとどいた煙草《たばこ》の大箱《おおばこ》に半分《はんぶん》くらいしか入《はい》っていないものがあった。

「これ、どうしたのでしょうか」

おそるおそる聞《き》いたわたしに、係長《かかりちょう》はにらむようにきびしい顔《かお》をむけた。

「だまって言《い》われたとおりにしたらええんじゃ」

なにかがあるとは感《かん》じたが、当時《とうじ》、学徒動員《がくとどういん》の女学生《じょがくせい》としてはそれ以上《いじょう》たずねたりできないのがつねだった。その後気《ごき》をつけてみると、石《せっ》けんが何十個《なんこ》もたりないときもあったりした。

わたしたち生徒《せいと》にもわけ前《まえ》のようにくれることもあったが、物《もの》のない時代《じだい》に一個《こ》の石《せっ》けんはかがやくような貴重品《きちょうひん》で、自分《じぶん》たちもピンはね仲間《なかま》の「非国民《ひこくみん》」*だとは思《おも》ってもみなかった。

あるとき、配給品《はいきゅうひん》の区《く》わけをしているわたしたちのそばに、めずらしく中学生《ちゅうがくせい》が歩《あゆ》みよってきた。

非国民《ひこくみん》 特《とく》に戦前《せんぜん》・戦中《せんちゅう》において、軍《ぐん》や国《くに》の政策《せいさく》に批判的《ひはんてき》・非協力的《ひきょうりょくてき》な者《もの》を非難《ひなん》して言《い》った語《ご》。

「あのう……セイロガンないでしょうか」

めったに女子生徒《じょしせいと》と口《くち》をきく機会《きかい》もない中学生《ちゅうがくせい》は、おずおずと口《くち》ごもりながら話《はな》した。

遠《とお》い地方《ちほう》からの中学生《ちゅうがくせい》のための寮《りょう》に住《す》んでいるのだが、主食《しゅしょく》に入《はい》っている大《だい》豆《ず》かす、コウリャン、ひきわりのとうきびを食《た》べるたびに消化不良《しょうかふりょう》で下痢《げり》がつづくのだという。下痢《げり》だと申《もう》しでて絶食《ぜっしょく》にされると、お腹《なか》がへるのでだまってむりやり食《た》べては下痢《げり》のくりかえし。

「みんなは平気《へいき》なのに、どうしてぼくの腹《はら》だけ弱《よわ》いんだろうと歯《は》がゆいんです」

「保健室《ほけんしつ》でセイロガンをとってきてあげて」

日《ひ》ごろ、きついと評判《ひょうばん》の事務員《じむいん》さんがわたしに指示《しじ》しながら、しんみりとつぶやいた。

「かわいそうにね。家《うち》の子《こ》も動員先《どういんさき》の広島《ひろしま》でこんな目《め》にあっているのかもしれないと思《おも》うと……」

*軍需工場《ぐんじゅこうじょう》のきびしさ、おとな社会《しゃかい》のつらさはあっても、わたしは（国《くに》のため、

軍需工場《ぐんじゅこうじょう》 兵器《へいき》や軍服《ぐんぷく》などの軍《ぐん》

学徒《がくと》のつとめ）と思《おも》ってはたらいていた。

七月一日。その日《ひ》、配給物《はいきゅうぶつ》をとどけに事務員《じむいん》と二人《ふたり》で製造工場《せいぞうこうじょう》の現場《げんば》にむかっていると、いきなり空襲警報《くうしゅうけいほう》のサイレンが断続的《だんぞくてき》に鳴《な》りはじめた。

本能的《ほんのうてき》に見上《みあ》げると、晴《は》れた青空《あおぞら》に二機《き》のアメリカの爆撃機《ばくげきき》らしい光《ひか》るものが見《み》えた。低空飛行《ていくうひこう》で工場目《こうじょうめ》がけて侵入《しんにゅう》してくるのがわかり、いままでの空襲《くうしゅう》とはちがうものを感《かん》じた。

わたしは細長《ほそなが》く五棟《とう》ならんでたっている工場《こうじょう》と工場《こうじょう》の間《あいだ》の二棟目《とうめ》の防空壕《ぼうくうごう》*に転《ころ》がりこんだ。壕《ごう》の外《そと》の地《じ》ひびきと、物《もの》のわれるようなはげしい音《おと》を感《かん》じながら、人《ひと》と人《ひと》の間《あいだ》にうずくまり、じっと息《いき》をつめていた。

「油脂焼夷弾《ゆししょういだん》*だ。壕《ごう》のなかにおったら丸焼《まるや》けになるぞ。あぶなーい、でてこい！」

防空壕《ぼうくうごう》からはいだした。夢中《むちゅう》だった。

石《いし》や土煙《つちけむり》がはじけ飛《と》び、周囲《しゅうい》一面《いちめん》火《ひ》の海《うみ》だ。工場《こうじょう》の鉄骨《てっこつ》がぐんにゃりとおれ曲《ま》がり、空中《くうちゅう》から細長《ほそなが》い物《もの》が落《お》ち、それが地上《ちじょう》でもえあがり、その油《あぶら》をあびて

事上必要《じじょうひつよう》な物資《ぶっし》を生産《せいさん》するための工場《こうじょう》。戦争《せんそう》がはげしくなるとともに、こうした工場《こうじょう》の生産《せいさん》が優先《ゆうせん》され、中学生《ちゅうがくせい》や女学生《じょがくせい》なども動員《どういん》されるようになった。

防空壕《ぼうくうごう》　空襲《くうしゅう》から身《み》をまもるため、地面《じめん》をほってつくる待避所《たいひじょ》。

焼夷弾《しょういだん》　火炎《かえん》や高熱《こうねつ》によって人《ひと》や建造物《けんぞうぶつ》などを、殺傷《さっしょう》、破壊《はかい》する爆弾《ばくだん》、砲弾《ほうだん》。テルミット、油脂《ゆし》などを焼夷剤《しょういざい》とする。太平洋戦《たいへいようせん》争《そう》ではアメリカ軍《ぐん》が日本《にほん》の空襲《くうしゅう》に多用《たよう》した。

大火傷《おおやけど》をして、のたうちまわっている人《ひと》の姿《すがた》が目《め》に入《はい》ったが、わたしはまずにげなければならない。米軍機《べいぐんき》は旋回《せんかい》しながら、しつこく爆撃《ばくげき》をくりかえしてくる。どこへにげようか、混乱《こんらん》したわたしは泣《な》きながら走《はし》った。走《はし》っていく火《ひ》の煙《けむり》のなかで異様《いよう》な甲高《かんだか》い声《こえ》がきこえた。「*アイゴー。アイゴー」。朝鮮《ちょうせん》の人《ひと》たちの作業場《さぎょうば》も焼夷弾攻撃《しょういだんこうげき》で炎上《えんじょう》したのだ。

わたしはそのそばを走《はし》りぬけ、どこをどう走《はし》ったのか気《き》がつくとはだしで家《いえ》のほうにむかっていた。

道《みち》のむこうから父《ちち》が走《はし》ってくるのが見《み》えた。工場《こうじょう》が爆撃《ばくげき》されているのを見《み》てさがしにきてくれたのだった。父《ちち》の大《おお》きな腕《うで》にだきかかえられたわたしは、意識《いしき》をうしなった。

気《き》がつくと自分《じぶん》の家《いえ》で、真《ま》っ白《しろ》いにぎりめし（戦時《せんじ》の食料不足《しょくりょうぶそく》のなかではめったに目《め》にしなかった）が用意《ようい》されていた。あたたかいにぎりめしを口《くち》に運《はこ》びながら「生《い》きていてよかった」という思《おも》いがつきあげてきて涙《なみだ》が流《なが》れた。

焼夷弾《しょういだん》

アイゴー　朝鮮半島《ちょうせんはんとう》の人《ひと》びとなどが悲《かな》しんで泣《な》くときなどにいう言葉《ことば》。

「敗戦《はいせん》の日《ひ》」はあっけなくやってきた。ラジオから流《なが》れる天皇陛下《てんのうへいか》の「玉音《ぎょくおん》」*を聞《き》いて号泣《ごうきゅう》している人《ひと》たちとはなれ、級友《きゅうゆう》と二人《ふたり》外《そと》にでた。「いままではたらいたのはなんだったのか」という口惜《くちお》しさとともに安心感《あんしんかん》が体《からだ》じゅうに広《ひろ》がった。

「ああ、これで学校《がっこう》に帰《かえ》って勉強《べんきょう》できるね」

見上《みあ》げると青《あお》い空《そら》が美《うつく》しく、わたしはこのまぶしい空《そら》の色《いろ》は一生《いっしょう》わすれまいと思《おも》った。

玉音《ぎょくおん》（放送《ほうそう》） 一九四五年八月十五日、昭和天皇《しょうわてんのう》みずからの声《こえ》でラジオをつうじて全国民《ぜんこくみん》に戦争《せんそう》終結《しゅうけつ》の詔書《しょうしょ》を放送《ほうそう》したこと。日《に》本国民《ほんこくみん》ははじめて天皇《てんのう》の肉声《にくせい》にせっした。

わたしたちの
アジア・太平洋戦争

1 広がる日の丸の下で生きる

第三章 日本軍はなにをしたか

戦争下《せんそうか》の在日《ざいにち》朝鮮人《ちょうせんじん》の生活《せいかつ》

体験者《たいけんしゃ》……朴鳳祥《パクポンサン》
聞《き》き書《が》き…李慶子《リキョンジャ》

朴鳳祥《パクポンサン》　一九二一年韓国《かんこく》慶尚北道《キョンサンプット》清道郡《チョンドグン》に生《う》まれる。六歳《さい》のとき、両親《りょうしん》とともに四国《しこく》の松山《まつやま》へ。のちに福井県《ふくいけん》小浜市《おばまし》にうつり、そこで敗戦《はいせん》をむかえる。

李慶子《リキョンジャ》　一九五〇年、福井《ふくい》生《う》まれ。児童文学作家《じどうぶんがくさっか》。

二〇〇二年十月十一日、慶尚北道《キョンサンプット》清道郡《チョンドグン》梅田面《メジョンミョン》*（現在《げんざい》の韓国《かんこく》）の村《むら》は、紅葉《もみじ》が色《いろ》づきはじめていました。道《みち》のはしにはすすきにまじって、色《いろ》とりどりのコスモスがゆれています。山《やま》すそに広《ひろ》がる家《いえ》いえも、それらを取《と》りまく景色《けしき》も、七十五年前《ねんまえ》とすっかり変《か》わっていました。けれども秋《あき》の野《の》にそよぐすすきとコスモスのみごとなまでのコントラストは、おさない日《ひ》に見《み》た光景《こうけい》そのままでした。

朴鳳祥《パクポンサン》はふうっと大《おお》きく息《いき》をすいこみました。ふりあおぐと、秋《あき》の空《そら》は高《たか》いところにありました。

「姉《ねえ》さん、だいじょうぶかい」

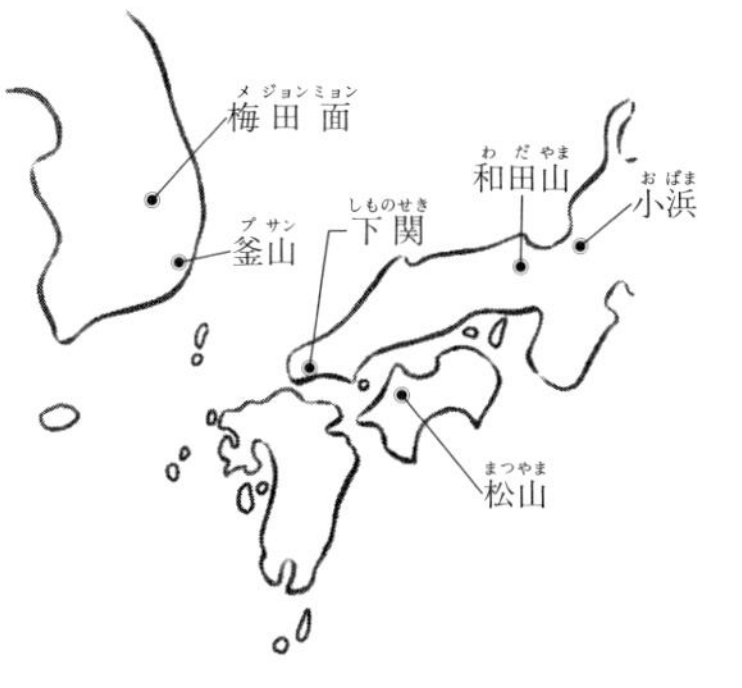

墓《はか》までの山道《やまみち》をさきに立《た》って歩《ある》いていた五十六年《ねん》ぶりに再会《さいかい》した弟《おとうと》の鳳雲《ポンウン》が、八十二歳《さい》の鳳祥《ポンサン》を気《き》づかいました。

「だいじょうぶ。この日《ひ》のためにふだん足腰《あしこし》をきたえていたからね」

鳳祥《ポンサン》は額《ひたい》のあせをぬぐいながら、弟《おとうと》にほほえみました。

「さぁ」

鳳雲《ポンウン》はそれでも姉《あね》が心配《しんぱい》なのか、ふしくれだった手《て》をさしだしました。うながされるままに鳳雲《ポンウン》の手《て》をにぎりながら、弟《おとうと》の髪《かみ》も自分《じぶん》に負《ま》けないくらい真《ま》っ白《しろ》だ、と鳳祥《ポンサン》はあらためて、流《なが》れた歳月《さいげつ》の重《おも》さを感《かん》じないではいられませんでした。

(生《い》きているからこそ、ふたたび故国《ここく》の地《ち》をふめた)

鳳祥《ポンサン》は心《こころ》のなかでなんどもつぶやきました。

戦後《せんご》、父《ちち》や弟《おとうと》といっしょに故郷《くに》に帰《かえ》り、それからまた、生活《せいかつ》の糧《かて》をもとめてアメリカに移住《いじゅう》し亡《な》くなった妹《いもうと》のことが思《おも》いだされ、胸《むね》がつまりました。

「姉《ねえ》さんといっしょじゃないとイヤ」

「かならずあとからおいかけて行《い》くから」

一九四六年の冬《ふゆ》、福井県《ふくいけん》の小浜駅《おばまえき》でこういって見《み》おくった妹《いもうと》の泣《な》きべそをかいた顔《かお》を、今日《きょう》までわすれたことはありません。父《ちち》と妹《いもうと》とは、それが永遠《えいえん》のわかれになりました。

「姉《ねえ》さん、あそこだよ」

鳳雲《ポンウン》の視線《しせん》のさきに、こんもりと土《つち》をもった墓《はか》がありました。鳳祥《ポンサン》は「ああああ」と声《こえ》にならない声《こえ》をあげ墓《はか》にかけよると、そのまま泣《な》きくずれました。

六歳《さい》の鳳祥《ポンサン》が両親《りょうしん》と村《むら》をでたのは、一九二七（昭和《しょうわ》二）年八月の、暑《あつ》い夏《なつ》のさかりのころでした。

それよりもさきの一九一〇（明治《めいじ》四三）年に朝鮮《ちょうせん》は日本《にほん》に併合《へいごう》*され、同時《どうじ》におこなわれた土地調査事業《とちちょうさじぎょう》*で、鳳祥《ポンサン》の家《いえ》もわずかにあった田畑《たはた》が没収《ぼっしゅう》されました。

「あっちへ行《い》けば食《く》うにはこまらんらしい。はたらいて仕《し》おくりするから」

お父《とう》さんは一歳《さい》にもならない鳳祥《ポンサン》と家族《かぞく》を村《むら》にのこし、単身日本《たんしんにほん》に出稼《でかせ》ぎに行《い》

併合《へいごう》　韓国併合《かんこくへいごう》に関《かん》する日韓条《にっかんじょう》約《やく》（一九一〇年）で、国号《こくごう》を朝《ちょう》鮮《せん》とあらため、朝鮮総督府《ちょうせんそうとくふ》をおくことが公布《こうふ》され、韓国《かんこく》は植民《しょくみん》地化《ちか》された。本書《ほんしょ》「解説《かいせつ》」二三四ページ参照《さんしょう》。

土地調査事業《とちちょうさじぎょう》　日本《にほん》が植民地支《しょくみんちし》

きました。

一九二六（大正《たいしょう》一五）年、おじいさんの死《し》の知《し》らせを聞《き》きつけて帰《かえ》ってきたお父《とう》さんと再会《さいかい》した鳳祥《ポンサン》は、すでに五歳《さい》になっていました。

「どんなに貧乏《びんぼう》でも家族《かぞく》はいっしょにくらさなぁ」という村《むら》の人《ひと》たちのすすめで、鳳祥《ポンサン》とお母《かあ》さんは一年後《ねんご》、むかえにきたお父《とう》さんと、日本《にほん》にむかうことになりました。

「鳳祥《ポンサン》、そんなにピョンピョンはねるんじゃないよ」

「だって、うれしいんだもの」

真新《まあたら》しいチマ・チョゴリ*を着《き》せてもらった鳳祥《ポンサン》は、知《し》らない国《くに》に行《い》くという不《ふ》安《あん》よりも、お父《とう》さんといっしょにくらせるよろこびでいっぱいでした。

釜山《プサン》*から関釜連絡船《かんぷれんらくせん》*にのって下関《しものせき》*についたあと、汽車《きしゃ》と船《ふね》をのりついで四国《しこく》の松山《まつやま》*にある飛行場建設《ひこうじょうけんせつ》の現場《げんば》についたのは、村《むら》をでて三日後《みっかご》のことです。

ベニヤ一枚《まい》でしきられた小《ちい》さなバラックの一室《いっしつ》で旅《たび》のつかれをとっていると、「鳳祥《ポンサン》、遠《とお》いところをようきたなぁ」と見知《みし》らぬおじさんやおばさんが入《い》れかわ

配《はい》の一環《いっかん》として朝鮮《ちょうせん》と台湾《たいわん》でおこなった土地政策《とちせいさく》のこと。朝鮮《ちょうせん》では一九一〇年から一八年にかけて日本語《にほんご》で土地所有《とちしょゆう》の申告《しんこく》などをさせたため、農民《のうみん》たちが申告《しんこく》しなかった土地《とち》が日本《にほん》の会社《かいしゃ》や日本人《にほんじん》地主《じぬし》にはらいさげられたため、多《た》数《すう》の朝鮮《ちょうせん》の農民《のうみん》は土地《とち》をうしない窮乏《きゅうぼう》した。

チマ・チョゴリ　朝鮮服《ちょうせんふく》の一種《いっしゅ》。チマがスカート、チョゴリが上着《うわぎ》。

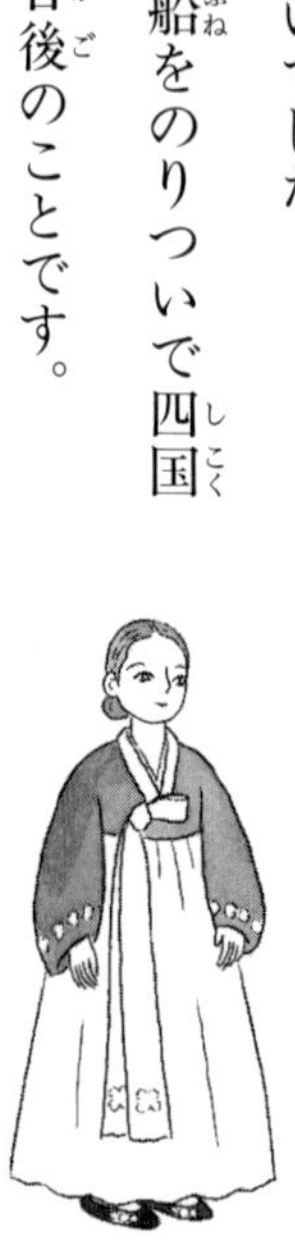

釜山《プサン》・下関《しものせき》・松山《まつやま》　一九九ページの地図参照《ちずさんしょう》。

り立《た》ちかわり顔《かお》をのぞかせ、鳳祥《ポンサン》の頭《あたま》をなでてくれました。村《むら》をでてから緊張《きんちょう》の連続《れんぞく》だった鳳祥《ポンサン》は、はじめて笑顔《えがお》を見《み》せました。

それからほどなく、鳳祥《ポンサン》たちは松山《まつやま》をはなれ、さらに奥地《おくち》のダム建設《けんせつ》の現場《げんば》にうつりました。

鳳祥《ポンサン》のお父《とう》さんは、日本《にほん》に出稼《でかせ》ぎにきたおおかたの朝鮮人《ちょうせんじん》と同様《どうよう》、日本各地《にほんかくち》の工事現場《こうじげんば》をわたり歩《ある》く人夫《にんぷ》だったのです。

飯場《はんば》のせまく薄暗《うすぐら》い部屋《へや》には、三十人《にん》から四十人《にん》ほどの朝鮮人《ちょうせんじん》がつめこまれていました。そんな部屋《へや》が、そこにはいくつもありました。

鳳祥《ポンサン》たちはまず、自分《じぶん》たちの住《す》む家《いえ》をたてなければなりませんでした。柱《はしら》になる木《き》は山《やま》のどこにでもころがっています。それを組《く》み立《た》て、杉《すぎ》の木《き》の皮《かわ》をはいで屋根《やね》にしました。扉《とびら》はむしろです。風《かぜ》がふくたびにパタパタ音《おと》をたてました。それでも家族《かぞく》いっしょのくらしはしあわせでした。

鳳祥《ポンサン》は小学校《しょうがっこう》にかよう歳《とし》になっていましたが町《まち》までは遠《とお》く、ダムの建設《けんせつ》の現場《げんば》に子《こ》どもがほとんどいなかったこともあって、学校《がっこう》へは行《い》けませんでした。病《びょう》

関釜連絡船《かんぷれんらくせん》 下関《しものせき》と釜山《プサン》をむすんでいた連絡船《れんらくせん》。日本《にほん》の朝鮮《ちょうせん》・満州《まんしゅう》支配《しはい》の動脈《どうみゃく》の一《ひと》つとなり、多《おお》くの日本人《にほんじん》が乗船《じょうせん》する一方《いっぽう》、職《しょく》をもとめる朝鮮人《ちょうせんじん》を日本《にほん》へ運《はこ》んだ。

弱《じゃく》なお母《かあ》さんにかわって、生《う》まれたばかりの妹《いもうと》の世話《せわ》や台所《だいどころ》仕事《しごと》を手伝《てつだ》って、日々《ひび》をすごしました。

台所《だいどころ》仕事《しごと》といっても楽《らく》なもの。なにしろおかずは切《き》り干《ぼ》し大根《だいこん》しかなかったのですから。

食《た》べたぶんは賃金《ちんぎん》から月末《げつまつ》にさし引《ひ》かれます。わずかな賃金《ちんぎん》をたくわえ、お父《とう》さんは朝鮮《ちょうせん》の田舎《いなか》に一人《ひとり》のこしたおばあさんに五円《えん》、十円《えん》とおくりつづけました。それさえもおくれなくなったとき、

「鳳祥《ポンサン》、飯場《はんば》の飯《めし》たきおばさんのところへ行《い》ってのこったおこげをもらっておいで」

とお母《かあ》さんが言《い》いました。

おこげなんか、どうするんだろう。

不思議《ふしぎ》そうな顔《かお》をする鳳祥《ポンサン》に、

「ほして朝鮮《ちょうせん》におくるんだよ。水《みず》をいれて火《ひ》にかけりゃ、りっぱなおかゆになるじゃないか」

お母《かあ》さんはこう言《い》って、にっこりわらいました。

ダム工事現場《こうじげんば》のくらしも、三年目《ねんめ》にさしかかろうとしていました。

「明日《あした》、兵庫《ひょうご》の和田山《わだやま》*に行《い》くぞ」

いつもより早《はや》く仕事《しごと》を切《き》りあげ、もどってきたお父《とう》さんが言《い》いました。

梅雨《つゆ》のじめじめした日《ひ》の朝《あさ》、あわただしく荷物《にもつ》をまとめ、鳳祥《ポンサン》たちはまたつぎの現場《げんば》にむかいました。お父《とう》さんの背《せ》には布団《ふとん》、鍋《なべ》、釜《かま》、茶瓶《ちゃびん》がありました。それが一家《いっか》の荷物《にもつ》のすべてです。妹《いもうと》がなにも知《し》らずお母《かあ》さんにおぶわれて、まるで遠足《えんそく》にでも行《い》くように、きゃっきゃっとはしゃいでいました。鳳祥《ポンサン》は駅《えき》までの長《なが》い道《みち》のりを、お父《とう》さんの背中《せなか》を見《み》つめながら歩《ある》きつづけました。

和田山《わだやま》の河川工事現場《かせんこうじげんば》で、お父《とう》さんはあけてもくれても腰《こし》まで水《みず》につかり、ジャリすくいです。それでも仕事《しごと》があればよいほうで、しょっちゅう雨《あめ》がふり、はたらけません。とうとう米《こめ》を買《か》うお金《かね》もなくなり、一袋《ふくろ》二十銭《せん》のタマネギで命《いのち》をつなぎました。

鳳祥《ポンサン》は身重《みおも》のお母《かあ》さんのために、見《み》よう見《み》まねでアユつりに挑戦《ちょうせん》しました。

和田山《わだやま》　一九九ページの地図《ちず》参《さん》照《しょう》。

けれどもアユなどつれるわけがありません。エサもつけず、ただつりざおだけをたらしていたのですから。

一九三〇（昭和五《しょうわ》）年秋《あき》、鳳祥《ポンサン》が九歳《さい》のころには、小浜《おばま》*で土手《どて》の拡張工事《かくちょうこうじ》がはじまり、人夫《にんぷ》を募集《ぼしゅう》しているときいて、そちらにむかいました。着《つ》いてまもなく、弟《おとうと》の鳳雲《ポンウン》が生《う》まれました。お父《とう》さんの賃金《ちんぎん》は一日《にち》一円《えん》二十銭《せん》。そこから世話役《せわやく》にピンハネされると、ほとんどのこりません。人夫《にんぷ》たちはにっちもさっちもいかなくなって、とうとう内務省《ないむしょう》*の出張所《しゅっちょうじょ》に賃上《ちんあ》げを要求《ようきゅう》しました。

「人間《にんげん》あつかいしろ！」

「ピンハネはやめろ！」

子《こ》どももおとなも年寄《としよ》りも、みなにぎりめし一《ひと》つで朝《あさ》から夜明《よあ》けちかくまですわりこみです。鳳祥《ポンサン》もお父《とう》さんたちとすわりこみました。けれども賃金《ちんぎん》があがったという話《はなし》は、ついにききませんでした。

一九三二（昭和七《しょうわ》）年の鳳祥《ポンサン》たちの食《た》べ物《もの》といえば、セリ*やヨモギ*、タニシ*、イナゴ*、ときにはホタルのエサといわれたカワニナ*などです。ごくたまにですが、

小浜《おばま》　一九九ページの地図《ちず》参照《さんしょう》。

内務省《ないむしょう》　一八七三年に設置《せっち》されていらい、おもな国内行政全体《こくないぎょうせいぜんたい》を官轄《かんかつ》した中央官庁《ちゅうおうかんちょう》。地方庁《ちほうちょう》・警察《けいさつ》の人事権《じんじけん》をにぎり、強大《きょうだい》な内務官僚閥《ないむかんりょうばつ》を形成《けいせい》し、あらゆる国内施策《こくないしさく》に関与《かんよ》した。敗戦《はいせん》ののち（一九四七年）に占領軍《せんりょうぐん》によって廃止《はいし》された。

町《まち》へ醤油《しょうゆ》などを買《か》いにでかけることもありました。いつもは町《まち》からとおく離《はな》れた村《むら》の飯場《はんば》生活《せいかつ》。町《まち》への買《か》い物《もの》はささやかな楽《たの》しみでした。でも、それはまた苦痛《くつう》をともなうことでもあったのです。

町《まち》の途中《とちゅう》にある学校《がっこう》の前《まえ》にさしかかると、朝鮮服《ちょうせんふく》に身《み》をつつんだ鳳祥《ポンサン》たちに生徒《せいと》たちが「チョーセン、チョーセン」といっせいにはやしたてるのです。鳳祥《ポンサン》ははじめての体験《たいけん》にはずかしさとくやしさで、体《からだ》がぶるぶるふるえました。十一歳《さい》の鳳祥《ポンサン》にはたえがたいことでした。

お母《かあ》さんがなくなったのはその年《とし》の六月《ろくがつ》の朝《あさ》。いつものように松葉《まつば》をひろって火《ひ》を起《お》こしている間《あいだ》に、あっけなく逝《い》ってしまいました。

一九三七（昭和《しょうわ》一二）年妹《いもうと》や弟《おとうと》のお母《かあ》さんがわりをしながら、鳳祥《ポンサン》は十六歳《さい》をむかえました。

ある日《ひ》目《め》がさめると、部屋《へや》のなかに神棚《かみだな》がまつられていました。お父《とう》さんは三人《にん》の子《こ》どもたちを一列《れつ》にならばせ、こう言《い》いました。

「今日《きょう》から、朝晩《あさばん》、手《て》をあわせておがむんだよ」

セリ、ヨモギ、タニシ、イナゴ、カワニナ

八《やっ》つになったばかりの鳳雲《ポンウン》がお父《とう》さんをまねて、ちっちゃな手《て》をあわせました。神棚《かみだな》の、毎朝《まいあさ》の水《みず》かえは鳳祥《ポンサン》の仕事《しごと》になりました。これをきっかけに、鳳祥《ポンサン》のまわりはあわただしくなっていきました。

連日《れんじつ》、李《リ》さんは李《リ》さん同士《どうし》、朴《パク》さんは朴《パク》さん同士《どうし》といったぐあいに、同《おな》じ名前《なまえ》の人《ひと》たちだけのよりあいがもたれました。お父《とう》さんの表情《ひょうじょう》はくもるばかりです。

「お父《とう》さん、どうしたの？」

ある日、鳳祥《ポンサン》は思《おも》いきってたずねました。

するとお父《とう》さんは、思《おも》いがけないことを口《くち》にしました。

「あしたから、朝鮮人《ちょうせんじん》はみんな日本名《にほんめい》にしなくちゃいかん」

鳳祥《ポンサン》があっけにとられていると、

「うちは新井《あらい》にきまった。おまえももう鳳祥《ポンサン》じゃないぞ。君子《きみこ》だぞ」

朴鳳祥《パクポンサン》じゃなくて新井君子《あらいきみこ》？

（イヤ！　新井君子《あらいきみこ》なんてイヤ）

心《こころ》のなかでさけぶだけで口《くち》にはできません。朝鮮人《ちょうせんじん》たちはだれもかれもが、こうして創氏改名《そうしかいめい》*を強要《きょうよう》されていきました。

さらに鳳祥《ポンサン》たちを待《ま》ちうけていたのは、日本式《にほんしき》の行儀作法《ぎょうぎさほう》です。若《わか》い娘《むすめ》やお嫁《よめ》さんがお寺《てら》にあつめられ、講習会《こうしゅうかい》がひらかれました。まずは着物《きもの》の着《き》かたと正座《せいざ》。つぎにお膳《ぜん》の運《はこ》びかたと食事《しょくじ》のしかた。朝鮮《ちょうせん》では立《た》て膝《ひざ》*が正式《せいしき》で、正座《せいざ》は囚人《しゅうじん》のすわりかたです。食事《しょくじ》のしかたもまるでちがいます。朝鮮《ちょうせん》ではご飯《はん》と汁《しる》はスプーンで、はしをつかうのはおかずを取《と》るときだけときまっていました。器《うつわ》をもって食《た》べるのも、行儀《ぎょうぎ》が悪《わる》いとされていました。鳳祥《ポンサン》のなれ親《した》しんだ習《しゅう》慣《かん》や風習《ふうしゅう》が、ことごとく否定《ひてい》されていきました。

村《むら》の朝鮮人《ちょうせんじん》たちが日《ひ》に日《ひ》にチョゴリをぬぎ着物《きもの》をきていくなかで、鳳祥《ポンサン》はチョゴリを着《き》つづけました。それはお父《とう》さんのねがいでもありましたが、鳳祥《ポンサン》の強《つよ》い意志《いし》でもありました。

太平洋戦争《たいへいようせんそう》が起《お》こる前年《ぜんねん》（一九四〇年）、鳳祥《ポンサン》は十九歳《さい》で結婚《けっこん》しました。しあわせもつかのま、紳士服《しんしふく》の縫製工《ほうせいこう》だった夫《おっと》は徴用《ちょうよう》で神戸《こうべ》の造船所《ぞうせんじょ》へとられました。戦争《せんそう》はしだいにはげしくなり、幼子《おさなご》をつれてお父《とう》さんたちのいる小浜《おばま》に疎《そ》

創氏改名《そうしかいめい》 日本《にほん》の植民地統治下《しょくみんちとうちか》の朝鮮《ちょうせん》で、朝鮮《ちょうせん》の姓《せい》をやめて日本式《にほんしき》の氏名《しめい》にあらためさせ、朝鮮人《ちょうせんじん》を天皇制《てんのうせい》のもとに皇民化《こうみんか》しようとした政策《せいさく》。一九三九年制定《せいてい》、翌年実施《よくねんじっし》、四五年消滅《しょうめつ》。

立《た》て膝《ひざ》

開《かい》した鳳祥《ポンサン》は、そこで日本《にほん》の敗戦《はいせん》をむかえました。それはとりもなおさず、朝《ちょう》鮮《せん》が日本《にほん》の植民地《しょくみんち》から解放《かいほう》されたことを意味《いみ》していました。

船賃《ふなちん》をためて故郷《くに》に帰《かえ》ろうとしていたやさき、朝鮮戦争《ちょうせんせんそう》*が起《お》こりました。鳳《ポン》祥《サン》の国《くに》は二《ふた》つになりました。朝鮮籍《ちょうせんせき》の鳳祥《ポンサン》は、長《なが》くふるさと、南《みなみ》の地《ち》をふむことをゆるされませんでした。南北融和《なんぼくゆうわ》のきざしのなかで、七十五年《ねん》ぶりに鳳祥《ポンサン》の願《ねが》いがようやくかなえられたのです。

「アボジ（お父《とう》さん）、オモニ（お母《かあ》さん）、やっと帰《かえ》ってきましたよ。あなたの娘《むすめ》がやっと帰《かえ》ってきました」

風《かぜ》のにおい。土《つち》のにおい。木々《きぎ》のにおい。

どれもこれもみな、ふるさとのにおい。

鳳祥《ポンサン》はもう一度《ど》空《そら》をあおぎ、たしかめるようにゆっくりと息《いき》をすいこみました。

朝鮮戦争《ちょうせんせんそう》　一九五〇（昭和《しょうわ》二五）年から五三（昭和《しょうわ》二八）年にかけて、朝鮮半島《ちょうせんはんとう》で北朝鮮《きたちょうせん》・中国《ちゅうごく》軍《ぐん》と国連軍《こくれんぐん》（アメリカ）との間《あいだ》でたたかわれた戦争《せんそう》。両軍《りょうぐん》の背《はい》後《ご》にはソ連《れん》とアメリカという超《ちょう》大国《たいこく》の利害《りがい》もからんでいて、日本《にほん》では戦争《せんそう》の特需《とくじゅ》で景気《けいき》が上《うわ》むいたが、他方《たほう》で、再軍備《さいぐんび》への方向《ほうこう》がおしつけられるなど多大《ただい》な影響《えいきょう》をうけた。

刃《やいば》の上《うえ》の年月《としつき》

体験者《たいけんしゃ》…王《ワン》　一地《イーティ》
翻訳《ほんやく》……中由美子《なかゆみこ》

ぼくの記憶《きおく》のなかで、一九三九年は故郷《ふるさと》の「凶年《きょうねん》」だった。

その年《とし》の旧暦《きゅうれき》の大晦日《おおみそか》、人《ひと》びとが新年《しんねん》をむかえる準備《じゅんび》にうきたっていたところへとつぜん、五百人《ひゃくにん》もの日本軍《にほんぐん》が黄埠寨《ホアンプーチャイ》をおそい、はたらきざかりの男《おとこ》や家《か》畜《ちく》をつれ去《さ》り、祖先《そせん》を祭《まつ》る祠《ほこら》の供《そな》え物《もの》をもち去《さ》り、多《おお》くの女《おんな》の人《ひと》が体《からだ》をふみにじられた。……同《おな》じような災難《さいなん》は大夼《タークワン》や姜疃鎮《チアントゥアンチエン》でも起《お》こった。

五月の末《すえ》、七機《き》の戦闘機《せんとうき》が莱陽城《ライヤンチョン》に無差別攻撃《むさべつこうげき》をかけ、にぎやかな古《ふる》い街《まち》はめちゃくちゃになった。三日後《ご》、千人《せんにん》もの歩兵《ほへい》が攻撃《こうげき》をはじめたが、新《あたら》しく組織《そしき》された「*聯軍《リエンチュン》」に撃退《げきたい》され、両軍《りょうぐん》は一進一退《いっしんいったい》のすさまじい争奪戦《そうだつせん》を展開《てんかい》した。

六月には、ぼくたちの*南郷《ナンシアン》まで爆撃《ばくげき》の手《て》がのびた。三機《き》の戦闘機《せんとうき》がつぎつぎ

王一地《ワンイーティ》　一九二九年中国《ちゅうごく》の山東《シャントン》省莱陽県《ションライヤンシェン》に生《う》まれ育《そだ》つ。十五歳《さい》のとき、故郷《こきょう》をはなれ、「東海抗《トンハイカン》日聯合中学《リーリエンホーチョンシュエ》」に入学《にゅうがく》。

聯軍《リエンチュン》　日本《にほん》の侵略《しんりゃく》に抵抗《ていこう》する中国《ちゅうごく》の抗日《こうにち》ゲリラ「連合軍《れんごうぐん》」。

に爆弾《ばくだん》をおとし、五龍河《ウーロンホー》の西《にし》の町《まち》は空《そら》をこがすような大火事《おおかじ》になった。家族《かぞく》をつれた難民《なんみん》が、潮水《しおみず》のようにぼくたちの小《ちい》さな山村《さんそん》へおしよせた……。

こんな悲惨《ひさん》なできごとの一《ひと》つ一《ひと》つが、刀《かたな》できざむようにぼくの心《こころ》にしるされた。ぼくには、日本軍《にほんぐん》がどうしてこんなに残虐《ざんぎゃく》なのかわからなかった。

「これが侵略《しんりゃく》*っていうものさ」と父《ちち》は言《い》った。

「侵略者《しんりゃくしゃ》には理由《りゆう》なんかないんだ。弱《よわ》いもんを見《み》たらバカにして、いじめるのさ」

「中国《ちゅうごく》は弱《よわ》いの？」

「役人《やくにん》はみんないくじなしさ。省長《しょうちょう》はおとといにげだしたし、県知事《けんちじ》も去年《きょねん》ずらかった。中央《ちゅうおう》の蔣介石《しょうかいせき》*だって、ほんとに抵抗《ていこう》するふうじゃないしな」

この年《とし》の九月、ぼくたちの村《むら》から数《すう》キロ離《はな》れた金口《チンコウ》、穴坊《シュエファン》、邢村《シンツゥン》、大山所《ターシャンスゥオ》や、橋頭《チャオトウ》、羊郡《ヤンチュン》に日本軍《にほんぐん》は拠点《きょてん》をおいた。皇軍《こうぐん》*はしょっちゅう村《むら》をおそったから、人《ひと》びとはおそれて、毎日山奥《まいにちやまおく》や林《はやし》にかくれた。嫁入《よめい》り前《まえ》の娘《むすめ》は年寄《としよ》りふうのまげをゆい、顔《かお》に灰《はい》をぬりつけた。

侵略《しんりゃく》　ある国《くに》が他国《たこく》の主権《しゅけん》、領《りょう》土保全《どほぜん》または政治的独立《せいじてきどくりつ》にたいして武力《ぶりょく》を行使《こうし》して侵犯《しんぱん》すること。

蔣介石《しょうかいせき》　中国《ちゅうごく》の軍人《ぐんじん》・政治家《せいじか》。中国国民政府《ちゅうごくこくみんせいふ》の首席《しゅせき》。抗日《こうにち》よりも共産党《きょうさんとう》の討伐《とうばつ》を優先《ゆうせん》していたが、日中戦争《にっちゅうせんそう》がはじまって以降《いこう》は南京《ナンキン》、武漢《ぶかん》、重慶《じゅうけい》と首都《しゅと》をうつしながら抗日戦争《こうにちせんそう》をたたかった。日本《にほん》の敗戦後《はいせんご》、中国共産党《ちゅうごくきょうさんとう》との内戦《ないせん》にやぶれ、台湾《たいわん》へのがれた。

四番目《ばんめ》の兄嫁《あによめ》は子《こ》どもを産《う》んで三日目《みっかめ》だったが、村《むら》にはいられず、海辺《うみべ》の林《はやし》に身《み》をかくした。赤《あか》んぼうは、母《はは》が家《いえ》で面倒《めんどう》をみた。母《はは》は、「わたしは年《とし》だから、きられようとつかれようと運命《うんめい》にまかせるさ」と言《い》っていた。日本軍《にほんぐん》が村《むら》にはたらき手《て》を捕《つか》まえにきたとき、母《はは》はあやうく銃剣《じゅうけん》でさされそうになったが、そのときは絹《きぬ》ものの入《はい》った衣装箱《いしょうばこ》を取《と》られただけで、なんとかたすかった。

そのころ、田舎《いなか》には牛乳《ぎゅうにゅう》がなかった。赤《あか》んぼうがおなかをすかせ、声《こえ》をからして泣《な》くと、母《はは》は砂糖水《さとうみず》をしみこませた綿《わた》をすわせた。そして夜《よる》になってから、ぼくが、兄嫁《あによめ》がしぼりだしたおっぱいを家《いえ》まではこんだ。

三番目《ばんめ》の兄嫁《あによめ》の実家《じっか》は、村《むら》から一・五キロほどはなれた朱皋《チュカオ》だが、ある日《ひ》の夕《ゆう》方《がた》、山《やま》にかくれていた人《ひと》びとが家《いえ》にもどってきたところをおそわれた。たちまち、村《むら》じゅうに銃弾《じゅうだん》がとびかい、血《ち》しぶきがとび、泣《な》きさけぶ声《こえ》がつづいた。兄嫁《あによめ》は心配《しんぱい》で、ご飯《はん》ものどをとおらず、ねむれもせず、ずっと天《てん》の神様《かみさま》にいのっていた。

もしかしたら、ほんとに神様《かみさま》がねがいをきいてくれたのか、つぎの日《ひ》の真夜中《まよなか》、

皇軍《こうぐん》 天皇《てんのう》の軍隊《ぐんたい》という意味《いみ》で、日本《にほん》の軍隊《ぐんたい》はみずからをこうよんだ。

兄嫁《あによめ》の弟《おとうと》がたずねてきた。ぼくがベッドに入《はい》ったあと、おじは小声《こごえ》でこんな話《はなし》をしていた。

「日本軍《にほんぐん》が村《むら》をおそったとき、隣《となり》の姉妹《しまい》は外《そと》へにげるまがなくてな。あわてて天《てん》井裏《じょううら》にはいあがったんさ。日本軍《にほんぐん》がかまどでニワトリをにたり焼《や》いたりするなんて思《おも》いもしねえやな。油煙《ゆえん》にむせてせきをしてしまってよ、屋根裏《やねうら》からひきずりおろされちまった。三十人《にん》もの兵隊《へいたい》がオオカミのように取《と》りかこんで……。夜《よ》が明《あ》けたときにゃあ、妹《いもうと》のほうは血《ち》だまりんなかでとうに息《いき》が絶《た》えてた。姉《あね》のほうも意識《いしき》がなくてな。下腹《したはら》はぱんぱんにふくれてるし……たすからねえようだった」

おとなたちは、子《こ》どもの前《まえ》ではこんな話《はなし》はしたことがなかったから、ぼくにはわからないところもあった。でも、二人《ふたり》の女《おんな》の子《こ》がむごたらしく殺《ころ》されたのはわかった。何日《なんにち》かして、また朱皋《チュカオ》の人《ひと》から、「日本軍《にほんぐん》は撤退《てったい》するとき、水《みず》ガメや小《こ》麦粉《むぎこ》をいれておくカメやナベにまで、大小便《だいしょうべん》をしていった……」という話《はなし》をきいた。「獣《けだもの》にもおとるやつらだ」と、ぼくは思《おも》った。

こんな刃《やいば》の上《うえ》の日々《ひび》が、およそ二年《ねん》ほどつづいた。その間《あいだ》、子《こ》どもたちは学校《がっこう》にも行《い》けず、楽《たの》しくあそぶこともできなかった。食料《しょくりょう》はうばわれてしまい、はたらき手《て》の男《おとこ》はトーチカ*をつくったり、ざんごう*をほるのにつれていかれたので、土地《とち》はあれ、食糧《しょくりょう》の生産《せいさん》はへった。村人《むらびと》たちは半年以上《はんとしいじょう》も、山菜《さんさい》や木《こ》の葉《は》で飢《う》えをしのいだ。山菜《さんさい》ほりや、木《こ》の葉《は》をしごくのは、子《こ》どもの仕事《しごと》になった。ぼくのうちでは、よく、ひとすくいの大豆《だいず》をひきつぶした汁《しる》で山菜《さんさい》をたき、十何人《じゅうなんにん》が一日《にち》の食事《しょくじ》にしたものだ。はじめはおいしい葉《は》っぱを選《えら》んでとっていたが、あとからは選《えら》んでなんかいられなくなり、多《おお》くの人《ひと》がむくんだ顔《かお》をしていた。いちばん悲惨《ひさん》だったのは年寄《としよ》りで、自分《じぶん》の分《ぶん》を子《こ》どもに食《た》べさせ、体力《たいりょく》が弱《よわ》り、歩《ある》いているうちにたおれてしまうと、もう起《お》きあがれなかった。

海辺《うみべ》の者《もの》は海《うみ》のものを食《た》べるのがあたりまえだが、外海《そとうみ》へ漁《りょう》にでると日本《にほん》の艦艇《かんてい》におそわれるし、磯《いそ》ではもう魚《さかな》もエビもとれなくなっていた。

ひもじさというのは、ほんとにたえられない。ぼくは、なにかを食《た》べる夢《ゆめ》ばかり見《み》ていた。

こんな毎日《まいにち》はいつになったら終《お》わるんだ！「天《てん》には目《め》がある」とか、「三尺《さんじゃく》

トーチカ　コンクリートで堅固《けんご》につくられた陣地《じんち》のなかに銃火器《じゅうかき》をそなえたもの。

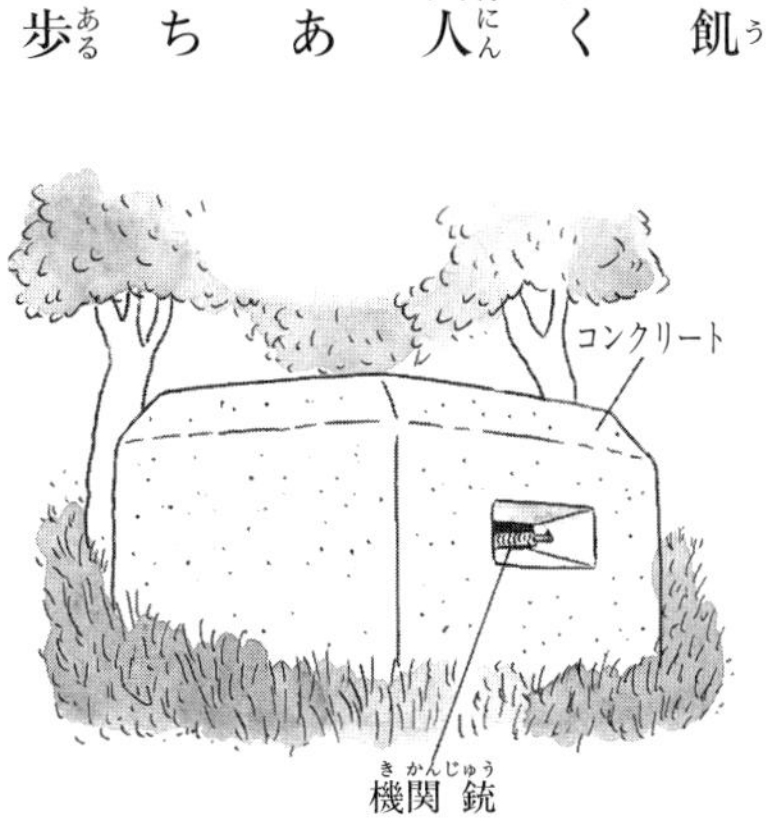

ざんごう　野戦《やせん》で敵《てき》の攻撃《こうげき》から身《み》をかくすため溝《みぞ》をほり、その前《まえ》に土《つち》をつみあげたもの。

上《うえ》には神様《かみさま》がいる」って、みんなは言《い》うけど、天《てん》や神様《かみさま》はどうして、こんな悪人《あくにん》をさっさとこらしめないんだ――ある晩《ばん》、星《ほし》をながめながら、こんなことを考《かんが》えていたら、四番目《ばんめ》の兄《あに》がふいにあらわれた。兄《あに》はぼくより十二も年上《としうえ》で、青島《チンタオ》の工場《こうじょう》ではたらいていた。「愛国《あいこく》デモ」に参加《さんか》したことで日本《にほん》の憲兵《けんぺい》*におわれ、にげてきたのだった。ぼくの考《かんが》えをきくと、こう言《い》った。

「神様《かみさま》がかまうのは来世《らいせ》さ。現世《げんせ》は自分《じぶん》の力《ちから》でやらなきゃ。考《かんが》えてばかりいると、心《こころ》が重《おも》くなって背《せ》がのびないぞ。よし、気晴《きば》らしに行《い》こう」

兄《あに》のあとについて海辺《うみべ》の大《おお》きな石《いし》むろに入《はい》りこんだ。なかには人《ひと》がいて、なにか秘密《ひみつ》なことを話《はな》しあっているようだった。くる途中《とちゅう》、兄《あに》は「なにを見《み》ても、なにをきいても、だれにも言《い》っちゃだめだぞ。刀《かたな》を首《くび》にあてられたって、言《い》うなよ」と言《い》い、ぼくは強《つよ》くうなずいた。

その日《ひ》から、ぼくの生活《せいかつ》に楽《たの》しみがくわわった。ぼくは、たきぎをひろったり、山菜《さんさい》をほったりするふりをしながら、兄《あに》たちの見《み》はりをしたり、手紙《てがみ》をとどけたり、食事《しょくじ》をはこんだり、「抗日《こうにち》*」のビラをまいたりした。

憲兵《けんぺい》　旧軍隊内《きゅうぐんたいない》の秩序維持《ちつじょいじ》を任務《にんむ》とする兵隊《へいたい》。犯罪捜査《はんざいそうさ》、軍紀維持《ぐんきいじ》、思想取《しそうと》りしまりから、しだいに権限《けんげん》を拡大《かくだい》し、公安対策《こうあんたいさく》、思想弾圧《しそうだんあつ》、スパイ活動防止《かつどうぼうし》などにも強《つよ》い権力《けんりょく》をふるった。

抗日《こうにち》　日本《にほん》の侵略《しんりゃく》にたいするアジアの人《ひと》びとの抵抗《ていこう》。

だんだんと気《き》がついたのだが、そんなことをしているのは、ぼくたちだけでなく、父《ちち》や母《はは》、ほかの兄《あに》や兄嫁《あによめ》たちもだった。

ある日《ひ》の晩《ばん》、外《そと》の物音《ものおと》に目《め》がさめた。月明《つきあ》かりの下《した》で、二番目《ばんめ》の兄《あに》がロバをひっぱり、父《ちち》と一番上《ばんうえ》と三番目《ばんめ》の兄二人《あにふたり》が荷物《にもつ》を運《はこ》んでいた。起《お》きて見《み》に行《い》こうとしたら、母《はは》にとめられた。でも、つぎの日《ひ》の朝早《あさはや》く、ぼくは秘密《ひみつ》をさがしあてた。それは、*コウリャン畑《ばたけ》にかくされたたくさんの銃《じゅう》と一枚《まい》の旗《はた》だった。旗《はた》には「聯軍《リエンチュン》」という文字《もじ》が見《み》えた。銃《じゅう》と旗《はた》の光沢《こうたく》が稲妻《いなづま》のように、ぼくの心《こころ》のとびらをつきぬけ、たちまち、心臓《しんぞう》が早鐘《はやがね》のように鳴《な》りだした。それはこわかったのではなく、希望《きぼう》と自信《じしん》の入《い》りまじったふるい立《た》つような気持《きも》ちだった。四番目《ばんめ》の兄《あに》が言《い》った「自分《じぶん》の力《ちから》でやるんだ！」みたいな。

もしかしたら、あの「稲妻《いなづま》」が、あのふるい立《た》つような想《おも》いが、あの希望《きぼう》が、あの自信《じしん》が、ぼくをまったく新《あたら》しい人生《じんせい》の道《みち》にふみださせたのかもしれない。数《すう》年後《ねんご》、父《ちち》はぼくを、日本軍《にほんぐん》の封鎖線《ふうさせん》を突破《とっぱ》して解放区《かいほうく》へおくり、戦火《せんか》のなかできたえながら学《まな》ぶ抗日連合中学《こうにちれんごうちゅうがく》に入学《にゅうがく》させた。ぼくは十六歳《さい》で、「抗日救国児童《こうにちきゅうこくじどう》

コウリャン　モロコシの一種《いっしゅ》。耐《たい》乾性《かんせい》にすぐれ、土壌《どじょう》を選《えら》ばない。主産地《しゅさんち》は中国華北部《ちゅうごくかほくぶ》と東北地方《とうほくちほう》。

コウリャン畑《ばたけ》

コウリャン畑《ばたけ》

団《だん》」の県団長《けんだんちょう》となり、県下《けんか》の仲間《なかま》たちをひきいて、見《み》はりに立《た》ったり、*斥候《せっこう》にでたり、スパイや裏切《うらぎ》り者《もの》をふせいだり、「見習《みなら》い先生《せんせい》」になって文字《もじ》を教《おし》えたりした。日本軍《にほんぐん》の*掃討作戦《そうとうさくせん》にたいしても、*地雷《じらい》をうめたり、各個撃破《かくこげきは》にくわわったり、……ぼくたちはできるかぎりのことをして、*民族解放《みんぞくかいほう》のためにたたかった。

「全世界《ぜんせかい》の反《はん》*ファシスト戦争《せんそう》のなかで、中国解放区《ちゅうごくかいほうく》の児童団《じどうだん》は、たいへん大《おお》きくかがやかしい貢献《こうけん》をした」と、ぼくはほこりをもって言《い》える。これについては、別《べつ》の機会《きかい》に語《かた》るしかないが……。

斥候《せっこう》　敵《てき》のようすや地形《ちけい》を前《まえ》もって偵察《ていさつ》するために派遣《はけん》される少人数《しょうにんずう》の兵士《へいし》。

掃討作戦《そうとうさくせん》　敵《てき》などをすっかりはらいのぞく作戦《さくせん》。

地雷《じらい》　地中《ちちゅう》にうめて爆発《ばくはつ》させ、敵兵《てきへい》や戦車《せんしゃ》を破壊《はかい》する爆薬《ばくやく》。

民族解放《みんぞくかいほう》　植民地《しょくみんち》などにされて、おさえつけられていた人《かん》びとが独立《どくりつ》した国《くに》や政府《せいふ》をつくって自立《じりつ》しようとすること。

ファシスト　全体主義的《ぜんたいしゅぎてき》、権威主義的《けんいしゅぎてき》で、議会政治《ぎかいせいじ》をみとめず、一《ひと》つの党《とう》の独裁《どくさい》や侵略的《しんりゃくてき》な政策《せいさく》をとる傾向《けいこう》の強《つよ》い人《ひと》びと。戦前《せんぜん》ドイツのナチスやイタリアのファッショなどの運動《うんどう》とともに、日本《にほん》も天皇《てんのう》を頂点《ちょうてん》とするファシズムの力《ちから》が強《つよ》くなった。第二次世界大戦《だいにじせかいたいせん》はこの三国《さんごく》にたいする「反《はん》ファシスト戦争《せんそう》」という面《めん》がある。

日帝植民地《にっていしょくみんち》時代《じだい》の朝鮮《ちょうせん》の生活《せいかつ》

体験者《たいけんしゃ》……李《イ》　五徳《オドク》
翻訳《ほんやく》……大竹聖美《おおたけきよみ》

わたしが生《い》きた日帝時代《にっていじだい》*は、わたしが生《う》まれた一九二五年から解放《かいほう》までだから、二十年の歳月《さいげつ》だった。だから幼年期《ようねんき》と少年期《しょうねんき》をへておとなになるまで、人生《じんせい》でいちばん楽《たの》しくしあわせでなくてはならない時期《じき》を、悲惨《ひさん》な植民地《しょくみんち》*の民《たみ》として真《ま》っ暗《くら》なトンネルのなかでおくったことになる。この暗黒期《あんこくき》のトンネルのなかで、わたしのような同年代《どうねんだい》の世代《せだい》たちが育《そだ》ちながら、その身体《からだ》と心《こころ》がどのようにおしつぶされて、ゆがめられて、くずれていったのかをここですべて語《かた》ることはできない。そのうちの一《ひと》つ二《ふた》つをわたしが経験《けいけん》したままに話《はな》すだけである。

ひもじかった時代《じだい》

李五徳《イオドク》　一九二五年韓国《かんこく》の慶北《キョンブク》青松郡和睦《チョンソングンファモク》に生まれ、十二歳《さい》ころまで、そこで育《そだ》つ。二〇〇三年没《ぼつ》。

日帝時代《にっていじだい》　一九一〇年の日韓併合《にっかんへいごう》から一九四五年の日本敗戦《にほんはいせん》までの三十六年間《ねんかん》の日本《にほん》の植民地時代《しょくみんちじだい》をさす。「日本帝国主義時代《にほんていこくしゅぎじだい》」の略《りゃく》。

植民地《しょくみんち》　強国《きょうこく》が、自国以外《じこくいがい》の地《ち》域《いき》や国家《こっか》の主権《しゅけん》をうばって、その領土《りょうど》や人民《じんみん》を政治的《せいじてき》に支配《しはい》し、また原料《げんりょう》の供給地《きょうきゅうち》として、あるいは商品市場《しょうひんしじょう》として支配《しはい》する、自国以外《じこくいがい》の地域《ちいき》や国家《こっか》。第一次世《だいいちじせ》界大戦《かいたいせん》はすでにそれら列強国《れっきょうこく》の間《あいだ》の植民地争奪《しょくみんちそうだつ》のあらそいであったが、領土《りょうど》や支配地域《しはいちいき》の拡大《かくだい》をめぐって世界《せかい》は二度《ど》の大戦《たいせん》を経《けい》験《けん》した。

まず日帝時代《にっていじだい》というと、そのときを生《い》きていた人《ひと》びとだれもがはじめに思《おも》いうかべるのは、腹《はら》をすかして生《い》きた記憶《きおく》であろう。わたしが生《う》まれ育《そだ》ったところは、慶北青松郡《キョンブクチョンソングン》の南《みなみ》のはずれ和睦《ファモク》というところだ。和睦《ファモク》は高《たか》い山岳地帯《さんがくちたい》で、わたしたちの村《むら》は二十戸《こ》、すべて農業《のうぎょう》をいとなんでいた。他人《たにん》の田畑《たはた》を小作《こさく》する家《いえ》もあったが、ほぼすべてが自分《じぶん》の土地《とち》を少《すこ》しずつもっていた。しかし食糧《しょくりょう》の心配《しんぱい》をしないで生《い》きていく家《いえ》はどうにか十戸《こ》ぐらいで、のこりの家《いえ》は麦《むぎ》ができるころや秋《あき》でなければ、つねに山菜《さんさい》がゆやトットリムク（トットリ＝どんぐり、ムク＝ところてんのような食《た》べ物《もの》）のようなもので飢《う》えをしのぎ、冬《ふゆ》には昼《ひる》をぬくことがつねであった。わたしの家《いえ》のように食糧《しょくりょう》の心配《しんぱい》をしなかった家《いえ》でも、一日《にち》三食中《しょくちゅう》一食《しょく》はかならず、かゆやめんを食《た》べた。

わが家《や》はもともと田《た》んぼが十マジギ（一マジギ＝二百坪《つぼ》*。この場合《ばあい》は二千坪《つぼ》）で、畑《はたけ》もそのくらいだったのだが、のちに、借金《しゃっきん》をかえすために田《た》んぼ三マジギ（六百坪《つぼ》）を売《う》った。母《はは》が早《はや》く亡《な》くなり、家事《かじ》は姉《あね》たちがし、農業《のうぎょう》は父一人《ちちひとり》ですることもできず、使用人《しようにん》をやとった。お米《こめ》を食《こめ》べることができたが、秋《あき》には

坪《つぼ》　一坪《つぼ》は約《やく》三・三平方《へいほう》メートル。

稲《いね》をかり、一年の間《あいだ》食《た》べる食糧《しょくりょう》をのこしてのこりはぜんぶ売《う》って、かりたお金《かね》もかえし、税金《ぜいきん》もはらった。食糧《しょくりょう》は麦《むぎ》と粟《あわ》もあったので、秋《あき》のひとときをのぞいては雑穀《ざっこく》ご飯《はん》や麦《むぎ》めしを食《た》べ、ほかのうちのように夕食《ゆうしょく》には、かゆやめんを食《た》べた。

　ところで、このような生活《せいかつ》はわたしが十歳《さい》ぐらいになるときまでで、そのあとすぐ、一九三七年に中日戦争《ちゅうにちせんそう》が起《お》きてからは食糧事情《しょくりょうじじょう》が急《きゅう》に悪《わる》くなった。あのころは塩《しお》と石油《せきゆ》（灯油《とうゆ》）だけお金《かね》で買《か》えば、そのほかは服《ふく》だろうが靴《くつ》だろうが、なんであろうとすべて家《いえ》でつくることができた時節《じせつ》で、食《た》べる食糧《しょくりょう》さえあれば大《おお》きな心配《しんぱい》をすることなく生活《せいかつ》できた。ところが、戦争《せんそう》が起《お》きてからはすべての物資《ぶっし》がたりなくなり、それにくわえ、なぜなのか毎年《まいとし》干《かん》ばつばかりがつづき、凶《きょう》作《さく》がつづいた。ある年《とし》には田植《たう》えがうまくいかず、田《た》んぼにそばがらをまいたりもした。さらに、一九四一年に太平洋戦争《たいへいようせんそう》が勃発《ぼっぱつ》してからは、秋《あき》に苦労《くろう》してかり入《い》れた稲《いね》を供出《きょうしゅつ》*するようになり、食《た》べて生《い》きることが極度《きょくど》にむずかしくなった。それでわたしたちの村《むら》でも、生《い》きていく道《みち》をさがして満州《まんしゅう》へ日本《にほん》へとたつ人《ひと》が

供出《きょうしゅつ》　戦争中《せんそうちゅう》の物資不足《ぶっしぶそく》のなかで、日本国内《にほんこくない》ばかりでなく植民《しょくみん》

多《おお》かったし、のこっている人《ひと》びとはほとんどすべての人《ひと》が山菜《さんさい》がゆと松《まつ》の皮《かわ》のかゆなどで生《い》きながらえた。

わたしのいちばん上《うえ》の姉《あね》は普《ふ》通学校《つうがっこう》*を卒業《そつぎょう》したのち、すぐ日本《にほん》に行《い》って工場《こうじょう》の仕事《しごと》をした。二番目《ばんめ》の姉《あね》も普《ふ》通学校《つうがっこう》を五年生《ねんせい》でやめて、日本《にほん》に行《い》って二年《ねん》ぐらい工場《こうじょう》で仕事《しごと》をしたが、母《はは》が亡《な》くなったために朝鮮《ちょうせん》に帰《かえ》ってきた。三番目《ばんめ》の姉《あね》ははじめから学校《がっこう》にも行《い》けず、仁川《インチョン》紡織工場《ぼうしょくこうじょう》に行《い》って数年《すうねん》の間仕事《あいだしごと》をした。二番目《ばんめ》の姉《あね》はまだ生《い》きているので、数日前《すうじつまえ》に会《あ》って話《はなし》をきいてみた。あのころ日《に》本《ほん》に行《い》ってキャラメル工場《こうじょう》で朝早《あさはや》くから夜《よる》おそくまで苦労《くろう》して仕事《しごと》をしたが、うけとった労働賃金《ろうどうちんぎん》というものはほんとうにいくらにもならなかった。でも、一日《にち》三食《しょく》、お米《こめ》のご飯《はん》を食《た》べられることだけで、みなさいわいだと考《かんが》えていたという。これでもわが家《や》は村《むら》のなかでは比較的《ひかくてき》食《た》べていくのがましなほうだった。だのにこんなありさまだったのだから、ほかの家《いえ》ではどれだけたいへんだったことだったろう。

わたしは六年間《ねんかん》の普《ふ》通学校《つうがっこう》を卒業《そつぎょう》し、その後《ご》二年間《ねんかん》ぐらい家《いえ》で農業《のうぎょう》を手伝《てつだ》っ

地化《ちか》された朝鮮《ちょうせん》でも、総督府《そうとくふ》が朝鮮人《ちょうせんじん》たちに、お米《こめ》をはじめとして真《しん》ちゅうや、そのほかあらゆる物資《ぶっし》を強制的《きょうせいてき》にさしださせるようにした。

普通学校《ふつうがっこう》　植民地時代《しょくみんちじだい》の朝鮮《ちょうせん》では当初《とうしょ》、普通学校《ふつうがっこう》といって日本《にほん》の尋常小学校《じんじょうしょうがっこう》とはことなる初等教育《しょとうきょういく》をおこなっていた。しかし同化政策《どうかせいさく》がすすむにつれ、日本《にほん》と同《おな》じ尋常小学校《じんじょうしょうがっこう》という名称《めいしょう》に変更《へんこう》され、最終的《さいしゅうてき》には国民学校《こくみんがっこう》となった。

てから二年制《ねんせい》の農業学校《のうぎょうがっこう》に進学《しんがく》した。その学校《がっこう》に入学《にゅうがく》した一九四一（昭和《しょうわ》一六）年に、太平洋戦争《たいへいようせんそう》が勃発《ぼっぱつ》したのである。しかし、その学校《がっこう》では田畑《たはた》が多《おお》かったので、学生《がくせい》たちは農業《のうぎょう》をして穀物《こくもつ》をえていた。それですべての寄宿舎《きしゅくしゃ》ではご飯《はん》をたいて食《た》べられたのでひもじい思《おも》いはしなかった。

ところが、学校《がっこう》を卒業《そつぎょう》して郡庁《ぐんちょう》に就職《しゅうしょく》したときには、食糧《しょくりょう》を手《て》に入《い》れるのがとてもたいへんだった。郡庁《ぐんちょう》の朝鮮人庶務課長《ちょうせんじんしょむかちょう》は昼《ひる》の弁当《べんとう》のかわりにウムムク（寒天《かんてん》のような食《た》べ物《もの》）をつつんできてそれを食《た》べていた。ところが、同《おな》じ郡《ぐん》庁《ちょう》のなかの日本人内務課長《にほんじんないむかちょう》はお米《こめ》の弁当《べんとう》を食《た》べていたものだ。その年《とし》、わたしはあるところに出張《しゅっちょう》したのだが、昼食《ちゅうしょく》を食《た》べるところがなく、遠《とお》い道《みち》のりを歩《ある》いたすえとうとうお腹《なか》がぺこぺこのあまり、よろよろになってたおれてしまったこともあった。

そのつぎの年《とし》（一九四四年）には教師《きょうし》になり、青松郡《チョンソングン》にある府東国民学校《プドンこくみんがっこう》に赴任《ふにん》した。このときは下宿《げしゅく》する家《いえ》も部屋《へや》も見《み》つからない状況《じょうきょう》だった。どの家《いえ》でも山菜《さんさい》がゆ、じゃがいもがゆで、それも昼食《ちゅうしょく》はぬくようなありさまで、かゆでもいいからと言《い》っても下宿人《げしゅくにん》をうけ入《い》れるよゆうはなかった。しかたがなく宿直室《しゅくちょくしつ》で自炊生活《じすいせいかつ》をしたのだが、その宿直室《しゅくちょくしつ》にはわたしよりもさきにきた金先生《キムせんせい》がすでに自炊《じすい》をしていた。わたしたちは安南米《あんなんまい》（インドシナ半島《はんとう》からきた米《こめ》）と麦《むぎ》を少《すこ》しずつ配給《はいきゅう》され、ご飯《はん》をたいて食《た》べもし、かゆをつくりもしたが、いつも食糧《しょくりょう》がたりなかった。そうしているうちに金先生《キムせんせい》は配給《はいきゅう》をもう少《すこ》し多《おお》くもらおうと、故郷《こきょう》にいる一年生《ねんせい》の甥《おい》をつれてきて宿直室《しゅくちょくしつ》でいっしょにすごした。ところが、その子《こ》はとてもお腹《なか》がすいてがまんができず、とうとうある日《ひ》、金先生《キムせんせい》に知《し》らせず自分《じぶん》の家《いえ》へにげ帰《かえ》ってしまった。その子《こ》の家《いえ》は永川《ヨンチョン》なのだが、府東《プドン》から永川《ヨンチョン》までは十七里《り》（六八キロ）にもなる遠《とお》い道《みち》のりで、さらにその道《みち》にはとても高《たか》い峠《とうげ》が二か所《しょ》もあった。バスがとおっているわけでもなかったあのころ、その遠《とお》い道《みち》のりをあんなおさない子《こ》どもがどうやって一人《ひとり》で歩《ある》いていったのか。数日後《すうじつご》家《いえ》に着《つ》いたという消息《しょうそく》をきいて、みんなおどろいた。

　学校《がっこう》でわたしは、山菜《さんさい》がゆやじゃがいもがゆだけで生《い》きている子《こ》どもたちをつれて、毎日朝《まいにちあさ》から河原《かわら》に行《い》って開墾《かいこん》をして、かぼちゃの種《たね》をまく穴《あな》をほったり、綿《めん》花《か》の種《たね》をまいたり、山《やま》に行《い》って松《まつ》ヤニをとったりした。学校《がっこう》に併設《へいせつ》された青年《せいねん》*訓練所《くんれんじょ》では、若者《わかもの》たちが朝《あさ》から学校《がっこう》によばれてきて（学校《がっこう》にでてこなければ配《はい》給《きゅう》をあたえなかった）、木銃《もくじゅう》*をもって訓練《くんれん》をうけた。訓練《くんれん》が終《お》わるとまた山《やま》に行《い》って、昼食《ちゅうしょく》も食《た》べられないそのすきっ腹《ぱら》の身体《からだ》で草《くさ》をかり、かった草《くさ》をしょってきたのだが、その血《ち》の気《け》のない黄《き》ばんだ顔《かお》は、いまでも悪夢《あくむ》のように目《め》の前《まえ》にうかぶ。その後《ご》、その青年《せいねん》たちはほぼすべてが戦場《せんじょう》へつれて行《い》かれたのだ。

戦争《せんそう》と死《し》の恐怖《きょうふ》

わたしが普通学校《ふつうがっこう》に入学《にゅうがく》した年《とし》は、一九三三年春《はる》だった。年《とし》は八歳《さい》、わたしといっしょに入学《にゅうがく》した子《こ》どもたちは全部《ぜんぶ》で三十名《めい》だったのだが、ほぼ全員《ぜんいん》わたしと同《おな》じ年《とし》、あるいはわたしより一、二歳上《さいうえ》だった。わたしが入学《にゅうがく》するとき、村《むら》で学校《がっこう》にかよう子《こ》どもは三人《にん》しかいなかった。そのとき、ひと月《つき》の月謝《げっしゃ》がどのくらいだったのか思《おも》いだせないが、おそらくお米《こめ》二升《しょう》ぐらいだったと思《おも》う。月《つき》ごとに十五日までにださなくてはならないその月謝《げっしゃ》をはらえなくて、父《ちち》はいつも

青年訓練所《せいねんくんれんじょ》　陸軍《りくぐん》が創設《そうせつ》にふかく関与《かんよ》した勤労男子青年《きんろうだんしせいねん》のための訓練施設《くんれんしせつ》。四年間《ねんかん》で、修身《しゅうしん》、公民《こうみん》科《か》、普通学科《ふつうがっか》、職業科《しょくぎょうか》、教練《きょうれん》を課《か》した。

木銃《もくじゅう》

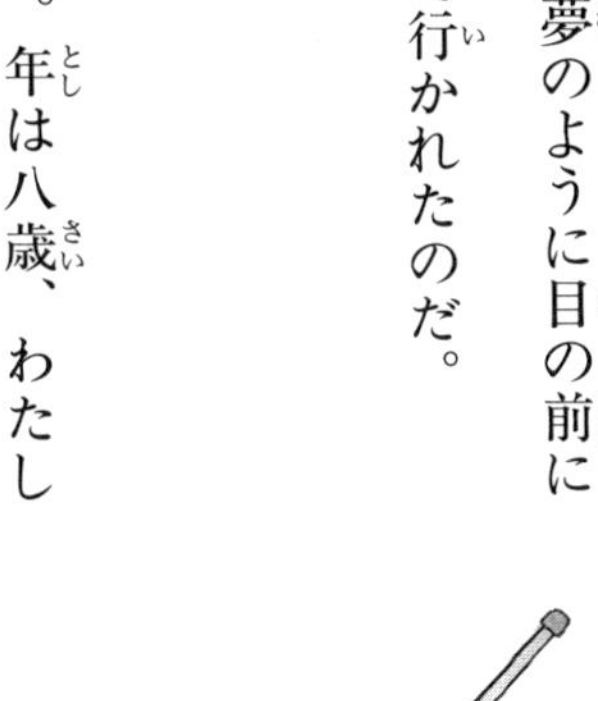

親戚《しんせき》のうちに行《い》ってつごうをつけた。おじさんが木工職人《もっこうしょくにん》だったのでお金《かね》があったのだ。

わたしの村《むら》は学校《がっこう》から近《ちか》く、学校《がっこう》の鐘《かね》の音《ね》を家《いえ》できくことができた。学校《がっこう》の先《せん》生《せい》は校長先生《こうちょうせんせい》だけが日本人《にほんじん》で、そのほかはすべて朝鮮人《ちょうせんじん》だったのだが、わたしが五年生《ねんせい》になったときには日本人《にほんじん》が三人《にん》ほどになっていた。

教科書《きょうかしょ》のなかには朝鮮語読本《ちょうせんごとくほん》もあって、二年生《ねんせい》までならった。三年生《ねんせい》になると朝鮮語読本《ちょうせんごとくほん》はあったけれど朝鮮語《ちょうせんご》の時間《じかん》がなく、四年生《ねんせい》からは朝鮮語読本自《ちょうせんごとくほんじ》体《たい》がなくなった。

日中戦争《にっちゅうせんそう》は五年生《ねんせい》のときに起《お》こった。学校《がっこう》では木剣体操《もっけんたいそう》というものを毎日《まいにち》した。皇国臣民体操《こうこくしんみんたいそう》ともいった。その木剣《もっけん》のお金《かね》をはらうことができなくて苦労《くろう》した。それから日本軍《にほんぐん》が中国《ちゅうごく》の都市《とし》を〈*陥落《かんらく》〉するたびに、全校生《ぜんこうせい》が*日《ひ》の丸《まる》をもって、*軍歌《ぐんか》を歌《うた》いながら村《むら》を一回《ひとまわ》りして、「大日本帝国万歳《だいにっぽんていこくばんざい》」をさけんだりした。そのときは学校《がっこう》で歌《うた》う歌《うた》は軍歌《ぐんか》しかなかった。いたるところ軍歌《ぐんか》ばかりきこえたので、村《むら》ではまだ学校《がっこう》に入《はい》る年《とし》にもならないちびっ子《こ》たちまでが、道《みち》ばたでした

陥落《かんらく》 城塞《じょうさい》などがせめおとされること。

日《ひ》の丸《まる》 白地《しろじ》に太陽《たいよう》をかたどった赤《あか》い丸《まる》の旗《はた》、日章旗《にっしょうき》ともいう。法律《ほうりつ》で国旗《こっき》とさだめられていたわ

ったらずな声《こえ》で日本《にほん》の軍歌《ぐんか》を歌《うた》った。

教科書《きょうかしょ》ではなく、たまに子《こ》どもたちが買《か》って読《よ》んでいた本《ほん》があったのだが、それは日本《にほん》の講談社《こうだんしゃ》からだされた殺伐《さつばつ》な戦場《せんじょう》の絵本《えほん》だった。その絵本《えほん》は子《こ》どもたちの興味《きょうみ》をひき、五、六年生《ねんせい》の教室《きょうしつ》の後《うし》ろの壁《かべ》には、絵《え》のうまい子《こ》どもたちがその絵本《えほん》を見《み》て描《か》いた絵《え》がたくさんはりつけられていた。いまでもわたしの頭《あたま》に思《おも》いうかぶ絵《え》は、勇猛無比《ゆうもうむひ》な日本軍《にほんぐん》が日本刀《にほんとう》をぬいて中国《ちゅうごく》の兵士《へいし》の胸《むね》をさす絵《え》だ。わたしも休《やす》み時間《じかん》に子《こ》どもたちが熱中《ねっちゅう》して見《み》たその絵本《えほん》を横《よこ》からたくさんのぞき見《み》た。そのような殺伐《さつばつ》な絵《え》をいちばん多《おお》く上手《じょうず》に描《か》いたと思《おも》われる画家《がか》、伊藤《いとう》幾久造《きくぞう》という名前《なまえ》までわすれられないほどだ。

普通学校《ふつうがっこう》を卒業《そつぎょう》して家《いえ》にいたら、学校《がっこう》から青年団《せいねんだん》にでてこいという。ときどき青《あお》い青年団服《せいねんだんふく》を着《き》て学校《がっこう》に行《い》き、「朝鮮青年《ちょうせんせいねん》の歌《うた》」のようなものを歌《うた》い、日本《にほん》人教官《じんきょうかん》に訓練《くんれん》もうけた。そうするうちに志願兵制度《しがんへいせいど》*が実施《じっし》された。言葉《ことば》は志願《しがん》兵《へい》だが、強制的《きょうせいてき》に選《えら》ばれていくものだ。

わたしの面《めん》（市《し》や区《く》のような単位《たんい》）でいちばんはじめに志願兵第《しがんへいだい》一号《ごう》として選《えら》

けではないが、修身《しゅうしん》の教科書《きょうかしょ》には「国旗《こっき》」とされていたこともある。戦線《せんせん》が広《ひろ》がるにつれて、国《くに》の威信《いしん》を高《たか》めるシンボルとしてつかわれた。本書《ほんしょ》「解説《かいせつ》」一四九ページ参照《さんしょう》。

軍歌《ぐんか》　軍隊《ぐんたい》の士気《しき》を高《たか》めるための歌《うた》。『戦友《せんゆう》』『海《うみ》ゆかば』『加藤《かとう》隼《はやぶさ》戦闘隊《せんとうたい》』『麦《むぎ》と兵隊《へいたい》』などがある。

志願兵制度《しがんへいせいど》　戦前《せんぜん》の日本《にほん》には徴《ちょう》兵制《へいせい》があり、ふつうは召集《しょうしゅう》されて軍隊《ぐんたい》に入《はい》ったが、徴兵年齢《ちょうへいねんれい》にたっしなくても、みずからのぞんで軍隊《ぐんたい》に入《はい》れる制度《せいど》。

ばれたのが、まさにわたしより二学年上《がくねんうえ》だった朴燦然先輩《パクチャンヨンせんぱい》だった。六年生《ねんせい》のときに全校《ぜんこう》で背《せ》がいちばん高《たか》く、たくましかった。つまり、その面《めん》で普通学校《ふつうがっこう》をでた人《ひと》のなかから、身体《からだ》つきがよく健康《けんこう》でありながら、一方《いっぽう》ではまずしくて中学《ちゅうがっ》校《こう》に行《い》くことができず家《いえ》でつらい農業《のうぎょう》を営《いとな》む若者《わかもの》に目《め》をつけて、志願兵《しがんへい》に行《い》けば、あらゆる利益《りえき》をうけて栄誉《えいよ》をえられるとすすめたのだった。そのため生活《せいかつ》が苦《くる》しい家《いえ》ではとても大《おお》きな福《ふく》が転《ころ》がりこんできたとよろこぶこともあった。けれども、志願《しがん》することはできないというと、本人《ほんにん》やその家族《かぞく》のなかで一人《ひとり》を徴用《ちょうよう》*としておくれとか、配給《はいきゅう》をあたえないとかあらゆる手段《しゅだん》で脅迫《きょうはく》した。一度《ど》これにひっかかり、目《め》をつけられるとそこからぬけだすことができなかった。

それで、朴燦然先輩《パクチャンヨンせんぱい》が志願兵第《しがんへいだい》一号《ごう》として出征《しゅっせい》するようになったときは、すべての面民《めんみん》が動員《どういん》されて祝福《しゅくふく》した。たすきをかけている朴先輩《パクせんぱい》を前《まえ》に立《た》たせて、学校《がっこう》の運動場《うんどうじょう》をみんなでいっしょにめぐりながら万歳《ばんざい》をとなえるのだった。朴《パク》先輩《せんぱい》のあと、何人《なんにん》かの人《ひと》が志願兵《しがんへい》としてつれて行《い》かれたのだが、そのなかにはわたしといっしょに同《おな》じ教室《きょうしつ》で勉強《べんきょう》した、市場《いちば》のたつ村《むら》に住《す》む朴壽千《パクスチョン》もいた。壽《ス》

徴用《ちょうよう》 国《くに》が国民《こくみん》を強制的《きょうせいてき》に動員《どういん》し、国《くに》がきめた仕事《しごと》につかせること。

千《チョン》はわたしよりも二歳《さい》くらい年上《としうえ》だったが、わたしのクラスで背《せ》がいちばん高《たか》く身体《からだ》がじょうぶで力《ちから》もものすごく強《つよ》かった。しかし心《こころ》はとてもやさしく、六年間《ねんかん》いっしょに勉強《べんきょう》しながらわたしは壽千《スチョン》がほかの子《こ》どもとケンカするのを一度《ど》も見《み》たことがなかった。ところが両親《りょうしん》がいなくて、お姉《ねえ》さんが酒場《さかば》ではたらきながら弟《おとうと》の面倒《めんどう》をみて勉強《べんきょう》させていたので、志願兵《しがんへい》として指名《しめい》されるにはいちばんの適任者《てきにんしゃ》だったのだ。

その後《ご》、わたしは農業学校《のうぎょうがっこう》で二年間《ねんかん》をすごし、郡庁《ぐんちょう》で一年《ねん》、また府東学校《プドンがっこう》教師《きょうし》として一年《ねん》をおくった。その間《あいだ》に、故郷《こきょう》の村《むら》はひどくめちゃくちゃになってしまった。わたしの村《むら》で勉強《べんきょう》がよくできて将来《しょうらい》を*嘱望《しょくぼう》された先輩《せんぱい》の一人《ひとり》トサンは、普通学校《ふつうがっこう》をでてみながうらやましがる金融組合《きんゆうくみあい》に就職《しゅうしょく》したが、とうとう志願兵《しがんへい》としてつれて行《い》かれてしまった。普通学校《ふつうがっこう》にかよえなかった人《ひと》たちは日本《にほん》語《ご》をよく知《し》らなかったから、徴用《ちょうよう》としてみな日本《にほん》の北海道《ほっかいどう》や九州《きゅうしゅう》の*炭坑《たんこう》につれて行《い》かれた。娘《むすめ》たちのなかには、*従軍慰安婦《じゅうぐんいあんふ》として戦地《せんち》へつれて行《い》かれたものもいた。当時《とうじ》、わたしたちは慰安婦《いあんふ》とは言《い》わず〈処女供出《しょじょきょうしゅつ》〉と言《い》っていた。一《ひと》

嘱望《しょくぼう》 将来《しょうらい》や前途《ぜんと》を期待《きたい》されること。

炭坑《たんこう》 石炭《せきたん》をとるためにほる穴《あな》のこと。

従軍慰安婦《じゅうぐんいあんふ》 日中戦争《にっちゅうせんそう》や太平洋《たいへいよう》

つの村《むら》から何人《なんにん》かずつ年《とし》ごろの娘《むすめ》を供出《きょうしゅつ》しなくてはならなかったのだ。

農業学校《のうぎょうがっこう》一年生《ねんせい》のときに、太平洋戦争《たいへいようせんそう》*が起《お》きたと言《い》われた。その学校《がっこう》は校長《こうちょう》をはじめとして、ほぼすべての教師《きょうし》が日本人《にほんじん》で、朝鮮人教師《ちょうせんじんきょうし》は一人《ひとり》だけだった。相良政之校長先生《さがらまさゆきこうちょうせんせい》は、学生《がくせい》たちの心《こころ》をよく理解《りかい》した教育者《きょういくしゃ》らしいかただったが、日本帝国主義《にほんていこくしゅぎ》に心酔《しんすい》していた。勉強時間《べんきょうじかん》に、そのころさかんに名前《なまえ》が売《う》れていた日本《にほん》の帝国主義《ていこくしゅぎ》の理論家《りろんか》、徳富蘇峰《とくとみそほう》*の本《ほん》、『昭和国民読本《しょうわこくみんとくほん》』を教科書《きょうかしょ》として採択《さいたく》して熱心《ねっしん》に教《おし》えた。そして年《とし》の多《おお》い学生《がくせい》たちに志願兵《しがんへい》に行《い》くように勧誘《かんゆう》したりもした。戦争《せんそう》が終《お》わったのち、相良先生《さがらせんせい》は故郷《こきょう》である熊本《くまもと》に帰《かえ》り、やはり教育者《きょういくしゃ》として余生《よせい》をおくったが、かつて植民地朝鮮《しょくみんちちょうせん》であやまった教育《きょういく》をしたことをふかくさとり悔《く》いあらためた。それでそのあやまちを少《すこ》しでもつぐなわなくてはならないと考《かんが》えて、ハングル*を一生懸命勉強《いっしょうけんめいべんきょう》し、わたしにハングルで書《か》いた手紙《てがみ》までおくってくれた。わたしも先生《せんせい》に手紙《てがみ》と本《ほん》をおくったことがある。

前《まえ》にも書《か》いたように、一九四四年にわたしは学校教師《がっこうきょうし》になったのだが、毎日《まいにち》朝《あさ》から子《こ》どもたちをつれて河原《かわら》に行《い》って土地《とち》をたがやし、石《いし》をひろい、畑《はたけ》をつく

戦争中《せんそうちゅう》、主《おも》に朝鮮《ちょうせん》などアジアから動員《どういん》された女性《じょせい》たちで、兵士《へいし》や将校《しょうこう》を相手《あいて》に慰安所《いあんじょ》で、性《せい》の相手《あいて》を強制《きょうせい》させられた。二巻《かん》「解説《かいせつ》」参照《さんしょう》。

太平洋戦争《たいへいようせんそう》　第二次世界大戦《だいにじせかいたいせん》のうち、アジア・太平洋地域《たいへいようちいき》が戦場《せんじょう》となった日本《にほん》とアメリカ・イギリス・オランダ・中国《ちゅうごく》などの連合国《れんごうこく》との戦争《せんそう》。

徳富蘇峰《とくとみそほう》　明治《めいじ》から昭和《しょうわ》の言論人《げんろんじん》。はじめ平民主義《へいみんしゅぎ》をとなえたが、しだいに国家主義《こっかしゅぎ》にかたむき、戦後《せんご》A級戦犯《きゅうせんぱん》のうたがいもかけられた。

ハングル　朝鮮語《ちょうせんご》の表記《ひょうき》にもちいられる音節文字《おんせつもじ》。最近《さいきん》では朝鮮語《ちょうせんご》そのもののことも言《い》う。

り、山に行《い》って松《まつ》ヤニをとった。そして月曜日《げつようび》にはおさない子《こ》どもたちを軍隊《ぐんたい》のように整列《せいれつ》させ、閲兵式《えっぺいしき》というものをしたし、一週間《しゅうかん》に何回《なんかい》かずつ教職員《きょうしょくいん》たちは明《あ》け方《がた》に起《お》きて運動場《うんどうじょう》で銃剣術*《じゅうけんじゅつ》訓練《くんれん》をした。その訓練《くんれん》はわらをたばねて人《ひと》のようにつくって立《た》てておき、走《はし》って行《い》きながら、わめきちらすようなさけび声《ごえ》とともにそれを銃剣《じゅうけん》でつきさすものだった。

このようにして一年《ねん》をおくり、一九四五年の春《はる》になってとうとうわたしは休《きゅう》職《しょく》することになった。どこを見《み》ても死《し》しか見《み》えない暗黒《あんこく》の世《よ》で極度《きょくど》の神経衰弱*《しんけいすいじゃく》症《しょう》にかかり、教壇《きょうだん》に立《た》つことができなくなったからだ。わたしは徴兵《ちょうへい》二期《き》として、その死《し》の赤紙*《あかがみ》（召集令状《しょうしゅうれいじょう》）を家《いえ》で待《ま》っていたところ、八・一五（パル・イルオ）解放《かいほう》をむかえた。

解放《かいほう》になって、志願兵第一号《しがんへいだいいちごう》としてつかまっていった朴燦然《パクチャンヨン》先輩《せんぱい》は、その間《あいだ》中国《ちゅうごく》のどこに行《い》っていたのか知《し》らないが、さいわいなことに生《い》きて帰《かえ》ってきた。どうかすると日帝《にってい》は、かれのあとにつづいてどんどん志願兵《しがんへい》がでてくるようにしようと、先立《さきだ》って出征《しゅっせい》したかれを安全地帯《あんぜんちたい》で無事《ぶじ》にいられるようにしたのかも

銃剣《じゅうけん》　小銃《しょうじゅう》の先《さき》につける短《みじか》い剣《けん》。また、その剣《けん》をとりつけた小銃《しょうじゅう》。剣《けん》つき鉄砲《てっぽう》。

神経衰弱症《しんけいすいじゃくしょう》　心身《しんしん》がつかれきって、意欲《いよく》がなくなり、能率《のうりつ》も低下《ていか》するなど、神経《しんけい》が過敏《かびん》になっている状態《じょうたい》。

赤紙《あかがみ》　軍《ぐん》の召集令状《しょうしゅうれいじょう》が赤《あか》い紙《かみ》をもちいていたことから、召集令《しょうしゅうれい》状《じょう》の代名詞《だいめいし》としてつかわれた。

しれない。一方《いっぽう》で、わたしの友《とも》だち壽千《スチョン》は最後《さいご》まで帰《かえ》ってこなかったし、わたしの村《むら》のトサン（金《きん》融組合《ゆうくみあい》に就職《しゅうしょく》したあの先輩《せんぱい》）もついに帰《かえ》ってこなかった。

　ところで、わたしのような世代《せだい》が経験《けいけん》した戦争《せんそう》と死《し》の恐怖《きょうふ》は、第《だい》二次《にじ》世界《せかい》大戦《たいせん》が終《お》わった五年後《ねんご》に起《お》きた南北《なんぼく》の同族戦争《どうぞくせんそう》で、さらにいっそうひどいものとなった。この南北戦争《なんぼくせんそう》も、言《い》ってみれば日本《にほん》帝国主義《ていこくしゅぎ》がまいた災難《さいなん》だった。日《に》本《ほん》がわが国《くに》を強奪《ごうだつ》して植民地《しょくみんち》にしなければ、*南北《なんぼく》の分断《ぶんだん》があるは

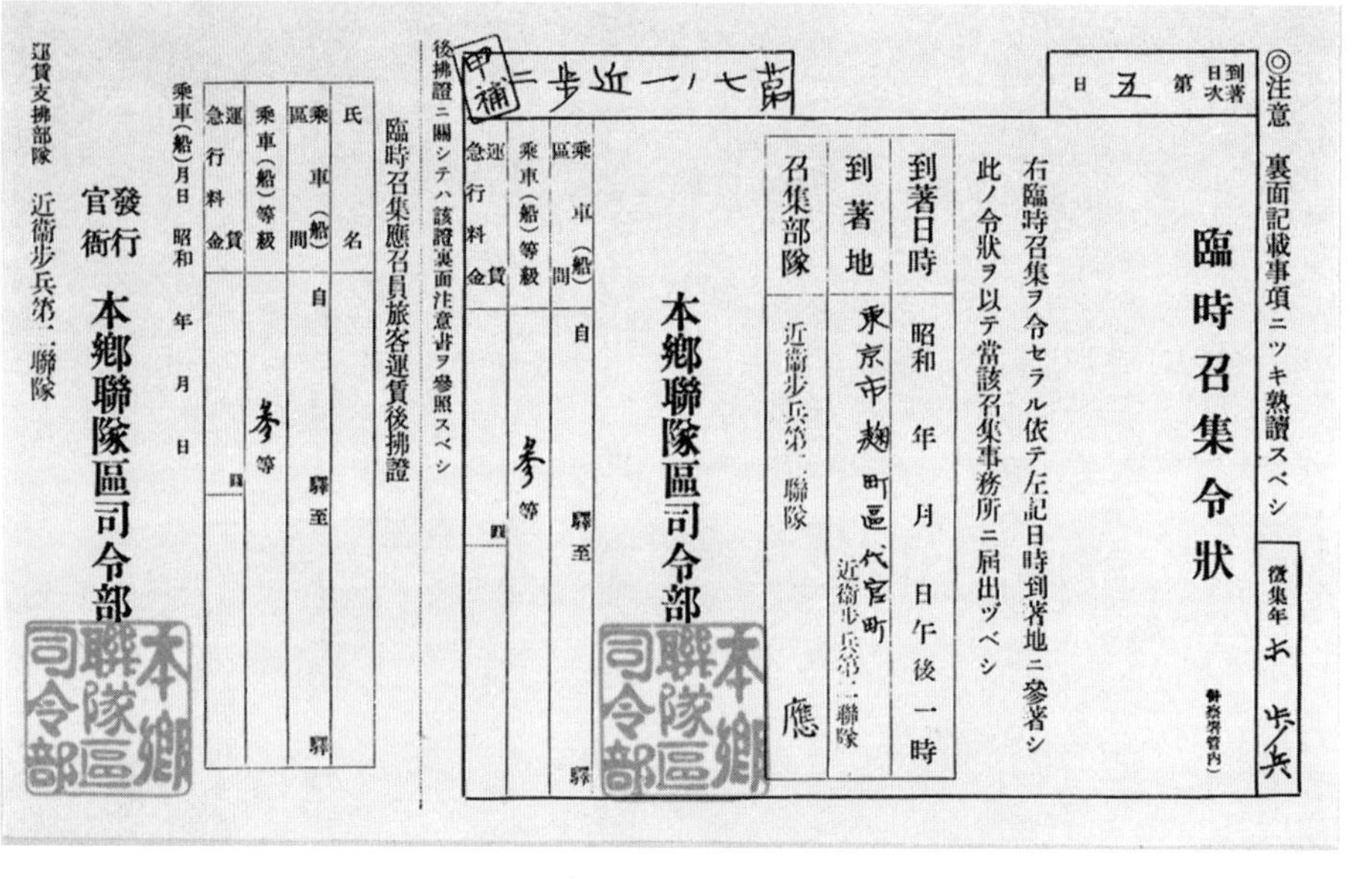
◎注意　裏面記載事項ニツキ熟讀スベシ

到著日次　第　五　日

徴集年　十　歩ノ兵

臨時召集令状

右臨時召集ヲ令セラル依テ左記日時到著地ニ參著シ此ノ令狀ヲ以テ當該召集事務所ニ屆出ヅベシ

到著日時	昭和　年　月　日午後一時
到著地	東京市麹町區代官町 近衛歩兵第二聯隊
召集部隊	近衛歩兵第二聯隊　應

本鄉聯隊區司令部

甲補　萬七ノ一近歩二

後拂證ニ關シテハ該證裏面注意書ヲ參照スベシ

乘車（船）區間	自　驛至　驛
乘車（船）等級	參等
運賃急行料金	圓

臨時召集應召員旅客運賃後拂證

氏名	
乘車（船）區間	自　驛至　驛
乘車（船）等級	參等
運賃急行料金	圓

乘車（船）月日　昭和　年　月　日

發行官衙　本鄉聯隊區司令部

運賃支拂部隊　近衛歩兵第二聯隊

▲召集令状《しょうしゅうれいじょう》

ずはなかったからだ。一言《ひとこと》で言《い》うと、日帝時代《にっていじだい》はひもじかった時代《じだい》、戦争《せんそう》と死《し》の恐怖《きょうふ》でおおわれた時代《じだい》だった。そして、その日本帝国《にほんていこく》の黒《くろ》い影《かげ》は、いまだにこの地《ち》に暗闇《くらやみ》をのこしているのである。

南北《なんぼく》の分断《ぶんだん》　もともと一《ひと》つの民族《みんぞく》だった朝鮮《ちょうせん》は、日本《にほん》が連合国《れんごうこく》に降伏《こうふく》して植民地《しょくみんち》支配《しはい》から解放《かいほう》されたが、統一《とういつ》した独立国家《どくりつこっか》にならず、一九四八年大韓民国《だいかんみんこく》と朝鮮《ちょうせん》民主主義人民共和国《みんしゅしゅぎじんみんきょうわこく》という二つの分断国家《ぶんだんこっか》になった。朝鮮《ちょうせん》が日本《にほん》の植民地《しょくみんち》であったため、日本《にほん》の対戦相手《たいせんあいて》だったアメリカ・ソ連《れん》両国《りょうこく》が分割占領《ぶんかつせんりょう》した。両国《りょうこく》の対立《たいりつ》の下《もと》で南北分断国家《なんぼくぶんだんこっか》へとつながった。その意味《いみ》で南北分断《なんぼくぶんだん》には、日本《にほん》の責任《せきにん》もあると考《かんが》えられている。

解説

日本《にほん》の朝鮮《ちょうせん》支配《しはい》

山本公徳《やまもとこうとく》

明治初期《めいじしょき》の日本政府《にほんせいふ》にとって、欧米列強《おうべいれっきょう》との間《あいだ》にむすばれた不平等《ふびょうどう》な条約《じょうやく》を撤廃《てっぱい》し、それらの国《くに》ぐにと対等《たいとう》な立場《たちば》に立《た》つことが最優先《さいゆうせん》の政策目標《せいさくもくひょう》であった。そのためには、一方《いっぽう》で国内法《こくないほう》を欧米《おうべい》なみに整備《せいび》し、他方《たほう》でアジア諸国《しょこく》との外交関係《がいこうかんけい》を国際法《こくさいほう》にもとづく関係《かんけい》にあらためることが必要《ひつよう》であった。とくに朝鮮《ちょうせん》との関係《かんけい》は、朝鮮《ちょうせん》が欧米列強《おうべいれっきょう》の支配下《しはいか》におかれると日本《にほん》にも植民地化《しょくみんちか》の危険《きけん》がおよぶおそれがあるため明治政府《めいじせいふ》にとって重要問題《じゅうようもんだい》だった。

しかし日本政府《にほんせいふ》は朝鮮《ちょうせん》と対等《たいとう》な関係《かんけい》をむすぼうとしたわけではない。一八七五年に朝鮮《ちょうせん》の江華島付近《こうかとうふきん》で日本《にほん》の軍艦《ぐんかん》が砲撃《ほうげき》をうけると（江華島事件《こうかとうじけん》）、日本政府《にほんせいふ》はこの事件《じけん》をきっかけに日朝修好条規《にっちょうしゅうこうじょうき》（江華条約《こうかじょうやく》）という不平等条約《ふびょうどうじょうやく》を朝鮮《ちょうせん》におしつけたのである。また一八八二年に、日本《にほん》に不満《ふまん》をもつ朝鮮軍人《ちょうせんぐんじん》が日本公使館《にほんこうしかん》を襲撃《しゅうげき》するという事件《じけん》のあとには（壬午軍乱《じんごぐんらん》）、公使館護衛《こうしかんごえい》の警備兵《けいびへい》を駐留《ちゅうりゅう》させる権利《けんり》を朝鮮政府《ちょうせんせいふ》にたいし、みとめさせた（済物浦条約《さいもっぽじょうやく》）。これは、日本軍《にほんぐん》が海《かい》外《がい》に軍隊《ぐんたい》を常駐《じょうちゅう》させる最初《さいしょ》の一歩《いっぽ》となった。

また朝鮮《ちょうせん》の支配《しはい》をめぐる一八九四年の日清戦争《にっしんせんそう》に勝利《しょうり》した日本《にほん》は、清国《しんこく》に朝鮮《ちょうせん》の独立《どくりつ》をみとめさせ朝鮮《ちょうせん》への清国《しんこく》の支配力《しはいりょく》を弱《よわ》め、くわえて遼東半島《りょうとうはんとう》・台湾《たいわん》・澎湖諸島《ぼうこしょとう》を割譲《かつじょう》させた（下関条約《しものせきじょうやく》）。九七年には、朝鮮《ちょうせん》の国名《こくめい》を大韓帝国《だいかんていこく》にあらためさせた。しかしこうして日本《にほん》が東《ひがし》アジアにおける影響力《えいきょうりょく》を強化《きょうか》するにつれ、ロシアが警戒感《けいかいかん》を強《つよ》め、一九〇四年に日露戦争《にちろせんそう》が勃発《ぼっぱつ》した。この戦争《せんそう》にも勝利《しょうり》した日本《にほん》は、一九〇五年のポーツマス条約《じょうやく》によって日本《にほん》が韓国《かんこく》を保護国《ほごこく》とすることを欧《おう》米列強《べいれっきょう》にみとめさせた。

この戦争《せんそう》によって、朝鮮半島《ちょうせんはんとう》の軍事基地《ぐんじきち》としての重要性《じゅうようせい》が認識《にんしき》された。そこで一九〇四年から一九〇七年にかけて、三回《さんかい》にわたって日韓協約《にっかんきょうやく》をむすび、日本軍《にほんぐん》が戦争《せんそう》に必要《ひつよう》な土地《とち》を収用《しゅうよう》したり韓国内《かんこくない》で自由《じゆう》に移動《いどう》することをみとめさせた。また韓国統監府《かんこくとうかんふ》を設立《せつりつ》してここで韓国《かんこく》の外交《がいこう》を取《と》りしきることとし、さらに韓国皇《かんこくこう》帝《てい》を退位《たいい》させ、日本人次官《にほんじんじかん》をおくりこむなどして韓国政府《かんこくせいふ》の内政権《ないせいけん》もうばったのである。

こうした日本《にほん》の侵略《しんりゃく》にたいし、韓国《かんこく》では義兵運動《ぎへいうんどう》という民衆《みんしゅう》の抵抗運動《ていこううんどう》が起《お》きた。そのなかでは、韓国統監府《かんこくとうかんふ》の初代統監《しょだいとうかん》伊藤博文《いとうひろぶみ》が安重根《アンジョングン》に暗殺《あんさつ》されるという事件《じけん》も起《お》きている。そして義兵運動《ぎへいうんどう》に直面《ちょくめん》した日本政府《にほんせいふ》は、より強力《きょうりょく》な支配《しはい》をおこなうため韓国全土《かんこくぜんど》を日本《にほん》の領土《りょうど》にする決定《けってい》を下《くだ》し、一九一〇年八月の「韓国併合《かんこくへいごう》ニ関《かん》スル条約《じょうやく》」によって韓国《かんこく》を「併合《へいごう》」したのである。

韓国《かんこく》を植民地《しょくみんち》として支配《しはい》した日本《にほん》は、地名《ちめい》をふたたび「朝鮮《ちょうせん》」にもどし、韓国《かんこく》統監府《とうかんふ》にかえて朝鮮総督府《ちょうせんそうとくふ》を設置《せっち》した。朝鮮総督府《ちょうせんそうとくふ》は朝鮮人《ちょうせんじん》の権利《けんり》をきびしく制《せい》限《げん》した。一九一〇年から一八年にかけて「土地調査事業《とちちょうさじぎょう》」をすすめ、申告《しんこく》のなかった土地《とち》や旧政府《きゅうせいふ》の所有地《しょゆうち》は国有地《こくゆうち》とされて総督府《そうとくふ》のものとなり、東洋拓殖会社《とうようたくしょくがいしゃ》などの日本人《にほんじん》の不動産会社《ふどうさんがいしゃ》や地主《じぬし》に安《やす》くはらいさげられた。

政治面《せいじめん》では、植民地住民《しょくみんちじゅうみん》には帝国議会《ていこくぎかい》の議員《ぎいん》の選挙権《せんきょけん》があたえられなかった。また教育《きょういく》ではその目的《もくてき》が天皇《てんのう》に忠誠《ちゅうせい》をちかう帝国臣民《ていこくしんみん》を育《そだ》てることにおかれ、日《に》本語《ほんご》の使用《しよう》が強制《きょうせい》された。一九四〇年には名前《なまえ》を日本式《にほんしき》にあらためさせる「創氏《そうし》改名《かいめい》」が強行《きょうこう》されている。さらに日本《にほん》の神道《しんとう》がもちこまれ、各地《かくち》に神社《じんじゃ》がつくられ、それに参拝《さんぱい》することが強制《きょうせい》された。こうした苛酷《かこく》な「同化政策《どうかせいさく》」が日本《にほん》の敗《はい》戦《せん》まで強制《きょうせい》されていったのである。

解説

「満州国《まんしゅうこく》」の建国《けんこく》

山本公徳《やまもとこうとく》

満州国《まんしゅうこく》とは、一九三二年に建国《けんこく》を宣言《せんげん》し日本《にほん》の敗戦《はいせん》まで中国東北地方《ちゅうごくとうほくちほう》にあった国家《こっか》のことである。この国家《こっか》は形式的《けいしきてき》には独立国《どくりつこく》であったが、日本《にほん》によってあやつられた国家《こっか》であり、事実上《じじつじょう》の日本《にほん》の植民地《しょくみんち》であった。

日本《にほん》が中国《ちゅうごく》に植民地《しょくみんち》をつくろうとした最初《さいしょ》のきっかけは、一九〇五年の日露戦争《にちろせんそう》での勝利《しょうり》の結果《けっか》として、中国《ちゅうごく》においてさまざまなロシアの利権《りけん》を獲得《かくとく》したことにあった。日露戦争後《にちろせんそうご》に調印《ちょういん》されたポーツマス条約《じょうやく》で、日本《にほん》は、関東州《かんとうしゅう》（南満州《みなみまんしゅう》）の租借権《そしゃくけん》や、ロシアが経営《けいえい》する東清鉄道《とうしんてつどう》のうちの長春《ちょうしゅん》以南《いなん》とその附属《ふぞく》利権《りけん》などを獲得《かくとく》したのである。この東清鉄道《とうしんてつどう》は、のちに南満州鉄道株式会社《みなみまんしゅうてつどうかぶしきがいしゃ》（満鉄《まんてつ》）によって経営《けいえい》され、その沿線《えんせん》で鉱山開発《こうざんかいはつ》がおこなわれるなど、日本《にほん》の満州《まんしゅう》支配《しはい》に大《おお》きな役割《やくわり》をはたした。

中国《ちゅうごく》での利権獲得《りけんかくとく》をねらう国《くに》は日本《にほん》だけでなく、欧米列強《おうべいれっきょう》が警戒《けいかい》を強《つよ》めていたため、日本《にほん》としても満州《まんしゅう》を完全《かんぜん》な植民地《しょくみんち》とすることはできなかった。しかし一九一四年に第一次世界大戦《だいいちじせかいたいせん》がはじまり、欧米列強《おうべいれっきょう》が中国《ちゅうごく》に力《ちから》をさく余裕《よゆう》をなくすと、日本《にほん》の中国進出《ちゅうごくしんしゅつ》が一気《いっき》にすすんだ。日本《にほん》は中国山東省《ちゅうごくさんとうしょう》のドイツ軍《ぐん》を一掃《いっそう》し、ドイツの中国《ちゅうごく》における利権《りけん》をすべて接収《せっしゅう》したのである。また一五年には中国《ちゅうごく》にたいし「二十一カ条要求《じょうようきゅう》」をおしつけ、山東省《さんとうしょう》のドイツ権益《けんえき》の譲渡《じょうと》、南満州《みなみまんしゅう》・東《ひがし》モンゴルにおける権益《けんえき》の期限延長《きげんえんちょう》と鉄道敷設権《てつどうふせつけん》などをみとめさせた。

しかし第一次世界大戦後《だいいちじせかいたいせんご》に欧米列強《おうべいれっきょう》がふたたび中国《ちゅうごく》に目《め》をむけはじめると、日《に》本《ほん》は後退《こうたい》を余儀《よぎ》なくされた。一九二一年のワシントン会議《かいぎ》で、中国代表《ちゅうごくだいひょう》による「二十一カ条要求《じょうようきゅう》」全面廃棄《ぜんめんはいき》のうったえを欧米列強《おうべいれっきょう》が支持《しじ》したのである。「九カ国条約《こくじょうやく》」(イギリス・アメリカ・日本《にほん》・フランス・イタリア・ベルギー・ポルトガル・オランダ・中国《ちゅうごく》)が締結《ていけつ》され、中国《ちゅうごく》の主権尊重《しゅけんそんちょう》、門戸開放《もんこかいほう》、機会均等《きかいきんとう》などがさだめられた。これは、満州《まんしゅう》における日本《にほん》の特殊権益《とくしゅけんえき》を否定《ひてい》し、中国《ちゅうごく》を列強諸国《れっきょうしょこく》の共同管理下《きょうどうかんりか》におこうとするものであった。

日本《にほん》の軍部《ぐんぶ》はこれを不満《ふまん》とし、英米《えいべい》と対決《たいけつ》してでも満州《まんしゅう》の特殊権益《とくしゅけんえき》をまもるべきだと主張《しゅちょう》した。またその時期《じき》の日本《にほん》は、第一次世界大戦後《だいいちじせかいたいせんご》の戦後恐慌《せんごきょうこう》から一九二〇年代後半《だいこうはん》の世界恐慌《せかいきょうこう》にいたるまで何度《なんど》となく経済危機《けいざいきき》に見舞《みま》われるが、そのたびに経済界《けいざいかい》から不況打開《ふきょうだかい》のため中国市場《ちゅうごくしじょう》を確保《かくほ》すべきとする声《こえ》があがっていた。

さらに二〇年代後半《だいこうはん》には、中国《ちゅうごく》で日本《にほん》の植民地支配《しょくみんちしはい》に対抗《たいこう》する民衆《みんしゅう》の運動《うんどう》がさかんになっていた。蔣介石《しょうかいせき》のひきいる国民革命軍《こくみんかくめいぐん》が、日本軍《にほんぐん》とむすびつき日本《にほん》の中国《ちゅうごく》支配《しはい》をたすけている北方《ほっぽう》の軍閥《ぐんばつ》勢力《せいりょく》をたおそうとしたのにたいして、日本《にほん》が中国《ちゅうごく》の日本人《にほんじん》保護《ほご》を名目《めいもく》に軍隊《ぐんたい》をおくったため（山東出兵《さんとうしゅっぺい》）、これにたいする抵《てい》抗《こう》が強《つよ》まったのである。

これにたいし日本《にほん》では戦争反対《せんそうはんたい》の声《こえ》が起《お》こる一方《いっぽう》、議会《ぎかい》では「満蒙《まんもう》は日本《にほん》の生命《せいめい》線《せん》」という演説《えんぜつ》がおこなわれ、満州《まんしゅう》を植民地《しょくみんち》として確保《かくほ》せよという声《こえ》が、強《つよ》くなっていった。そしてついに三一年九月十八日、関東軍《かんとうぐん》が奉天郊外《ほうてんこうがい》の柳条湖《りゅうじょうこ》で南満《みなみまん》州鉄道《しゅうてつどう》の線路《せんろ》を爆破《ばくは》し、これを中国軍《ちゅうごくぐん》のせいにして軍事行動《ぐんじこうどう》を開始《かいし》した。そして三二年には清朝《しんちょう》の最後《さいご》の皇帝《こうてい》であった溥儀《ふぎ》を執政《しっせい》として「満州国《まんしゅうこく》」の建国《けんこく》を宣言《せんげん》したのである（溥儀《ふぎ》は三四年に皇帝《こうてい》になった）。これはじっさいには日本《にほん》が政治《せいじ》や軍事《ぐんじ》のすべてを支配《しはい》するもので、皇帝《こうてい》には権限《けんげん》のない「かいらい（あやつり人形《にんぎょう》の意味《いみ》）国家《こっか》」であった。国際連盟《こくさいれんめい》はイギリス人のリットンを団長《だんちょう》とする調査団《ちょうさだん》を満州《まんしゅう》におくり、日本軍《にほんぐん》は撤退《てったい》せよという報告書《ほうこくしょ》をだしたが、日本《にほん》はこれに反発《はんぱつ》、三三年三月松岡洋右《まつおかようすけ》首席全権《しゅせきぜんけん》は国際連盟脱退《こくさいれんめいだったい》を宣言《せんげん》した。こうして日本《にほん》は中国《ちゅうごく》との全面戦争《ぜんめんせんそう》への道《みち》をつきすすんでいったのである。

過去《かこ》から脱却《だっきゃく》して

竹内精一《たけうちせいいち》

一九三二（昭和《しょうわ》七）年、日本《にほん》は、清国《しんこく》の最後《さいご》の皇帝《こうてい》であった*溥儀《ふぎ》を満州《まんしゅう》（中国東北部《ちゅうごくとうほくぶ》）につれてきて、日本《にほん》の言《い》いなりになる国《くに》、*満州国《まんしゅうこく》をつくった。同時《どうじ》にその満州《まんしゅう》をまもり、さらなる植民地化《しょくみんちか》をすすめるため、百万戸《こ》を目標《もくひょう》に移民《いみん》させることもきめた。その一《ひと》つとして、十三歳《さい》から十七歳《さい》くらいの、青少年《せいしょうねん》をまずしい農村《のうそん》からあつめて、茨城県《いばらきけん》の内原《うちはら》で三か月間訓練《かんくんれん》して満州《まんしゅう》におくりこみ*満蒙開拓青少年義勇軍《まんもうかいたくせいしょうねんぎゆうぐん》が組織《そしき》された。しかし、それは*王道楽土《おうどうらくど》、*五族協和《ごぞくきょうわ》などの美名《びめい》にかざられた植民《しょくみん》であった。

そのころ、わたしは天皇崇拝《てんのうすうはい》の軍国少年《ぐんこくしょうねん》だった。小学生《しょうがくせい》のころから将来《しょうらい》は軍人《ぐんじん》になろうと思《おも》っていたが、*色神異常《しきしんいじょう》のため、軍人《ぐんじん》の学校《がっこう》、*幼年学校《ようねんがっこう》も*士官学校《しかんがっこう》もうけられなかった。そこで満州《まんしゅう》におくりこむため募集《ぼしゅう》していた義勇軍《ぎゆうぐん》に行《い》こ

竹内精一《たけうちせいいち》　一九二八年、山梨県上九一色村《やまなしけんかみくいしきむら》精進《しょうじん》に生《う》まれる。小学校《しょうがっこう》には富士吉田市《ふじよしだし》で入学《にゅうがく》したが、その後鳴沢村小学校《ごなるさわむらしょうがっこう》にうつり卒業《そつぎょう》した。

溥儀《ふぎ》　一九三二年日本《にほん》の軍部《ぐんぶ》の満洲国建設《まんしゅうこくけんせつ》のさい、執政《しっせい》に擁立《ようりつ》され、三四年皇帝《こうてい》となる。

満州《まんしゅう》（国《こく》）　本書《ほんしょ》「解説《かいせつ》」二三七ページ参照《さんしょう》。

満蒙開拓青少年義勇軍《まんもうかいたくせいしょうねんぎゆうぐん》　本書《ほんしょ》「解説《かいせつ》」二四八ページ参照《さんしょう》。

王道楽土《おうどうらくど》　王道《おうどう》によって、政治《せいじ》のおこなわれている平和《へいわ》な理想的《りそうてき》な土地《とち》。

五族協和《ごぞくきょうわ》　もとは孫文《そんぶん》らが中国《ちゅうごく》内《ない》の民族《みんぞく》の協力《きょうりょく》をうったえたスローガン。日本《にほん》は満州国《まんしゅうこく》を正当化《せいとうか》するために日《にち》・漢《かん》・満《まん》・韓《かん》・蒙《もう》の協和《きょうわ》に転用《てんよう》してつかったが言葉《ことば》だけで実質《じっしつ》はそうではなかった。

うと思《おも》った。実際《じっさい》は募集《ぼしゅう》とは名《な》ばかりで、各国民学校《かくこくみんがっこう》*に人数《にんずう》も割《わ》り当《あ》てられていたのだった。

　このことを両親《りょうしん》に話《はな》すと、母《はは》は泣《な》きながら反対《はんたい》した。父《ちち》は「いまの男子《だんし》は二《は》十歳《たち》までは生《い》きていまい、自分《じぶん》の好《す》きなようにしたらよい」とあきらめていた。昭和《しょうわ》一八年三月、国民学校《こくみんがっこう》の卒業式《そつぎょうしき》もすまない日《ひ》に、入営《にゅうえい》する軍人《ぐんじん》といっしょの、村《むら》をあげての壮行会《そうこうかい》におくられて、内原《うちはら》の義勇隊訓練所《ぎゆうたいくんれんじょ》に入《はい》った。そこで三か月間《かん》、農業実習《のうぎょうじっしゅう》、軍事教練《ぐんじきょうれん》*、皇民教育《こうみんきょういく》*を徹底的《てっていてき》にたたきこまれた。六月十九日内原《うちはら》を出発《しゅっぱつ》し、宮城《きゅうじょう》（皇居《こうきょ》）、伊勢神宮《いせじんぐう》、新潟《にいがた》、朝鮮《ちょうせん》の清津《せいしん》をへて満州《まんしゅう》国北安省《こくほくあんしょう》の満鉄二井義勇隊訓練所《まんてつにせいぎゆうたいくんれんじょ》に到着《とうちゃく》した。六月二十二日であった。

「満鉄《まんてつ》」*は南満州鉄道株式会社《みなみまんしゅうてつどうかぶしきがいしゃ》の略称《りゃくしょう》で、公社《こうしゃ》として日本《にほん》が運営《うんえい》していた。この満鉄《まんてつ》は「満州《まんしゅう》の生命線《せいめいせん》」といわれていた。これの警備《けいび》をかねるため、訓練《くんれん》所《じょ》は鉄道《てつどう》の沿線《えんせん》にあった。満州《まんしゅう》の夏《なつ》は短《みじ》かく、五月ごろいっせいに草花《くさばな》が芽《め》をだし開花《かいか》し、十月にはかれ、凍結《とうけつ》がはじまるので、夏《なつ》は農作業《のうさぎょう》中心《ちゅうしん》で、冬期《とうき》は軍事訓練《ぐんじくんれん》と皇民教育《こうみんきょういく》ですごした。

色神異常《しきしんいじょう》（色覚異常《しきかくいじょう》）　色《いろ》を識《しき》別《べつ》する能力《のうりょく》に異常《いじょう》があること。

幼年学校《ようねんがっこう》　陸軍幼年学校《りくぐんようねんがっこう》の略《りゃく》。

士官学校《しかんがっこう》　陸軍士官学校《りくぐんしかんがっこう》のこと。

国民学校《こくみんがっこう》　一九四一年から四七年までの日本《にほん》の初等普通教育機関《しょとうふつうきょういくきかん》の名称《めいしょう》。従来《じゅうらい》の小学校《しょうがっこう》を改称《かいしょう》し、初等科《しょとうか》六年《ねん》、高等科《こうとうか》二年《ねん》を義務教育年限《ぎむきょういくねんげん》とした。

軍事教練《ぐんじきょうれん》　軍事的《ぐんじてき》な教育《きょういく》と訓練《くんれん》。

皇民教育《こうみんきょういく》　天皇《てんのう》が中心《ちゅうしん》の国《くに》の人《じん》民《みん》として、国家《こっか》・天皇《てんのう》に忠誠《ちゅうせい》をつくすよう教《おし》えこむこと。

満鉄《まんてつ》（南満洲鉄道株式会社《みなみまんしゅうてつどうかぶしきがいしゃ》）　日《に》本《ほん》の中国東北部支配《ちゅうごくとうほくぶしはい》の経済的《けいざいてき》中《ちゅう》心《しん》となった半官半民《はんかんはんみん》の国策会社《こくさくかいしゃ》。大連《だいれん》―長春《ちょうしゅん》間《かん》、安東《あんとう》―奉天《ほうてん》間《かん》の鉄道《てつどう》や、その沿線《えんせん》の炭鉱《たんこう》、製鉄《せいてつ》、商事会社《しょうじがいしゃ》などで構成《こうせい》されていた。

一年目《め》はおとなしかった訓練生《くんれんせい》は、なれるにしたがい、中国人部落《ちゅうごくじんぶらく》に入《はい》り農《のう》作物《さくぶつ》をぬすんで食《た》べ、それが見《み》つかったときなど、反対《はんたい》に脅迫《きょうはく》したり、少《すこ》しのことで、子《こ》どもの見《み》ているまえで父親《ちちおや》をなぐるなどの乱暴《らんぼう》な行為《こうい》をはたらいた。わたしが注意《ちゅうい》しても反対《はんたい》に集団《しゅうだん》で暴行《ぼうこう》をうけるありさまだった。

そのころの満州《まんしゅう》は日本《にほん》とちがい空襲《くうしゅう》はなく、戦火《せんか》は遠《とお》い感《かん》じがしていたが、一九四四（昭和《しょうわ》一九）年の十月、わたしも軍需工場《ぐんじゅこうじょう》*に動員《どういん》された。それは満州《まんしゅう》国最大《こくさいだい》の都市《とし》、奉天《ほうてん》*にある三菱機器株式会社《みつびしききかぶしきがいしゃ》といって満州《まんしゅう》で唯一戦車《ゆいいつせんしゃ》をつくっていた工場《こうじょう》であった。その年《とし》の十二月七日、満州《まんしゅう》ではじめて空襲《くうしゅう》をうけたのは同《おな》じく、満州《まんしゅう》で唯一飛行機《ゆいいつひこうき》の製造《せいぞう》をしていた満州飛行株式会社《まんしゅうひこうかぶしきがいしゃ》で、この空襲《くうしゅう》のため遺滅《かいめつ》した。このとき空襲《くうしゅう》をさけるため、五十メートルはある鉄道《てつどう》のガード下《した》に避難《ひなん》していた数百人《すうひゃくにん》の中国人《ちゅうごくじん》はガードの両入《りょうい》り口《ぐち》におとされた爆弾《ばくだん》の爆風《ばくふう》で、おりかさなって死《し》んだ。それらの人《ひと》びとはトラックにつまれ、まるで物《もの》でもかたづけるかのようにどこかにはこばれていった。

その空襲《くうしゅう》から数日後《すうじつご》、こんなことがあった。奉天神社《ほうてんじんじゃ》の境内《けいだい》に、B29*を体当《たいあ》

軍需工場《ぐんじゅこうじょう》 兵器《へいき》や軍服《ぐんぷく》など軍事《ぐんじ》上必要《じょうひつよう》な物資《ぶっし》を生産《せいさん》するための工場《こうじょう》。

たりでおとしたと、日本《にほん》の飛行機《ひこうき》がおかれたことがあった。見学《けんがく》に多《おお》くの人《ひと》がおとずれたので、それを目《め》あてに、中国人《ちゅうごくじん》が屋台《やたい》をひらいた。数《すう》十はでていたのを、日本《にほん》の憲兵《けんぺい》*が五人《にん》ほどきて、許可《きょか》なしにだしたと、有無《うむ》を言《い》わさず足《あし》でけり、ひっくりかえした。中国人《ちゅうごくじん》はにげまどうばかり、その品物《しなもの》をひろってもち帰《かえ》った日本人《にほんじん》を憲兵《けんぺい》はだまって見《み》ていた。わたしははずかしくていたたまれなかった。「植民地《しょくみんち》とはこういうものか。五族協和《ごぞくきょうわ》とは名《な》のみではないか」、そう思《おも》った。春《はる》も近《ちか》づく三月末《まつ》に訓練所《くんれんじょ》に帰《かえ》り、ほかの人《ひと》たちと交替《こうたい》した。

各地《かくち》の戦火《せんか》ははげしさをまし、訓練生《くんれんせい》にもきびしくつらい日々《ひび》がつづくなか、八月六日ごろからどの列車《れっしゃ》も南《みなみ》に行《い》くのは満席《まんせき》で混雑《こんざつ》していたので、不安《ふあん》に思《おも》った。あとでわかったことだが、ソ連《れん》*が参戦《さんせん》するとの情報《じょうほう》で、最初《さいしょ》に軍人《ぐんじん》の家族《かぞく》が、つぎにこれを知《し》った満鉄《まんてつ》の関係者《かんけいしゃ》が南《みなみ》に行《い》った。奥地《おくち》にいる開拓団《かいたくだん》、義勇隊《ぎゆうたい》は、おきざりになった。国《くに》や関東軍《かんとうぐん》*が、民《たみ》を見《み》すてたのだ。難民《なんみん》となり孤児《こじ》が発生《はっせい》したのはこのためだ。

八月九日、満《まん》十七歳《さい》以上《いじょう》の男子《だんし》は北安《ペイアン》に集合《しゅうごう》せよとの召集《しょうしゅう》がきた。北安《ペイアン》の六

B29　アメリカ軍《ぐん》の長距離爆撃機《ちょうきょりばくげきき》。日本本土空襲《にほんほんどくうしゅう》を終戦《しゅうせん》までくりかえしたが、高速《こうそく》で装備《そうび》もすぐれていたため、日本軍《にほんぐん》の戦闘機《せんとうき》は対抗《たいこう》できなかった。

憲兵《けんぺい》　旧軍隊内《きゅうぐんたいない》の秩序維持《ちつじょいじ》を任務《にんむ》とする兵隊《へいたい》。犯罪捜査《はんざいそうさ》、軍紀維持《ぐんきいじ》、思想取《しそうと》りしまりから、次第《しだい》に権限《けんげん》を拡大《かくだい》し、公安対策《こうあんたいさく》、思想弾圧《しそうだんあつ》、スパイ活動防止《かつどうぼうし》などにも強《つよ》い権力《けんりょく》をふるった。

ソ連参戦《れんさんせん》　一九四一年に日《にっ》ソ間《かん》でむすばれた「日《にっ》ソ中立条約《ちゅうりつじょうやく》」(相互不可侵条約《そうごふかしんじょうやく》)があったが、四五年四月、ソ連《れん》は条約不延長《じょうやくふえんちょう》を通告《つうこく》、同年八月、ソ連《れん》は、対日《たいにち》参戦《さんせん》を宣言《せんげん》した。条約《じょうやく》の有効期限《ゆうこうきげん》は四六年四月までだったが、ヤルタ会談《かいだん》でソ連《れん》はアメリカにドイツ降伏後《こうふくご》三か月以内《いない》に対日参戦《たいにちさんせん》することを約束《やくそく》していた。

関東軍《かんとうぐん》　中国関東州《ちゅうごくかんとうしゅう》および満州《まんしゅう》

八六部隊《ぶたい》に集合《しゅうごう》した数百人《すうにん》は、準備《じゅんび》もなく貨物列車《かもつれっしゃ》にのせられ、北《きた》の孫呉《そんご》にむかった。小興安嶺《しょうこうあんれい》の南端《なんたん》、清溪駅《せいけいえき》の手前《てまえ》で、ソ連機《れんき》の空襲《くうしゅう》にあい、草《くさ》むらやかん木《ぼく》のなかににげこんだ。機関車《きかんしゃ》がやられ、うごかないので、線路《せんろ》の上《うえ》を歩《ある》いて孫呉《そんご》にむかった。昼《ひる》はトンネルのなかに、夜《よる》は走《はし》ってをくりかえし、二昼夜《にちゅうや》をすごして孫呉《そんご》に到着《とうちゃく》し、四四一〇部隊《ぶたい》に入《はい》った。

　そこでわたされたものは笑《わら》い話《ばなし》ではないが、手投弾《てなげだん》*二発《はつ》と、竹《たけ》*やりであった。三万人《まんにん》いたといわれた兵隊《へいたい》は、陣地《じんち》に移動《いどう》し、のこっている部隊《ぶたい》はわずかで、その任務《にんむ》は街《まち》を焼《や》きはらい、鉄橋《てっきょう》を爆破《ばくは》し、戦車《せんしゃ》の進入《しんにゅう》をふせぐこと。街《まち》を焼《や》きはらうのは、そのほうがソ連軍《れんぐん》が陣地《じんち》から見《み》えて攻撃《こうげき》がしやすくなるためである。

　しかし一日《にち》もたたないうちにソ連軍《れんぐん》の戦車数《せんしゃすう》百台《だい》と万《まん》を数《かぞ》える兵士《へいし》がわたしたちの陣地《じんち》を取《と》りかこんだ。空《そら》から数時間《すうじかん》おきに爆撃《ばくげき》され、陸《りく》からは戦車《せんしゃ》による砲《ほう》撃《げき》でほとんど抵抗《ていこう》する重火器《じゅうかき》もなく、唯一人間《ゆいいつにんげん》をつかっての攻撃《こうげき》だけで奇襲《きしゅう》を考《かんが》えた。そのために、急造爆雷《きゅうぞうばくらい》といって一辺《ぺん》が三十センチぐらいの箱《はこ》にダイナマイトを二、三十本《ぼん》つめ、ヒモのついた雷管《らいかん》を取《と》りつけ釘《くぎ》づけにし、箱《はこ》のヒモを引《ひ》

(中国東北部《ちゅうごくとうほくぶ》)に駐留《ちゅうりゅう》した旧日《きゅうに》本陸軍《ほんりくぐん》の部隊《ぶたい》。一九一九年、それまでおかれていた守備隊《しゅびたい》を改編《かいへん》し、独立《どくりつ》させたもの。敗戦《はいせん》にいたるまで、大陸侵略《たいりくしんりゃく》、満州国支配《まんしゅうこくしはい》の中《ちゅう》心的《しんてき》な役割《やくわり》をになった。

手投弾《てなげだん》　手《て》で投《な》げる小型《こがた》の爆弾《ばくだん》。

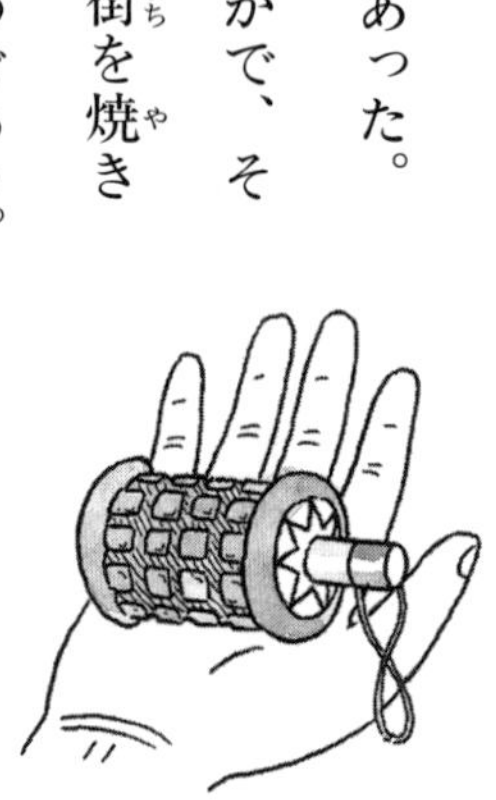

竹《たけ》やり　竹《たけ》の幹《みき》の先端《せんたん》を斜《なな》めに切《き》ってとがらせ、やりのようにして用《もち》いる武器《ぶき》。

くと爆発《ばくはつ》するようにしたものをつくった。これを体《からだ》につけて、戦車《せんしゃ》の下《した》にもぐり、破砕《はさい》する人間爆弾《にんげんばくだん》だ。この肉迫攻撃《にくはくこうげき》をつづけたが、いたずらに死者《ししゃ》がますばかりであった。

しかし天皇《てんのう》の軍隊《ぐんたい》はそれをくりかえした。八月十八日の夜《よる》、部隊全員《ぶたいぜんいん》にたいして、明日《あす》の総攻撃《そうこうげき》の命《めい》がでた。いっさいのものを処分《しょぶん》して十九日の朝《あさ》をむかえた。わが陣地《じんち》の前《まえ》を白旗《しろはた》をかかげた車《くるま》がとおった。それが降伏《こうふく》の使者《ししゃ》だった。武装解《ぶそうかい》除《じょ》の命《めい》がでて、いっさいの兵器《へいき》が道路《どうろ》ぎわにあつめられた。戦争《せんそう》が終《お》わったのだ。もう死《し》ななくてよいのだ。家《いえ》に帰《かえ》れるとの思《おも》いでいっぱいだった。

*シベリアに抑留《よくりゅう》され四年、これがわたしの人生観《じんせいかん》をかえた。いままで国《くに》のため、*侵略戦争《しんりゃくせんそう》の手先《てさき》になっていたこと、しかしあの時代《じだい》でも戦争《せんそう》に反対《はんたい》していた人《ひと》がいたことを知《し》り、おどろいた。一九四九（昭和《しょうわ》二四）年に帰国《きこく》し、父《ちち》や弟《おとうと》たちのいた、山梨県上九一色村《やまなしけんかみくいしきむら》の開拓地《かいたくち》に入《はい》った。当時《とうじ》は、電気《でんき》もなく、水《みず》もなく、道路《どうろ》もない。まったくなんにもないところだった。現在《げんざい》、ここには一七〇戸《こ》の人《ひと》たちが住《す》んでいる。農業《のうぎょう》をやり、食糧増産《しょくりょうぞうさん》を、とたたかってきた。道《どう》

シベリア抑留《よくりゅう》 第二次世界大戦《だいにじせかいたいせん》末期《まっき》のソ連《れん》の対日参戦《たいにちさんせん》により、中国東北部《ちゅうごくとうほくぶ》・サハリン・千島《ちしま》では、捕虜《ほりょ》となった日本軍兵士《にほんぐんへいし》と一《いち》部民間人《ぶみんかんじん》がソ連軍《れんぐん》の手《て》でシベリアから中央《ちゅうおう》アジアにいたる各地《かくち》へ移送《いそう》され、強制収容所《きょうせいしゅうようじょ》（ラーゲリ）で酷寒《こっかん》のなか、重労働《じゅうろうどう》に従事《じゅうじ》させられた。その数約《かずやく》六十四万《まん》人《にん》、死者《ししゃ》は六万二千人《にん》にもたっした。三巻《かん》「解説《かいせつ》」参照。

侵略戦争《しんりゃくせんそう》 他国《たこく》に侵入《しんにゅう》してその領土《りょうど》や財物《ざいぶつ》をうばいとるための戦争《せんそう》。

路《ろ》や学校《がっこう》などをつくり、電気《でんき》はようやく昭和《しょうわ》三十二年に、水《みず》は三十九年、本栖湖《もとすこ》から揚水《ようすい》した。入植《にゅうしょく》当時《とうじ》は雑穀《ざっこく》主体《しゅたい》のため、毎年《まいとし》やってくる台風《たいふう》と冷害《れいがい》のため収穫《しゅうかく》が皆無《かいむ》となり全員《ぜんいん》離農《りのう》することさえ考《かんが》えたが、昭和《しょうわ》三十年ごろから酪農《らくのう》と野菜類《やさいるい》を主体《しゅたい》とした経営《けいえい》に切《き》りかえ、現在《げんざい》では一大畜産団地《いちだいちくさんだんち》として生《う》まれかわった。

一九九四（平成《へいせい》六）年、*オウム真理教《しんりきょう》が進出《しんしゅつ》してきて、高《たか》い金属製《きんぞくせい》の塀《へい》をめぐらせ、入《い》り口《ぐち》に七、八人若者《にんわかもの》をたむろさせて、住民《じゅうみん》の顔写真《かおじゃしん》や車《くるま》のナンバーをひかえるなどをしていた。また小学生《しょうがくせい》や住民《じゅうみん》に脅迫《きょうはく》まがいの言動《げんどう》をし、住民《じゅうみん》を不安《ふあん》におとしいれた。地域《ちいき》としては、オウム真理教対策委員会《しんりきょうたいさくいいんかい》を組織《そしき》し、この教団《きょうだん》とのたたかいに入《はい》った。

オウムはその後《ご》も反社会的行為《はんしゃかいてきこうい》をおこない、*サリンの製造《せいぞう》や兵器《へいき》の製造《せいぞう》、*イニシエーションと称《しょう》して、薬《くすり》まで使用《しよう》して信者《しんじゃ》を獲得《かくとく》していた。個々《ここ》の信者《しんじゃ》と話《はな》すと、まったく自分《じぶん》の考《かんが》えをもたず、上《うえ》から言《い》われたことだけ、教祖《きょうそ》がやれと言《い》え

オウム真理教《しんりきょう》（アレフ）　麻原《あさはら》彰晃《しょうこう》が一九八〇年代《だい》に創始《そうし》した宗教《しゅうきょう》。一九九五年三月二十日の十二人《にん》が死亡《しぼう》、約《やく》三千八百人《にん》が重軽症《じゅうけいしょう》を負《お》った地下鉄《ちかてつ》サリン事件《じけん》をはじめとする一連《いちれん》の事件《じけん》にかかわり、九六年には宗教法人《しゅうきょうほうじん》の解散命令《かいさんめいれい》がだされた。

サリン　神経中毒剤《しんけいちゅうどくざい》。無色《むしょく》、無臭《むしゅう》の液体《えきたい》。気化《きか》し、生体《せいたい》に吸収《きゅうしゅう》されると、急激《きゅうげき》に神経《しんけい》マヒをおこし、嘔吐《おうと》、けいれんなどの症状《しょうじょう》があらわれ、わずかな量《りょう》でも致死《ちし》となる。

ば、殺人《さつじん》でも平気《へいき》でやるように洗脳《せんのう》されていて、五十年前《ねんまえ》の自分《じぶん》を見《み》ているようだった。わたしも天皇《てんのう》のために平気《へいき》で死《し》ねた。かれらは、かつてのわたしにとっての天皇《てんのう》を教祖《きょうそ》にかえただけだと思《おも》った。

だからわたしは信者《しんじゃ》によく話《はなし》をした。「五十年前《ねんまえ》は、わたしたちも侵略戦争《しんりゃくせんそう》の手先《てさき》で、自分《じぶん》たち自身《じしん》は被害者《ひがいしゃ》だけど、中国《ちゅうごく》の人《ひと》たちから見《み》たら加害者《かがいしゃ》だ。それと同《おな》じで、君《きみ》たちはオウムによる被害者《ひがいしゃ》だけど、社会的《しゃかいてき》に見《み》ると加害者《かがいしゃ》だ。そのことを、早《はや》く自分《じぶん》で考《かんが》えてこの教団《きょうだん》をやめるように」と言《い》った。なかには脱《だっ》会《かい》する信者《しんじゃ》もいた。

イニシエーション 特定《とくてい》の集団《しゅうだん》に加入《かにゅう》するさいにおこなわれる儀礼《ぎれい》。それによって、社会的《しゃかいてき》、宗教的地位《しゅうきょうてきちい》の変更《へんこう》が達成《たっせい》されるが、しばしば肉体的《にくたいてき》、精神的試練《せいしんてきしれん》がともなう。

解説

開拓団《かいたくだん》・青少年義勇軍《せいしょうねんぎゆうぐん》・残留孤児《ざんりゅうこじ》

米田佐代子《よねださよこ》・山本公徳《やまもとこうとく》

開拓団《かいたくだん》とは、満州事変後《まんしゅうじへんご》の一九三二年から敗戦《はいせん》にかけて、満州《まんしゅう》におくられた日本人移民《にほんじんいみん》のことである。開拓団《かいたくだん》は三六年に「二十ヶ年《ねん》百万戸送出計画《こそうしゅつけいかく》」が立《た》てられるとともに本格化《ほんかくか》し、「分村《ぶんそん》」といわれる村単位《むらたんい》での移民《いみん》もおこなわれた。敗戦時《はいせんじ》の満州《まんしゅう》には約《やく》二十七万人《にん》の開拓団員《かいたくだんいん》がいたとされる。

開拓団《かいたくだん》の成年男子《せいねんだんし》は、陸軍《りくぐん》がソ連《れん》との戦争《せんそう》にそなえて準備《じゅんび》をはじめると、しだいに兵士《へいし》として召集《しょうしゅう》されるようになった。このため男子《だんし》の人手《ひとで》が不足《ふそく》するようになり、日本《にほん》から数《かぞ》え年《どし》十六歳《さい》から十九歳《さい》までの男子《だんし》を中心《ちゅうしん》にした人《ひと》びとが新《あら》たに満州《まんしゅう》におくられた。これが満蒙開拓青少年義勇軍《まんもうかいたくせいしょうねんぎゆうぐん》である。

この開拓団《かいたくだん》がつくられた背景《はいけい》には、おもに三《みっ》つの理由《りゆう》があった。

一《ひと》つは、満州《まんしゅう》での食糧不足《しょくりょうぶそく》を解消《かいしょう》することである。そのため、開拓団《かいたくだん》の中心《ちゅうしん》は農民《のうみん》であった。

二《ふた》つ目《め》は、満州事変後《まんしゅうじへんご》に、満州《まんしゅう》で日本《にほん》の侵略《しんりゃく》に抗議《こうぎ》する抗日《こうにち》ゲリラの抵抗《ていこう》が強《つよ》まったことである。開拓団《かいたくだん》には、これをおさえることが期待《きたい》されたのである。このために、開拓団《かいたくだん》には在郷軍人《ざいごうぐんじん》や退役軍人《たいえきぐんじん》も多《おお》く参加《さんか》していた。

三《みっ》つ目《め》の理由《りゆう》は、昭和恐慌《しょうわきょうこう》による日本国内《にほんこくない》での農村《のうそん》の荒廃《こうはい》である。戦前《せんぜん》の農村《のうそん》は、昭和恐慌《しょうわきょうこう》で大打撃《だいだげき》をうけていた。そのために、多《おお》くの農民《のうみん》を満州《まんしゅう》におくって満州《まんしゅう》の食糧増産《しょくりょうぞうさん》をめざすとともに、農家一戸《のうかいっこ》あたりの土地《とち》を広《ひろ》くして農業経営《のうぎょうけいえい》を安定《あんてい》させようという考《かんが》えが強《つよ》まっていったのである。またそれによって、はげしさをましていた地主《じぬし》と小作人《こさくにん》の対立《たいりつ》も緩和《かんわ》できると考《かんが》えられた。

しかし、開拓団《かいたくだん》・義勇軍《ぎゆうぐん》と称《しょう》して大量《たいりょう》の日本人《にほんじん》を満州《まんしゅう》におくりこんだことは、さまざまな悲劇《ひげき》を生《う》んだ。その一《ひと》つが「残留孤児《ざんりゅうこじ》」問題《もんだい》である。すでにのべたように戦争《せんそう》の末期《まっき》には、開拓団《かいたくだん》の成年男子《せいねんだんし》が兵士《へいし》として召集《しょうしゅう》されてしまうのだが、その結果《けっか》のこされた老人《ろうじん》・女性《じょせい》・子《こ》どもは敗戦《はいせん》とともに日本軍《にほんぐん》に見《み》すてられ日本《にほん》に帰《かえ》ることもできず、満州《まんしゅう》に取《と》りのこされた。のこされた人《ひと》びとは現地《げんち》の農民《のうみん》の蜂《ほう》起《き》やソ連軍《れんぐん》の襲撃《しゅうげき》から自力《じりき》でにげのびようとしたが、多《おお》くはにげきれず力《ちから》つきていった。そうした混乱《こんらん》のなかで、母親《ははおや》たちのなかには、やむなく自分《じぶん》の子《こ》どもを現《げん》地《ち》の中国人《ちゅうごくじん》に託《たく》さざるをえなかった人《ひと》もいたのである。

その大部分《だいぶぶん》は、生《う》まれてまもない赤《あか》ちゃんから十歳《さい》ぐらいまでのおさない子《こ》どもたちだった。日本人《にほんじん》であることがわかると養父母《ようふぼ》まで迫害《はくがい》された時期《じき》もあったため、父母《ふぼ》の顔《かお》も名前《なまえ》も知《し》らず、自分《じぶん》が日本人《にほんじん》であることも知《し》らされないまま大人《おとな》になっていった。戦後日本政府《せんごにほんせいふ》はそのゆくえをさがす努力《どりょく》をしなかったばかりか、一九五九年には「戦時死亡宣告《せんじしぼうせんこく》」によって戸籍《こせき》から抹消《まっしょう》（死亡者《しぼうしゃ》あつかい）してしまった。一九七二年に日本《にほん》と中国《ちゅうごく》の国交回復《こっこうかいふく》がおこなわれてから、「残留孤児《ざんりゅうこじ》」の存在《そんざい》が日本《にほん》でも知《し》られるようになり、一九八〇年代《だい》になってからようやく「肉親探《にくしんさが》し」がはじまった。しかしすでに戦後《せんご》四十年以上《ねんいじょう》たち、親《おや》も亡《な》くなっていたりして肉親《にくしん》にめぐり会《あ》えたのはわずかだった。国《くに》ははじめ親族《しんぞく》の身元保障人《みもとほしょうにん》がいない孤児《こじ》の帰国《きこく》をみとめなかったが、なんとか国費《こくひ》による帰国《きこく》もできるようになり、これまでに二四八六人《にん》が永住帰国《えいじゅうきこく》した。しかし、ようやく帰国《きこく》できても日本語《にほんご》もできず仕《し》事《ごと》もなく、多《おお》くの人《ひと》が苦《くる》しい生活《せいかつ》を強《し》いられ、差別《さべつ》された。

「日本人《にほんじん》として祖国《そこく》に帰《かえ》ってきたのに、なぜこのようにつらい思《おも》いをしなければならないのか」――「中国残留孤児《ちゅうごくざんりゅうこじ》」が、二〇〇二年一二月に集団《しゅうだん》で日本政府《にほんせいふ》にたいし「国家賠償訴訟《こっかばいしょうそしょう》」を起《お》こしたのは、こうしたやむにやまれない気持《きも》ちからであった。「私《わたし》たちは、日本政府《にほんせいふ》に三度棄民《さんどきみん》され（捨《す》てられ）た。一度目《どめ》は日本《にほん》の中《ちゅう》国侵略政策《ごくしんりゃくせいさく》によって中国大陸《ちゅうごくたいりく》におくりだされ、戦場《せんじょう》にほうりだされたこと、二度《ど》目《め》は戦後日本政府《せんごにほんせいふ》によって死亡者《しぼうしゃ》あつかいをされたこと、三度目《どめ》は帰国《きこく》してからも生活《せいかつ》のたすけをしてくれなかったこと」と「残留孤児《ざんりゅうこじ》」はうったえている。国《くに》は、「中国残留孤児《ちゅうごくざんりゅうこじ》」を生《う》んだ責任《せきにん》をあきらかにして謝罪《しゃざい》し、やすらかな老後《ろうご》をおくれるように支援《しえん》してほしいというのが、訴訟《そしょう》にふみきった人《ひと》びとのねがいである。

日本軍《にほんぐん》は中国《ちゅうごく》でなにをしたか

笠原十九司《かさはらとくし》

南京《ナンキン》*を占領《せんりょう》*した日本軍《にほんぐん》

一九三七年七月七日の盧溝橋事件《ろこうきょうじけん》*を口実《こうじつ》にして日中戦争《にっちゅうせんそう》をはじめた日本軍《にほんぐん》は、中国全土《ちゅうごくぜんど》へ侵略戦争《しんりゃくせんそう》の戦場《せんじょう》を拡大《かくだい》し、その年《とし》の十二月十三日には、当時《とうじ》の中国《ちゅうごく》の首都南京《しゅとナンキン》を占領《せんりょう》しました。そのころの日本《にほん》は、中国《ちゅうごく》の軍隊《ぐんたい》や民衆《みんしゅう》の力《ちから》を軽《かる》く見《み》て、日本軍《にほんぐん》が一撃《いちげき》をくわえればかんたんに降参《こうさん》して日本《にほん》の支配《しはい》にしたがうだろうという安易《あんい》な考《かんが》えと、一方《いっぽう》では、神《かみ》である天皇《てんのう》のおさめる日本《にほん》は、世界《せかい》でもすぐれた国《くに》であり、その日本《にほん》が中国《ちゅうごく》をふくむ東《ひがし》アジアを支配《しはい》するのは、当然《とうぜん》であり、それに反抗《はんこう》する中国《ちゅうごく》は「膺懲《ようちょう》する（こらしめる）」という思《おも》いあがった考《かんが》えかたがひろまっていました。

南京《ナンキン》を占領《せんりょう》した日本軍《にほんぐん》は、南京《ナンキン》をまもっていた中国軍《ちゅうごくぐん》にたいして、「包囲殲滅《ほういせんめつ》

笠原十九司《かさはらとくし》 一九四四年、朝鮮《ちょうせん》忠清北道清州郡梧倉面《ちゅうせいほくどうせいしゅうぐんごそうめん》に生《う》まれ、帰国後《きこくご》、群馬県多野郡神流町《ぐんまけんたののぐんかんなまち》で育《そだ》った。

占領《せんりょう》 武力《ぶりょく》をもって他国《たこく》の領土《りょうど》を自国《じこく》の支配下《しはいか》におくこと。

盧溝橋事件《ろこうきょうじけん》 一九三七（昭和一二）年七月七日の深夜《しんや》に北京郊外《ペキンこうがい》の盧溝橋付近《ろこうきょうふきん》で起きた日本軍《にほんぐん》と中国軍《ちゅうごくぐん》の衝突事件《しょうとつじけん》。日本軍《にほんぐん》は演習中《えんしゅうちゅう》日本軍兵士《にほんぐんへいし》一名《めい》がゆくえ不《ふ》

作戦《さくせん》（囲《かこ》んで皆殺《みなごろ》しにする作戦《さくせん》）」を実行《じっこう》しました。中国軍《ちゅうごくぐん》を徹底的《てっていてき》にいためつけて殺害《さつがい》し、日本軍《にほんぐん》の強《つよ》いところを見《み》せつければ、中国《ちゅうごく》はかんたんに日本《にほん》に屈服《くっぷく》すると思《おも》いこんでいたのです。そのころ世界《せかい》には、「戦時国際法《せんじこくさいほう》」*という戦争《せんそう》のルールがきめられており、武器《ぶき》をすて、戦闘《せんとう》をやめた捕虜《ほりょ》*や投降兵《とうこうへい》*、敗残兵《はいざんへい》*は殺害《さつがい》してはならないとされていたのですが、南京《ナンキン》を占領《せんりょう》した日本軍《にほんぐん》は、そのルールをまもらずに、「残敵掃討作戦《ざんてきそうとうさくせん》（残《のこ》る敵《てき》を皆殺《みなごろ》しにする作戦《さくせん》）」を徹底《てってい》しておこない、武装解除《ぶそうかいじょ》*された無抵抗《むていこう》の中国兵《ちゅうごくへい》を大量《たいりょう》に殺害《さつがい》したばかりでなく、家《いえ》にのこっていた多《おお》くの市民《しみん》までも殺害《さつがい》してしまったのです。

早《はや》く南京《ナンキン》を占領《せんりょう》して、中国《ちゅうごく》を屈服《くっぷく》させようとあせった日本軍《にほんぐん》の指導者《しどうしゃ》たちは、補給《ほきゅう》も、装備《そうび》も不十分《ふじゅうぶん》なまま、休養《きゅうよう》もあたえないで、無理《むり》な戦闘《せんとう》をすすめたので、日本軍《にほんぐん》の規律《きりつ》はみだれ、兵士《へいし》たちの間《あいだ》に不平《ふへい》、不満《ふまん》が高《たか》まっていました。こうした兵士《へいし》の反発《はんぱつ》をそらし、さらに兵士《へいし》たちの戦闘意欲《せんとういよく》を高《たか》めるために、軍隊《ぐんたい》の指揮官《しきかん》のなかに、「南京《ナンキン》を占領《せんりょう》したら、中国《ちゅうごく》の女性《じょせい》にすき勝手《かって》なことをしてよい」と部下《ぶか》の兵士《へいし》を鼓舞《こぶ》する者《もの》も少《すく》なくなく、南京《ナンキン》に進撃《しんげき》する日本軍《にほんぐん》のなかに中《ちゅう》

明《めい》になったのをきっかけに戦闘体制《せんとうたいせい》をとり（兵士《へいし》は帰隊《きたい》）、中国軍《ちゅうごくぐん》からの銃声《じゅうせい》がきこえたとして、攻撃《こうげき》を開始《かいし》、中国《ちゅうごく》との全面戦争《ぜんめんせんそう》へのはじまりとなった。

戦時国際法《せんじこくさいほう》　戦時《せんじ》における国際間《こくさいかん》の法律関係《ほうりつかんけい》の規準《きじゅん》を規定《きてい》した法律《ほうりつ》の総称《そうしょう》。二巻《かん》解説《かいせつ》参照《さんしょう》。

捕虜《ほりょ》　戦争《せんそう》などで敵《てき》に捕《とら》えられた者《もの》。日本軍《にほんぐん》では、それははじとされ、公表《こうひょう》されなかったこともある。

投降兵《とうこうへい》　敵《てき》に降参《こうさん》した兵隊《へいたい》。

敗残兵《はいざんへい》　戦争《せんそう》に負《ま》けて生《い》きのこった兵隊《へいたい》。

武装解除《ぶそうかいじょ》　捕虜《ほりょ》や投降者《とうこうしゃ》などから強制的《きょうせいてき》に武器《ぶき》を取《と》りあげること。

国女性《ごくじょせい》にたいする蔑視《べっし》*と暴力行為《ぼうりょくこうい》が助長《じょちょう》されていったのです。

家族《かぞく》七人《にん》を殺《ころ》された少女《しょうじょ》

［二〇〇二年四月二日の午後《ごご》、わたし（笠原《かさはら》）は、南京郊外《ナンキンこうがい》の紫金山《ズジンシャン》のふもとに一人《ひとり》で住《す》んでいる夏淑琴《シアシュチン》さん（七十二歳《さい》）の家《いえ》をたずね、彼女《かのじょ》が七歳《さい》の少女《しょうじょ》のとき、家族《かぞく》九人《にん》のうち七人《にん》までも日本軍《にほんぐん》に殺《ころ》された悲惨《ひさん》なできごとを語《かた》ってもらいました。以下《いか》は夏淑琴《シアシュチン》さんの話《はなし》です］

日本軍《にほんぐん》が南京《ナンキン》を占領《せんりょう》するまでは、わたしの家族《かぞく》は貧《まず》しかったけれど、家族《かぞく》そろってしあわせな生活《せいかつ》をおくっていました。わたしの家《いえ》は、周囲《しゅうい》をぐるりと城壁《じょうへき》でかこまれた南京市街《ナンキンしがい》の南部《なんぶ》にあたり、まずしい人《ひと》たちがたすけあって生活《せいかつ》していた住宅密集地《じゅうたくみっしゅうち》でした。そのときのわたしの家族《かぞく》は、四十歳《さい》になるかという父《ちち》ともっと若《わか》い母《はは》、母方《ははかた》のおじいさんとおばあさん、十五歳《さい》と十三歳《さい》の姉二人《あねふたり》、当時《とうじ》七歳《さい》のわたし、四歳《さい》の妹《いもうと》、そしてまだ満《まん》一歳《さい》にならない乳飲《ちの》み子《ご》の妹《いもうと》の九人家族《にんかぞく》でした。家《いえ》にはさらに、叔父《おじ》さん夫婦《ふうふ》がいっしょに住《す》んでい

蔑視《べっし》 見《み》さげること。さげすむこと。ばかにすること。

ましたが、二人《ふたり》とも日本軍《にほんぐん》が侵入《しんにゅう》してくる前《まえ》に、アメリカ人宣教師《じんせんきょうし》たちがもうけた南京国際難民区《ナンキンこくさいなんみんく》に避難《ひなん》して行《い》き、そのときはいませんでした。わたしの家《いえ》は借家《しゃくや》で、大家《おおや》さんの家族《かぞく》四人《にん》（夫婦《ふうふ》と子《こ》ども二人《ふたり》）もそのときいっしょに家《いえ》にのこって住《す》んでいました。

一九三七年の十二月十三日の午前《ごぜん》十時《じ》ごろ、姉《あね》たちが米《こめ》をあらい、野菜《やさい》をあらい終《お》わってこれから昼飯《ひるめし》のしたくに取《と》りかかろうとしていたときでした。銃剣《じゅう*けん》をもった日本兵《にほんへい》がとつぜん門《もん》からわたしたちの家《いえ》に侵入《しんにゅう》してきました。わたしの父《ちち》が最初《さいしょ》に日本兵《にほんへい》を見《み》ておどろいて家《いえ》のなかにむかってにげようとしたところを日本兵《にほんへい》に背後《はいご》からうたれ、殺《ころ》されました。家《いえ》の外《そと》で大声《おおごえ》でさけぶ声《こえ》がしたので、大家《おおや》さんのおじさんが様子《ようす》を見《み》に外《そと》にでたところやはり同《おな》じように日本兵《にほんへい》に射殺《しゃさつ》されてしまいました。わたしの母《はは》は、乳飲《ちの》み子《ご》の妹《いもうと》をだいてテーブルの下《した》にかくれ、そのときはわたしもいっしょにテーブルの下《した》にもぐっていました。それまで日本軍《にほんぐん》の飛行機《ひこうき》による爆弾投下《ばくだんとうか》が何回《なんかい》もあったので、母《はは》は爆弾《ばくだん》から身《み》をまもるつもりでそうしていたのです。部屋《へや》に侵入《しんにゅう》してきた日本兵《にほんへい》

銃剣《じゅうけん》 小銃《しょうじゅう》の先《さき》につける短《みじか》い剣《けん》。通常《つうじょう》はさやにおさめて腰《こし》につるし、戦闘《せんとう》や儀式《ぎしき》などのさいに先端《せんたん》に装着《そうちゃく》する。また、その剣《けん》をとりつけた小銃《しょうじゅう》。剣《けん》つき鉄砲《てっぽう》。

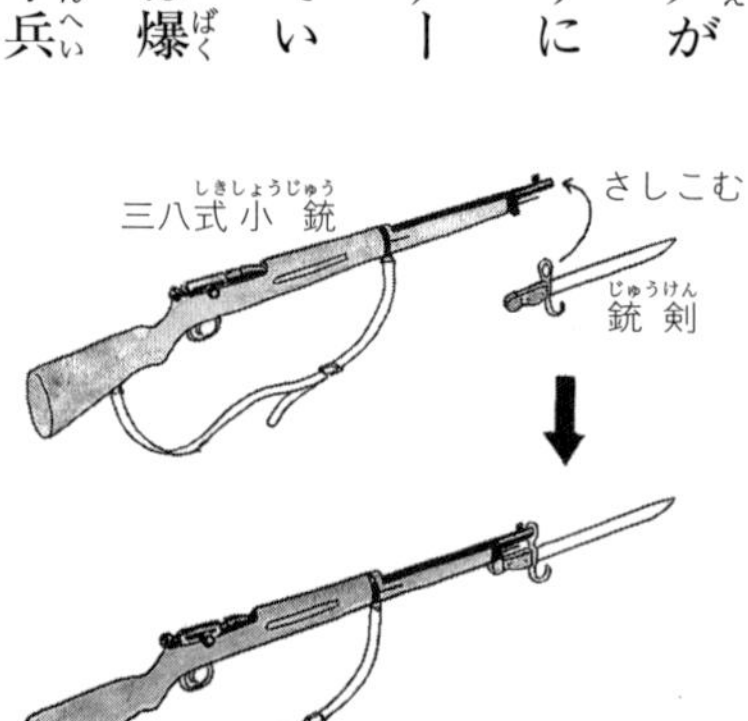

は、わたしをテーブルの下《した》から引《ひ》きずりだして、母《はは》のいる部屋《へや》から外《そと》へおいだしてしまいました。そこでわたしは、おじいさんとおばあさんのいる部屋《へや》ににげていき、かくれました。母《はは》のいた部屋《へや》からは、母《はは》のおそろしいさけび声《ごえ》と悲《ひ》鳴《めい》がきこえ、やがて音《おと》がしなくなりました。あとでわかったのですが、日本兵《にほんへい》は母《はは》をテーブル下《した》から引《ひ》きずりだすと、母《はは》がだいていた満《まん》一歳《さい》にならない妹《いもうと》を取《と》りあげて壁《かべ》になげつけて、殺《ころ》してしまったのです。それから母《はは》を強《ごう》かん*し、殺《ころ》してしまったのです。

日本兵《にほんへい》たちは、つぎにわたしたちがかくれている部屋《へや》に入《はい》ってきました。おじいさんとおばあさんの寝室《しんしつ》になっているその部屋《へや》には、おじいさんとおばあさんと姉二人《あねふたり》、それにわたしと妹《いもうと》の六人《にん》がかくれていました。日本兵《にほんへい》はわたしたちの部屋《へや》に入《はい》ってくるとおじいさんとおばあさんをピストルでうち殺《ころ》しました。それから一人《ひとり》の日本兵《にほんへい》が上《うえ》の姉《あね》を引《ひ》っぱっていってテーブルの上《うえ》で強《ごう》かんしました。さらに別《べつ》の日本兵《にほんへい》が下《した》の姉《あね》をベッドのはしへ引《ひ》っぱっていって強《ごう》かんしました。わたしと妹《いもうと》は、こわくて泣《な》きさけんだので、わたしは日本兵《にほんへい》に銃《じゅう》

強《ごう》かん　レイプ。相手《あいて》の意《い》に反《はん》してむりやりセックスすること。しばしば女性《じょせい》にたいして暴力的《ぼうりょくてき》におこなわれる。

剣《けん》で三か所《しょ》をさされて気《き》をうしなってしまいました。

だいぶ時間《じかん》がたって、気《き》がついてみると、四歳《さい》になる妹《いもうと》が母《はは》の名前《なまえ》をよびながら泣《な》いていました。部屋《へや》のなかには、おじいさんとおばあさんの死体《したい》と下半身《かはんしん》はだかにされた二人《ふたり》の姉《あね》の死体《したい》がありました。わたしが妹《いもうと》の手《て》を引《ひ》いて部屋《へや》の外《そと》にでて、家《いえ》のなかを見《み》まわしてみると、母《はは》も乳飲《ちの》み子《ご》の妹《いもうと》も死体《したい》になっていたのです。大家《おおや》さんの四人《にん》の家族《かぞく》もみな殺《ころ》されていました。大家《おおや》さんの奥《おく》さんは力持《ちからも》ちで、日本兵《にほんへい》が引《ひ》きずりだそうとしてもだめだったのでしょう、テーブルの下《した》にもぐってテーブルの脚《あし》をしっかりとかかえたまま、殺《ころ》されていたのです。奥《おく》さんの二人《ふたり》の子《こ》どももそばでいっしょに殺《ころ》されていました。

こうして、わたしは日本兵《にほんへい》のために戦争《せんそう》となにも関係《かんけい》のなかった愛《あい》する家族《かぞく》を七人《にん》も殺《ころ》されてしまったのです。わたしの二人《ふたり》の姉《あね》は、十五歳《さい》と十三歳《さい》というまだ子《こ》どもだったのに、あのようなむごいことをされて殺《ころ》されてしまったのです。わたしの家族《かぞく》は、日本兵《にほんへい》にたいしてなにも悪《わる》いことをしていなかったのに、どうしてこんな残忍《ざんにん》なことをされたのでしょうか。

たいせつな両親《りょうしん》を殺《ころ》された当時《とうじ》七歳《さい》のわたしと四歳《さい》の妹《いもうと》のその後《ご》の生《い》きかたも悲惨《ひさん》で、苦《くる》しみばかりでした。妹《いもうと》は孤児院《こじいん》*にあずけられ、ずっと別《べつ》べつにはなれて生活《せいかつ》することになってしまいました。わたしはまずしかった叔父《おじ》の家《いえ》に引《ひ》き取《と》られ、家事《かじ》の手伝《てつだ》いをしながら、叔父《おじ》の子《こ》ども三人《にん》の世話《せわ》もさせられ、叔父《おじ》といっしょに物売《ものう》りもやり、成人《せいじん》になる前《まえ》は、住《す》みこみのお手伝《てつだ》いさんの仕事《しごと》をやりました。わたしは日本軍《にほんぐん》のために生涯《しょうがい》を悲《かな》しいものにされてしまいました。あの七歳《さい》のときからはじまって、わたしはいままで、苦《くる》しみを一《ひと》つ一《ひと》つつみかさねて生《い》きてきたような気《き》がします。このような話《はなし》をすると家族《かぞく》をうしなった悲《かな》しみがよみがえり、心《こころ》の傷《きず》あとがいたんでつらいのですが、日本《にほん》の若《わか》い人《ひと》たちに、日本軍《にほんぐん》が南京《ナンキン》でなにをしたかを知《し》っていただくために、むりをしてお話《はなし》いたしました。

中国兵捕虜《ちゅうごくへいほりょ》の大集団《だいしゅうだん》を虐殺《ぎゃくさつ》した兵士《へいし》たちの日記《にっき》

［福島県《ふくしまけん》いわき市《し》の会社員《かいしゃいん》、小野賢二《おのけんじ》さんは、会社《かいしゃ》の仕事《しごと》のあいまをつかって

孤児院《こじいん》 親《おや》に死《し》なれるなどした、身《み》よりのない子《こ》どもを育《そだ》てる施設《しせつ》。

は、南京占領《ナンキンせんりょう》に参加《さんか》した郷土《きょうど》の部隊《ぶたい》（第《だい》一三師団《しだん》*歩兵《ほへい》*第《だい》六五連隊《れんたい》*）の元兵《もとへい》士《し》やその家族《かぞく》をたずね歩《ある》いて、兵士《へいし》たちが戦場《せんじょう》で書《か》きしるした日記《にっき》をあつめてまわりました。小野《おの》さんは何年間《なんねんかん》もかけてそれこそ地《ち》をはうような努《ど》力《りょく》をしてあつめた兵士《へいし》たちの日記《にっき》を『南京大虐殺《なんきんだいぎゃくさつ》を記録《きろく》した皇軍兵士《こうぐんへいし》たち』（大月書店《おおつきしょてん》）として出版《しゅっぱん》したのです。そのなかに、一連隊《れんたい》だけで約《やく》二万人近《にんちか》い中国軍捕虜《ちゅうごくぐんほりょ》（民間人《みんかんじん》もまざっていた）の大集団《だいしゅうだん》を虐殺《ぎゃくさつ》したことがしるされています。以下《いか》に紹介《しょうかい》するのは、その一部《いちぶ》です。文章《ぶんしょう》は昔《むかし》の表現《ひょうげん》なのでいまの表現《ひょうげん》にあらためました」

『遠藤高明陣中日記《えんどうたかあきじんちゅうにっき》』（一九三七年）

十二月十六日　捕虜総数《ほりょそうすう》一万七〇二五名《めい》、夕刻《ゆうこく》より軍《ぐん》の命令《めいれい》で捕虜《ほりょ》の三分の一を（長江《チャンジャン》）江岸《こうがん》に引《ひ》きだしI（第《だい》一大隊《だいたい》）において射殺《しゃさつ》する。一日《にち》二合《ごう》ほどの米《こめ》を捕虜《ほりょ》にあたえるとすれば毎日《まいにち》百俵《ぴょう》を必要《ひつよう》とし、日本《にほん》の兵隊《へいたい》たち自身《じしん》も中国人《ちゅうごくじん》からむりやり食糧《しょくりょう》をうばい取《と》って食《た》べている今日《こんにち》、それは到底不可能《とうていふかのう》なことなので、軍《ぐん》より中国人捕虜《ちゅうごくじんほりょ》を殺《ころ》してしまえという命令《めいれい》

師団《しだん》　軍隊《ぐんたい》の編成単位《へんせいたんい》の一《ひと》つ。連《れん》隊《たい》あるいは旅団《りょだん》の上《うえ》に位置《いち》して司《し》令部《れいぶ》をもち、独立《どくりつ》して作戦行動《さくせんこうどう》にあたる。

歩兵《ほへい》　旧陸軍《きゅうりくぐん》の兵種《へいしゅ》の一《ひと》つ。小《しょう》銃《じゅう》・機関銃《きかんじゅう》などの火器《かき》を装備《そうび》し、近接戦闘《きんせつせんとう》をおこなう。

連隊《れんたい》　軍隊《ぐんたい》の編制単位《へんせいたんい》の一《ひと》つ。師《し》団《だん》または旅団《りょだん》と大隊《だいたい》との中間《ちゅうかん》の規模《きぼ》。独立《どくりつ》して一方面《いちほうめん》の戦闘《せんとう》を遂《すい》行《こう》できる。

があったようだ。……

『黒須忠信陣中日記《くろすただのぶじんちゅうにっき》』

十二月十六日　二、三日前捕虜《まえほりょ》とした支那《しな》＊（中国《ちゅうごく》）兵《へい》の一部《ぶ》、五千名《めい》を揚子江《ようすこう》（長江《チャンジャン》）の沿岸《えんがん》につれだし機関銃《きかんじゅう》＊で射殺《しゃさつ》した。その後《ご》、銃剣《じゅうけん》で思《おも》いのままにつきさした。わたしも「このときばかり」と憎《にっく》き支那兵《しなへい》を三十人《にん》もつきさしたと思《おも》う。

山《やま》となっている死人《しにん》の上《うえ》にあがってつきさしたときの気持《きも》ちは、鬼《おに》のいきおいをもくじくような勇気《ゆうき》がでて力《ちから》いっぱいにつきさした。ウーン、ウーンとうめく支那兵《しなへい》の声《こえ》、年寄《としよ》りもいれば子《こ》どももいる。一人《ひとり》のこらず殺《ころ》した。刀《かたな》をかりて、首《くび》をも切《き》ってみた。こんなことはいままでめったにないめずらしい出来事《できごと》であった。

帰《かえ》りは午後《ごご》八時《じ》になってしまい、腕《うで》も相当《そうとう》つかれていた。

『大寺隆陣中日記《おおでらたかしじんちゅうにっき》』

十二月十八日　昨夜《さくや》まで殺《ころ》した捕虜《ほりょ》は約《やく》二万、揚子江《ようすこう》に二か所《しょ》に山《やま》のよ

支那《しな》　外国人《がいこくじん》が中国《ちゅうごく》をよぶときの称《しょう》。インドの仏典《ぶってん》に書《か》かれたのがはじめ。日本《にほん》では江戸時代中《えどじだいなか》ごろ以降《いこう》アジア・太平洋戦争《たいへいようせんそう》のおわりまでつかわれた。日本《にほん》が中《ちゅう》国侵略《ごくしんりゃく》をはじめてからは「シナ」というよびかたに差別的《さべつてき》な見《み》くだした意味《いみ》をもたせるようになったので現在《げんざい》はつかわない。

機関銃《きかんじゅう》　引《ひ》き金《がね》を引《ひ》きつづけると自動的《じどうてき》、連続的《れんぞくてき》に弾丸《だんがん》が装《そう》てん、発射《はっしゃ》される銃《じゅう》。

うにかさなっているそうだ。七時《じ》だがまだかたづけ隊《たい》は帰《かえ》ってこない。

十二月十九日　午前《ごぜん》七時半整列《はんせいれつ》して清掃《せいそう》に行《い》く。揚子江《ようすこう》の現場《げんば》に行《い》き、おりかさなる幾《いく》百の死骸《しがい》にはおどろいた。石油《せきゆ》をかけて焼《や》いたため悪臭《あくしゅう》がひどかった。今日《きょう》の仕事《しごと》についた兵隊《へいたい》は師団全員《しだんぜんいん》だった。午後《ごご》二時《じ》まで作《さ》業《ぎょう》を終《お》わる。昼食《ちゅうしょく》は三時《じ》だった。

南京大虐殺事件《なんきんだいぎゃくさつじけん》

一九三七年十二月十三日に南京《ナンキン》を占領《せんりょう》した日本軍《にほんぐん》は、翌年《よくとし》の三月まで、数《すう》か月《げつ》にわたって軍事占領《ぐんじせんりょう》をつづけ、住民《じゅうみん》もまきこんだ包囲《ほうい》*殲滅作戦《せんめつさくせん》、*残敵掃討作戦《ざんてきそうとうさくせん》を強行《きょうこう》しました。そのために、すでに戦闘《せんとう》をやめたおおぜいの中国兵捕虜《ちゅうごくへいほりょ》、敗残兵《はいざんへい》、投降兵《とうこうへい》、負傷兵《ふしょうへい》を集団《しゅうだん》で殺害《さつがい》してしまいました。さらに長期《ちょうき》にわたり残敵掃討作戦《ざんてきそうとうさくせん》をおこない、武器《ぶき》をすて、軍服《ぐんぷく》をぬぎすてた元中国兵《もとちゅうごくへい》や兵士《へいし》とうたがわれた一般市民《いっぱんしみん》の男子《だんし》をかりあつめて連行《れんこう》し、集団《しゅうだん》で殺害《さつがい》してしまいました。さらに日本軍《にほんぐん》の規律《きりつ》のみだれから、中国女性《ちゅうごくじょせい》への婦女暴行《ふじょぼうこう》や、食糧《しょくりょう》や物資《ぶっし》

殲滅《せんめつ》　皆殺《みなごろ》しにしてほろぼすこと。のこらずほろぼすこと。

残敵掃討作戦《ざんてきそうとうさくせん》　討《う》ちもらした敵兵《てきへい》を完全《かんぜん》に消滅《しょうめつ》させてしまうことを目指《めざ》した作戦《さくせん》。

の略奪《りゃくだつ》、人家《じんか》への放火《ほうか》・破壊《はかい》などの不法行為《ふほうこうい》が多発《たはつ》しました。南京城内《ナンキンじょうない》とその周辺《しゅうへん》の農村《のうそん》をふくめ二十万人前後《にんぜんご》の中国人《ちゅうごくじん》が犠牲《ぎせい》になったと言《い》われています。

南京《ナンキン》における日本軍《にほんぐん》の残虐行為《ざんぎゃくこうい》は、早《はや》くから世界《せかい》に報道《ほうどう》され、南京《なんきん》アトロシティーズあるいは南京大虐殺事件《なんきんだいぎゃくさつじけん》として、国際社会《こくさいしゃかい》から大《おお》きな批判《ひはん》をあびたのでした。

解説

三光作戦《さんこうさくせん》

岡本重春《おかもとしげはる》

日中戦争《にっちゅうせんそう》がはじまってから、日本軍《にほんぐん》は中国《ちゅうごく》のおもな都市《とし》と鉄道《てつどう》を支配《しはい》したが、それは「点《てん》と線《せん》」を確保《かくほ》しただけで、広大《こうだい》な農村《のうそん》ではとくに華北《かほく》（中国《ちゅうごく》の黄河流域一帯《こうがりゅういきいったい》）を中心《ちゅうしん》にして中国共産党《ちゅうごくきょうさんとう》と*八路軍《はちろぐん》の抗日《こうにち》（日本《にほん》の侵略《しんりゃく》にたいする中国《ちゅうごく》の人《ひと》びとの抵抗《ていこう》）の根拠地《こんきょち》がつくられ、日本軍《にほんぐん》にたいするゲリラ活動《かつどう》の拠点《きょてん》となっていた。

八路軍《はちろぐん》は一九四〇年八月から十月にかけて、華北《かほく》で総力《そうりょく》をあげて日本軍《にほんぐん》を攻撃《こうげき》して日本軍《にほんぐん》に大《おお》きな打撃《だげき》をあたえていた。そのため日本軍《にほんぐん》は抗日根拠地《こうにちこんきょち》を全滅《ぜんめつ》させる作戦《さくせん》を計画《けいかく》した。それが一九四〇年九月から開始《かいし》された晋中作戦《しんちゅうさくせん》（晋《しん》は山西省《さんせいしょう》のこと）であり、この「晋中作戦《しんちゅうさくせん》」のことを、中国側《ちゅうごくがわ》は、「三光作戦《さんこうさくせん》」とよんで、非難《ひなん》したのである。

なぜならば、この作戦《さくせん》の命令《めいれい》のなかで、日本軍《にほんぐん》は敵《てき》と見《み》た中国《ちゅうごく》の住民《じゅうみん》のうち、「十五歳以上《さいいじょう》六十歳《さい》までの男子《だんし》」は「殺《さつ》りく」すること、かくしたりあつめられて

八路軍《はちろぐん》　中国国民革命軍第八路《ちゅうごくこくみんかくめいぐんだいはちろ》軍《ぐん》の略称《りゃくしょう》。日中戦争《にっちゅうせんそう》における中国共産党《ちゅうごくきょうさんとう》の抗日戦主力部隊《こうにちせんしゅりょくぶたい》のこと。

いた武器弾薬《ぶきだんやく》や食糧《しょくりょう》などは「押収《おうしゅう》」するか「焼却《しょうきゃく》」すること、敵《てき》の部落《ぶらく》は「焼《しょう》却《きゃく》破壊《はかい》」することが指示《しじ》され、「徹底的《てっていてき》に敵根拠地《てきこんきょち》」を破壊《はかい》しつくして、敵《てき》が将来《しょうらい》生《い》きていくことができなくすることが意図《いと》されたからであった。

つまり、日本軍《にほんぐん》が、敵《てき》であるとみとめた者《もの》は殺《さつ》りくし、物資《ぶっし》はうばい、もやせということであり、抗日根拠地《こうにちこんきょち》をたんに占領《せんりょう》するのではなく、徹底的《てっていてき》に破壊《はかい》し、人《ひと》が生存《せいぞん》できなくすることがはかられたのである。「三光《さんこう》」とは、中国《ちゅうごく》では、殺光《さっこう》（殺《ころ》しつくす）、焼光《しょうこう》（焼《や》きつくす）、搶光《そうこう》（奪《うば》いつくす）の三《みっ》つを意味《いみ》していた。

このように「三光《さんこう》」とは、ある戦闘行動《せんとうこうどう》にともなって、たまたま起《お》きた残虐行《ざんぎゃくこう》為《い》ではなく、「三光《さんこう》」そのものを目的《もくてき》とした作戦《さくせん》であることに特徴《とくちょう》がある。また、この三光作戦《さんこうさくせん》のなかでは、多《おお》くの強《ごう》かん事件《じけん》が発生《はっせい》し、当時《とうじ》の国際法《こくさいほう》でも禁止《きんし》されていた、毒《どく》ガス兵器《へいき》が大量《たいりょう》に使用《しよう》された。

こうした三光作戦《さんこうさくせん》によって、一九四一年から四二年にかけて華北《かほく》の抗日根拠地《こうにちこんきょち》の面積《めんせき》は六分《ぶん》の一に、人口《じんこう》は四千万人《にん》から二千五百万人《にん》に、八路軍《はちろぐん》の兵力《へいりょく》は四十万人《にん》から三十万人《にん》に減少《げんしょう》したと見《み》られている。

解説

山本公徳《やまもとこうとく》

三国同盟《さんごくどうめい》

一九四〇年九月に日本《にほん》・ドイツ・イタリアの三か国《こく》の間《あいだ》でむすばれた軍事同盟《ぐんじどうめい》のこと。この同盟《どうめい》の背景《はいけい》には、当時《とうじ》の国際的《こくさいてき》な取《と》りきめによって、この三国《さんごく》が海外《かいがい》に支配権《しはいけん》を拡張《かくちょう》しようとするうごきを抑制《よくせい》されていたという事情《じじょう》があった。その取《と》りきめとはヴェルサイユ・ワシントン体制《たいせい》とよばれたもので、日本《にほん》やドイツの軍事《ぐんじ》力《りょく》を制限《せいげん》することなどによって、イギリスやアメリカに有利《ゆうり》な国際関係《こくさいかんけい》がつくられていた。日独伊三国同盟《にちどくいさんごくどうめい》は、主《しゅ》として戦争《せんそう》によってこうした国際関係《こくさいかんけい》を打破《だは》し、自《じ》国《こく》に有利《ゆうり》なように世界《せかい》の勢力《せいりょく》地図《ちず》をぬりかえることをねらったものだったのである。

またこの三国《さんごく》は、国内《こくない》でさまざまな形《かたち》で国民《こくみん》の自由《じゆう》を制限《せいげん》するファシズムとよばれる強圧的《きょうあつてき》な支配体制《しはいたいせい》をしいており、英米諸国《えいべいしょこく》はこの点《てん》を強《つよ》く非難《ひなん》していた。この点《てん》に注目《ちゅうもく》すれば、第二次世界大戦《だいにじせかいたいせん》は自由主義対《じゆうしゅぎたい》ファシズムのたたかいということもできる。

この三国《さんごく》がそれまでの国際関係《こくさいかんけい》を打破《だは》しようと本格的《ほんかくてき》にうごきだすのは、一九三〇年代《だい》の後半《こうはん》であった。日本《にほん》は、陸軍《りくぐん》を中心《ちゅうしん》に中国東北部《ちゅうごくとうほくぶ》の華北《かほく》を日本《にほん》の支配下《しはいか》におこうとし、また海軍《かいぐん》の主導《しゅどう》で日本《にほん》の海軍力《かいぐんりょく》を制限《せいげん》していたワシントン条約《じょうやく》を破棄《はき》した。ドイツは軍備《ぐんび》に大《おお》きな制限《せいげん》を課《か》していたヴェルサイユ体制《たいせい》への反逆《はんぎゃく》を開始《かいし》し、一九三五年三月に徴兵制《ちょうへいせい》を復活《ふっかつ》させるなど大幅《おおはば》な軍備拡大《ぐんびかくだい》をおこない、また翌年《よくねん》三月にはヴェルサイユ条約《じょうやく》によって非武装地帯《ひぶそうちたい》とされていたラインラントを占領《せんりょう》した。イタリアは、一九三五年十月にエチオピアにたいする侵略戦争《しんりゃくせんそう》を開始《かいし》した（アビシニア戦争《せんそう》）。

これらのうごきは他《た》の強国《きょうこく》の権益《けんえき》をおびやかすものであったために、イギリス・アメリカ・ソ連《れん》との対立《たいりつ》が深刻化《しんこくか》した。そのためにこれらの国《くに》ぐにに対抗《たいこう》する必要《ひつよう》が生《しょう》じ、日本《にほん》・ドイツ・イタリアは関係《かんけい》を強化《きょうか》していくことになる。一九三六年にはドイツとイタリアがローマ・ベルリン枢軸《すうじく》とよばれた提携関係《ていけいかんけい》を成立《せいりつ》させ、また同《おな》じ年《とし》に日本《にほん》とドイツの間《あいだ》で日独防共協定《にちどくぼうきょうきょうてい》がむすばれた。翌《よく》三七年にはこの日独防共協定《にちどくぼうきょうきょうてい》にイタリアがくわわり、日独伊防共協定《にちどくいぼうきょうきょうてい》となった。

ドイツと日本《にほん》がヨーロッパとアジアで戦争《せんそう》を拡大《かくだい》していくと、アメリカが警戒感《けいかいかん》を強《つよ》め両国《りょうこく》にたいして強硬《きょうこう》な姿勢《しせい》を取《と》りはじめた。これにたいして、ドイツ・イタリア・日本《にほん》では、軍事同盟《ぐんじどうめい》をアメリカを主要敵《しゅようてき》とみなすものにあらため、同盟関係《どうめいかんけい》をさらに強化《きょうか》すべきという声《こえ》が高《たか》まった。こうして一九四〇年九月に三国条約《さんごくじょうやく》がベルリンで調印《ちょういん》され、日独伊三国軍事同盟《にちどくいさんごくぐんじどうめい》が成立《せいりつ》したのである。

この三国同盟《さんごくどうめい》は、日本《にほん》の政府《せいふ》と軍部《ぐんぶ》がアメリカとの戦争《せんそう》にふみきるさいに重要《じゅうよう》な役割《やくわり》をはたしている。日本《にほん》の政府《せいふ》と軍部《ぐんぶ》は、もともと対米戦争《たいべいせんそう》は非常《ひじょう》にきびしいものになるとの意見《いけん》をもっていたが、三国同盟《さんごくどうめい》によってそれがうちやぶれるとの予《よ》測《そく》が立《た》てられたのである。日本《にほん》がアジア太平洋戦争《たいへいようせんそう》へ突入《とつにゅう》していくのにさいして、この三国同盟《さんごくどうめい》がはたした役割《やくわり》は大《おお》きかったといえよう。

日本軍《にほんぐん》はフィリピンでなにをしたか

石田甚太郎《いしだじんたろう》

*憲兵隊《けんぺいたい》の拷問《ごうもん》

メトロマニラ・*ケソン市《し》で会《あ》ったグスタボ・イングレスさんは、うすいチョコレート色《いろ》の顔《かお》をした小柄《こがら》な人《ひと》でした。

フィリピン人《じん》は、いばって日本語《にほんご》で命令《めいれい》する日本兵《にほんへい》にびっくりしました。そのころ、フィリピンはアメリカの植民地《しょくみんち》でしたが、多《おお》くの青年《せいねん》たちは、フィリピン人《じん》を見《み》くだす侵略者《しんりゃくしゃ》の日本軍《にほんぐん》と武器《ぶき》を取《と》ってたたかう道《みち》を選《えら》びました。

グスタボさんは、日本軍《にほんぐん》がフィリピンを占領《せんりょう》していた一九四二年から、マニラで活動《かつどう》するゲリラになりました。かれは、日本軍《にほんぐん》の侵略《しんりゃく》に反対《はんたい》でしたから、若《わか》い人《ひと》たちと日本軍《にほんぐん》に抵抗《ていこう》するグループをつくり、「日本軍《にほんぐん》に*降伏《こうふく》するな」「日本《にほん》

石田甚太郎《いしだじんたろう》　一九二二年、福島県《ふくしまけん》いわき市錦町《しにしきちょう》に生《う》まれ、そこで育《そだ》つ。

憲兵《けんぺい》　旧軍隊内《きゅうぐんたいない》の秩序維持《ちつじょいじ》を任務《にんむ》とする兵隊《へいたい》。犯罪捜査《はんざいそうさ》、軍紀維持《ぐんきいじ》、思想取りしまりから、次第《しだい》に権限《けんげん》を拡大《かくだい》し、公安対策《こうあんたいさく》、思想弾圧《しそうだんあつ》、スパイ活動防止《かつどうぼうし》などにも強《つよ》い権力《けんりょく》をふるった。

降伏《こうふく》　敗戦《はいせん》をみとめ、敵《てき》に服従《ふくじゅう》すること。降参《こうさん》すること。

軍《ぐん》に協《きょう》力《りょく》するな」というビラを、人目《ひとめ》につく市場《いちば》や教会《きょうかい》にはりました。ゲリラの人数《にんずう》がふえるにつれ、武器《ぶき》がないので日本軍《にほんぐん》の倉庫《そうこ》からぬすみだしたりうばったりしました。山《やま》に入《はい》って、ゲリラ活動《かつどう》の訓練《くんれん》もしました。しだいにゲリラ組織《そしき》が大《おお》きくなったので、マニラに事務所《じむしょ》ももちました。そこで、日本軍《にほんぐん》の情報《じょうほう》をあつめてゲリラの本部《ほんぶ》におくったりしました。

グスタボさんは、そのマニラにあるゲリラの事務所《じむしょ》の責任者《せきにんしゃ》になっていました。一九四三年六月二十三日、かれはゲリラに資金援助《しきんえんじょ》をしてくれる人《ひと》と、サンタクルスのコーヒー店《てん》で会《あ》うためにでかけて行《い》き、日本軍《にほんぐん》の憲兵《けんぺい》に逮捕《たいほ》されました。すぐ空港《くうこう》の憲兵隊本部《けんぺいたいほんぶ》につれこまれて、拷問《ごうもん》をうけました。日本軍《にほんぐん》にとっては、軍《ぐん》に抵抗《ていこう》するフィリピン人《じん》のゲリラグループは、目《め》の上《うえ》のたんこぶのようなものでした。だから、かれからゲリラのメンバーや組織《そしき》をききだそうと、憲兵《けんぺい》はいろいろな拷問《ごうもん》をくわえたのです。かれが自白《じはく》をしないので、二か所《しょ》の憲兵隊《けんぺいたい》をたらいまわしにされました。さいごに、かれはサンチャゴ要塞《ようさい》にあった、日本軍憲兵《にほんぐんけんぺい》隊本部《たいほんぶ》で拷問《ごうもん》をうけました。

「電気《でんき》ショックをやられました。背中《せなか》と首《くび》に電極《でんきょく》をつけてスイッチをおすんだ。とたんに体《からだ》がとびあがり、髪《かみ》の毛《け》はさか立《だ》って、針金《はりがね》のように立《た》つんだ。そして、『おまえはゲリラか?』ときく。『いや』と言《い》うと、またスイッチを入《い》れるんだ」

グスタボさんの証言《しょうげん》です。

かれは、だれと連絡《れんらく》をとっていたか、責任者《せきにんしゃ》はだれかを白状《はくじょう》するよう、小銃《しょうじゅう》*の弾《たま》を三本《ぼん》の指《ゆび》のあいだに力《ちから》いっぱいおしこむような拷問《ごうもん》をうけました。あまりのいたさにたえられないかと思《おも》うほどの苦痛《くつう》でした。また、憲兵隊《けんぺいたい》は体《からだ》じゅうを丸太《まるた》でなぐってせめ、ゲリラの武器《ぶき》や会合《かいごう》の場所《ばしょ》をはかせようとしました。それでも自白《じはく》しないと、爪《つめ》の間《あいだ》にとがった竹《たけ》をおしこまれたそうです。あまりのいたさに失神《しっしん》してしまい、気《き》がついてみると、小便《しょうべん》や大便《だいべん》やへどや血《ち》のまじった水《すい》槽《そう》のなかにたおれていたそうです。それでも、かれは自白《じはく》をしませんでした。

爆破《ばくは》されて失明《しつめい》

小銃《しょうじゅう》 携帯火器《けいたいかき》の一種《いっしゅ》。ライフル銃《じゅう》・カービン銃《じゅう》などの総称《そうしょう》。

一九四四年十月二十日、アメリカ軍《ぐん》はレイテ島《とう》に上陸《じょうりく》し日本軍《にほんぐん》をやぶると、十二月には*ミンドロ島《とう》を占領《せんりょう》しました。*ルソン島南部《とうなんぶ》の*バタンガス市《し》からは、ミンドロの島影《しまかげ》が見《み》えるほど近《ちか》いのです。ラグナ、バタンガス州《しゅう》を占領《せんりょう》していた藤兵団長《ふじへいだんちょう》は、一九四五（昭和《しょうわ》二〇）年一月二十五日には、アメリカ軍《ぐん》とたたかうまえに、ゲリラグループを全滅《ぜんめつ》せよという命令《めいれい》を下《くだ》しました。この命令《めいれい》によって、ゲリラ討伐《とうばつ》という名《な》の住民虐殺《じゅうみんぎゃくさつ》がはじまりました。

バタンガスのとなりのバウワンの町《まち》では、一九四五（昭和《しょうわ》二〇）年二月二十八日に日本軍《にほんぐん》が、全町民《ぜんちょうみん》をカトリック教会《きょうかい》にあつめました。そこで、女《おんな》や子《こ》どもを帰宅《きたく》させたのち、日本軍《にほんぐん》がゲリラになるであろうと勝手《かって》に考《かんが》えた、十三、四歳《さい》から老人《ろうじん》までの男《おとこ》たちを大《おお》きな家《いえ》に連行《れんこう》してとじこめました。その家《いえ》の天井《てんじょう》には、*黄色爆薬《おうしょくばくやく》がしかけられていました。記録《きろく》によると、三四八人《にん》の男《おとこ》たちを爆破《ばくは》して殺《ころ》そうとしたことがわかっています。傷《きず》ついて外《そと》にとびだしたフィリピン人《じん》を、日本兵《にほんへい》は*銃剣《じゅうけん》でつきさして、とどめをさしました。

黄色火《おうしょくか》（爆《ばく》）薬《やく》　火薬《かやく》としてもちいるピクリン酸《さん》の別名《べつめい》。黒色火薬《こくしょくかやく》よりも爆発力《ばくはつりょく》がつよい。

銃剣《じゅうけん》　小銃《しょうじゅう》の先《さき》につける短《みじか》い剣《けん》。通常《つうじょう》はさやにおさめて腰《こし》に

ジェロニモ・マットバラヤンさんは、そんななかやっと生《い》きのこりましたが、失明《しつめい》してしまいました。

「十六歳《さい》でとつぜん目《め》が見《み》えなくなってしまった。その心《こころ》のいたみが、日本人《にほんじん》にわかってもらえるかな。青春時代《せいしゅんじだい》だったのに、真《ま》っ暗《くら》な世界《せかい》につきおとされてしまった。体《からだ》ばかりでなく、心《こころ》にうけた傷《きず》をいやすことは、ずっとできなかった。こんな体《からだ》にされてしまってくやしくて、日本人《にほんじん》をうらみぬいたよ」

ジェロニモさんの言葉《ことば》です。かれは仕事《しごと》につけなかったし、結婚《けっこん》もできなかったので、姉夫婦《あねふうふ》の世話《せわ》になってくらしています。

七歳《さい》で孤児《こじ》になる

マリシリーノ・アガリンさんは、バタンガス州《しゅう》＊リパ市《し》の郊外《こうがい》のルンバン村《むら》で、日本軍《にほんぐん》の虐殺《ぎゃくさつ》＊にあいましたが、生《い》きのこったうちの一人《ひとり》です。一九四五（昭和《しょうわ》二〇）年四月三日、疎開先《そかいさき》で村人全員《むらびとぜんいん》とともに、日本軍《にほんぐん》の虐殺《ぎゃくさつ》にあいました。

つるし、戦闘《せんとう》や儀式《ぎしき》などのさいに先端《せんたん》に装着《そうちゃく》する。また、その剣《けん》をとりつけた小銃《しょうじゅう》。剣《けん》つき鉄砲《てっぽう》。

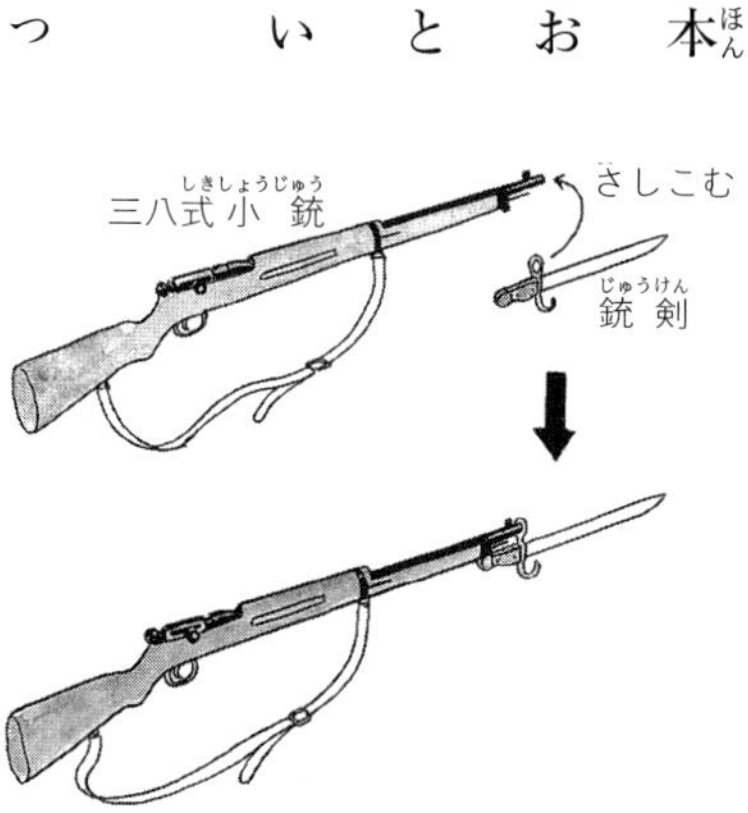

リパ　前《ぜん》ページ地図参照《ちずさんしょう》。

虐殺《ぎゃくさつ》　むごたらしい手段《しゅだん》で殺《ころ》すこと。

かれは、両親《りょうしん》と兄弟姉妹《きょうだいしまい》八人《にん》、あわせて一〇人《にん》の家族《かぞく》をうしないました。かれは四か所《しょ》に傷《きず》をおい、一か所《しょ》は背中《せなか》から胸《むね》につきぬける重傷《じゅうしょう》でした。アメリカ軍《ぐん》はかれを、マニラの病院《びょういん》に運《はこ》びました。かれは六か月《げつ》の治療《ちりょう》をうけてたすかりましたが、七歳《さい》で孤児《こじ》になってしまいました。

パミンタハンの大虐殺《だいぎゃくさつ》

リパ市《し》パミンタハンの三十メートルもふかい谷川《たにがわ》の上《うえ》で、一九四五（昭和《しょうわ》二〇）年二月二十七、二十八日の二日間《ふつかかん》、日本軍《にほんぐん》の大虐殺《だいぎゃくさつ》がありました。アンポロ、アニラオ、ロットロットの三か村《そん》の男《おとこ》たちが、ゲリラ容疑《ようぎ》で殺《ころ》されました。

日本軍《にほんぐん》は、パス（通行許可書《つうこうきょかしょ》）をあたえるとだまして、リパの神学校《しんがっこう》に男《おとこ》たちをつれこみました。そのあと、二十名《めい》ずつつれだし、途中《とちゅう》で両手《りょうて》を後《うし》ろ手《で》にしばりました。谷川《たにがわ》の上《うえ》につくと、日本兵《にほんへい》は男《おとこ》たちを銃剣《じゅうけん》でつきさして谷《たに》へけりおとしました。

セリヒオ・ガルシアさんは、八か所に傷《きず》をうけました。そのうち二か所《しょ》はふかい傷《きず》でした。かれはいたみをがまんしながら、このまま死《し》んでたまるものかと強《つよ》く思《おも》いました。かれの体《からだ》の上《うえ》に、日本兵《にほんへい》の銃剣《じゅうけん》でつかれた死体《したい》が、つぎつぎにおちてきました。そのままでいると、息《いき》がつけなくなると思《おも》ったかれは、痛《いた》みにたえながら遺体《いたい》をかきわけて、すこしずつ上《うえ》にはいあがっていきました。谷川《たにがわ》の死体《したい》のまわりにも、日本兵《にほんへい》が死《し》にきれないフィリピン人《じん》にとどめをさすために、銃剣《じゅうけん》をかまえていました。かれが日本兵《にほんへい》からさされたのは、たぶん十時《じ》ごろでした。十二時《じ》になると、日本兵《にほんへい》は虐殺《ぎゃくさつ》を中止《ちゅうし》しました。死体《したい》のそばで見《み》はっていた兵隊《へいたい》たちも、昼《ひる》ごはんのためか姿《すがた》が見《み》えなくなりました。いまこそチャンスだと考《かんが》えたかれは、虐殺場所《ぎゃくさつばしょ》と反対《はんたい》の岸《きし》から上《うえ》ににげました。だけど、傷《きず》のいたみとつかれで、もううごけませんでした。やっとだれもいない小屋《こや》にころがりこむと、たおれてしまいました。かれは翌日《よくじつ》になって、アニラオ村《むら》の自分《じぶん》の家《いえ》にもどりました。アニラオ村《むら》は大《おお》さわぎになり、家族《かぞく》まで虐殺《ぎゃくさつ》されるかもしれないというので、大急《おおいそ》ぎで避難《ひなん》をしたそうです。

「傷《きず》がなおるのに十か月《げつ》くらいかかった。医者《いしゃ》もいないし金《かね》もないから、ココナツオイルとからしをつけてなおしたよ」

セリヒオさんの言葉《ことば》です。かれは、さらにつづけて言《い》いました。

「俺《おれ》はいまでもおこっているよ。なんのあやまちもなかったのに、村人《むらびと》が七百人《にん》も殺《ころ》された。なぜ、俺《おれ》を銃剣《じゅうけん》でつき殺《ころ》そうとしたのか、やったやつらにききたいね」

かれは口《くち》をとがらせていいました。

日本軍《にほんぐん》はパミンタハンの虐殺《ぎゃくさつ》のあと、リパの市街地《しがいち》に油《あぶら》をまいて放火《ほうか》し、マリプニオ山《さん》ににげこみました。

日本軍《にほんぐん》によるゲリラ討伐《とうばつ》に名《な》をかりた住民虐殺《じゅうみんぎゃくさつ》で、リパ市《し》とその附近《ふきん》の村《むら》では、約《やく》二万五千人《にん》の住民《じゅうみん》が殺《ころ》されました。

日本軍《にほんぐん》はマレーシア・シンガポールでなにをしたか

高嶋伸欣《たかしまのぶよし》

一九四一（昭和《しょうわ》一六）年十二月八日、日本《にほん》はアメリカ、イギリスと戦争《せんそう》をはじめました。それまでは、中国《ちゅうごく》の人《ひと》びととたたかっているだけでしたが、このときからは世界最強《せかいさいきょう》の兵器《へいき》をもち、充分《じゅうぶん》に訓練《くんれん》された能力《のうりょく》の高《たか》い国《くに》の軍隊《ぐんたい》とたたかうことになったのです。

この十二月八日の朝《あさ》、ラジオの臨時《りんじ》ニュースで、日本《にほん》が新《あら》たな戦争《せんそう》をはじめたと人《ひと》びとは知《し》らされました。多《おお》くの人《ひと》びとは奇襲攻撃《きしゅうこうげき》をしたハワイの真珠湾《しんじゅわん》*で大戦果《だいせんか》をあげたとき、大《おお》よろこびしました。でも冷静《れいせい》に考《かんが》える一部《いちぶ》の人《ひと》たちは、資源《しげん》の少《すく》ない日本《にほん》がこれらの国《くに》まで相手《あいて》にして勝《か》てるはずがないと思《おも》っていました。五年後《ねんご》には、そのとおりになりました。

この戦争《せんそう》が勝《か》てるはずのない無謀《むぼう》なものであることを、当時《とうじ》の日本軍《にほんぐん》、とくに

高嶋伸欣《たかしまのぶよし》　一九四二年東京都《とうきょうと》杉並区《すぎなみく》生まれ。その後《ご》二十七歳《さい》までそこですごす。

真珠湾《しんじゅわん》　アメリカ合衆国《がっしゅうこく》、ハワイ諸島《しょとう》のオアフ島《とう》にある湾《わん》。海軍《かいぐん》基地《きち》。一九四一年十二月八日、日本海軍《にほんかいぐん》が奇襲《きしゅう》し、太平洋戦争《たいへいようせんそう》がはじまった。

海軍《かいぐん》の幹部《かんぶ》たちは充分《じゅうぶん》に知《し》っていました。そこで奇襲攻撃《きしゅうこうげき》などで日本軍《にほんぐん》が優勢《ゆうせい》なうちに外交官《がいこうかん》が交渉《こうしょう》して停戦《ていせん》するように期待《きたい》していました。そうすれば、東《とう》南《なん》アジアの資源地帯《しげんちたい》を占領《せんりょう》して中国《ちゅうごく》でのたたかいに専念《せんねん》できるからです。

そう、ハワイの真珠湾《しんじゅわん》を占領《せんりょう》するつもりなど日本軍《にほんぐん》には最初《さいしょ》からなかったのです。日本軍《にほんぐん》の最大《さいだい》の目標《もくひょう》は、東南《とうなん》アジアの資源地帯《しげんちたい》を占領《せんりょう》することでした。

なぜでしょう。

日本軍《にほんぐん》は、一九三一年の*満州事変《まんしゅうじへん》以後《いご》、口実《こうじつ》をむりにつくっては中国各地《ちゅうごくかくち》を侵略《しんりゃく》していました。宣戦布告《せんせんふこく》という国際条約《こくさいじょうやく》できめられた戦争《せんそう》の手《て》つづきを一度《ど》もしないままです。宣戦布告《せんせんふこく》をすると捕虜《ほりょ》のあつかいや*毒《どく》ガス兵器《へいき》をつかうなど勝手《かって》なことができなくなったりするためでした。日本軍《にほんぐん》ははじめから国際《こくさい》ルールをまもるつもりのない戦争《せんそう》をしていたのです。

当時《とうじ》、日本軍《にほんぐん》だけでなく日本《にほん》の人《ひと》びとの多《おお》くが、中国人《ちゅうごくじん》はだらしがなくいくじなしだと思《おも》っていました。それは*日清戦争《にっしんせんそう》（一八九四〜九五年）で、日本軍《にほんぐん》が勝《か》っていらいのことです。それ以後《いご》、日本《にほん》はことあるごとに中国《ちゅうごく》にむりな要求《ようきゅう》

満州事変《まんしゅうじへん》　一九三一年九月十八日、中国東北部《ちゅうごくとうほくぶ》の柳条湖《りゅうじょうこ》で日本《にほん》の関東軍《かんとうぐん》が起《お》こした南満州鉄道《みなみまんしゅうてつどう》爆破事件《ばくはじけん》を発端《ほったん》にはじまった中国《ちゅうごく》への軍事侵略《ぐんじしんりゃく》。アジア・太平洋戦争《たいへいようせんそう》の第一段階《だいいちだんかい》。本書《ほんしょ》「解説《かいせつ》」三〇七ページ参照《さんしょう》。

毒《どく》ガス（兵器《へいき》）　毒性《どくせい》があり、戦争《せんそう》の手段《しゅだん》としてもちいられる気体《きたい》物質《ぶっしつ》、または気化《きか》あるいは霧状《きりじょう》にして散布《さんぷ》しやすい物質《ぶっしつ》。

をしてその大部分《だいぶぶん》をうけ入《い》れさせてきました。その総仕上《そうしあ》げに当《あ》たるものが、満《まん》州事変以後《しゅうじへんいご》の中国侵略《ちゅうごくしんりゃく》だったのです。

でも、中国《ちゅうごく》の人《ひと》びとは黙《だま》って日本側《にほんがわ》の要求《ようきゅう》にくっしていたわけではありません。くりかえし抗議運動《こうぎうんどう》をしてきました。それを日本《にほん》は軍事力《ぐんじりょく》で強引《ごういん》につぶしていたのです。しかし、やがてそれもできなくなりました。

一九三七年十二月に当時《とうじ》の中国《ちゅうごく》・蔣介石政権《しょうかいせきせいけん》*（中華民国《ちゅうかみんこく》）の首都南京《しゅとナンキン》を占領《せんりょう》したときです。日本軍《にほんぐん》は、首都《しゅと》をうばえば、いくじのない中国人《ちゅうごくじん》のことだから日本《にほん》への抵抗《ていこう》をやめるはずだと、楽観視《らっかんし》していました。そうなれば、日本《にほん》はいよいよ中国《ちゅうごく》ですき勝手《かって》ができるはずでした。

ところが、実際《じっさい》は正反対《せいはんたい》でした。中国《ちゅうごく》の人《ひと》びとは首都《しゅと》をはるか内陸《ないりく》の重慶《じゅうけい》にうつし、徹底《てってい》して抵抗《ていこう》することにしたのです。さらに中国国内《ちゅうごくこくない》で対立《たいりつ》していた共産党《きょうさんとう》*と国民党政府《こくみんとうせいふ》*（中華民国《ちゅうかみんこく》）が協力《きょうりょく》して日本軍《にほんぐん》とたたかうことにしました。重慶《じゅうけい》は遠《とお》すぎて、日本軍《にほんぐん》は長距離爆撃機《ちょうきょりばくげきき》で無差別爆撃《むさべつばくげき》をするのがやっとでした。

その一方《いっぽう》で、日本軍《にほんぐん》は各地《かくち》で中国《ちゅうごく》の人《ひと》びとによるゲリラ戦《せん》*のために被害《ひがい》がふ

日清戦争《にっしんせんそう》　朝鮮《ちょうせん》の支配《しはい》をめぐって日本《にほん》と清国《しんこく》（当時《とうじ》の中国《ちゅうごく》）の間《あいだ》で一八九四年から一八九五年にたたかわれた。

蔣介石《しょうかいせき》　中国《ちゅうごく》の軍人《ぐんじん》・政治家《せいじか》。抗日《こうにち》よりも共産党《きょうさんとう》の討伐《とうばつ》を優先《ゆうせん》していたが、日中戦争《にっちゅうせんそう》がはじまって以降《いこう》は南京《ナンキン》、武漢《ぶかん》、重慶《じゅうけい》と首都《しゅと》をうつしながら抗日戦争《こうにちせんそう》をたたかった。

中国共産党《ちゅうごくきょうさんとう》　一九二一年上海《シャンハイ》で結成《けっせい》。二三年から国民党《こくみんとう》と協力《きょうりょく》し、国民革命《こくみんかくめい》を展開《てんかい》。日中戦争《にっちゅうせんそう》期《き》、第二次国共合作《だいにじこっきょうがっさく》のもと日本軍《にほんぐん》とたたかった。戦後《せんご》、国民政府《こくみんせいふ》との内戦《ないせん》に勝利《しょうり》し、四九年中華《ちゅうか》

えつづけました。日本軍《にほんぐん》は中国《ちゅうごく》でいつまでつづくかわからない長期戦《ちょうきせん》〝泥沼《どろぬま》の戦争《せんそう》〟に引《ひ》きずりこまれてしまったのです。中国《ちゅうごく》の人《ひと》びとをいくじなしと思《おも》いこんだための〝大失敗《だいしっぱい》〟だったのです。

そこへアメリカが、中国《ちゅうごく》をひとりじめしようとする日本《にほん》に圧力《あつりょく》をかけてきました。中国《ちゅうごく》から日本軍《にほんぐん》がひき上《あ》げなければ、戦争《せんそう》に必要《ひつよう》な石油《せきゆ》や鉄鉱石《てっこうせき》を輸出《ゆしゅつ》してやらないというのです。そのときまでに日本軍《にほんぐん》は中国《ちゅうごく》でたくさんの戦死者《せんししゃ》や負傷者《ふしょうしゃ》をだし、ばく大《だい》な軍事費《ぐんじひ》をつかっています。それほどの犠牲《ぎせい》をだしたのに中国《ちゅうごく》から撤退《てったい》したのでは、軍隊《ぐんたい》も一般国民《いっぱんこくみん》も納得《なっとく》するはずがありません。でも石油《せきゆ》や鉄鉱石《てっこうせき》なしでは、戦争《せんそう》ができません。どうしたらいいのでしょう。

そこで日本軍《にほんぐん》は、中国《ちゅうごく》から撤退《てったい》しないでもいいように、東南《とうなん》アジアの鉄鉱石《てっこうせき》産地《さんち》や*油田《ゆでん》を占領《せんりょう》しようとしたのです。でも、鉄鉱石産地《てっこうせきさんち》の*マレー半島《はんとう》はイギリス、油田《ゆでん》のある*スマトラ島《とう》はオランダの*植民地《しょくみんち》です。そこを日本軍《にほんぐん》がうばおうとすれば、これらの国《くに》ぐにと戦争《せんそう》になります。それにアメリカもフィリピンを

人民共和国《じんみんきょうわこく》を樹立《じゅりつ》する。

国民党《こくみんとう》　一九一九年、孫文《そんぶん》を指導者《しどうしゃ》とし、民族主義《みんぞくしゅぎ》・民権主義《みんけんしゅぎ》などの三民主義《さんみんしゅぎ》を理念《りねん》として結成《けっせい》された革新的政党《かくしんてきせいとう》。孫文《そんぶん》の死後《しご》、二七年蔣介石《しょうかいせき》の主導権《しゅどうけん》で南京政府《ナンキンせいふ》を成立《せいりつ》させる。日中戦争期《にっちゅうせんそうき》は中国共産党《ちゅうごくきょうさんとう》と協力《きょうりょく》したが、戦後内戦《せんごないせん》にやぶれ、台湾《たいわん》にのがれた。

ゲリラ　敵《てき》の後方《こうほう》や敵中《てきちゅう》を奇襲《きしゅう》して混乱《こんらん》させる小部隊《しょうぶたい》。

油田《ゆでん》　地下《ちか》から石油《せきゆ》が産出《さんしゅつ》する地域《ちいき》。また、油層《ゆそう》が存在《そんざい》する区域《くいき》。

植民地《しょくみんち》にしているので、日本海軍《にほんかいぐん》の船《ふね》や油送船《ゆそうせん》の行動《こうどう》を妨害《ぼうがい》するはずです。

それならば、イギリス海軍《かいぐん》の根拠地《こんきょち》＊シンガポールとアメリカ海軍《かいぐん》の拠点《きょてん》真珠湾《しんじゅわん》を最初《さいしょ》に攻撃《こうげき》して、大打撃《だいだげき》をあたえればよいわけです。日本軍《にほんぐん》のこの作戦《さくせん》は、みごとに成功《せいこう》しました。真珠湾《しんじゅわん》では十二月八日（現地時間《げんちじかん》七日《にち》）の奇襲攻撃《きしゅうこうげき》で、アメリカ太平洋艦隊《たいへいようかんたい》が大損害《だいそんがい》をこうむりました。シンガポールは、占領目標《せんりょうもくひょう》を

▲シンガポールに破竹《はちく》のいきおいでせまる日本軍《にほんぐん》のようすが報道《ほうどう》され、陥落《かんらく》のニュースで日本《にほん》じゅうが祝賀行事《しゅくがぎょうじ》にわきかえった。（1942年　菊池俊吉《きくちしゅんきち》氏《し》撮影《さつえい》）

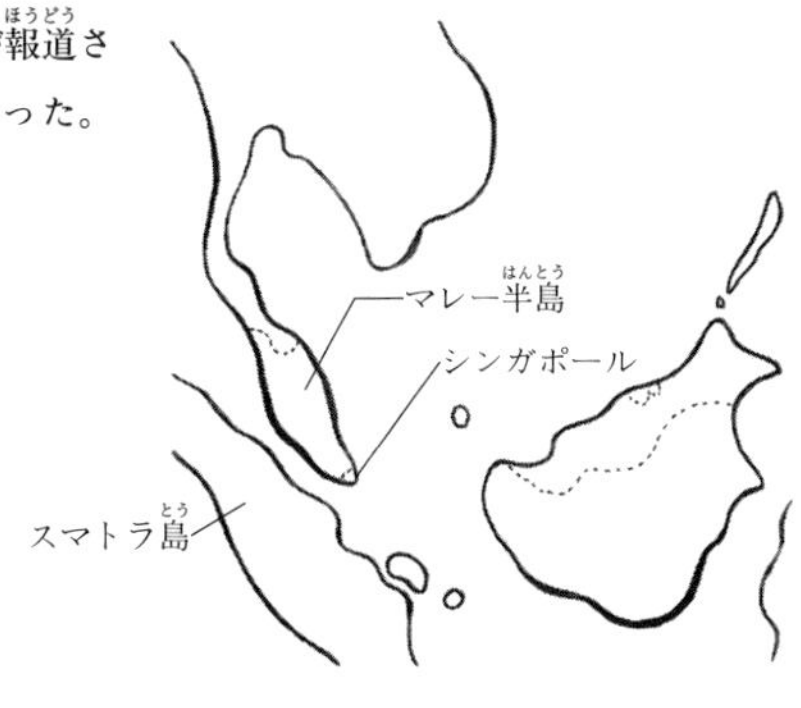

四月二十九日の天長節《てんちょうせつ》（当時《とうじ》の天皇誕生日《てんのうたんじょうび》）にしていたのに、二月十五日に占領《せんりょう》しました。

　こうした〝大戦果《だいせんか》〟に日本《にほん》じゅうがうかれ、日本軍《にほんぐん》までが自信過剰《じしんかじょう》になってしまいました。開戦前《かいせんまえ》の予定《よてい》では、東南《とうなん》アジアの資源地帯《しげんちたい》を占領《せんりょう》したら、すぐに停戦交渉《ていせんこうしょう》をはじめるはずだったのです。でも、*連合国軍《れんごうこくぐん》が予想《よそう》よりも弱《よわ》かったので、日本軍《にほんぐん》は南太平洋《みなみたいへいよう》の島《しま》じままで占領《せんりょう》することにしてしまいました。やがて、島《しま》じまに分散《ぶんさん》した日本軍《にほんぐん》は、船《ふね》をしずめられて孤立《こりつ》し、つぎつぎに全滅《ぜんめつ》することになります。

　もともと連合軍《れんごうぐん》が弱《よわ》かったのは、イギリス軍《ぐん》といっても兵士《へいし》の大部分《だいぶぶん》が植民地《しょくみんち》のインド人《じん》だったので、本気《ほんき》でたたかう気《き》がなかったのです。アメリカ海軍《かいぐん》にしても、主力《しゅりょく》の*航空母艦《こうくうぼかん》は健在《けんざい》でした。それなのに、日本軍《にほんぐん》は資源地帯《しげんちたい》をしっかりまもるはずだった戦闘部隊《せんとうぶたい》（若《わか》い体力《たいりょく》のある独身者中心《どくしんしゃちゅうしん》の部隊《ぶたい》）を、南太平洋《みなみたいへいよう》の島《しま》じまへ進撃《しんげき》させるという方針《ほうしん》の大転換《だいてんかん》を簡単《かんたん》にきめてしまいました。資源地帯《しげんちたい》には、日本国内《にほんこくない》ですでに結婚《けっこん》して子《こ》どものいるような中年《ちゅうねん》であまり体力《たいりょく》

植民地《しょくみんち》　強国《きょうこく》が、自国以外《じこくいがい》の地域《ちいき》や国家《こっか》の主権《しゅけん》をうばって、その領土《りょうど》や人民《じんみん》を政治的《せいじてき》に支配《しはい》し、また原料《げんりょう》の供給地《きょうきゅうち》として、あるいは商品市場《しょうひんしじょう》として支配《しはい》する、自国以外《じこくいがい》の地域《ちいき》や国家《こっか》。第一次世界大戦《だいいちじせかいたいせん》はすでにそれら列強国《れっきょうこく》の間《あいだ》の植民地争奪《しょくみんちそうだつ》のあらそいであったが、領土《りょうど》や支配地域《しはいちいき》の拡大《かくだい》をめぐって世界《せかい》は二度《ど》の大戦《たいせん》を経験《けいけん》した。

連合国《れんごうこく》　第二次大戦《だいにじたいせん》で、日本《にほん》・ドイツ・イタリアなどのいわゆる枢軸国《すうじくこく》にたいして、反《はん》ファシズムで連合《れんごう》して戦《たたか》った、アメリカ・イギリス・フランス・オランダなどの国《くに》ぐに。

航空母艦《こうくうぼかん》　航空機《こうくうき》をつみ、艦《ふね》の上《うえ》で発着《はっちゃく》させるための飛行甲板《ひこうかんぱん》をそなえ、格納《かくのう》、修理設備《しゅうりせつび》をもった軍艦《ぐんかん》。空母《くうぼ》。

のない兵士《へいし》の部隊《ぶたい》が、派遣《はけん》されることになります。

この占領《せんりょう》部隊《ぶたい》は、住民《じゅうみん》から強《つよ》い抵抗《ていこう》をうけると、鎮圧《ちんあつ》するのに手《て》こずりかねません。そこで日本軍《にほんぐん》は、シンガポールを占領《せんりょう》した直後《ちょくご》に、マレー半島《はんとう》とシンガポールでの〝敵性《てきせい》華僑狩《かきょうが》り〟*を命令《めいれい》したのです。

当時《とうじ》、東南《とうなん》アジアには中国南部《ちゅうごくなんぶ》から出《で》かせぎにきていた中国人《ちゅうごくじん》〝華僑《かきょう》〟がたくさんいました。（現在《げんざい》では、それぞれの国《くに》の国籍《こくせき》をえて定住《ていじゅう》しているので〝華《か》人《じん》〟とよびます）華僑《かきょう》にとって母国中国《ぼこくちゅうごく》が日本軍《にほんぐん》に侵略《しんりゃく》されているのは〝国《こく》難《なん》〟です。そのため帰国《きこく》して中国《ちゅうごく》の軍隊《ぐんたい》に入《はい》る人《ひと》がいました。ビルマ（現《げん》ミャンマー）やベトナムから山岳地帯《さんがくちたい》をこえて中国《ちゅうごく》への援助物資《えんじょぶっし》を運《はこ》ぶ援蒋《えんしょう》ルート*のトラック運転手《うんてんしゅ》を志願《しがん》した人《ひと》びと（機工《きこう》）もいます。また母国《ぼこく》へもどらないではたらきつづけ、たたかう費用《ひよう》を寄付《きふ》をしていた人《ひと》もたくさんいます。

日本軍《にほんぐん》は、マレー半島《はんとう》とシンガポール全域《ぜんいき》のこうした募金団体《ぼきんだんたい》の役員名簿《やくいんめいぼ》を、開戦後《かいせんご》まもなくに占領《せんりょう》した街《まち》で手《て》に入《い》れていました。このとき、日本軍《にほんぐん》の先頭《せんとう》でたたかっていたのは陸軍第《りくぐんだい》五師団歩兵第《しだんほへいだい》一一連隊《れんたい》（根拠地広島《こんきょちひろしま》）でした。第《だい》一

華僑《かきょう》　長期《ちょうき》にわたり海外《かいがい》に居住《きょじゅう》する中国人《ちゅうごくじん》およびその子孫《しそん》。東《とう》南《なん》アジアに多《おお》く、経済的《けいざいてき》に大《おお》きな影響力《えいきょうりょく》をもつ。

援蒋《えんしょう》ルート　蒋介石《しょうかいせき》ひきいる国《こく》民党政府《みんとうせいふ》への援助物資《えんじょぶっし》を運《はこ》んだ道《みち》のこと。

一連隊《れんたい》は、日清戦争以後《にっしんせんそういご》の戦争《せんそう》ではいつも最初《さいしょ》に戦場《せんじょう》に派遣《はけん》されていた部隊《ぶたい》でした。今回《こんかい》も中国戦線《ちゅうごくせんせん》から選《えら》ばれてマレー半島上陸作戦《はんとうじょうりくさくせん》をまかされたのです。日本軍《にほんぐん》は、中国《ちゅうごく》の人《ひと》びとの予想外《よそうがい》の抵抗《ていこう》の背後《はいご》には、東南《とうなん》アジアの華僑《かきょう》からの寄付金《きふきん》があることを、よく知《し》っていました。それだけに、募金団体《ぼきんだんたい》の役員名簿《やくいんめいぼ》を手《て》に入《い》れた日本軍《にほんぐん》が、なにもしないでいるはずがありませんでした。

シンガポール占領《せんりょう》の数日前《すうじつまえ》、日本軍《にほんぐん》はこの組織《そしき》の役員《やくいん》を捕《とら》えることを中心《ちゅうしん》とした〝敵性華僑狩《てきせいかきょうが》り〟をするときめたのです。最初《さいしょ》は、二月下旬《げじゅん》にシンガポールで実行《じっこう》されました。でもこの名簿《めいぼ》にのっていた人《ひと》びとの大部分《だいぶぶん》は、危険《きけん》を予想《よそう》してすでに逃亡《とうぼう》していました。

それとはべつに、日本軍《にほんぐん》は華僑《かきょう》のおとなの男性約《だんせいやく》三十万人《まんにん》を市内数《しないすう》か所《しょ》に集《しゅう》合《ごう》させて、*抗日的《こうにちてき》な（敵性《てきせい》）華僑《かきょう》かどうかを、一人《ひとり》ずつ尋問《じんもん》して区別《くべつ》しました。敵性華僑《てきせいかきょう》とされた人《ひと》はトラックにのせられ、人目《ひとめ》の少《すく》ない海岸《かいがん》や谷間《たにま》で銃殺《じゅうさつ》されています。これが「大検証《だいけんしょう》」といまも言《い》われているできごとです。

戦争中《せんそうちゅう》でも、最前線《さいぜんせん》での戦闘以外《せんとういがい》では、正式《せいしき》な裁判《さいばん》をして死刑《しけい》の判決《はんけつ》がださ

抗日《こうにち》 日本《にほん》の侵略《しんりゃく》にたいするアジアの人《ひと》びとの抵抗《ていこう》。

れた人以外《ひといがい》を殺《ころ》すことはきんじられています。それなのに、このときの日本軍《にほんぐん》は、取《と》り調《しら》べで口《くち》ごたえしたり、反抗的《はんこうてき》だったというだけで、トラックにのせて海岸《かいがん》につれて行《い》ったのです。しかもこれらの人《ひと》びとについては名簿《めいぼ》さえつくっていません。どこで何人殺《なんにんころ》したかという記録《きろく》ものこしていません。ですから現在《げんざい》もこのときの犠牲者数《ぎせいしゃすう》についての論争《ろんそう》がつづいています。元日本軍《もとにほんぐん》の人《ひと》は多《おお》くても数千《すうせん》人《にん》、シンガポールの研究者《けんきゅうしゃ》は数万人《すうまんにん》と主張《しゅちょう》しています。論争《ろんそう》がつづいていることの責任《せきにん》は、正式《せいしき》な裁判《さいばん》をしなかったどころか名簿《めいぼ》もつくらなかった日本軍《にほんぐん》の側《がわ》にあります。でもその責任《せきにん》を自覚《じかく》していると発言《はつげん》した元日本軍《もとにほんぐん》の人《ひと》はほとんどいません。

トラックにのせられ、海岸《かいがん》で機関銃《きかんじゅう》にうたれた人《ひと》のなかに、運《うん》よくたすかった人《ひと》が、わずかですがいます。そのなかの一人《ひとり》、鄭光宇《チョングワンユィ》さんの体験談《たいけんだん》です。

「海岸《かいがん》に着《つ》くと、わたしたちはトラックからおりて一列《いちれつ》にならばされた。八人《にん》から十人《にん》ずつに後《うし》ろ手《で》で数珠《じゅず》つなぎにされた。日本軍《にほんぐん》の機関銃《きかんじゅう》がパ、パ、パーンと射撃《しゃげき》をはじめた。うたれた人《ひと》がたおれ、それに引《ひ》きずられてわたしもあおむけにたおれた。そのとき、弾《たま》がわたしの鼻先《はなさき》をかすめ顔《かお》は血《ち》だらけになった。わたしはもう一発当《いっぱつあ》たったらたすからないと覚悟《かくご》した。

そのうちに*機関銃《きかんじゅう》の音《おと》が消《き》え、銃剣《じゅうけん》をつけた日本兵《にほんへい》たちがやってきた。かれらは銃剣《じゅうけん》でたおれている人《ひと》たちをつぎつぎにさしてまわった。あちこちで悲鳴《ひめい》やののしりの声《こえ》があがった。それにまざって日本兵《にほんへい》の笑《わら》い声《ごえ》がきこえた。

私《わたし》はじっと死《し》んだふりをしていた。一人《ひとり》の日本兵《にほんへい》がきて、私《わたし》の胸《むね》をふみつけながら、となりの人《ひと》を銃剣《じゅうけん》でさした。わたしの顔《かお》が血《ち》だらけなので死《し》んでいると思《おも》ったのか、わたしにはなにもしなかった。わたしはふまれたいたみをこらえた。日本兵《にほんへい》がわたしからはなれると、気《き》づかれないように静《しず》かに空気《くうき》をすいこんだ。

まもなく日本兵《にほんへい》は、トラックで立《た》ち去《さ》った。わたしは運《うん》よく十人《にん》のはしで、しかも近《ちか》くの砂《すな》の間《あいだ》にサンゴの岩《いわ》が見《み》えた。わたしは少《すこ》しずつ、となりの死《し》

機関銃《きかんじゅう》　引《ひ》き金《がね》を引《ひ》きつづけると自動的《じどうてき》、連続的《れんぞくてき》に弾丸《だんがん》が装《そう》てん、発射《はっしゃ》される銃《じゅう》。

体《たい》を引《ひ》きずって岩《いわ》のところへ行《い》った。岩《いわ》に両腕《りょううで》をこすりつけた。腕《うで》の皮《かわ》が切《き》れていたかったががまんした。ようやく縄《なわ》が切《き》れて自由《じゆう》になった。

そのとき、わたし以外《いがい》にもまだ息《いき》のある人《ひと》がいたが、ケガがひどくてたすかりそうになかった。わたしだけでもにげるようにと言《い》われた。後《うし》ろ髪《がみ》をひかれる思《おも》いだったが、新月《しんげつ》で暗《くら》いのをさいわいに、日本軍《にほんぐん》の声《こえ》をさけてにげた」

一九六二年のある日《ひ》、シンガポールの団地《だんち》の工事現場《こうじげんば》で人骨《じんこつ》が大量《たいりょう》に見《み》つかり、大騒《おおさわ》ぎになりました。調査《ちょうさ》の結果《けっか》、それは「大検証《だいけんしょう》」の犠牲者《ぎせいしゃ》たちの骨《ほね》だとわかりました。その後数年間《ごすうねんかん》にシンガポールじゅうの海岸《かいがん》や谷間《たにま》で調査《ちょうさ》がおこなわれ、数《すう》十か所《しょ》で新《あら》たに遺骨《いこつ》や遺品《いひん》が見《み》つかりました。一《いっ》か所《しょ》で二千五百人分《にんぶん》以上《いじょう》の骨《ほね》がほりだされたところもあります。

こうして犠牲者《ぎせいしゃ》の遺骨《いこつ》は発見《はっけん》されたのですが、どれがだれの骨《ほね》なのかはまったくわかりません。日本軍《にほんぐん》が人《ひと》びとを虫《むし》けらのように殺《ころ》したからです。やむをえず華人団体《かじんだんたい》〝中華総商会《ちゅうかそうしょうかい》〟が中心《ちゅうしん》になって募金《ぼきん》をあつめ、シンガポール市街《しがい》の海《かい》岸《がん》に近《ちか》い公園《こうえん》に、高《たか》さ六八メートルの「日治時期死難人民紀念碑《にちじじきしなんじんみんきねんひ》」をたて、その土台部分《どだいぶぶん》にすべての遺骨《いこつ》を埋葬《まいそう》しました。

別名《べつめい》「*血債《けっさい》の塔《とう》」とよばれるこの追悼碑《ついとうひ》の前《まえ》では、いまでも毎年《まいとし》二月十五日に盛大《せいだい》な追悼式《ついとうしき》がおこなわれています。でも、毎年何万人《まいとしなんまんにん》もの日本人観光客《にほんじんかんこうきゃく》がシンガポールに行《い》きますが、この追悼碑《ついとうひ》を見学《けんがく》する人《ひと》はほんのわずかでしかありま

▲血債《けっさい》の塔《とう》「大検証《だいけんしょう》」による犠牲者《ぎせいしゃ》の遺骨《いこつ》を埋葬《まいそう》し、その上《うえ》に建立《こんりゅう》された追悼碑《ついとうひ》（高嶋伸欣《たかしまのぶよし》氏《し》撮影《さつえい》）

せん。

シンガポールでの「大検証《だいけんしょう》」が終《お》わると、日本軍《にほんぐん》はマレー半島《はんとう》の全域《ぜんいき》に分担《ぶんたん》して配置《はいち》され、また〝敵性華僑狩《てきせいかきょうが》り〟を、一九四二年三月末《まつ》までの一か月間徹底《げつかんてってい》して実行《じっこう》しました。戦闘部隊《せんとうぶたい》が南太平洋《みなみたいへいよう》の島《しま》じまにうつるまでの短《みじか》い期間《きかん》のことでした。

それだけに「大検証《だいけんしょう》」と同《おな》じく、やりかたは乱暴《らんぼう》で、裁判《さいばん》なしはもちろん、男性《だんせい》だけでなく、女性《じょせい》から子《こ》ども、赤《あか》んぼうまでもすべてを殺《ころ》しています。マレー半島《はんとう》では大部分《だいぶぶん》の場合《ばあい》、銃殺《じゅうさつ》ではなく銃《じゅう》の先《さき》につけた剣《けん》（銃剣《じゅうけん》）でさし殺《ころ》しています。地面《じめん》にすわらせて背中《せなか》の側《がわ》から心臓《しんぞう》のあたりをねらってつきさしたのです。

マレー半島《はんとう》の内陸《ないりく》ネグリセンビラン州《しゅう》で日本軍《にほんぐん》によって殺《ころ》されかけた楊振華《ヤンツンファ》さん（当時《とうじ》九歳《さい》）の場合《ばあい》は、恐《おそ》ろしくて手《て》を胸《むね》に当《あ》てていたところを、さされています。銃剣《じゅうけん》はおさない振華《ツンファ》さんの背中《せなか》から胸《むね》へとつきぬけ、胸《むね》に当《あ》てていた右《みぎ》手《て》の指《ゆび》二本《ほん》を切《き》り落《お》としました。それでも運《うん》よく銃《じゅう》剣《けん》が心臓《しんぞう》から少《すこ》しはずれていたので、気絶《きぜつ》しただけですみました。日本軍《にほんぐん》は振華《ツンファ》さんが死《し》んだと思《おも》い、そのまま立《た》ち去《さ》っていきます。そのあとに息《いき》をふきかえしてたすかったわけです。シンガポールの鄭《チョン》光宇《グワンユィ》さんと同じ《おな》ように虐《ぎゃく》殺《さつ》から生《い》きのこった人《ひと》のことを〝幸存者《こうぞんしゃ》〟といいます。

マレーシアの首都《しゅと》クアラルンプールでレストランを経営《けいえい》している蕭《シャウ》文虎《ウェンフー》さんも〝幸存者《こうぞんしゃ》〟の一人《ひとり》です。両親《りょうしん》は中国南部《ちゅうごくなんぶ》に日本軍《にほんぐん》がせまってきたのでシンガポールにうつり、さらにネグリセンビラン州《しゅう》の村《むら》にひなんしていました。けれど、そこにも日本兵《にほんへい》がやってきて、なんの取《と》り調《しら》べもないまま住民《じゅうみん》の皆殺《みなごろ》しをはじめています。

住民《じゅうみん》たちは日本軍《にほんぐん》から人口数《じんこうすう》の調査《ちょうさ》にきたときいて、ごちそうをつくり歓待《かんたい》しました。食後《しょくご》、日本兵《にほんへい》は食料《しょくりょう》の配給《はいきゅう》*のために人数《にんずう》を調《しら》べるので集合《しゅうごう》するようにとよびかけました。人《ひと》びとがあつまると銃《じゅう》でおどかしてから、グループに分《わ》け、手《て》をしばって少《すこ》しはなれたところへつれていき、刺殺《しさつ》をはじめたのです。

配給《はいきゅう》 統制経済《とうせいけいざい》の下《もと》で、不足《ふそく》しがちな物資《ぶっし》の自由《じゆう》な流通《りゅうつう》を統制《とうせい》し、特定《とくてい》の機関《きかん》をつうじて一定《いってい》量《りょう》ずつ消費者《しょうひしゃ》に売《う》ること。

蕭《シャウ》さんも両親《りょうしん》や弟《おとうと》とつれだされ、地面《じめん》にすわらされて、背中《せなか》から銃剣《じゅうけん》でさされました。でもそのとき、お母《かあ》さんがとっさに蕭《シャウ》さんの身体《からだ》の上《うえ》におおいかぶさりました。銃剣《じゅうけん》はお母《かあ》さんの身体《からだ》をつきぬけてから蕭《シャウ》さんにつきささりました。その分《ぶん》、浅《あさ》くしかささらなかったので心臓《しんぞう》にはとどきませんでした。さらに日本《にほん》兵《へい》は何度《なんど》もさして、蕭《シャウ》さんは脇腹《わきばら》や腕《うで》、てのひらなど傷《きず》だらけになって、気絶《きぜつ》しました。

「母《はは》のことを思《おも》いだすたびに胸《むね》がいっぱいになります。母《はは》がわたしの上《うえ》にかぶさってくれなければ、いまのわたしはいません。母《はは》は妊娠《にんしん》していて出産直前《しゅっさんちょくぜん》だったのです。わたしの弟《おとうと》か妹《いもうと》になるはずだった命《いのち》も日本兵《にほんへい》に殺《ころ》されたのです。わたしたちはなにもしていないのに。

日本兵《にほんへい》が村《むら》の人《ひと》びとを殺《ころ》そうとしていたときのことはいまでもよくおぼえています。女性《じょせい》や子《こ》どもたちは、日本兵《にほんへい》に命《いのち》ごいをしてひざまずきました。しかし、日本兵《にほんへい》はロボットのように行動《こうどう》したのです」と、蕭《シャウ》さんは語《かた》っています。

さらにマレーシアでは、日本兵《にほんへい》の残酷《ざんこく》さをしめす話《はなし》が語《かた》りつがれています。赤《あか》んぼうを空中《くうちゅう》にほうりあげて落《お》ちてくるところを銃剣《じゅうけん》でつきさしたというのです。

このことについて、元《もと》日本兵《にほんへい》の人《ひと》たちからは「仮《かり》にやろうと思《おも》ってもそのようなことは、体力的《たいりょくてき》にできるはずがない」という反論《はんろん》があります。でも、マレーシアでは自分《じぶん》が直接《ちょくせつ》その場面《ばめん》を見《み》たという人《ひと》が、何人《なんにん》もいます。そのうちの一人《ひとり》、ハジ・ムヒディン・ビン・ハジ・アールシャさんは当時《とうじ》十五歳《さい》で、父親《ちちおや》は村長《そんちょう》でした。日本軍《にほんぐん》は村《むら》の広場《ひろば》に四百人《にん》もの華僑《かきょう》をあつめ、ムヒディンさんたちマレー人《じん》は広場《ひろば》のはしで見物《けんぶつ》しているようにと命令《めいれい》したのです。ふるえながらそのようすを見《み》ていたそうです。

「子《こ》どもたちのことを思《おも》いだすと、あまりに悲《かな》しい。ほうりあげて、銃剣《じゅうけん》で串《くし》ざしにしたのです。まだ死《し》んでいない子《こ》どもはこうやってけりました」と、記録《きろく》映画《えいが》『教《おし》えられなかった戦争《せんそう》・マレー編《へん》』のなかで、ムヒディンさんは語《かた》っています。

マレー半島《はんとう》を植民地《しょくみんち》にしたイギリスは、住民《じゅうみん》が反抗《はんこう》のために一致団結《いっちだんけつ》するのをきらって、インド人《じん》（ヒンズー教徒《きょうと》）や中国人《ちゅうごくじん》（仏教徒《ぶっきょうと》）をわざと移住《いじゅう》させました。先住《せんじゅう》のマレー人《じん》（イスラム教徒《きょうと》）と競争《きょうそう》させ対立《たいりつ》する多民族《たみんぞく》の社会《しゃかい》にしたのです。イギリスをおいはらった日本軍《にほんぐん》もそのやり方《かた》をまねした民族分断政策《みんぞくぶんだんせいさく》を実行《じっこう》しました。中国系《ちゅうごくけい》（華僑《かきょう》）を弾圧《だんあつ》する一方《いっぽう》で、マレー系《けい》とインド系《けい》の人《ひと》びとには、中国系《ちゅうごくけい》からうばった仕事《しごと》をあたえ、日本軍《にほんぐん》に協力《きょうりょく》させました。このときの分断政策《ぶんだんせいさく》のしこりが、いまもマレーシアのマレー系《けい》と中国系《ちゅうごくけい》の人《ひと》たちの間《あいだ》にはのこっています。

マレー系《けい》の人《ひと》たちは、当時《とうじ》華僑《かきょう》が日本軍《にほんぐん》にひどく弾圧《だんあつ》されていても、見《み》て見《み》ぬふりをしていました。虐殺《ぎゃくさつ》についても同《おな》じです。ですから戦後《せんご》になってマレー系《けい》の人《ひと》が虐殺《ぎゃくさつ》を目撃《もくげき》したと証言《しょうげん》することは、ほとんどありませんでした。それだけにこのムヒディンさん（現在《げんざい》は村長《そんちょう》）の証言《しょうげん》は信頼《しんらい》できると考《かんが》えられています。

なぜ日本軍《にほんぐん》は、赤《あか》んぼうまで殺《ころ》したのでしょう。それはすでに中国戦線《ちゅうごくせんせん》でゲリラ戦《せん》になやまされていたためと思《おも》われます。ゲリラ戦《せん》では女性《じょせい》や子《こ》どもまでが、爆弾《ばくだん》を運《はこ》んだりしかけたりするので、皆殺《みなごろ》しにしようと考《かんが》えたのです。とくにマレー半島《はんとう》では国道《こくどう》や鉄道《てつどう》の橋《はし》があちこちで爆破《ばくは》されていました。これを日本軍《にほんぐん》は中国系《ちゅうごくけい》の人《ひと》びとがやったにちがいないと思《おも》いこんでいました。そこで「国道《こくどう》など主要道路《しゅようどうろ》から五百メートル以上《いじょう》はなれた人目《ひとめ》につきにくい場所《ばしょ》にいる華僑《かきょう》は〝老若男女《ろうにゃくなんにょ》を問《と》わず徹底的《てっていてき》に掃討《そうとう》（皆殺《みなごろ》し）せよ〟」という命令《めいれい》がだされたのです。

　日本軍《にほんぐん》の兵士《へいし》たちは〝華僑《かきょう》は商売《しょうばい》でもうけているのだから街《まち》の商店《しょうてん》ではたらいているはず〟と思《おも》いこんでいました。それなのに国道《こくどう》からはなれたゴム園《えん》のなかの一軒家《いっけんや》で生活《せいかつ》しているのは、不自然《ふしぜん》であやしい、ゲリラかその協力者《きょうりょくしゃ》のはずだと考《かんが》えて、殺《ころ》すことにしたのです。

　でも、虐殺事件《ぎゃくさつじけん》が各地《かくち》でおきたネグリセンビラン州《しゅう》の場合《ばあい》、商業《しょうぎょう》ではたらく華僑《かきょう》は三〇パーセント、のこり七〇パーセントはゴム園《えん》の労働者《ろうどうしゃ》だったのです。

いまでは、日本《にほん》の中学校《ちゅうがっこう》の地理《ちり》の教科書《きょうかしょ》にも、マレー半島《はんとう》に大規模《だいきぼ》なゴム園《えん》をつくったイギリスが、安《やす》い賃金《ちんぎん》ではたらく中国人《ちゅうごくじん》を移住《いじゅう》させたと書《か》いてあります。それなのに、日本軍《にほんぐん》はこの程度《ていど》のことも知《し》らずに思《おも》いちがいで、無実《むじつ》の人《ひと》びとをマレー半島《はんとう》じゅうで殺《ころ》していたのです。

思《おも》いちがいは、まだありました。国道《こくどう》や鉄道《てつどう》の橋《はし》を爆破《ばくは》したのは、中国系《ちゅうごくけい》ゲリラではなくてイギリス軍特殊部隊《ぐんとくしゅぶたい》だったのです。イギリス軍《ぐん》はシンガポールを占領《せんりょう》される前《まえ》に、マレー半島《はんとう》の山地《さんち》に充分《じゅうぶん》に訓練《くんれん》された特殊部隊《とくしゅぶたい》を潜入《せんにゅう》させていたのです。この部隊《ぶたい》は日本軍《にほんぐん》が降伏《こうふく》した八月十五日には、各地《かくち》の街《まち》に姿《すがた》をあらわしています。日本軍《にほんぐん》はそれまでまったく気《き》づいていなかったので、仰天《ぎょうてん》したそうです。

このように、日本軍《にほんぐん》は罪《つみ》もない多数《たすう》の人《ひと》びとを、不当《ふとう》な理由《りゆう》で、正式《せいしき》な手続《てつづ》きもへないまま、各地《かくち》で殺害《さつがい》しました。虐殺事件《ぎゃくさつじけん》があった場所《ばしょ》では、戦後《せんご》に追悼《ついとう》碑《ひ》などが建《た》てられています。これまでに東《ひがし》マレーシアをふくめてマレーシア全域《ぜんいき》とシンガポールとで、合計《ごうけい》して約《やく》六十か所《しょ》の碑《ひ》と墓《はか》が確認《かくにん》されています。今後《こんご》も調査《ちょうさ》がすすむと、ふえそうです。

ところで、日本軍《にほんぐん》のこうした虐殺《ぎゃくさつ》などによって家族《かぞく》をなくした人《ひと》びとの多《おお》くは、日本軍《にほんぐん》にたいするいかりから、ゲリラ組織《そしき》に参加《さんか》しました。それも中国系《ちゅうごくけい》ばかりでなく、インド系《けい》やマレー系《けい》の人《ひと》びともだんだんに参加《さんか》するようになります。

日本軍《にほんぐん》は、欧米諸国《おうべいしょこく》の植民地支配《しょくみんちしはい》から人《ひと》びとを解放《かいほう》して「*大東亜共栄圏《だいとうあきょうえいけん》」をつくる正義《せいぎ》のたたかい「*大東亜戦争《だいとうあせんそう》」だと宣言《せんげん》しました。けれども、日本《にほん》が独立《どくりつ》をみとめたのは、戦争《せんそう》が不利《ふり》になって少《すこ》しでも住民《じゅうみん》に協力《きょうりょく》してほしくなったときでした。それもフィリピンやビルマなどだけで、重要《じゅうよう》な資源地帯《しげんちたい》であるマレー半島《はんとう》やスマトラ島《とう》などは〝皇土《こうど》（天皇《てんのう》の土地《とち》）〟として手《て》ばなさないときめていました。しかも、そのようにきめたことは秘密《ひみつ》にしておくとまできめていました。

しかし、占領地《せんりょうち》のマレー系《けい》やインド系《けい》の人《ひと》びともだまされていたことに気《き》づきます。しかも日本軍《にほんぐん》の占領下《せんりょうか》では、生活《せいかつ》が苦《くる》しくなるばかりでした。日本軍《にほんぐん》

大東亜共栄圏《だいとうあきょうえいけん》　日本《にほん》がアジアの盟主《めいしゅ》となって、欧米列強《おうべいれっきょう》の植民《しょくみん》地支配《ちしはい》からアジアを解放《かいほう》するという名目《めいもく》のもとで、アジア各国《かっこく》を日本《にほん》の戦争目的《せんそうもくてき》にしたがわせるための構想《こうそう》。

大東亜戦争《だいとうあせんそう》　太平洋戦争《たいへいようせんそう》にたいする日本側《にほんがわ》の呼称《こしょう》。大東亜共栄圏《だいとうあきょうえいけん》建設《けんせつ》のための「聖戦《せいせん》」という意味《いみ》あいをもたせるためにつかわれた。

は日本軍用《にほんぐんよう》のお金《かね》（〝軍票《ぐんぴょう》〟）以外《いがい》の使用《しよう》を禁止《きんし》した上《うえ》で、軍票《ぐんぴょう》*を乱発《らんぱつ》しました。物《もの》の値《ね》だんがどんどんあがり、主食《しゅしょく》の米《こめ》は百五十倍《ばい》にまでなりました。

日常生活《にちじょうせいかつ》でも日本語《にほんご》をつかうように強制《きょうせい》され、一日《にち》の時刻《じこく》も東京《とうきょう》と同《おな》じ〝東《とう》京《きょう》タイム〟にかえられました。各地《かくち》につくられた日本《にほん》の神社《じんじゃ》にお参《まい》りすることや、天長節《てんちょうせつ》には祝賀《しゅくが》の日《ひ》の丸行進《まるこうしん》への参加《さんか》ももとめられました。

とくに人《ひと》びとをおこらせたのは、日本軍《にほんぐん》ではあたりまえだった〝ビンタ〟でした。ビンタは、銃《じゅう》や剣《けん》の場合《ばあい》のように身体《からだ》に傷《きず》がつくわけではありません。日本《にほん》軍《ぐん》の威厳《いげん》をしめすつもりで、日本兵《にほんへい》は平気《へいき》で住民《じゅうみん》の顔《かお》を平手《ひらて》でたたいていたのです。ところが、日本以外《にほんいがい》のほとんどの社会《しゃかい》では、人前《ひとまえ》で首《くび》から上《うえ》をたたかれることは死《し》ぬこと以上《いじょう》にたえがたいはじ、と考《かんが》えられています。ヨーロッパで騎士《きし》が決闘《けっとう》を申《もう》し入《い》れるときに相手《あいて》の顔《かお》を手袋《てぶくろ》でたたくというのも、このためです。こうした考《かんが》えかたは、日本以外《にほんいがい》のアジアでも同《おな》じです。とりわけイスラム教徒《きょうと》の人《ひと》びとはほこりが高《たか》く、マレー系《けい》の人《ひと》びとはイスラム教徒《きょうと》です。それに中国系《ちゅうごくけい》やインド系《けい》の人《ひと》たちも、ビンタはたいへんな屈辱《くつじょく》だったと、語《かた》りついでいます。

軍票《ぐんぴょう》　戦地《せんち》、占領地《せんりょうち》で軍《ぐん》がお金《かね》にかえて発行《はっこう》する紙票《しひょう》。軍用手形《ぐんようてがた》。

さらに、日本軍《にほんぐん》は憲兵《けんぺい》*（軍隊《ぐんたい》の警察《けいさつ》、ミリタリー・ポリス＝ＭＰ）に、占領《せんりょう》地《ち》の人《ひと》びとの取《と》りしまりをさせました。シンガポールでは中心部《ちゅうしんぶ》のＹＭＣＡ*にその本部《ほんぶ》がおかれました。そこでは毎日《まいにち》のように取《と》り調《しら》べで拷問《ごうもん》がおこなわれ、悲鳴《ひめい》が外《そと》にもきこえたほどでした。人《ひと》びとは憲兵隊《けんぺいたい》の「け」ときくだけでふるえあがっていました。当時《とうじ》、拷問《ごうもん》をうけた傅連格《チュワンリエングゥ》さんの話《はなし》です。

「ある日突然《ひとつぜん》わたしは逮捕《たいほ》されました。取《と》り調《しら》べ室《しつ》で憲兵《けんぺい》は立《た》ちあがり、机《つくえ》をはげしくたたくと大声《おおごえ》でどなりつけた。わたしのそばにくると、わたしの顔《かお》をなぐり、けとばした。わたしは鼻血《はなぢ》をだし、床《ゆか》にたおれた。マレー人《じん》の助手《じょしゅ》や憲兵《けんぺい》のこん棒《ぼう》やムチが雨《あめ》のようにわたしを打《う》った。わたしは後《うし》ろ手《で》にしばられていた。つぎには天井《てんじょう》からさかさにつるされて、ムチでうたれた。その夜《よる》、わたしは骨《ほね》の髄《ずい》までいたんで、横《よこ》になることもできなかった。

毎日毎日《まいにちまいにち》、残酷《ざんこく》な拷問《ごうもん》がつづき、わたしは死《し》んだほうがよいとさえ思《おも》った。ようやく無罪《むざい》とみとめられて、釈放《しゃくほう》された。この非人道的《ひじんどうてき》な体験《たいけん》を永久《えいきゅう》にわすれることはないだろう」

憲兵《けんぺい》　旧軍隊内《きゅうぐんたいない》の秩序維持《ちつじょいじ》を任《にん》務《む》とする兵隊《へいたい》。犯罪捜査《はんざいそうさ》、軍紀維《ぐんきい》持《じ》、思想《しそう》取《と》りしまりから、次第《しだい》に権限《けんげん》を拡大《かくだい》し、公安対策《こうあんたいさく》、思想弾《しそうだん》圧《あつ》、スパイ活動防止《かつどうぼうし》などにも強《つよ》い権力《けんりょく》をふるった。

ＹＭＣＡ　キリスト教《きょう》の信仰《しんこう》にもとづき、人格《じんかく》の向上《こうじょう》と奉仕《ほうし》の精神《せいしん》による社会活動《しゃかいかつどう》をめざす国際《こくさい》的《てき》な団体《だんたい》。キリスト教青年会《きょうせいねんかい》。

こうして、シンガポールやマレー半島《はんとう》など東南《とうなん》アジアの占領地《せんりょうち》の人《ひと》びとは、死《し》の恐怖《きょうふ》と恥辱《ちじょく》、飢《う》えに苦《くる》しむ〝三年《ねん》八か月《げつ》〟をすごしていました。シンガポールでは「三年《ねん》八か月《げつ》」を日本《にほん》の占領時代《せんりょうじだい》をしめす歴史用語《れきしようご》としています。しかも、人《ひと》びとはこの暗黒《あんこく》の三年《ねん》八か月《げつ》は原爆投下《げんばくとうか》*が日本《にほん》を降伏《こうふく》*においこんだことで終《お》わったとうけとめています。学校《がっこう》でもそのように教《おし》えています。ほかの占領地域《せんりょうちいき》の人《ひと》びとも同《おな》じように考《かんが》えていることが、最近《さいきん》ではわかっています。原爆《げんばく》についてほかのアジアの社会《しゃかい》と日本《にほん》とでは、こんなにちがったうけとめかたをしています。わたしたちはこのことをどう考《かんが》えたらいいのでしょう?

原爆投下《げんばくとうか》　一九四五年八月六日、広島《ひろしま》にウラン二三五をもちいたものが、同年《どうねん》八月九日長崎《ながさき》にプルトニウム二三九をもちいたものが、アメリカ軍《ぐん》によって投下《とうか》され、大《だい》惨害《さんがい》をもたらした。

降伏《こうふく》　敗戦《はいせん》をみとめ、敵《てき》に服従《ふくじゅう》すること。降参《こうさん》すること。

日本軍《にほんぐん》はインドネシアでなにをしたか

木村宏一郎《きむらこういちろう》

　インドネシアは日本軍《にほんぐん》が占領《せんりょう》＊するまで、オランダの植民地《しょくみんち》でした。そのため蘭領《らんりょう》インドあるいは東《ひがし》インドとよばれていました。日本軍《にほんぐん》がこのインドネシアをオランダからうばい、支配《しはい》する最大《さいだい》の目的《もくてき》はなんだったのでしょうか。それは、インドネシアのもっている豊《ゆた》かな資源《しげん》でした。とくに戦争《せんそう》をおこなうためにかくことのできない石油《せきゆ》、ボーキサイト（アルミニウムの原料《げんりょう》）、すず、ゴムなどを産出《さんしゅつ》したからです。

　そのため戦争《せんそう》がはじまると、まず日本軍《にほんぐん》はインドネシアの重要《じゅうよう》な石油基地《せきゆきち》を占領《せんりょう》しました。

　日本《にほん》の海軍《かいぐん》は、一九四二（昭和《しょうわ》一七）年一月十四日に東《ひがし》カリマンタンの油田《ゆでん》があるタラカン＊を、そして二月末《すえ》にはカリマンタン島最大《とうさいだい》の油田基地《ゆでんきち》＊バリクパパ

木村宏一郎《きむらこういちろう》　一九四三年、東京《とうきょう》に生《う》まれる。戦後《せんご》の渋谷《しぶや》、世田谷《せたがや》で小学校《しょうがっこう》にかよった。

占領《せんりょう》　武力《ぶりょく》をもって他国《たこく》の領土《りょうど》を自国《じこく》の支配下《しはいか》におくこと。

ンを占領《せんりょう》しました。

陸軍《りくぐん》も二月十四日に落下傘部隊《らっかさんぶたい》でスマトラ島《とう》の*パレンバンを奇襲攻撃《きしゅうこうげき》しました。当時《とうじ》パレンバンにはアメリカとオランダの製油所《せいゆじょ》があり、その精油能力《せいゆのうりょく》はほぼ日本全体《にほんぜんたい》と同じといわれる一大石油基地《いちだいせきゆきち》だったのです。危険《きけん》でもある空《そら》からの奇襲《きしゅう》は、その施設《しせつ》を破壊《はかい》する余裕《よゆう》をあたえずに占領《せんりょう》するためでした。

この陸海軍《りくかいぐん》が占領《せんりょう》したインドネシアの石油基地《せきゆきち》は日本軍《にほんぐん》の戦争《せんそう》にとって、大《おお》きな役割《やくわり》をはたすことになります。

このあと、日本軍《にほんぐん》はジャワ島《とう》に上陸《じょうりく》し、一九四二年三月九日インドネシアを支配《しはい》していた*オランダ総督《そうとく》を*降伏《こうふく》させました。こうして、インドネシアは以後約《いごやく》三年半《はん》にわたって日本軍《にほんぐん》の占領《せんりょう》・支配《しはい》の下《もと》におかれることになります。

この日本軍《にほんぐん》の支配《しはい》はインドネシアの人《ひと》びとにとってどのような時代《じだい》であったのでしょうか。

日本軍《にほんぐん》は独立《どくりつ》をみとめず

オランダ総督《そうとく》　インドネシアは一六〇二年からオランダの植民地《しょくみんち》支配《しはい》をうけ、この当時《とうじ》までオランダ領東《りょうひがし》インドとよばれていた。その時代《じだい》にここを、統轄《とうかつ》していた長官《ちょうかん》のこと。

降伏《こうふく》　敗戦《はいせん》をみとめ、敵《てき》に服従《ふくじゅう》すること。降参《こうさん》すること。

日本軍《にほんぐん》は、自分《じぶん》たちはオランダなど欧米《おうべい》の支配《しはい》からアジアの人《ひと》びとを解放《かいほう》するためにたたかい、やってきたのだとインドネシアの人《ひと》びとにはつたえました。

しかし、インドネシアのある教科書《きょうかしょ》には、オランダの支配《しはい》よりもきびしい「肉《にく》体的《たいてき》にも精神的《せいしんてき》にも、なみはずれた苦痛《くつう》を体験《たいけん》した」時代《じだい》とのべられています。

どうしてでしょうか。たしかに占領《せんりょう》した日本軍《にほんぐん》はオランダによって捕《とら》われていた民族指導者《みんぞくしどうしゃ》*スカルノたちを解放《かいほう》しました。また、インドネシア人《じん》をオランダ人《じん》にかえて役人《やくにん》にしたり、インドネシア語《ご》が行政《ぎょうせい》の言葉《ことば》になりました。このような変化《へんか》をインドネシア人《じん》は歓迎《かんげい》しました。

また、*国民学校《こくみんがっこう》をはじめ学校《がっこう》もふやして、インドネシアの子《こ》どもたちに教育《きょういく》をおこないました。ところが、そこでは日本語《にほんご》の授業《じゅぎょう》がもうけられ、インドネシア語《ご》より授業時間《じゅぎょうじかん》が多《おお》かったのです。また、毎朝《まいあさ》「*君が代《きみがよ》」が歌《うた》われ、*日《ひ》の丸《まる》が掲揚《けいよう》され、さらに東京《とうきょう》にいる天皇《てんのう》への敬礼《けいれい》「*宮城遥拝《きゅうじょうようはい》」がおこなわれました。一方《いっぽう》で、インドネシア人《じん》がオランダからの独立《どくりつ》のために民族《みんぞく》のシンボルとしてきた紅白《こうはく》の民族旗《みんぞくき》や民族歌《みんぞくか》インドネシア・ラヤを日本軍《にほんぐん》は禁止《きんし》しました。

スカルノ　インドネシアの政治家《せいじか》。一九二八年インドネシア国民党《こくみんとう》を創設《そうせつ》。四五年オランダからの独立《どくりつ》を宣言《せんげん》、初代大統領《しょだいだいとうりょう》となる。

国民学校《こくみんがっこう》　一九四一年から四七年までの日本《にほん》の初等普通教育機関《しょとうふつうきょういくきかん》の名称《めいしょう》。「国民学校令《こくみんがっこうれい》」にもとづき、従来《じゅうらい》の小学校《しょうがっこう》を改称《かいしょう》し、初等科《しょとうか》六年《ねん》、高等科《こうとうか》二年《ねん》を義務教育年限《ぎむきょういくねんげん》とした。

君が代《きみがよ》　文部省《もんぶしょう》が儀式用《ぎしきよう》の歌曲《かきょく》六曲《ろっきょく》をさだめたなかの一曲《いっきょく》だが、その後《ご》、修身教科書《しゅうしんきょうかしょ》では「日本《にほん》

けっきょくのところ、日本《にほん》はインドネシアの人《ひと》びとがみずから民族《みんぞく》の「独立《どくりつ》」をめざすことはゆるさなかったのです。むしろ天皇《てんのう》や日本軍《にほんぐん》にたいする忠誠心《ちゅうせいしん》を育《そだ》てようとしました。日本語《にほんご》の学習《がくしゅう》はそのために重要《じゅうよう》だったのです。

このような日本軍《にほんぐん》の目的《もくてき》がわかってくると、インドネシア人《じん》は失望《しつぼう》しました。また、日本軍《にほんぐん》のために、お米《こめ》などを供出《きょうしゅつ》*するだけでなく、労働力《ろうどうりょく》として多《おお》くの人《ひと》があつめられ犠牲《ぎせい》になりました。このことも日本軍《にほんぐん》にたいするインドネシア人《じん》の心《こころ》をはなれさせたのです。いまでも日本占領時代《にほんせんりょうじだい》の苦《くる》しさをあらわすインドネシア語《ご》としてそのまま日本語《にほんご》がのこっている「ロームシャ」（労務者《ろうむしゃ》*）の問題《もんだい》です。

悲惨《ひさん》なロームシャや「慰安婦《いあんふ》」

▲ジャカルタで夜《よる》、子《こ》どもたちの親《おや》に日本語《にほんご》を教《おし》えているようす。『ジャワ・バルー』9号《ごう》（1943年）より

の国歌《こっか》」とのべられて学校《がっこう》などでしばしば歌《うた》われた。一九九九年「国旗及《こっきおよ》び国歌《こっか》に関《かん》する法律《ほうりつ》」が成立《せいりつ》し、法的《ほうてき》に国歌《こっか》となったが、国会審議《こっかいしんぎ》の過程《かてい》で政府《せいふ》は「児童生徒《じどうせいと》の内心《ないしん》にまで立《た》ち入《い》って強制《きょうせい》しようとする趣旨《しゅし》のものではなく」と答弁《とうべん》している。本書《ほんしょ》「解説《かいせつ》」一四九ページ参照《さんしょう》。

日本軍《にほんぐん》はとくに人口《じんこう》の多《おお》い*ジャワ島《とう》の農民《のうみん》を、鉱山《こうざん》や飛行場《ひこうじょう》、道路《どうろ》やそのほかの土木事業《どぼくじぎょう》のために徴用《ちょうよう》しました。多《おお》くは地方《ちほう》の役人《やくにん》や村長《そんちょう》の命令《めいれい》で強制的《きょうせいてき》につれて行《い》かれました。訓練《くんれん》に行《い》くとだまされたり、あるいは市場《いちば》や駅《えき》などでいきなりつれて行《い》かれた人《ひと》びともいました。今日《こんにち》のインドネシア教科書《きょうかしょ》には、そのようすがつぎのように書《か》かれています。

「かれらはほんの少《すこ》しの食物《しょくもつ》をあたえられただけで、不衛生《ふえいせい》な状態《じょうたい》できびしい労働《ろうどう》をさせられ、動物《どうぶつ》のようにあつかわれた。なまける労務者《ろうむしゃ》はどなられ、ムチうたれた。ところが日本《にほん》はかれらを尊敬《そんけい》するように〈労働英雄《ろうどうえいゆう》〉とか〈経済戦士《けいざいせんし》〉とよばせたのである。インドネシアの地方《ちほう》には*リアウのように、たくさんの労務者《ろうむしゃ》が犠牲《ぎせい》になったところとして知《し》られるところがある。というのもそこでは沼地《ぬまち》の上《うえ》に鉄道《てつどう》を建設《けんせつ》するよう強《し》いられたからである。何千《なんぜん》という人《ひと》びとが、ビルマ（ミャンマー）、タイ、北《きた》*ボルネオ、そしてソロモンのような海外《かいがい》へもおくられた。不衛生《ふえいせい》とはげしい労働《ろうどう》で身体《からだ》をこわして犠牲《ぎせい》となった人《ひと》びとは、全体《ぜんたい》で三十万人《まんにん》とみなされている。男性《だんせい》の労務《ろうむ》

日《ひ》の丸《まる》　戦争中《せんそうちゅう》は法律《ほうりつ》で国旗《こっき》と定《さだ》めたわけではないが、戦線《せんせん》がひろがるにつれて、国《くに》の威信《いしん》を高《たか》める旗《はた》としてつかわれた。本書《ほんしょ》「解《かい》説《せつ》」一四九ページ参照《さんしょう》。

宮城遥拝《きゅうじょうようはい》　天皇《てんのう》のいる皇居《こうきょ》の方《ほう》向《こう》にむかっておがむこと。

供出《きょうしゅつ》　法律《ほうりつ》により食糧《しょくりょう》、物資《ぶっし》などを政府《せいふ》が民間《みんかん》に一定価格《いっていかかく》、また無償《むしょう》で半強制的《はんきょうせいてき》に提出《ていしゅつ》させること。戦争末期《せんそうまっき》には寺《てら》の鐘《かね》までも、供出《きょうしゅつ》させられた。

労務者《ろうむしゃ》　労働《ろうどう》、特《とく》に肉体労働《にくたいろうどう》に従事《じゅうじ》する人《ひと》。

者《しゃ》とともにブリタール*のようにいくつかの地方《ちほう》では女性《じょせい》の労務者《ろうむしゃ》もいた」

労務者《ろうむしゃ》以上《いじょう》に悲惨《ひさん》な運命《うんめい》におとされたのが「従軍慰安婦《じゅうぐんいあんふ》」にさせられた若《わか》い女性《じょせい》です。まだ十代《だい》の彼女《かのじょ》たちは日本軍《にほんぐん》につれ去《さ》られ、「慰安所《いあんじょ》」というところにおしこめられ、日本軍兵士《にほんぐんへいし》の相手《あいて》となる「性《せい》の奴隷《どれい》」を強制《きょうせい》されました。彼女《かのじょ》たちのなかにもまた海外《かいがい》までつれて行《い》かれた人《ひと》がいます。

マンドールにたつ虐殺《ぎゃくさつ》の祈念碑《きねんひ》

このように日本軍《にほんぐん》は、インドネシアの豊《ゆた》かな資源《しげん》だけでなく、民衆《みんしゅう》の多《おお》くを日本軍《にほんぐん》と戦争《せんそう》のために強制的《きょうせいてき》にはたらかせ、たくさんの犠牲者《ぎせいしゃ》をだしたのです。そのため、日本軍《にほんぐん》に抵抗《ていこう》や反対《はんたい》するインドネシア人《じん》のうごきも生《う》まれましたが、日本軍《にほんぐん》はそれらをきびしく弾圧《だんあつ》しました。

日本軍占領期《にほんぐんせんりょうき》につかわれた言葉《ことば》の一《ひと》つに「ポトン」というのがあります。これは、日本軍《にほんぐん》に反対《はんたい》したり、抵抗《ていこう》するとあやしまれた人《ひと》が、夜中《よなか》にどこへとなくつれ去《さ》られ「首《くび》を切《き》られ」て殺《ころ》されることを意味《いみ》する言葉《ことば》です。それらをおこなった日本軍《にほんぐん》の憲兵隊《けんぺいたい》*や特別警察隊《とくべつけいさつたい》の怖《こわ》さと残酷《ざんこく》さを象徴《しょうちょう》する言葉《ことば》としていまも記憶《きおく》されています。

たとえばカリマンタン島《とう》のポンチャヤナックでは、そのような残酷《ざんこく》な事件《じけん》をいまに語《かた》りつたえる祈念碑《きねんひ》が郊外《こうがい》のマンドールにたてられています。

一九四三年の十月から、中国人《ちゅうごくじん》やスルタン（地方《ちほう》の王《おう》）一族《いちぞく》、医者《いしゃ》や教師《きょうし》などポンチャナックのおもだった人《ひと》がつぎつぎと日本軍特警隊《にほんぐんとくけいたい》に逮捕《たいほ》されました。そして拷問《ごうもん》をうけるなかで反日独立《はんにちどくりつ》の陰謀《いんぼう》をたくらんだとみとめて、翌年《よくとし》四七名《めい》が処刑《しょけい》されました。しかし、この事件《じけん》にかかわってひそかにつかまって、日本刀《にほんとう》などで切《き》られて殺《ころ》された無実《むじつ》の人《ひと》びとはさらに多《おお》く、一千五百人以上《にんいじょう》にのぼると言《い》われています。マンドールの虐殺《ぎゃくさつ》祈念碑《きねんひ》はさらに犠牲者《ぎせいしゃ》を二万一〇三七人《にん》と数《かぞ》えています。

▲マンドール虐殺祈念碑《ぎゃくさつきねんひ》のレリーフの一部《いちぶ》

憲兵《けんぺい》　旧軍隊内《きゅうぐんたいない》の秩序維持《ちつじょいじ》を任務《にんむ》とする兵隊《へいたい》。犯罪捜査《はんざいそうさ》、軍紀維持《ぐんきいじ》、思想取《しそうと》りしまりから、次第《しだい》に権限《けんげん》を拡大《かくだい》し、公安対策《こうあんたいさく》、思想弾圧《しそうだんあつ》、スパイ活動防止《かつどうぼうし》などにも強《つよ》い権力《けんりょく》をふるった。

軍事訓練《ぐんじくんれん》もはじまる

連合軍《れんごうぐん》の反撃《はんげき》がはじまり、日本軍《にほんぐん》もインドネシアから太平洋《たいへいよう》の戦線《せんせん》へ投入《とうにゅう》されていきます。そのため、インドネシアを防衛《ぼうえい》するためには日本軍《にほんぐん》だけではとてもたりなくなりました。そこで一九四三年から日本軍《にほんぐん》を補助《ほじょ》するために、「兵補《へいほ》」*や「防衛義勇軍《ぼうえいぎゆうぐん》」という制度《せいど》をつくり、インドネシア青年《せいねん》にたいして軍事訓練《ぐんじくんれん》をはじめたのです。兵補《へいほ》は日本語教育《にほんごきょういく》をうけた十六歳《さい》から二十五歳《さい》の青年《せいねん》から選《えら》ばれ、日本軍《にほんぐん》とともに海外《かいがい》の戦場《せんじょう》にもおくられました。おくれて編成《へんせい》された防衛義勇軍《ぼうえいぎゆうぐん》はアメリカ・イギリス・オランダの連合軍《れんごうぐん》とたたかい、ジャワをまもる将兵《しょうへい》を育《そだ》てることを目的《もくてき》にしていました。そのため兵補《へいほ》以上《いじょう》にきびしい軍事訓練《ぐんじくんれん》が日夜《にちや》おこなわれ、日本軍《にほんぐん》の「軍人勅諭《ぐんじんちょくゆ》」*も暗《あん》しょうさせられたのです。こうして日本軍《にほんぐん》によるインドネシア人《じん》にたいする軍事訓練《ぐんじくんれん》も広《ひろ》がっていきました。

インドネシアにおいて日本軍《にほんぐん》がおこなったことは、まだとても語《かた》りつくせませ

兵補《へいほ》　第二次大戦中《だいにじたいせんちゅう》、日本軍《にほんぐん》によって補助兵力《ほじょへいりょく》、労働力《ろうどうりょく》として動員《どういん》されたインドネシア人《じん》。

軍人勅諭《ぐんじんちょくゆ》　一八八二年、明治天皇《めいじてんのう》が軍人《ぐんじん》にたいして、忠節《ちゅうせつ》・礼儀《れいぎ》・武勇《ぶゆう》・信義《しんぎ》・質素《しっそ》を説《と》いてあたえた訓辞《くんじ》。天皇《てんのう》への忠節《ちゅうせつ》をもとめた軍人精神《ぐんじんせいしん》の基礎《きそ》とされるもので、軍人《ぐんじん》や生徒《せいと》たちはこれを暗記《あんき》させられた。

ん。それでもインドネシア人《じん》から見《み》たとき、どのような時代《じだい》であったのか、おおまかにでもわかっていただけたでしょうか。日本軍《にほんぐん》が戦争中《せんそうちゅう》にオランダの支配《しはい》を取《と》りのぞいたことやインドネシア人《じん》に軍事訓練《ぐんじくんれん》をおこなったことが、戦後《せんご》のオランダとの独立戦争《どくりつせんそう》にも役《やく》に立《た》ちました。でもそれは、日本軍《にほんぐん》の目的《もくてき》でも意図《いと》したことでもありません。日本軍《にほんぐん》は最後《さいご》まで、アジアでみずから戦争《せんそう》するために、日本《にほん》の利益《りえき》のために、その占領《せんりょう》と支配《しはい》をおこなったのです。それはインドネシア人《じん》にとってはたいへんな苦難《くなん》をもたらしたのでした。

解説

十五年戦争《じゅうごねんせんそう》（アジア・太平洋戦争《たいへいようせんそう》）の拡大《かくだい》

関田和行《せきたかずゆき》

一九三一年九月十八日、関東軍《かんとうぐん》の謀略《ぼうりゃく》により「柳条湖事件《りゅうじょうこじけん》」が起《お》こった。これを機《き》に戦闘《せんとう》がはじまり「満州事変《まんしゅうじへん》」となった。関東軍《かんとうぐん》は三二年に軍事的《ぐんじてき》に占領《せんりょう》した地域《ちいき》を「満州国《まんしゅうこく》」としたが、これは、実質的《じっしつてき》に日本《にほん》が中国東北地区《ちゅうごくとうほくちく》を支配《しはい》する植民地《しょくみんち》だった。

一九三七年七月七日、北京郊外盧溝橋《ペキンこうがいろこうきょう》で日中両軍《にっちゅうりょうぐん》が軍事衝突《ぐんじしょうとつ》する「盧溝橋事件《ろこうきょうじけん》」が起《お》こった。この事件《じけん》は、はじめ現地《げんち》で停戦協定《ていせんきょうてい》がむすばれた事件《じけん》だったが、政府《せいふ》が増援部隊《ぞうえんぶたい》の派遣《はけん》をきめて、とうとう「日中戦争《にっちゅうせんそう》」という全面戦争《ぜんめんせんそう》になった。日本軍《にほんぐん》は、中国《ちゅうごく》の主要都市《しゅようとし》である、上海《シャンハイ》・南京《ナンキン》・武漢《ぶかん》などを占領《せんりょう》し、南京《ナンキン》では住民《じゅうみん》にたいする大虐殺《だいぎゃくさつ》をおこなった。国民党政府《こくみんとうせいふ》は重慶《じゅうけい》へのがれて抗戦《こうせん》をつづけ、はやく中国《ちゅうごく》に打撃《だげき》をあたえて戦争《せんそう》を終《お》わらせるという日本《にほん》のねらいはくずれて、占領《せんりょう》した都市《とし》と鉄道《てつどう》を確保《かくほ》するのが精一杯《せいいっぱい》になってきた。

一方中国《いっぽうちゅうごく》では、それまで対立《たいりつ》していた毛沢東《もうたくとう》のひきいる中国共産党《ちゅうごくきょうさんとう》と、蔣介《しょうかい》石《せき》のひきいる中国国民党《ちゅうごくこくみんとう》とが日本《にほん》に抵抗《ていこう》するために手《て》をむすび「抗日民族統一戦線《こうにちみんぞくとういつせんせん》」ができあがった。またアメリカ・イギリスが蔣介石《しょうかいせき》の国民党政府《こくみんとうせいふ》の支援《しえん》をきめた。さらにアメリカは、中国《ちゅうごく》への日本《にほん》の侵略行為《しんりゃくこうい》を非難《ひなん》して、三九年には日米通商航海条約《にちべいつうしょうこうかいじょうやく》の破棄《はき》を通告《つうこく》した。こうしてアメリカとの関係《かんけい》も次第《しだい》に悪化《あっか》してきた。にもかかわらず、日本《にほん》は四〇年に各国《かっこく》が国民党政府《こくみんとうせいふ》を支援《しえん》する「援蔣《えんしょう》ルート」をたち切《き》り、これまでアメリカからえていた石油《せきゆ》などの、戦争《せんそう》に必要《ひつよう》な物資《ぶっし》を確保《かくほ》するための南方進出《なんぽうしんしゅつ》の足《あし》がかりとして、北部《ほくぶ》フランス領《りょう》インドシナ（現在《げんざい》のベトナム北部《ほくぶ》）へ軍《ぐん》をすすめた。

それでも四一年になると、いったんはアメリカとの関係《かんけい》を修復《しゅうふく》させようとして日米交渉《にちべいこうしょう》がはじまった。しかし、日本《にほん》が南部《なんぶ》フランス領《りょう》インドシナ（現在《げんざい》のベトナム南部《なんぶ》）へ軍《ぐん》をすすめたことにアメリカが反発《はんぱつ》し、日本《にほん》への石油《せきゆ》の輸出《ゆしゅつ》を禁止《きんし》した。このため日米関係《にちべいかんけい》はさらに険悪《けんあく》になった。九月六日の御前会議《ごぜんかいぎ》（天皇《てんのう》が出席《しゅっせき》する戦争指導会議《せんそうしどうかいぎ》）で、日米交渉《にちべいこうしょう》がまとまらない場合《ばあい》の、対米《たいべい》・英戦争《えいせんそう》の準備《じゅんび》を決定《けってい》した。十月東条英機内閣《とうじょうひできないかく》が成立《せいりつ》すると、アメリカは、中国《ちゅうごく》から完全《かんぜん》に軍隊《ぐんたい》を引《ひ》きあげることを日本《にほん》にもとめてきた。アメリカと日本《にほん》の交渉《こうしょう》は絶望的《ぜつぼうてき》となり、日本《にほん》はアメリカ・イギリスとの戦争《せんそう》を決定《けってい》した。

一九四一年十二月八日、陸軍《りくぐん》がマレー半島《はんとう》に上陸《じょうりく》したのち、海軍《かいぐん》の航空部隊《こうくうぶたい》がハワイの真珠湾《しんじゅわん》を奇襲攻撃《きしゅうこうげき》し、アメリカ・イギリスに宣戦布告《せんせんふこく》し「太平洋戦争《たいへいようせんそう》」

がはじまった。日本《にほん》は、戦争《せんそう》の目的《もくてき》を、アジア諸国《しょこく》をヨーロッパ・アメリカの植《しょく》民地《みんち》支配《しはい》から解放《かいほう》して「大東亜共栄圏《だいとうあきょうえいけん》」を建設《けんせつ》することにあるとして、戦争《せんそう》の名《めい》称《しょう》を「大東亜戦争《だいとうあせんそう》」と名《な》づけた。

しかし実際《じっさい》には、日本《にほん》が戦争物資《せんそうぶっし》をアジアから調達《ちょうたつ》するための侵略戦争《しんりゃくせんそう》であった。開戦後半年《かいせんごはんとし》で、日本軍《にほんぐん》は東南《とうなん》アジアのほぼ全域《ぜんいき》を制圧《せいあつ》した。フィリピン、インドネシア、ニューギニアへと支配《しはい》を拡大《かくだい》し、東《ひがし》はミクロネシアのギルバート諸島《しょとう》タラワ島《とう》、西《にし》はビルマ（現《げん》ミャンマー）とインドとの国境《こっきょう》まで、北《きた》は北太平洋《きたたいへいよう》のアリューシャン列島《れっとう》キスカ島《とう》から、南《みなみ》は南太平洋《みなみたいへいよう》のソロモン諸島《しょとう》ガダルカナル島《とう》までを制圧《せいあつ》した。しかし、四二年六月のミッドウェー海戦《かいせん》の敗北《はいぼく》で形勢《けいせい》が逆転《ぎゃくてん》して、これ以降《いこう》日本《にほん》の支配地域《しはいちいき》は次第《しだい》に縮小《しゅくしょう》していった。

四五年六月、沖縄《おきなわ》をうばわれた日本《にほん》は「本土決戦《ほんどけっせん》」をとなえて徹底抗戦《てっていこうせん》のかまえを見《み》せたが、八月に広島《ひろしま》・長崎《ながさき》に原爆《げんばく》が投下《とうか》され、さらにソ連《れん》が参戦《さんせん》してきたことから、八月十五日に無条件降伏《むじょうけんこうふく》し戦争《せんそう》にやぶれた。

一九三一年から数《かぞ》えて十五年《ねん》にわたるこの戦争《せんそう》を「十五年戦争《じゅうごねんせんそう》」という。またこの戦争《せんそう》は、戦域《せんいき》がアジア全域《ぜんいき》から西太平洋一帯《にしたいへいよういったい》にまでおよぶことから、「アジア・太平洋戦争《たいへいようせんそう》」とよぶようにもなった。そこには、日本《にほん》によるアジアへの侵略《しんりゃく》戦争《せんそう》という意味《いみ》もふくまれている。

年表《ねんぴょう》

西暦《せいれき》	元号《げんごう》	日本《にほん》の動《うご》き	世界《せかい》の動《うご》き	社会《しゃかい》の動《うご》き
一八九五	明治《めいじ》二八	四月 日清講和条約《にっしんこうわじょうやく》（清国朝鮮《しんこくちょうせん》の独立《どくりつ》を承認《しょうにん》、台湾《たいわん》・澎湖列島《ほうこれっとう》の割譲《かつじょう》、賠償金《ばいしょうきん》二億《おく》テールの支払《しはら》いなど）		
一九〇五	三八	九月 日露講和条約《にちろこうわじょうやく》（日本《にほん》の韓国指導権《かんこくしどうけん》を承認《しょうにん》、南樺太《みなみからふと》の割譲《かつじょう》・遼東半島租借権《りょうとうはんとうそしゃくけん》、東清鉄道支線《とうしんてつどうしせん》などを獲得《かくとく》）		
一九一〇	四三	八月 日本《にほん》が韓国《かんこく》を併合《へいごう》する		
一九一二	四五		二月 中華民国成立《ちゅうかみんこくせいりつ》、清朝《しんちょう》ほろぶ	
一九一四	大正《たいしょう》三	八月 日本《にほん》、ドイツに宣戦布告《せんせんふこく》、第一次世界大戦《だいいちじせかいたいせん》に参戦《さんせん》 一〇月 ドイツ領南洋諸島占領《りょうなんようしょとうせんりょう》 一一月 ドイツ租借地《そしゃくち》の中国青島占領《ちゅうごくチンタオせんりょう》	七月 第一次世界大戦《だいいちじせかいたいせん》はじまる	
一九一五	四	一月 日本《にほん》、中国《ちゅうごく》に二十一《にじゅういっ》ヶ条《かじょう》の要求《ようきゅう》		
一九一九	八	三月 朝鮮《ちょうせん》で三《さん》・一独立運動《いちどくりつうんどう》起《お》こる		
一九二三	一二	九月 関東大震災《かんとうだいしんさい》		

西暦《せいれき》	元号《げんごう》	日本《にほん》の動《うご》き	世界《せかい》の動《うご》き	社会《しゃかい》の動《うご》き
一九二四	大正《たいしょう》一三		一月 中国《ちゅうごく》で、第一次国《だいいちじこっ》共合作成立《きょうがっさくせいりつ》	
一九二五	一四	四月 治安維持法公布《ちあんいじほうこうふ》 五月 普通選挙法公布《ふつうせんきょほうこうふ》		
一九二六	一五	一二月 昭和《しょうわ》と改元《かいげん》		
一九二八	昭和《しょうわ》三	二月 初《はつ》の普通選挙《ふつうせんきょ》（男子《だんし》のみ） 六月 関東軍《かんとうぐん》、張作霖《ちょうさくりん》を爆殺《ばくさつ》 一一月 天皇《てんのう》、京都御所紫宸殿《きょうとごしょししんでん》で即位《そくい》の礼《れい》	八月 パリ不戦条約調印《ふせんじょうやくちょういん》	
一九二九	四		一〇月 ニューヨーク株式市場《かぶしきしじょう》大暴落《だいぼうらく》で、世界《せかい》経済恐慌《けいざいきょうこう》はじまる	
一九三〇	五	四月 ロンドン海軍軍縮条約調印《かいぐんぐんしゅくじょうやくちょういん》		
一九三一	六	九月 関東軍《かんとうぐん》、満鉄線路《まんてつせんろ》を爆破《ばくは》し、中国側《ちゅうごくがわ》の行為《こうい》として総攻撃《そうこうげき》を命令《めいれい》、満州事変《まんしゅうじへん》はじまる		
一九三二	七	三月 満州国《まんしゅうこく》の建国《けんこく》を宣言《せんげん》 五月 五・一五事件《ごいちごじけん》	七月 ドイツで、ナチス党《とう》が第《だい》一党《とう》となる	二月 戦死《せんし》した工兵《こうへい》「肉《にく》弾三勇士《だんさんゆうし》」として

				美化《びか》される 三月　国防婦人会《こくぼうふじんかい》発足《ほっそく》
一九三三	八	三月　日本《にほん》、国際連盟《こくさいれんめい》より脱退《だったい》	一月　ヒトラー、ドイツ首《しゅ》相《しょう》に就任《しゅうにん》	二月　小林多喜二《こばやしたきじ》、拷問《ごうもん》死《し》 四月　「サクラ読本《とくほん》」使《し》用開始《ようかいし》
一九三四	九	三月　日本《にほん》、溥儀《ふぎ》を満州国皇帝《まんしゅうこくこうてい》に就任《しゅうにん》させる		九月　室戸台風《むろとたいふう》が大阪《おおさか》に上陸《じょうりく》 **この年《とし》、東北地方大凶作《とうほくちほうだいきょうさく》**
一九三五	一〇	二月　美濃部達吉《みのべたつきち》の天皇機関説《てんのうきかんせつ》、貴族院本会議《きぞくいんほんかいぎ》で批判《ひはん》される		
一九三六	一一	二月　二・二六事件《ににろくじけん》 一一月　日独防共協定成立《にちどくぼうきょうきょうていせいりつ》	八月　ベルリンオリンピック開催《かいさい》	
一九三七	一二	七月　盧溝橋事件《ろこうきょうじけん》により、日中全面戦争《にっちゅうぜんめんせんそう》はじまる 一二月　日本軍《にほんぐん》、南京《ナンキン》占領《せんりょう》、南京大虐殺事件《ナンキンだいぎゃくさつじけん》を起《お》こす	九月　第二次国共合作成立《だいにじこっきょうがっさくせいりつ》	一二月　南京占領《なんきんせんりょう》の祝賀《しゅくが》行事挙行《ぎょうじきょこう》 **この年《とし》、千人針《せんにんばり》と慰問袋《いもんぶくろ》づくりがさかんに**
一九三八	一三	四月　国家総動員法公布《こっかそうどういんほうこうふ》 一〇月　日本軍《にほんぐん》、広東《カントン》・武漢三鎮《ぶかんさんちん》を占領《せんりょう》		四月　灯火管制規制公布《とうかかんせいきせいこうふ》

西暦《せいれき》	元号《げんごう》	日本《にほん》の動《うご》き	世界《せかい》の動《うご》き	社会《しゃかい》の動《うご》き
一九三九	昭和《しょうわ》一四	八月　関東軍《かんとうぐん》ノモンハンでソ連軍《れんぐん》と衝突《しょうとつ》（九月十五日に停戦協定成立《ていせんきょうていせいりつ》） 一二月　アメリカ、日米通商航海条約《にちべいつうしょうこうかいじょうやく》などの破棄《はき》を通告《つうこく》	九月　ドイツ軍《ぐん》、ポーランドに侵攻《しんこう》。第二次世《だいにじせ》界大戦《かいたいせん》はじまる	六月　満蒙開拓青少年《まんもうかいたくせいしょうねん》義勇軍《ぎゆうぐん》の壮行会《そうこうかい》おこなわれる 七月　国民徴用令《こくみんちょうようれい》公布《こうふ》、国家総動員法《こっかそうどういんほう》により軍需工場《ぐんじゅこうじょう》などに強制徴用《きょうせいちょうよう》 一二月　創氏改名《そうしかいめい》はじまる
一九四〇	一五	九月　日独伊三国同盟締結《にちどくいさんごくどうめいていけつ》 一〇月　大政翼賛会結成《たいせいよくさんかいけっせい》	六月　イタリアが、イギリス・フランスに宣戦布告《せんせんふこく》 六月　ドイツ軍《ぐん》、パリに無血入城《むけつにゅうじょう》	六月　大都市《だいとし》で米《こめ》、みそ、醤油《しょうゆ》、塩《しお》、マッチ、砂糖《さとう》、木炭《もくたん》などの一〇品目《ひんもく》の切符制《きっぷせい》実施《じっし》 八月　「ぜいたくは敵《てき》だ」の立看板設置《たてかんばんせっち》される 一一月　紀元《きげん》二六〇〇年《ねん》祝典《しゅくてん》 一一月　大日本産業報国会結成《だいにほんさんぎょうほうこくかいけっせい》
一九四一	一六	四月　日《にち》ソ中立条約調印《ちゅうりつじょうやくちょういん》 一二月　日本時間《にほんじかん》十二月八日午前《ごぜん》二時、日本陸軍《にほんりくぐん》、マレー	六月　独《どく》ソ戦《せん》はじまる	一月　東条英機《とうじょうひでき》「戦陣訓《せんじんくん》」を示達《じたつ》

		半島《はんとう》上陸《じょうりく》開始《かいし》 同日《どうじつ》午前《ごぜん》三時二十分、日本海軍《にほんかいぐん》、ハワイ真珠湾《しんじゅわん》空襲《くうしゅう》を開始《かいし》（太平洋戦争《たいへいようせんそう》はじまる）		四月　小学校《しょうがっこう》を国民学校《こくみんがっこう》と改称《かいしょう》
一九四二	一七	五月　翼賛政治会《よくさんせいじかい》結成《けっせい》 六月　ミッドウェー海戦《かいせん》	一一月　ソ連軍《れんぐん》、スターリングラードで大反攻《だいはんこう》を開始《かいし》	二月　みそ、醤油《しょうゆ》の切符《きっぷ》配給制《はいきゅうせい》、衣料《いりょう》の点数切符制実施《てんすうきっぷせいじっし》 二月　大日本婦人会発足《だいにほんふじんかいほっそく》 三月　九軍神《きゅうぐんしん》の発表《はっぴょう》 五月　金属回収令公布《きんぞくかいしゅうれいこうふ》
一九四三	一八	二月　ガダルカナル島《とう》の撤退《てったい》を開始《かいし》 四月　連合艦隊司令長官山本五十六《れんごうかんたいしれいちょうかんやまもといそろく》戦死《せんし》 五月　アッツ島《とう》の日本軍守備隊約《にほんぐんしゅびたいやく》二千五百人玉砕《にんぎょくさい》 六月　勤労動員命令《きんろうどういんめいれい》により、学徒《がくと》は学業《がくぎょう》を休止《きゅうし》して、軍《ぐん》需生産《じゅせいさん》に従事《じゅうじ》することを規定《きてい》	九月　イタリア、無条件降《むじょうけんこう》伏《ふく》	二月　陸軍省《りくぐんしょう》「撃《う》ちてし止《や》まむ」のポスター五万枚《まい》を配布《はいふ》 一〇月　出陣学徒《しゅつじんがくと》の壮行会《そうこうかい》 一二月　文部省《もんぶしょう》、学童《がくどう》の縁《えん》故疎開《こそかい》を促進《そくしん》 **この年《とし》密《ひそ》かにかえ歌《うた》が流行《りゅうこう》**
一九四四	一九	二月　東条首相《とうじょうしゅしょう》（陸相兼任《りくしょうけんにん》）、参謀総長《さんぼうそうちょう》をも兼任《けんにん》し、軍政両面《ぐんせいりょうめん》で独裁体制《どくさいたいせい》が確立《かくりつ》 六月　アメリカ軍《ぐん》、サイパン島上陸《とうじょうりく》 七月　日本軍約四万人玉砕《にほんぐんやくよんまんにんぎょくさい》 在留日本人《ざいりゅうにほんじん》の非戦闘員《ひせんとういん》が、投身《とうしん》・手榴弾《しゅりゅうだん》などの手《しゅ》段《だん》で、約《やく》四千人自決《にんじけつ》した	六月　連合軍《れんごうぐん》、ノルマンディー上陸《じょうりく》 八月　連合軍《れんごうぐん》、パリに入城《にゅうじょう》	一月　内務省《ないむしょう》、建物疎開《たてものそかい》を命令《めいれい》 八月　学童集団疎開《がくどうしゅうだんそかい》はじまる 八月　沖縄《おきなわ》からの疎開船《そかいせん》「対馬丸《つしままる》」、米潜水《べいせんすい》

西暦《せいれき》	元号《げんごう》	日本《にほん》の動《うご》き	世界《せかい》の動《うご》き	社会《しゃかい》の動《うご》き
一九四四	昭和《しょうわ》一九	六月　マリアナ沖海戦《おきかいせん》 一〇月　レイテ沖海戦《おきかいせん》 一〇月　海軍神風特攻隊《かいぐんかみかぜとっこうたい》の出動《しゅつどう》はじまる		艦《かん》により沈没《ちんぼつ》させられ、学童《がくどう》七百人《にん》をふくむ千五百人《にん》が死亡《しぼう》
一九四五	二〇	三月　三三四機《き》のB29、東京《とうきょう》を空襲《くうしゅう》（東京大空襲《とうきょうだいくうしゅう》） 四月　アメリカ軍《ぐん》、沖縄本島《おきなわほんとう》に上陸開始《じょうりくかいし》 六月　御前会議《ごぜんかいぎ》で本土決戦方針《ほんどけっせんほうしん》を採択《さいたく》 八月　広島《ひろしま》に原爆投下《げんばくとうか》 八月　ソ連《れん》、日本《にほん》に宣戦布告《せんせんふこく》 八月　長崎《ながさき》に原爆投下《げんばくとうか》 八月　天皇《てんのう》、戦争終結《せんそうしゅうけつ》の詔書《しょうしょ》を放送《ほうそう》（玉音放送《ぎょくおんほうそう》） 九月　降伏文書《こうふくぶんしょ》に調印《ちょういん》 一〇月　マッカーサー、民主化《みんしゅか》に関《かん》する五大改革《だいかいかく》を指令《しれい》	二月　ヤルタ会談《かいだん》 五月　ドイツ軍無条件降伏《ぐんむじょうけんこうふく》 七月　ポツダム会談《かいだん》 八月　日本《にほん》、無条件降伏《むじょうけんこうふく》し、第二次世界大戦終《だいにじせかいたいせんお》わる 一〇月　国際連合成立《こくさいれんごうせいりつ》 一一月　ニュルンベルク国際《こくさい》軍事裁判開廷《ぐんじさいばんかいてい》	六月　沖縄戦《おきなわせん》での集団自決《しゅうだんじけつ》があいつぐ 九月　ヤミ市《いち》が登場《とうじょう》 九月　墨《すみ》で教科書《きょうかしょ》をぬりつぶす 一二月　第一次農地改革《だいいちじのうちかいかく》
一九四六	二一	一月　天皇《てんのう》、人間宣言《にんげんせんげん》 五月　極東国際軍事裁判《きょくとうこくさいぐんじさいばん》（東京裁判《とうきょうさいばん》）開廷《かいてい》 五月　食糧《しょくりょう》メーデーに二十五万人参加《にんさんか》 一一月　日本国憲法公布《にほんこくけんぽうこうふ》	三月　チャーチル「鉄《てつ》のカーテン」演説《えんぜつ》（冷戦《れいせん》のはじまり）	当時《とうじ》の時価《じか》、白米《はくまい》（二等《とう》十キロ）二〇円《えん》十一銭《せん》／ラーメン二十円《えん》／ビール六円《えん》（配給《はいきゅう》）／初任給《しょにんきゅう》（小学校教員《しょうがっこうきょういん》三百円《えん》から五百円《えん》、巡査《じゅんさ》四百二十円《えん》、公務員《こうむいん》五百四十円《えん》）
一九四七	二二	一月　マッカーサー、二《に》・一《いち》ゼネスト中止《ちゅうし》を命令《めいれい》 五月　日本国憲法施行《にほんこくけんぽうしこう》		三月　教育基本法《きょういくきほんほう》・学校《がっこう》教育法公布《きょういくほうこうふ》（六《ろく》・

				三《さん》・三《さん》・四制男女《よんせいだんじょ》共学《きょうがく》を規定《きてい》
一九四八	二三	一一月 東京裁判《とうきょうさいばん》、A級戦犯《きゅうせんぱん》の被告《ひこく》二五人《にん》に有罪判決《ゆうざいはんけつ》	八月 大韓民国成立《だいかんみんこくせいりつ》 九月 朝鮮民主主義人民《ちょうせんみんしゅしゅぎじんみん》共和国成立《きょうわこくせいりつ》	
一九四九	二四		四月 北大西洋条約機構《きたたいせいようじょうやくきこう》（NATO）成立《せいりつ》 一〇月 中華人民共和国成立《ちゅうかじんみんきょうわこくせいりつ》	六月 ソ連《れん》からの引揚《ひきあ》げ再開《さいかい》
一九五〇	二五	七月 警察予備隊令公布《けいさつよびたいれいこうふ》 七月 レッドパージはじまる	二月 アメリカでマッカーシー旋風《せんぷう》（赤狩《あかが》り）はじまる 六月 朝鮮戦争勃発《ちょうせんせんそうぼっぱつ》	
一九五一	二六	九月 サンフランシスコ平和《へいわ》（講和《こうわ》）条約調印《じょうやくちょういん》 日米安全保障条約調印《にちべいあんぜんほしょうじょうやくちょういん》		
一九五二	二七	一〇月 保安隊発足《ほあんたいほっそく》		
一九五三	二八		七月 朝鮮休戦協定調印《ちょうせんきゅうせんきょうていちょういん》	三月 中国《ちゅうごく》からの引揚《ひきあ》げ業務再開《ぎょうむさいかい》
一九五四	二九	三月 第五福竜丸《だいごふくりゅうまる》、ビキニでおこなわれた、アメリカの水爆実験《すいばくじっけん》で被災《ひさい》 七月 自衛隊発足《じえいたいほっそく》		四月 東京都杉並区《とうきょうとすぎなみく》で始《はじ》まった原水爆禁止《げんすいばくきんし》運動全国《うんどうぜんこく》に広《ひろ》まる

西暦《せいれき》	元号《げんごう》	日本《にほん》の動《うご》き	世界《せかい》の動《うご》き	社会《しゃかい》の動《うご》き
一九五五	三〇	九月　立川《たちかわ》基地《きち》拡張《かくちょう》反対派《はんたいは》住民《じゅうみん》・労働組合員《ろうどうくみあいいん》と警官隊《けいかんたい》が衝突《しょうとつ》（砂川闘争《すながわとうそう》）		八月　最初《さいしょ》の原水爆禁止《げんすいばくきんし》世界大会広島大会《せかいたいかいひろしまたいかい》開催《かいさい》
一九五六	三一	一〇月　日《にっ》ソ国交回復《こっこうかいふく》に関《かん》する共同宣言《きょうどうせんげん》調印《ちょういん》 一二月　日本《にほん》、国際連合《こくさいれんごう》に加盟《かめい》		
一九五七	三二	一二月　日教組《にっきょうそ》、勤評反対闘争《きんぴょうはんたいとうそう》		
一九六〇	三五	四月　沖縄県祖国復帰協議会結成《おきなわけんそこくふっききょうぎかいけっせい》 六月　安保条約改定阻止《あんぽじょうやくかいていそし》に約《やく》五八〇万人参加《にんさんか》全学連《ぜんがくれん》国会《こっかい》に突入《とつにゅう》、警官隊《けいかんたい》と衝突《しょうとつ》し死者《ししゃ》がでる		九月　カラーテレビ本放送《ほんほうそう》開始《かいし》
一九六四	三九	八月　社会党《しゃかいとう》・共産党《きょうさんとう》・総評《そうひょう》などの主催《しゅさい》によるベトナム反戦集会開催《はんせんしゅうかいかいさい》される	八月　トンキン湾事件《わんじけん》アメリカによるベトナム戦争《せんそう》はじまる	一〇月　東京《とうきょう》オリンピック開催《かいさい》
一九六五	四〇	六月　日韓基本条約《にっかんきほんじょうやく》と付属《ふぞく》の協定《きょうてい》に調印《ちょういん》 八月　佐藤首相《さとうしゅしょう》、首相《しゅしょう》として戦後《せんご》はじめて沖縄訪問《おきなわほうもん》	二月　北爆開始《ほくばくかいし》	四月　「ベトナムに平和《へいわ》を！市民文化団体連合《しみんぶんかだんたいれんごう》」（ベ平連《へいれん》）主催初《しゅさいはつ》のデモ

				六月 家永三郎《いえながさぶろう》、教科書《きょうかしょ》検定《けんてい》を違憲《いけん》とし、国《くに》を相手《あいて》に裁判《さいばん》を起《お》こす
一九六九	四四	三月 佐藤首相《さとうしゅしょう》、沖縄返還《おきなわへんかん》に関《かん》し、「核抜《かくぬ》き・基地本土《きちほんど》なみの方針《ほうしん》で米《べい》と折衝《せっしょう》する」と表明《ひょうめい》	一〇月 全米《ぜんべい》にベトナム反戦《はんせん》デモ	六月 新宿駅西口地下《しんじゅくえきにしぐちちか》広場《ひろば》での反戦《はんせん》フォークソング集会《しゅうかい》に七千人参集《にんさんしゅう》
一九七二	四七	五月 沖縄《おきなわ》の施政権《しせいけん》、アメリカより日本《にほん》へ返還《へんかん》 沖縄県発足《おきなわけんほっそく》		
一九七五	五〇		四月 サイゴン陥落《かんらく》 ベトナム戦争《せんそう》終《お》わる	
一九八〇	五五	一二月 自民党《じみんとう》が広報誌《こうほうし》で、教科書攻撃《きょうかしょこうげき》を開始《かいし》、半年後《はんとしご》「国家統制強化《こっかとうせいきょうか》をめざす教科書制度《きょうかしょせいど》の改革案《かいかくあん》」をつくる		
一九八一	五六	三月 中国残留孤児《ちゅうごくざんりゅうこじ》正式《せいしき》に来日《らいにち》 五月 自民党《じみんとう》などが小中学校《しょうちゅうがっこう》の教科書《きょうかしょ》を攻撃《こうげき》		この年《とし》「おおきなかぶ」などの国語教材《こくごきょうざい》や社会科《しゃかいか》の教《きょう》科書《かしょ》にたいする攻撃《こうげき》への、反対集会各地《はんたいしゅうかいかくち》に起《お》こる

西暦《せいれき》	元号《げんごう》	日本《にほん》の動《うご》き	世界《せかい》の動《うご》き	社会《しゃかい》の動《うご》き
一九八九	昭和《しょうわ》六四	一月　昭和天皇死去《しょうわてんのうしきょ》	一一月　国連《こくれん》「子《こ》どもの権利《けんり》条約《じょうやく》」採択《さいたく》	
一九九一	平成《へいせい》三	八月　金学順《キムハクスン》さん、従軍慰安婦《じゅうぐんいあんふ》にされたことを名《な》のりでる	一月　湾岸戦争《わんがんせんそう》はじまる 一二月　ソ連《れん》の崩壊《ほうかい》	
一九九五	七			一月　阪神《はんしん》・淡路大震災《あわじだいしんさい》 三月　東京地下鉄《とうきょうちかてつ》サリン殺人事件発生《さつじんじけんはっせい》 オウム真理教《しんりきょう》に一《いっ》斉捜査《せいそうさ》
二〇〇〇	一二	一二月　女性国際戦犯法廷《じょせいこくさいせんぱんほうてい》ひらかれる		
二〇〇一	一三		九月　アメリカで同時多発《どうじたはつ》テロ起《お》こる 十月　アメリカ・イギリス軍《ぐん》、アフガニスタンを攻撃《こうげき》	
二〇〇三	一五	六月　有事関連三法案成立《ゆうじかんれんさんほうあんせいりつ》	三月　アメリカ・イギリス軍《ぐん》、イラクを攻撃《こうげき》	**この年《とし》より「イラク戦争反対《せんそうはんたい》」「自衛隊海外派兵反対《じえいたいかいがいはへいはんたい》」などの平和運動広《へいわうんどうひろ》がる**
二〇〇四	一六	一月　自衛隊先遣隊《じえいたいせんけんたい》、イラクに派兵《はへい》される		

さくいん

な

は

古田足日（ふるた　たるひ）一九二七年愛媛県生まれ。早稲田大学露文科中退。児童文学作家・評論家。主な著書に『おしいれのぼうけん』『さくらさひめの大しごと』『子どもを見る目を問い直す』『全集　古田足日子どもの本』全一三巻・別巻（以上童心社）『ロボット・カミイ』（福音館書店）『モグラ原っぱのなかまたち』（あかね書房）『新版　宿題ひきうけ株式会社』評論『児童文学の旗』（以上理論社）『ひみつのやくそく』（ポプラ社）など、多数。

米田佐代子（よねだ　さよこ）一九三四年東京都生まれ。東京都立大学人文学部卒業。都立大学助手、千葉大学・専修大学講師などを経て、山梨県立女子短期大学教授。二〇〇〇年三月退職。日本近現代女性史専攻。主な著書に『近代日本女性史　上・下』（新日本出版社）『ある予科練の青春と死』（花伝社）『子どものとき憲法に出会った』（かもがわ出版）『平塚らいてう――近代日本のデモクラシーとジェンダー』（吉川弘文館）など、多数。

西山利佳（にしやま　りか）一九六一年宮崎県生まれ。都留文科大学国文科卒業。東京学芸大学大学院修士課程修了。城西大学付属城西中学・高等学校国語科非常勤講師。日本児童教育専門学校講師。「児童文学評論研究会」で活動を続け、『日本児童文学』などに評論を発表。主な著作に『もしもしあたしＲＩＣＡちゃん・りかちゃんの国語科通信』（梨の木舎）『児童文学批評・事始め』（児童文学評論研究会／編　てらいんく刊）など。

わたしたちのアジア・太平洋戦争

1 広がる日の丸の下で生きる

2004年3月20日　第1刷発行
2015年5月20日　第7刷発行

編／古田足日
米田佐代子
西山利佳

イラスト・地図／深見春夫
ブックデザイン／谷口広樹

発行所／株式会社 童心社
〒112-0011 東京都文京区千石4-6-6
電話／03-5976-4181（代表）
03-5976-4402（編集）

製版・印刷・製本／株式会社光陽メディア

NDC391　328p　23.5×18.0cm
Published by DOSHINSHA
Printed in Japan
ISBN978-4-494-01816-1 C8395
http://www.doshinsha.co.jp

第2巻　いのちが紙切れになった

第3巻　新しい道を選ぶ